MAROKKO

NATIONAL GEOGRAPHIC TRAVELER

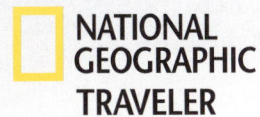

MAROKKO

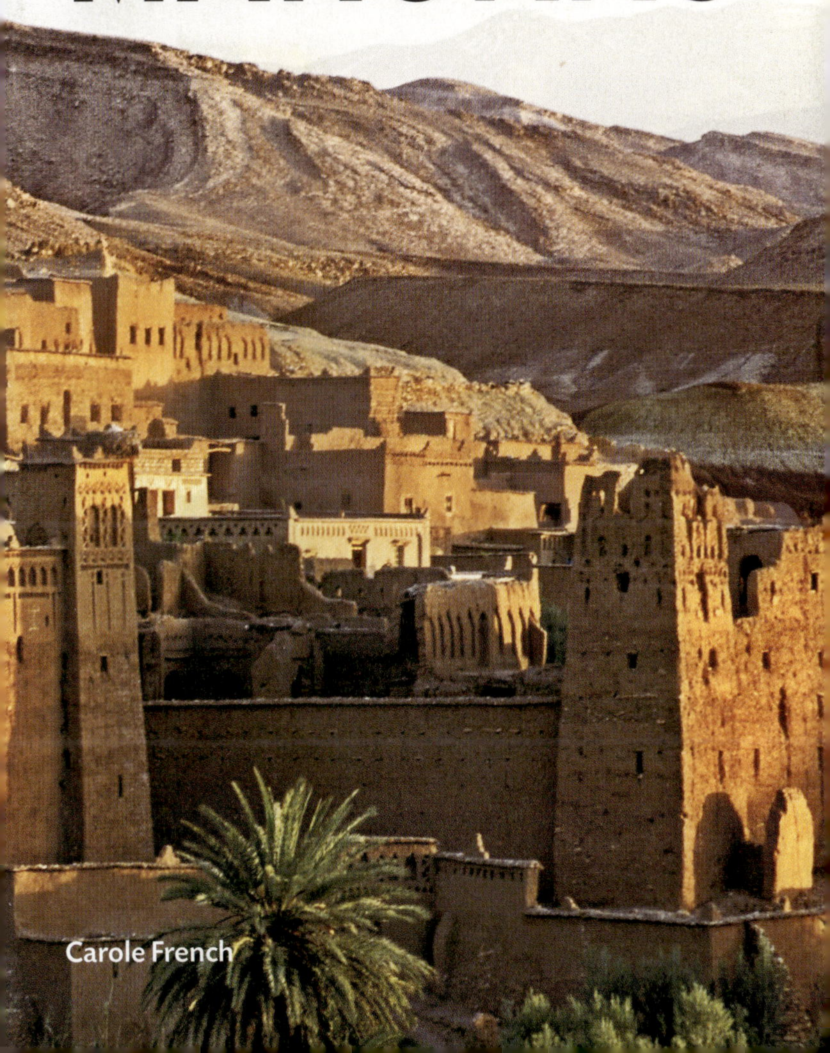

Carole French

INHALT

RÜCKSICHTSVOLL REISEN 6

TOP 10 TIPPS I–IV

TOP 5 FOTO-TIPPS V–VIII

DIE REISE PLANEN 8

Geschichte & Kultur 12
Marokko heute 14
Essen & Trinken 22
Natur & Landschaft 26
Marokko damals 32
Kunst & Kultur 44

Casablanca & die Küste 52
Im Zentrum von Casablanca 56
Rundgang durch die Innenstadt von Casablanca 58
Die Umgebung von Casablanca 62

Rabat 68
Im Zentrum von Rabat 72
Rundgang durch Rabat 76
Rund um Rabat 84

Tanger & die Nordküste 92
Tanger & Umgebung 96
Durch das Tanger der Boheme zu Fuß 98
Atlantikküste 104
Tétouan & Umgebung 110
Rifgebirge 118
Al Hoceima & Umgebung 128
Fahrt durch die Zegzel-Schlucht 130

Fès & der Hohe Atlas 134
Das Zentrum von Fès 138
Rundgang durch Fès 142
Von Fès nach Er Rachidia 148

Meknès & der Mittlere Atlas 156
Meknès 160
Rundgang durch Meknès 164
Rund um Meknès 172
Volubilis 178

Marrakesch & Umgebung 182
Zentrum von Marrakesch 186
Im Zentrum von Marrakesch 196
Die Umgebung von Marrakesch 210
Essaouira 216
Rundgang durch Essaouira 218
Rund um Essaouira 222

Agadir, das Drâa-Tal & der Süden 224
Agadir & Umgebung 228
Spaziergang: Agadirs Zentrum 232
Ouarzazate & Umgebung 240
Goulimine & Umgebung 250
Westsahara 254

Reiseinformationen 264
Hotels & Restaurants 275
Einkaufen 310
Unterhaltung 314
Outdoor-Aktivitäten 316

REGISTER 318

BILDNACHWEIS 326

Seiten 2–3: Die Kasbah von Aït Ben Haddou
Links: Laden in der Medina von Marrakesch

RÜCKSICHTSVOLL REISEN

Umsichtige Urlauber brechen voller Neugierde auf und kehren reich an Erfahrungen nach Hause zurück. Wer dabei rücksichtsvoll reist, kann seinen Teil zum Schutz der Tierwelt, zur Bewahrung historischer Stätten und zur Bereicherung der Kultur vor Ort beitragen. Und er wird selbst reich beschenkt mit unvergesslichen Erlebnissen.

Möchten nicht auch Sie verantwortungsbewusst und rücksichtsvoll reisen? Dann sollten Sie folgende Hinweise beachten:

- Vergessen Sie nie, dass Ihre Anwesenheit einen Einfluss auf die Orte ausübt, die Sie besuchen.

- Verwenden Sie Ihre Zeit und Ihr Geld nur auf eine Weise, die dazu beiträgt, den ursprünglichen Charakter eines Ortes zu bewahren. (Auf diesem Weg lernen Sie ein Land auch sehr viel besser kennen.)

- Entwickeln Sie ein Gespür für die ganz besondere Natur und das kulturelle Erbe Ihres Urlaubslandes.

- Respektieren Sie die heimischen Bräuche und Traditionen.

- Zeigen Sie den Einheimischen, wie sehr Sie das, was den Reiz ihres Landes ausmacht, zu schätzen wissen: die Natur und die Landschaft, Musik, typische Gerichte, historische Dörfer oder Bauwerke.

- Scheuen Sie sich nicht, mit Ihrem Geldbeutel Einfluss zu nehmen: Unterstützen Sie möglichst solche Einrichtungen oder Personen, die sich um die Bewahrung des Typischen und Althergebrachten bemühen. Entscheiden Sie sich für Läden, Restaurants, Gaststätten oder Reiseanbieter, denen offensichtlich an der Bewahrung ihrer Heimat gelegen ist. Und meiden Sie Geschäfte, die den Charakter eines Ortes negativ beeinflussen.

- Wer auf diese Weise reist, hat mehr von seinem Urlaub, und er kann sicher sein, dass er seinen Teil zum Erhalt und zur Verbesserung eines Ortes oder einer Landschaft beiträgt.

Diese Art des Reisens gilt als zeitgemäße Form eines sanften, auf Nachhaltigkeit bedachten Tourismus; National Geographic verwendet dafür auch den Begriff des »Geo-Tourismus«. Gemeint ist damit ein Tourismus, der den Charakter eines Ortes – seine Umwelt, seine Kultur, seine natürliche Schönheit und das Wohlergehen seiner Bewohner – nicht aus den Augen verliert. Weitere Informationen zum Thema gibt es im National Geographic's Center for Sustainable Destinations unter *www.nationalgeographic.com/travel/sustainable*.

MAROKKO

ÜBER DIE AUTORIN

Die Britin **Carole French** hat als Journalistin bei der BBC gearbeitet, außerdem als Reiseführerautorin, Zeitschriften- und Zeitungsredakteurin. Sie hat sich auf internationale Reiseziele spezialisiert und ist daher ständig in aller Welt unterwegs; French ist Mitglied der British Guild of Travel Writers. Ihre Liebe zu Marokko begann vor vielen Jahren, als sie vom Deck eines Kreuzfahrtschiffes aus zum ersten Mal die Skyline von Casablanca erblickte; die goldene Fassade der riesigen Moschee Hassans II. schimmerte damals im Licht des frühen Morgens. French lebt auf Zypern; sie hat zahlreiche Reiseführer geschrieben und nebenher Dutzende Artikel für Organisationen wie die Association of British Travel Agents (ABTA); außerdem ist sie als Expertin in Sachen internationale Reiseziele auch für Fernsehsender tätig.

Top 10 Tipps

①

Die prächtige Moschee Hassans II. bestaunen

Vom Atlantik aus gesehen, wirkt die Hassan-II.-Moschee (Seite 61), heute ein Wahrzeichen Casablancas, als würde sie auf der Wasseroberfläche treiben. Sie zählt zu den größten Moscheen der Welt, und ihr Minarett ist mit 210 Metern sogar das höchste weltweit. Erbaut wurde sie zu Ehren von König Hassan II., der bis 1999 König von Marokko war. Das Projekt war nicht unumstritten – die immensen Baukosten wurden zum Großteil mit Steuergeldern bestritten. Das prächtige Innere ist reich verziert und kann von Nichtmuslimen im Rahmen einer Führung besichtigt werden.

Die Hassan-II.-Moschee thront majestätisch auf einer Landzunge, die in den Atlantik ragt.

②

Die berühmte Altstadt Fès el Bali in Fès entdecken

Die Altstadt Fès el Bali (Seite 140) gehört zum Weltkulturerbe der Unesco. Sie setzt sich aus zahllosen kleinen Gässchen zusammen, die innerhalb der alten Stadtmauern ein lebendiges buntes Labyrinth ergeben. Das Treiben der Medina ist turbulent. An den Ständen der Souks werden traditionelles Kunsthandwerk, Kleidung und Lebensmittel feilgeboten, Käufer handeln lautstark mit Verkäufern, und Nachbarn tauschen miteinander Neuigkeiten aus.

Düfte, Farben, Stimmengewirr – die Eindrücke in der Medina spiegeln eine Facette marokkanischen Lebens wider.

3 Köstliche Austern aus Oualidia probieren

Austern aus dem Dorf Oualidia sind in ganz Marokko bekannt (Seite 65). Einzug hielt die Austernzucht in den 1950er-Jahren unter französischem Protektorat. Aus anfänglich einfachen Zuchtfarmen erwuchs ein ertragreicher Wirtschaftszweig. Nach Besichtigung einer der Farmen bietet sich ein kulinarisches Highlight mit Austern an.

Das Dorf Oualidia liegt pittoresk an der Atlantikküste und ist heute wegen seiner Austern berühmt.

4 In Volubilis archäologische Funde erforschen

Nördlich von Mèknes liegt die antike Stadt Volubilis (Seite 178). Seit 1997 zählt sie als eine der größten und am besten erhaltenen Stätten aus der römischen Antike zum Weltkulturerbe der Unesco. Zu den Sehenswürdigkeiten zählen beispielsweise die Basilika, der Jupitertempel, die Thermen, der Caracalla-Bogen und etliche Mosaiken.

Einige der Mosaikböden aus den prachtvollen Häusern von Volubilis sind sehr gut erhalten.

5 Staunen auf dem Djemaa el Fna in Marrakesch

Wie in einer Szene aus *Tausendundeine Nacht* tümmeln sich auf dem Djemaa el Fna (Seite 187) Musiker, Akrobaten, Tänzer, Jongleure und Schlangenbeschwörer. Er ist Bühne und ein riesiger lebendiger Marktplatz zugleich. Abends verwandeln ihn die unzählbaren Essensstände, die mit Köstlichkeiten locken, in ein großes Freiluftrestaurant.

Bei Sonnenuntergang verwandelt sich der Djemaa el Fna in ein riesiges Open-Air-Restaurant.

Die wunderschönen Ouzoud Cascades haben die Landschaft um das gleichnamige Dorf herum bekannt gemacht.

An den grandiosen Ouzoud-Fällen verweilen

Ein herrliches Naturschauspiel bieten die Wasserfälle in der Nähe des Dorfes Ouzoud (Seite 215) im Mittleren Atlas. Sie sind mit über 100 Metern die höchsten Wasserfälle Marokkos. In der wasserreichen Zeit im Frühling und Frühsommer sind die Kaskaden besonders beeindruckend und zugleich ein sehr beliebtes und somit belebtes Ausflugsziel.

Eine besondere Herausforderung ist die Besteigung des Djebel Toubkal, des höchsten Bergs Marokkos.

Wandern auf den Djebel Toubkal im Hohen Atlas

Erst im Sommer, wenn kein Schnee mehr liegt, sollte man als motivierter Reisender einen Aufstieg auf den Djebel Toubkal (Seite 211) versuchen. Trotz seiner stolzen 4167 Meter eignet sich der Berg tatsächlich auch für ungeübtere Wanderer. Die Tour ist zwar lang und sehr anstrengend, technisch aber nicht besonders anspruchsvoll.

Die Taourirt-Kasbah ist eine Wohnburg mit hohen Lehmmauern, in die kunstvoll geometrische Muster geritzt sind.

Eintauchen in die Sanddünen und Kasbahs von Ouarzazate

Ouarzazate gilt als die »Stadt der 1000 Kasbahs« (Seite 240). In dieser Gegend treffen die Berge des Hohen Atlas und die Wüste zusammen und schaffen eine ganz eigene Landschaft. Etwas außerhalb der Stadt liegt das schöne Wehrdorf Taourirt. Im Innenbereich wurden einige Teile restauriert und können besichtigt werden.

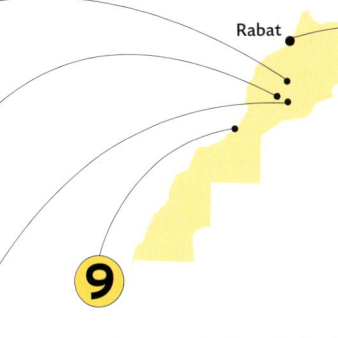

9
An den sagenhaften Stränden des Atlantiks spazieren

An der Atlantikküste südlich von Agadir liegen herrliche Sandstrände. Es gibt sowohl ruhige Badebuchten als auch Stellen mit wilder Brandung. Vielerorts kann man ungestört kilometerweit spazieren, denn den Touristenströmen ist diese Gegend noch zu abgelegen. Unweit von Sidi Ifni hält die Legzira Plage eine besondere Architektur bereit: Das Meer hat hier vier große Bogen aus dem Felsen gespült.

10
Das prunkvolle Grab von Mohammed V. besichtigen

Gleich gegenüber des unvollendeten Hassan-Turms in Rabat liegt das Mausoleum von Mohammed V. (Seite 74). Es wurde im Jahr 1961 errichtet und bietet ein wunderschönes Beispiel für die neuere maurische Architektur. Das charakteristische Grün des Dachs als Farbe des Islams konstrastiert mit dem strahlenden Weiß des Marmors. Es wurden kostbare Materialien verwendet, und sowohl außen wie auch innen sind die Wände aufwendig und kunstvoll verziert.

Über 300 Steinsäulen, Überreste der unvollendeten Moschee, erheben sich neben dem Mausoleum von Mohammed V.

Die eindrucksvollen Felsformationen an der Legzira Plage bieten ein surreal wirkendes Szenario.

Top 5 Foto-Tipps 📷

Die National Geographic **Your** Shot Community, 2006 gegründet, hat mehr als eine halbe Million Mitglieder aus 196 Ländern. Sie steht allen Interessierten offen, ob Hobbyfotograf oder Profi. Dieser Traveler präsentiert Ihnen die fünf schönsten Fotos zum Thema Marokko – als Inspiration oder zum Nachfotografieren.

![desert photo]

① Die Weite der Wüste
Auf einer Tour durch die Sahara blickte Veronique Fleury vom Rücken ihres Dromedars über die Sanddünen nahe Merzouga (S. 135). Als sie sich zu ihrem einheimischen Guide umwandte, band sich dieser seinen Turban. Der Wind spielte mit dem blauen Stoff, die Sonne stand perfekt, und sie drückte auf den Auslöser.
Brennweite: 18 mm
Belichtungszeit: 1/2500 s
Blende: f/10

»Baumziegen«
Nur in Marokko scheinen Ziegen auf Bäumen zu weiden, dachte Anastasia Shikina, als sie dieses Szenario auf einer Tour von Agadir nach Essaouira fotografierte. Die Früchte der Arganbäume lassen die Tiere bis nach ganz oben klettern (S. 223).
Brennweite: 18 mm – Belichtungszeit: 1/160 s – Blende: f/8 – ISO 100

Die einzigartigen Farben von Chefchaouen
Diese spannende Bildkomposition mit dunkler Gestalt, schreitenden Frau und sitzender Katze ergab sich zufällig, als Amy Sacka durch die Gässchen mit den für Chefchaouen (S. 119) berühmten blau und weiß getünchten Häusern spazierte.
Brennweite: 75 mm – Belichtungszeit: 1/1000 s – Blende: f/4 – ISO 1600

Ein Meer aus Taschen
Auf nicht überdachten Märkten wie hier an der Place Rahba Kedima in Marrakesch (S. 186) lassen sich meist bessere Fotos machen als auf den überdachten Souks. Fabian Graf besuchte den weniger stark frequentierten Markt mehrere Male. Hier kann man außerdem von den Dachterrassen der umliegenden Cafés aus interessante Perspektiven fotografieren.
Brennweite: 45 mm – Belichtungszeit: 1/80 s – Blende: f/6,3 – ISO 100

5 **Serpentinen durch den Mittleren Atlas**
Vlad Min befand sich mit seinem Motorrad auf Weltreise, als dieses Foto auf den menschenleer wirkenden Höhen des Mittleren Atlas entstand (S. 172).
Brennweite: 24 mm – Belichtungszeit: 1/125 s – Blende: f/7,1 – ISO 100

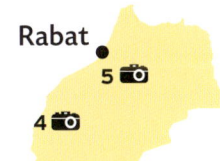

Your Shot
Sie wollen mit Ihren Fotos Teil der Your Shot Community werden? Nähere Infos finden Sie unter yourshot.nationalgeographic.com

Die Reise planen

Marokko beflügelt die Fantasie: von den kosmopolitischen Städten Tanger, Casablanca, Marrakesch und Rabat, in denen sich Geschichtliches mit Zeitgeist mischt, bis zum modernen Agadir oder den Kasbahs des tiefen Südens, wo die Zeit stillzustehen scheint. Nicht minder vielfältig sind die Landschaften: hohe Berge, tiefe Flusstäler, Schluchten und ausgedehnte Wüsten.

Unendliche Möglichkeiten

Ob man nun bei einem Glas Pfefferminztee um eine Töpferarbeit feilscht oder ob man mit gleichgesinnten Abenteurern auf einem Kamel durch die Wüste reitet, in Marokko kommt jeder ans Ziel seiner Wünsche. Vielleicht möchten Sie ja den Djebel Toubkal besteigen, den höchsten Berg des Landes, auf den Wellen des Atlantiks surfen oder Vögel beobachten und dabei einige der seltensten Arten weltweit zu Gesicht bekommen. Oder Sie suchen nach einem entspannteren Freizeitvergnügen und möchten sich auf Ihrem Platz in einem Café an der Küste von Tanger einfach nur von der Sonne über dem Mittelmeer bescheinen lassen. All dies und vieles mehr ist in Marokko möglich. Jede Reise hierher wäre allerdings unvollständig ohne einen Aufenthalt im Herzen der Städte, den Medinas. Die jahrhundertealten Medinas mit ihren schmalen Gassen, die an Häusern, Souks, Moscheen und Koranschulen entlangführen, sind besonders stimmungsvoll.

Im Land unterwegs

Von Europa aus kann man zwar direkt zum Strandurlaub nach Agadir fliegen oder einen kurzen Kulturtrip nach Marrakesch unternehmen, und von Spanien kommt man sogar mit der Fähre oder dem Flieger nach Tanger, die meisten Flüge nach Marokko landen aber auf dem Mohamed V International Airport von Casablanca. Von hier aus ermöglicht die nationale Fluggesellschaft Royal Air Maroc *(www.royalairmaroc.com)* Anschlussflüge beispielsweise nach Essaouira, Meknès, Nador und Al Hoceima oder zu Städten im Süden wie Ouarzazate, Laâyoune, Dakhla, Goulimine und Tan-Tan; sie sind preiswert, und die Maschinen verkehren fast jeden Tag.

Eine traditionelle Tajine aus Lehm

Im Norden des Landes gibt es überdies ein gutes Schienennetz, das von der nationalen Eisenbahn ONCF *(www.oncf.ma)* betrieben wird; Tanger ist per Bahn mit den Küstenstädten Rabat und Casablanca verbunden, aber auch mit Städten im Landesinneren wie Fès und Marrakesch. Die Züge sind modern und besitzen Klimaanlagen.

Als Autofahrer werden Sie feststellen, dass sich die Schnellstraßen in gutem Zustand befinden; Nebenstraßen sind oft abenteuerliche Pisten. In Wüstengegenden sollten Sie ohne Führer niemals die befestigte Straße verlassen, auch nicht im Geländewagen. In Städten können Sie sich bequem per Taxi fortbewegen oder auch mit dem Bus. Man taucht dort mitten ins Alltagsleben ein.

Marokko in einer Woche

Die meisten Flüge landen in Casablanaca; dort beginnen wir mit der Rundreise. **Casablanca** ist reich an Sehenswertem. Am ersten Tag fahren Sie mit dem Taxi über den **Boulevard Sidi Mohamed Ben Abdallah**. Vor Ihnen liegt die Hauptattraktion der Stadt, die **Moschee Hassans II**. Ihr mit *zellij*-Kacheln bedecktes Minarett zählt zu den höchsten des Landes. Dort werden Führungen angeboten. Anschließend sollten Sie in der **Alten Medina** verweilen und die Atmosphäre auf sich wirken lassen. Dann geht es zum **Parc de la Ligue Arabe** mit der **Cathédrale Sacré-Cœur**. Wenn Sie deren Turm besteigen, liegt Ihnen ein herrliches Stadtpanorama zu Füßen. Bevor Sie am zweiten Tag Casablanca verlassen, sollten Sie über den **Boulevard Mohamed V** schlendern und sich die Art-déco-Gebäude anschauen. Anschließend fliegen Sie weiter nach **Marrakesch**. Die Flugzeit beträgt lediglich 40 Minuten. Sie können am Nachmittag dort schon etwas unternehmen. Zunächst begeben Sie sich zum Marktplatz **Djemaa el Fna** und zur großen **Koutoubia-Moschee**.

Schauen Sie sich auch am dritten Tag noch ein wenig in Marrakesch um, bevor Sie nach **Ouarzazate** aufbrechen, einer Stadt, die als »Tor zur Sahara« gilt. Auf dem Weg dorthin liegen Berge, Wüsten und Kasbahs (Festungen).

Am Morgen des vierten Tages fliegen Sie nach Casablanca zurück und fahren mit dem Auto weiter nach **Rabat**. Die Fahrzeit beträgt rund eine Stunde, aber Sie sollten im Badeort **Mohamedia** eine Pause einlegen.

Besucherinformation

Viele nützliche Reisehinweise findet man im Internet unter *www.visitmorocco.com*; das ist die offizielle Website der marokkanischen Tourismusbehörde. Verzeichnet sind dort lokale Festlichkeiten, Unterkünfte, Läden und Restaurants; außerdem gibt es einen hervorragenden Reiseplaner, der bei der Suche nach den richtigen Verkehrsmitteln hilft. Im Land selbst sollten Sie in allen größeren Städten die Touristeninformation aufsuchen; dort erhalten Sie in der Regel wertvolle Tipps für Ihren Aufenthalt.

Währung

Die Währung im Land ist der Marokkanische Dirham (Dh bzw. MAD); ein Dirham besteht aus 100 Centimes. Ihre heimische Währung müssen Sie vor Ort in einer Bank oder Wechselstube in Dirhams umtauschen; Dirhams dürfen nicht aus- oder eingeführt werden.

Vielleicht erreichen Sie Rabat am Spätnachmittag; dann bleibt noch Zeit für einen Besuch der **Oudaïa Kasbah**, des ersten historischen Denkmals in Marokko.

Am fünften Tag brechen Sie zum **Hassan-Turm** auf. Morgens um 7 Uhr findet dort die Wachablösung statt. Anschließend können Sie sich in Ruhe den Turm anschauen. Wäre Sultan Yacoub el Mansour im 12. Jahrhundert nicht zu früh gestorben, um ihn zu vollenden, wäre er wohl der damals höchste Turm der Welt geworden. Gegenüber befindet sich eine weitere Attraktion der Stadt, das **Mausoleum Mohammeds V**.

Am sechsten Tag sollten Sie ins 130 Kilometer entfernte **Meknès** aufbrechen. Für diese sehenswerte Stadt sollten Sie den ganzen Tag einplanen. Besichtigen Sie vor allem die **Ville Impériale**, eine gepflegte Stadt Sultan Moulay Ismails aus dem 17. Jahrhundert. 32 Kilometer sind es noch von hier bis zu den Resten des römischen **Volubilis**.

Fès liegt weniger als eine Autostunde von Meknès entfernt, am siebten Tag sollten Sie deshalb früh dorthin aufbrechen. Sehenswert sind die alten Medinas **Fès el Bali** und **Fès el Jedid**, aber auch die Gerbereien und die wunderschöne **Bou Inania Medersa**, eine Schule aus dem 14. Jahrhundert. Und nehmen Sie sich genügend Zeit für die Märkte der Stadt!

Mehr Zeit zum Reisen

Sollten Sie mehr Zeit zur Verfügung haben, möchten Sie wahrscheinlich ein wenig länger in der einen oder anderen Stadt verweilen. Casablanca, Rabat, Fès und Agadir eignen sich außerdem gut als Ausgangspunkte für Tagesreisen in die Umgebung. So ist man von Casablanca aus in weniger als zwei Autostunden in den **Weinbergen von Boulaouane**. Die Roséweine aus dieser Gegend sind beinahe so berühmt wie die Falknerei, die in der Kasbah schon seit 1710 betrieben wird. Falls Sie noch eine weitere Nacht in Casablanca verbringen, sollten Sie auf der Rückfahrt in **Oualidia** (zwei Stunden südwestlich) anhalten und die frischen Austern probieren. Ornithologen reizt vielleicht noch eine weitere Nacht in Rabat,

Reisezeit

Das Wetter in Marokko hängt von der Jahreszeit ab. Generell sind Frühling und Herbst günstig für Städtetouren und Urlaub an der Küste, aber letztlich auch für die Berge, deren Straßen im Winter oft wegen Schnee unpassierbar sind. Ans Mittelmeer oder an den Atlantik reist man auch im Sommer gern, die Sahara (mit 40 °C im Sommer) ist im Frühling, Herbst oder Winter am erträglichsten.

Auf den Stiegen in der »blauen Stadt« Chefchaouene

um das Schutzgebiet Merjda Zerga an der Küste zu besuchen. Die angrenzende Stadt, Moulay Bousselham, liegt eine Autostunde nördlich von Rabat. Zu sehen gibt es dort Tausende von Vögeln, darunter die seltene Kapohreule.

Der **Nationalpark Talassemtane** befindet sich etwa 160 Kilometer nördlich von Fès. Er hält mit seinen Schluchten, Wäldern und Bergen hinreichend Betätigungsfelder für Outdoor-Enthusiasten bereit. Und wer gern wieder das Meer sehen würde, fährt von Talassemtane aus noch einmal 160 Kilometer in Richtung Nordwesten nach **Tanger**. Von dort blickt man direkt auf die **Straße von Gibraltar** und hinüber nach Spanien.

Wenn Sie eine ganz andere Region kennenlernen wollen, sollten Sie von Casablanca aus zu den Sandstränden von **Agadir** am Atlantik fliegen. Von Agadir aus kann man überdies Abstecher in die Sahara unternehmen. In nur wenigen Stunden ist die Wüstenstadt **Goulimine** erreicht. Wer sich das zutraut, fährt noch sieben Stunden weiter südlich bis nach **Laâyoune**, wo die klassische Landschaft der **Westsahara** mit Sanddünen und Karawanen beginnt.

Geschichte
& Kultur

Marokko heute 14

Special: Kulturfeste & religiöse Feiern 20

Erlebnis: *Moussem* von Sidi Ben Aissa 21

Essen & Trinken 22

Natur & Landschaft 26

Marokko damals 32

Kunst & Kultur 44

Special: Marokkanische Baukunst 48

Ein marokkanisches Stillleben

GESCHICHTE & KULTUR

Marokko heute

Moderne Städte mit alten Palästen, Medinas und Moscheen, verschlafene Berberdörfer in den Bergen, Küsten am Mittelmeer und am Atlantischen Ozean und eine multikulturelle Bevölkerung von 33 Millionen Menschen: All dies ist Marokko, ein muslimischer Staat mit internationalem Flair.

Marokko liegt im äußersten Nordwesten von Afrika und keine 15 Kilometer südlich von Spanien, das jenseits der Straße von Gibraltar zu erkennen ist. Es ist problemlos von vielen europäischen Städten aus zu erreichen. Oft liest man, das Land sei vor allem ein Kreuzungspunkt:

Einkaufsbummel auf dem Souk in der zeitlosen Medina von Marrakesch

MAROKKO HEUTE

zwischen Afrika und Europa, Islam und Christentum, Moderne und Tradition oder gar zwischen pragmatischem Westen und dem exotisch-romantischen Osten; dennoch besitzt Marokko in erster Linie seinen ganz eigenen Charakter. Hier gibt es für jeden etwas: Sandstrände zum Entspannen, reichlich Kultur und Geschichte, faszinierende Landschaften in den Ebenen und in den Gebirgen des Hohen und Mittleren Atlas, aber auch exquisite Restaurants, vor allem in den Städten Marrakesch und Fès, sowie Unterkünfte, die vom marokkanischen Haus mit Innenhof bis zum Luxushotel reichen.

Im heutigen Marokko mischen sich moderne Einflüsse mit alten Traditionen verschiedenster ethnischer Gruppen. Die indigenen Bewohner Nordafrikas (oft als Berber bezeichnet, obwohl Amazigh wohl korrekter wäre) siedeln seit Jahrtausenden zwischen der Atlantikküste des heutigen Marokko und den westlichen Wüsten Ägyptens; hinzugekommen sind Araber von der Arabischen Halbinsel, Afrikaner von südlich der Sahara und Tausende Muslime und Juden, die vor langer Zeit aus Andalusien hierherflüchteten. Hier mischen sich Ethnien und Kulturen, Traditionen und Sprachen; Bindeglied ist vor allem der Islam.

> **Hier mischen sich Ethnien und Kulturen, Traditionen und Sprachen; Bindeglied ist vor allem der Islam.**

Dieses bunt gemischte Erbe ist nirgendwo zu übersehen. Amtssprache ist Arabisch, doch hört man auch Französisch, Spanisch (an der Küste gibt es zwei spanische Enklaven) und diverse Berberdialekte.

Kunst, Kultur & Kleidung

Die kulturelle Mischung Marokkos ist überall spürbar, im Stil der Kleidung, beim Kunsthandwerk und in der Küche, aber auch in der Musik, die von Traditionen der Berber und Araber beeinflusst ist. Ohne Musik wäre der Alltag nicht vorstellbar; auf jedem Markt hört man die Klänge von afrikanischem und arabischem Pop. In den Städten Meknès, Fès und in den nördlichen Küstenstädten Tanger und Tétouan bevorzugen die Menschen einen klassischen Musikstil, der seine Ursprünge in Andalusien hat. Festivals gibt es das ganze Jahr, und auch dort erklingen verschiedenste Musikrichtungen, darunter der rhythmische *daqqa*. In ländlichen Gegenden erfreut sich Berbermusik großer Beliebtheit, beispielsweise *abouach*, wobei Geschichten aus dem dörflichen Leben mit Tamburinklängen unterlegt werden, während der eher westlich geprägte *chaabi* vor allem in den Städten Anhänger findet.

Die marokkanische Kleidung ist eine bunte Mischung aus Farben und Materialien; sie hängt ab von der Region, aber auch von der ethnischen Zugehörigkeit und dem sozialen Status des Trägers. Frauen tragen sehr oft einen Kaftan. Er besitzt fast Körperlänge; zusammengehalten wird er durch einen goldenen oder silbernen Gürtel. Die meisten Frauen tragen einen schlichten einfarbigen Baumwollkaftan, zu besonderen Anläs-

Eine junge Frau in Marrakesch trocknet während eines Gesprächs Henna an den Händen

sen (oder bei höherem Rang) bevorzugen sie Kleidung in leuchtenden Farben und aus wertvolleren Stoffen. Männer wie Frauen tragen gelegentlich eine lange Robe mit Kapuze, die *djellaba* genannt wird. Dieser Kapuzenmantel ist ein einfarbiges oder gestreiftes Gewand aus mehreren Schichten Wolle oder Baumwolle. Im Hohen Atlas tragen die Frauen Kappen, um ihre Stammeszugehörigkeit anzuzeigen; die Frauen der Zemmour im Mittleren Atlas schmücken den Kaftan mit einem Flechtgürtel. Im tiefen Süden, nahe der Sahara, wo sich Marokko in eine mit Oasen übersäte Wüste verwandelt, besteht die traditionelle Frauenkleidung aus einem leichten, oft bunten und sehr langen Kaftan, der wegen der Hitze meist aus Baumwolle gefertigt ist; den Kopf bedeckt ein weißes oder schwarzes Tuch. Juwelen werden im Süden sehr geschätzt.

In den großen Städten spielt Lederverarbeitung eine wichtige Rolle; die Gerbereien von Fès und Marrakesch leisten Großartiges. Besucher können Gerbern beim Reinigen der Häute zusehen und miterleben, wie sie das Leder färben oder mit Blattgold belegen, bevor es geschnitten und in den Werkstätten der Medinas zu Pantoffeln (babouches), Gürteln und Handtaschen verarbeitet wird. Schreiner fertigen Möbel und Souvenirs aus Zedern-, Zitrus- und Walnussholz oder Palisander.

Ebenfalls gut als Reiseandenken geeignet sind Tonkrüge, Schüsseln und Teller; hergestellt werden die Stücke vor den Augen der Passanten in den Töpfereien der Medinas. Formen und Design erinnern an die Traditionen der Araber, Berber und Andalusier.

Auch sonstige kunsthandwerkliche Arbeiten – dekorative oder praktische Objekte aus Kupfer oder Messing oder die berühmten prächtigen Teppiche (siehe S. 51) – sind im Land allgegenwärtig.

In den großen Städten spielt Lederverarbeitung eine wichtige Rolle; die Gerbereien von Fès und Marrakesch leisten Großartiges.

Leben in den Städten

Für viele Reisende sind die Städte Marokkos die größte Attraktion. 57 Prozent der Bevölkerung leben in Städten; Besucher geraten ins Schwärmen angesichts der Vitalität, die im Labyrinth der Medinas zu spüren ist. Rabat ist das Zentrum der Politik und Verwaltung und Sitz des Königshauses, mit Marrakesch, Fès und Meknès zählt es zu den vier Königsstädten. Jede dieser vier Städte war bereits Hauptstadt des Landes und Sitz der Herrscherdynastie. Die Hauptstadtfunktion von Fès reicht bis ins 9. Jahrhundert zurück; diese Vorrangstellung behielt die Stadt unter insgesamt drei Dynastien. In der Zeit der Saadier ging diese Rolle an Marrakesch, und unter den bis heute herrschenden Alawiden erhielt zunächst Meknès und dann Rabat den Rang einer Hauptstadt.

Rabat ist berühmt für seine Oudaïa Kasbah, den Königspalast aus dem 17. Jahrhundert, und für das Mausoleum Mohammeds V. Marrakesch beeindruckt mit seinen Palästen (Riads) und den Märkten, die sich um den Hauptplatz Djemaa el Fna gruppieren. In Fès befindet sich die größte Medina der Welt, Fès el Bali; sie steht auf der Unesco-Liste des Weltkulturerbes. Meknès sonnt sich im Glanz prächtiger Paläste und Moscheen.

Das größte städtische Zentrum des Landes kommt ganz ohne königliches Erbe aus. Casablanca ist Marokkos Finanzmetropole, eine Mischung aus Art déco und neomaurischer Architektur, alten Souks, eleganten Restaurants und einem lebendigen Hafenviertel.

Aufregend an Marokko sind aber nicht nur Casablanca und die Königsstädte. Kultur prägt auch die übrigen Metropolen, etwa Tanger mit seiner

Freitagsgebet in einer Moschee in Djemaa el Fna, Marrakesch

weißen Kasbah oder Tétouan mit seinem andalusischen Baustil und nicht zuletzt die traditionsreichen Städte Chefchaouene, Salé und Asilah.

Leben in der Medina

Eines der faszinierendsten Erlebnisse ist ohne Zweifel der Besuch einer Medina. Die Medina ist das alte arabische Viertel, also gewissermaßen die »Altstadt« vieler nordafrikanischer Städte. Eine Medina (das Wort bedeutet einfach nur »Stadt«) erscheint auf den ersten Blick vollkommen chaotisch; in Wirklichkeit ist alles aber nach einem festen Plan angeordnet. Das von einer Mauer eingefasste Viertel bildet ein dichtes Labyrinth aus schmalen Gassen, in denen Wohnbereiche vom gewerblichen Bezirk getrennt sind. Im Gewerbeviertel sind die unterschiedlichen Branchen und Produkte in eigenen Souks zusammengefasst: So gibt es z. B. einen köstlich duftenden Souk nur für Gewürze, während Keramik, Kupfer, Messing oder Lederschuhe an anderer Stelle verkauft werden.

MAROKKO HEUTE

Im Zentrum der Medina liegt ihr spirituelles Herz, die Große Moschee; umgürtet ist sie von mächtigen Verteidigungsmauern mit Wachttürmen, auf denen einst Soldaten nach Piraten und feindlichen Armeen Ausschau hielten. Der Zugang erfolgt durch ein befestigtes Tor.

Wie in allen marokkanischen Medinas findet man auch in der turbulenten, autofreien Medina von Fès Gassen mit Wohnhäusern, Werkstätten und Marktständen mit Lebensmitteln. Die größte Medina der Welt, Fès el Bali (»Altstadt von Fès«), geht bis auf das 8. Jahrhundert zurück.

Einen Ausflug wert sind aber auch Safi mit seinen Töpferarbeiten und Textilien, die Festung El Jadida und das noble Tafraout mit seinen rosa-, terrakotta- und honigfarbenen Häusern am Hang. Die gut befestigten Städte Taroudant und Ouarzazate sowie das reizende Zagora in den Ausläufern des Djebel Anaouar im Wadi Drâa muss man ebenfalls gesehen haben.

Lebensweise & Wirtschaft auf dem Land

Außerhalb der Städte suchen die Gäste vor allem nach Sand, sei es nun an den weitläufigen Stränden an den Küsten des Atlantiks oder des Mittelmeers oder in der Sahara, wo sich riesige Sanddünen bis zum Horizont erstrecken. Dort kann man in die Welt des Lawrence von Arabien eintauchen, denn Marokko hat sich inzwischen auf Wüstentourismus eingestellt.

Rund 14 Millionen Marokkaner leben auf dem Land, und 39 Prozent aller Arbeitnehmer sind in der Agrarwirtschaft tätig. Das in der Nahrungsmittelproduktion autarke Land erzeugt Gerste, Weizen, Zitrusfrüchte, Wein, Gemüse, Oliven und Fleisch. Auch eine 2005 von König Mohammed VI. ins Leben gerufene Entwicklungsinitiative und weitere Reformen haben die Landwirtschaft gestärkt, was der Wirtschaft insgesamt geholfen hat; so ließen sich die internationale Finanzkrise und der Preisverfall beim Hauptexportgut Öl verkraften. Ein Freihandelsabkommen mit den USA von 2006 und der Marokko 2008 von der EU eingeräumte Sonderstatus haben die Entwicklungsaussichten der marokkanischen Wirtschaft zusätzlich verbessert. ∎

Im Zentrum der Medina liegt ihr spirituelles Herz, die Große Moschee.

Kulturfeste & religiöse Feiern

Im Festkalender stehen viele traditionsreiche Landwirtschaftsfeste, bei denen man vor allem eine erfolgreiche Ernte feiert, außerdem religiöse Feierlichkeiten, die *moussem* genannt werden. Selbstverständlich haben Besucher aber auch die Möglichkeit, in Konzerte zu gehen oder bei einer Fantasia mitzuerleben, wie Reiter ihre Kunst unter Beweis stellen. Auf all diesen Festen lernt man das Leben in den Dörfern näher kennen.

Gnaoua-Musiker beim sommerlichen Festival auf der Stadtmauer von Essaouira

Der Ramadan ist das bekannteste religiöse Fest der Muslime. Er dauert einen ganzen Monat, den neunten Monat gemäß dem islamischen Mondkalender, und ist der Besinnung und dem Gebet gewidmet. Fromme Muslime fasten zwischen Sonnenaufgang und Sonnenuntergang und enthalten sich tagsüber aller Vergnügungen.

Weitere religiöse Feste sind Aïd el Seghir, das Fastenbrechen am Ende des Ramadan, und das »große Fest« Aïd el Kebir, ein Höhepunkt der Haddsch, der jährlichen Pilgerreise nach Mekka. Ashorou ist eine von Musik begleitete Festlichkeit. In den Dörfern wird gefeiert und getanzt; Aïd el Mawlid ist eine Gedenkfeier und erinnert an die Geburt Mohammeds.

Daneben feiert jede Stadt und jedes Dorf noch seine eigenen Feste. Die *moussem* veranstaltet man zu Ehren eines Heiligen, und zwar als Pilgerreise: Zahllose Menschen versammeln sich am Grab des verehrten Verstorbenen. Oft folgt dann ein mehrtägiges Fest.

Moussem
Jedes Jahr werden in Marokko Hunderte von *moussem* begangen. Einige

davon sind geradezu winzig und locken kaum eine Handvoll Pilger an; andere wiederum werden in großem Rahmen mit Besuchermassen und als staatliche Feiertage begangen. Zu den wohl größten zählen der *moussem* zu Ehren von Sidi Ben Aissa in Meknès (siehe unten), der *moussem* von Regraga, der gleich mehrere Provinzen vereint, darunter auch Essaouira, und das Fest der Wachskerzen in Salé, das vor allem in der Großen Moschee stattfindet. Daneben gibt es dann noch den *moussem* des Sidi Muhammad Ma el Aïnin in Tan-Tan, den *moussem* des Moulay Abdallah ibn Brahim in Ouezzane und den *moussem* von Moulay Idriss II. in Fès zu Ehren des Stadtgründers.

Am 30. Juli eines jeden Jahres erinnert das Thronfest an die Thronbesteigung König Mohammeds VI. im Jahr 1999. Im Königspalast finden Empfänge für Würdenträger statt, und die Bevölkerung feiert das Ereignis. An diesem Tag wendet sich der König mit einer Ansprache an sein Volk.

Marokkaner lieben auch Erntedankfeste. Erinnert sei an das Baumwollfestival in Beni Mellal, das Rosenfest in Ouarzazate und das sommerliche Kirschfest in der alten befestigten Stadt Sefrou nahe Fès. Bekannt ist das Feigenfest in Bouhouda nahe Taounate, und es gibt mehrere Feste zur Feier der Honigernte; eines der größten ist das von Imouzzer des Ida-Ou Tanane bei Agadir. Im Oktober versammeln sich Hunderte Reiter in eleganter Kleidung zur Fantasia von Tissa.

Musik- & Filmfestivals

Ein bemerkenswertes Fest ist der Boulevard des Jeunes Musiciens, der vier Tage lang in Casablanca abgehalten wird; einheimische Musiker bringen ihre Kunst dort ebenso zu Gehör wie Gaststars. Das Musikfest Gnaoua in Essaouira sorgt im Sommer für Rockklänge. Der *gnaoua* genannte Musikstil stammt ursprünglich aus Schwarzafrika, südlich der Sahara; typisch sind Trommelschläge und der Einsatz von Kastagnetten *(garagab)*. In Tanger versammeln sich Jazzmusiker zum Tanjazz International Festival; Fès ist im Sommer eine Woche lang Schauplatz des World Festival of Sacred Music. Beim alljährlichen International Mediterranean Film Festival in Tétouan erfreuen die vielen Programmkinos (darunter das Cinema Espanol) die Cineasten mit teils neuen Werken.

ERLEBNIS: *Moussem* von Sidi Ben Aissa

Die meisten marokkanischen *moussem* laufen ruhiger ab, einige ähneln jedoch eher einem Musik- oder Tanzfestival. Am allergrößten ist der *moussem* von Sidi Ben Aissa (siehe www.worldreviewer.com/destination/morocco/west/) zu Ehren des Begründers der alten Sufi-Bruderschaft in Meknès; er spielt sich vor allem auf dem Platz El Hedime ab.

Die meisten *moussem* finden im Sommer statt und fallen oft mit den Erntedankfesten zusammen, doch der *moussem* von Sidi Ben Aissa ist ein Frühlingsfest. Der Platz in Meknès ist dann mit weißen Zelten übersät, in denen Gaukler auf ihren Auftritt warten. Zwischen den Zelten reiten Männer umher und feuern mit ihren Gewehren in die Luft. Während des *moussem* lassen Musiker traditionelle Weisen erklingen, Tänzer führen volkstümliche Tänze auf, und in den Souks wird Kunsthandwerk aller Art angeboten.

Essen & Trinken

Marokkos Gerichte, die nicht selten scharf gewürzt sind, bezeugen die Kolonialgeschichte des Landes. Die klassischen Speisen gehen auf die Küche der Berber, der Mauren und arabischer Länder zurück; erkennbar wird das am Gebrauch von Kräutern und Gewürzen, Nüssen, Trockenfrüchten, Oliven, Honig und Zitrusfrüchten.

Der wichtigste Bestandteil der meisten marokkanischen Gerichte ist Fleisch – vor allem Rindfleisch, Lamm oder Huhn, in der Regel so ausgiebig gekocht, dass es fast zerfällt. Mittlerweile werden auch Fisch und Meeresfrüchte angeboten; sie kommen gegrillt oder in einer Tajine (Tontopf) auf den Tisch. Probieren Sie unbedingt die Austern aus Oualidia (siehe S. 65). Dank des Mittelmeerklimas mit seinen milden Wintern und heißen Sommern gedeiht Gemüse hervorragend, und Früchte wie Orangen, Feigen, Kirschen und Äpfel sind fast immer erntefrisch zu haben.

Die Hauptmahlzeit

Die Hauptmahlzeit wird mittags eingenommen, außer während des Ramadan, wenn Muslime nur vor Sonnenaufgang oder nach Sonnenuntergang etwas essen dürfen. Ein Mittagessen ist beinahe ein Festmahl; es besteht aus mehreren Gängen, weshalb Marokkanern ein leichtes Frühstück genügt. Ein typisches Mittagessen beginnt mit einer Auswahl warmer und kalter Salate: beispielsweise mit Aubergine in Knoblauchmarinade, fein geschnittenen Zwiebeln, Würfeln aus Gurken und Tomaten, Karotten und Kichererbsen im Honigmantel oder einer Suppe mit Gemüse, Fleisch und Reis. Die berühmteste Suppe des Landes ist die *harira* aus Tomaten, Linsen und Reis mit reichlich Koriander. Zu den beliebtesten Salaten zählen *chakchuka* aus Tomaten und grüner Paprika und *ihzina*, ein farbenfrohes Arrangement aus Oliven, Orangenstücken und Paprika. Als Nächstes folgt ein herzhaftes Gericht, etwa *bstilla*; das sind mehrere Lagen aus papierdünnem Gebäck namens *ouarka*, das mit Fleisch, Eiern und Mandeln gefüllt und mit Puderzucker bestreut wird. Alternativ kann auch eine heiße Tajine aufgetischt werden. Dieses ausgiebig gekochte Gericht aus Fleisch, Obst und Gemüse ist nach dem Tontopf benannt, in dem es zubereitet wird. Beide Gerichte sind gut gewürzt, z. B. mit Kurkuma, Kreuzkümmel und Ingwer. An einem Werktag genügt oft schon eines der genannten Gerichte, an Festtagen werden sie als zweiter oder dritter Gang serviert. Zum Hauptgericht wird

Der Stand auf dem Souk Djemaa el Fna in Marrakesch hat zahlreiche Gerichte im Angebot

Marokkanische Speisekarte

Beghrir: Pfannkuchen; ein frittiertes, luftiges Gebäck
Bocadillos: Baguette-Sandwiches mit Fleisch oder Fisch und Salat
Briouats: dreieckiges Gebäck mit süßer oder würziger Füllung
Bstilla: Blätterteig, gefüllt mit Geflügel, Eiern und Mandeln
Chakchuka: Salat aus Tomaten und grüner Paprika
Chebakyas: Gebäck mit Honig und Gewürzen
Couscous: Grießkörner von zerriebenem Weizen
Faqqas: Kekse mit Mandelgeschmack
Halwa shebakia: Honigkuchen
Harira: Suppe mit Fleisch, Reis, Tomaten, Bohnen und Linsen
Harsha: Grießbrot
Kefta: Fleischbällchen, meist aus Lamm
Kefta magawara: eine Tajine aus Kefta mit Tomaten und Eiern
Kesra: Fladenbrot
Lhzina: Salat aus Oliven, Orangen und Paprika
Ma'amoul: Mürbeteiggebäck mit Nüssen und Feigen
Mechoui: gebratenes Lamm
Merguez: Wurst aus Lammfleisch
Mezé: Menü aus vielen kleinen Gängen
Milk pastilla: Milchpudding mit Mandel- und Vanillegeschmack
Mrouzia: süßes Lammfleisch mit Rosinen, Honig und Mandeln
Pastili: Dessertgebäck, mit Nüssen und Honig gefüllt
Rfisa: Huhn mit *beghrir*
Seffa: süßer Couscous mit Gewürzen und Früchten, z. B. Rosinen
Sfenj: Teigbällchen oder -ring mit Zucker und Honig
Tajine: sehr lange gekochtes Gericht mit Fleisch und Gemüse
Zaalouk: Gericht mit Tomaten und Auberginen

Couscous gereicht. Auch Brot kommt bei jeder Mahlzeit auf den Tisch. Am bekanntesten ist ein Fladenbrot namens *kesra*.

Mit der vegetarischen Küche ist Marokko nicht sehr vertraut, doch angesichts von frischem Gemüse, Salat und Obst, Brot und Couscous kommen auch Vegetarier in Restaurants in der Regel auf ihre Kosten.

Dessert

Jeder Hauptmahlzeit folgt eine Auswahl an Desserts. Pfannkuchen, Kekse und köstliches Gebäck, mit Nüssen und Obst gefüllt und in Honig getränkt, krönen jede Mahlzeit. Probieren Sie *kaab ghzal*, auch *cornes de gazelle* genannt, ein Hörnchen aus Erdnüssen, Zucker, Wasser mit Orangenaroma und Zimt, oder Milch-*pastilla*, einen Milchpudding mit Mandel- und Vanillegeschmack. Beliebt sind aber auch *briouats*, kleine dreieckige Gebäckstücke mit Mandeln und Orangen, und *chebakyas*, ein Strudel aus Teig, Honig und Gewürzen. Zum Abschluss wird ein Teller mit Obst angeboten. Dazu kommt Minztee auf den Tisch, genannt *thé à la menthe*. Ob man nun in einem Berberzelt speist oder in einem Spitzenhotel, immer wird Tee, das liebste Getränk der Marokkaner, nach einem gewissen Ritual zubereitet. Speziell die Zubereitung von Minztee wurde in Marokko zu einer Art Kunstform entwickelt. Die Teeblätter werden zunächst in einem Topf mit kochendem Wasser übergossen, um die Bitterstoffe zu entfernen. Dann fügt man weitere Blätter und Zucker hinzu; nach einigen Minuten kostet man ein wenig vom so entstandenen Tee. Dieser Vorgang wird so lange wiederholt, bis der Gastgeber mit dem Resultat zufrieden ist. Marokkaner lieben aber auch Kaffee.

Imbisse

Neben den Fastfoodläden gibt es viele traditionelle Lokale, in denen man einheimische Speisen als Imbiss bekommt, etwa Kebab vom Spieß und *bocadillos* – Baguette-Sandwiches mit Fleisch und Salat. Auf den meisten Basaren wird frisch gebackenes Brot angeboten, das oft nach Oliven, Obst oder Gewürzen schmeckt, oder man bekommt dort Süßwaren wie Kekse mit Mandelgeschmack namens *faqqas*, Teigbällchen mit Honig und Zucker *(sfenj)* oder *halwa shebakia*, einen Honigkuchen. Lebensmittelstände findet man auf den Souks aller größeren Städte. Einen guten Eindruck vom Imbissangebot des Landes vermittelt der Djemaa el Fna in Marrakesch. Dieser Platz verwandelt sich allabendlich in ein riesiges Freiluftrestaurant, und die Düfte sind geradezu betörend.

Alkohol

Muslime trinken in der Regel keinen Alkohol, doch Besucher finden in den Hotels, Restaurants, Läden und Supermärkten trotzdem ein reichhaltiges Angebot an Bier, Wein und Spirituosen vor. In Marokkos Weinanbaugebieten (rund um Fès und Meknès und nördlich von Casablanca und Ouidja) werden einige vorzügliche Rot-, Weiß- und Roséweine produziert. Am beliebtesten sind Les Trois Domaines Guerrouane (rot und weiß) sowie der rote Ksar Beni M'Tir. ■

Ein Kellner in einem Teehaus beim Einschenken von Minztee

Natur & Landschaft

Mit ihren Palmenhainen, Sanddünen, zerklüfteten Küsten, aufragenden Bergen, tiefen Tälern und Flussläufen ist die marokkanische Landschaft sehr vielseitig; das gilt auch für Flora und Fauna.

Marokko reicht vom Atlantischen Ozean bis nach Algerien und vom Mittelmeer bis zur Westsahara im Süden. Große Teile des Landesinneren sind gebirgig; dazu zählen die Rifberge, die sich östlich von Tanger und Tétouan im Norden des Landes erstrecken, sowie der Hohe und Mittlere Atlas, zwei Gebirgszüge, die von Südwesten nach Nordosten verlaufen. Der Süden des Landes wird von Wüsten geprägt; fruchtbares Land gibt es nur an den Ufern von Flüssen und in den palmenbestandenen Oasen.

Die Sahara

In der Westsahara im Süden Marokkos mit ihren unendlichen Sanddünen leben nur sehr wenige Menschen. Die Ureinwohner dieses Landes sind die Sahrauis, ein nomadischer Volksstamm, dessen Lebensweise derjenigen der Beduinen ähnelt. Die Wüste scheint zwar extrem lebensfeindlich, doch gibt es hier durchaus Tiere, beispielsweise Hasen, Kaninchen, Igel, maulwurfsähnliche Sandwühler, Fledermäuse und Gazellen, aber auch Lerchen, Strauße, Flughühner und Reptilien.

Klima

Dank der recht unterschiedlichen Topografie des Landes sind auch die Klimabedingungen vielfältig. Im Norden, zwischen Tanger und Tétouan und Oujda, und entlang der Atlantikküste bis in die Gegend südlich von Agadir herrscht ein gemäßigtes Klima; die Temperaturen steigen im Sommer auf durchschnittlich 28 °C und im Winter auf immerhin 18 °C. Abends wird es, außer im Hochsommer, das ganze Jahr über recht kühl. Im Norden fällt reichlich Niederschlag, allerdings überwiegend in den Wintermonaten. Im Gegensatz dazu herrscht im Süden ein arides Klima. In den Ebenen des Landesinneren und in Städten wie Fès, Marrakesch und Meknès sind die Sommer heiß, im Winter wird es deutlich kühler; im Atlasgebirge sinken die Temperaturen unter den Gefrierpunkt, und es kann heftig schneien.

Das Rifgebirge

Mit 2448 Metern ist der Tidighine der höchste Gipfel in den Rifbergen. Im Rifgebirge findet man eine ganze Reihe üppig grüner, fruchtbarer Landstriche. Die hohen Berge sind dort mit Kiefernwäldern bedeckt; in der Regenzeit strömen Wassermassen die Hänge herunter und sammeln sich in Becken. Die flacheren Teile des Rifgebirges werden von tiefen Schluchten durchzogen, die im Laufe von Jahrmillionen entstanden sind; ein schönes Beispiel dafür ist Oued Laou. Überdies findet man

Eine Touristenkarawane in der Westsahara bei Merzouga

tief eingeschnittene Täler, die mit Mandelbäumen übersät sind; im Frühling verwandeln sie sich in ein rosafarbenes Blütenmeer.

In dieser Gegend fallen die höchsten Niederschläge im Land; entsprechend viele Pflanzen und Tiere fühlen sich hier wohl. In den Wäldern wachsen die letzten Bestände Marokkanischer Tannen, außerdem Steineichen, Korkeichen und die Atlas-Zedern, die eine Höhe von über 40 Metern erreichen. In den Kiefern- und Zedernwäldern der mittleren Höhenlagen leben die bedrohten Berberaffen. Das Land in den Niederungen des Rif trägt dichte Bestände Kiefern, darunter Seekiefern und Aleppo-Kiefern; im Sommer bestimmen Wildblumen das Bild. Im Winter bedeckt nicht selten Schnee die Gipfel, Hänge und Hochebenen.

Das Atlasgebirge

Marokkos zweite Gebirgskette, der Atlas, teilt sich in den Mittleren und Hohen Atlas; daneben gibt es noch den Antiatlas und den Kleinen oder Tellatlas. Die Berge des Atlas ziehen sich vom äußersten Nordosten durch das Zentrum des Landes bis in den Südwesten. Ähnlich

Schafherde in einem grünen Tal im Rifgebirge

NATUR & LANDSCHAFT

wie das Rif weist auch der Atlas seine ganz eigene Geographie und Ökologie auf. Der Mittlere Atlas, der westlich des Hohen Atlas verläuft, ist vor allem für seine schönen Seen bekannt; zu diesen zählt auch der Aguelmane Sidi Ali. Dieser von Bergen eingefasste See, an dessen Ufern Zedern aufragen, liegt auf 2000 Meter Höhe. Da von den Bergen reichlich Wasser in die Täler fließt, ist hier Landwirtschaft möglich, zumindest im Sommer. Im Winter wird es frostig, und es schneit reichlich. Ifrane, eine der größten Städte der Region, hat sich zum Zentrum eines beliebten Skigebiets entwickelt.

> **Da von den Bergen reichlich Wasser in die Täler fließt, ist hier Landwirtschaft möglich, zumindest im Sommer.**

Trotz der mitunter harten Klimabedingungen findet sich auf dem Mittleren Atlas eine abwechslungsreiche Mischung aus Pflanzen- und Tierenarten, darunter Wildschwein, Rehwild, Iltis und der bedrohte Nordafrikanische Leopard. Hier findet man einen der größten Zedernwälder der Erde. Einige dieser Bäume, etwa die Atlas-Zeder, sind endemisch und stehen unter Schutz. Nur wenn einer dieser Bäume aus natürlichen Gründen entwurzelt wird, dürfen Handwerker sein Holz verarbeiten. In der Nähe von Taza liegt auch der berühmte Nationalpark Tazzeka. Mit seinen Steineichen- und Korkeichenwäldern und der artenreichen Tierwelt in den Höhlen, Tälern und Seen ist er eine der ökologisch wichtigsten Zonen des Landes.

750 Kilometer lang ist der Hohe Atlas; Dutzende seiner Gipfel zählen zu den höchsten Bergen Marokkos. Am bekanntesten sind L'Ouenkrim und L' Aksoual, die eigene kleine Bergrücken bilden. Am höchsten ist der Djebel Toubkal mit beachtlichen 4167 Metern; er befindet sich inmitten des gleichnamigen Nationalparks. Die einzelnen Gipfel des Hohen Atlas trennen tiefe Täler mit steilen Felswänden. Am eindrucksvollsten sind die Schluchten Taghzout und Aqqa-N'Tazart. Am schönsten ist Aït Bouguemez, eine schmale Schlucht mit Walnussbäumen, die nur im Sommer zugänglich ist. Der Hohe Atlas ist eindrucksvoll, und die Artenvielfalt der Region sucht ihresgleichen. In den Wäldern aus Zedern, Kiefern, Walnussbäumen, Eichen und Wacholdersträuchern leben Berberaffen, Mähnenschafe, unzählige Wildschweine sowie Vögel, darunter Spechte, der Diademrotschwanz, Arten von Steinmätzern wie Trauer- und Saharasteinschmätzer, Drosseln, Grasmücken, Stieglitze und Grünlinge sowie Greifvögel (z. B. Wüsten- und Wanderfalke).

GESCHICHTE & KULTUR

Sehenswerter Wasserfall in den Gorges de l'Ouzoud östlich von Marrakesch

In diesem weitläufigen Gebirgszug herrschen unterschiedliche klimatische Bedingungen. Die der Wüste zugewandten Hänge im Osten sind warm und trocken; im äußersten Westen, an der Küste des Atlantiks, ist es selbst im Sommer kühler und frischer. Im Winter sind die Gipfel, insbesondere rund um Ouarzazate, mit Schnee bedeckt.

Küste & Wüste

Nördlich und südlich der Bergketten unterscheiden sich Klima und Landesnatur ganz erheblich voneinander. Der Landstrich entlang der Nordküste von Marokko weist ein mediterranes Klima mit heißen Sommern und kühlen Wintern auf. An der Atlantikküste im Westen des Landes legen die Zugvögel gern eine Rast ein. Am besten beobachten kann man sie im hübschen Dorf Moulay Bousselham in der Nähe von Rabat, nicht weit von der berühmten Lagune und dem Feuchtgebiet Merdja Zerga.

In den Küstengewässern von Atlantik und Mittelmeer wimmelt es von Meereslebewesen. Im warmen Wasser kann man Delfine und große Fische, Thunfische, beobachten. Die hier gefangenen Fische und Meeresfrüchte rechnen Kenner zu den besten in Marokko. Die vor der Küste geernteten Austern sind geradezu legendär.

Den Süden Marokkos dominieren Ebenen mit Buschland und Steppen; jenseits davon erstrecken sich die menschenfeindlichen Sandwüsten der Westsahara. Abwechslung bieten dort nur vereinzelte Oasen mit Palmen und Zitrusfrüchten und sonstiger üppiger Vegetation. In dieser schwer zu meisternden Umwelt leben immerhin Goldschakale, Dorkasgazellen und Kragentrappen.

Umweltfragen

In den letzten 10 000 Jahren hat sich die Umwelt in Marokko erheblich verändert. Einige dieser Wandlungen haben ganz natürliche Ursachen: So ist die Savanne, die einst einen großen Teil der Region bedeckte, weitgehend verschwunden – eine Folge der sogenannten Desertifikation, die am Ende der letzten Eiszeit einsetzte. Auch blieb das Bevölkerungswachstum nicht ohne Folgen für die Landschaft. Zu beobachten ist eine Kombination aus Überweidung (vor allem in der Trockenzeit), übermäßiger Jagd, Entwaldung (und einer damit einhergehenden Bodenerosion) und einer Umlenkung natürlicher Wasserläufe für Bewässerungszwecke in der Landwirtschaft. Viele einheimische Arten sind seither unwiederbringlich verschwunden, darunter der Berberlöwe. ∎

Rettung für den Waldrapp

Mit seinem kahlen Schädel, dem grün schillernden schwärzlichen Gefieder und dem nach unten gebogenen Schnabel sieht der Waldrapp nicht wie ein »Waldrabe« aus. Diesen Namen bekam er, als er um 1550 noch in Deutschland brütete. Heute zählt er zu den seltensten Vögeln der Welt. Die meisten Exemplare leben im Nationalpark Souss Massa nördlich von Agadir. Marokko nimmt die daraus erwachsende Verpflichtung sehr ernst. In den 1990er-Jahren erforschte man das Verhalten des Waldrapps, und Einheimische wurden als Wächter geschult, um die Tiere abzuschirmen; sogar Wasser musste man den durstigen Vögeln heranschaffen. Die Art gilt zwar immer noch als bedroht, doch die Zahl der Brutpaare steigt wieder; 2014 waren es über 100 Paare.

Marokko damals

Mit seinen Städten, Palästen, Souks, Moscheen und Überresten aus der Antike überrascht Marokko mit seiner Geschichte. Es heißt sogar, schon in der griechischen Mythologie tauche Marokko unter dem Namen »Atlas« auf, benannt nach dem gleichnamigen Gott. Fest steht, dass die Berber schon damals hier siedelten.

Frühgeschichte

Archäologische Funde belegen, dass im heutigen Marokko schon seit der Altsteinzeit Menschen lebten. Die ersten Siedler, Träger der sogenannten Capsien-Kultur, kamen zwischen 10 000 und 6000 v. Chr. ins Land, kurz nach dem Ende der letzten Eiszeit. Der Klimawandel, der die Gletscher in Europa zum Schmelzen gebracht hatte, blieb nicht ohne Auswirkungen auf Nordafrika. Die Niederschlagsmengen verringerten sich, und die Sahara, zuvor ein grünes Land, trocknete aus und entwickelte sich zur Wüste. Seit damals trennen Sahara und Atlasgebirge ein Stück des nordwestlichen Afrika vom Rest des Kontinents; so entstand ein Land, das die Araber später Maghreb nannten, »äußerster Westen« oder »Ort des Sonnenuntergangs«. Nach der Eiszeit prägten Grassavannen die Region, vornehmlich entlang der Küsten; diese fruchtbaren Ebenen zogen zunehmend Siedler an. Vermutlich sind die Berber Nachfahren dieser Urbevölkerung. Sie lebten zunächst vorwiegend an den nordafrikanischen Küsten und spalteten sich im Laufe der Zeit in unterschiedliche Stämme auf. Bekannt sind sie auch unter dem Namen Imazighen (Plural von Amazigh); der Name könnte »Freie« oder »Edle« bedeuten. Anfangs siedelten Berber wohl im gesamten heutigen Marokko; sie zogen sich dann aber in die Berge zurück.

> **Jahrhundertelang war das Land Schauplatz von Machtkämpfen; heute ist Marokko aber ein weitgehend geeintes Land.**

Als die Phönizier um 1000 v. Chr. das Land besiedelten, nahm Marokko die Kultur seiner Nachbarn rasch an. Die Phönizier hatten sich schon einige Jahrhunderte lang eine Machtbasis am Mittelmeer geschaffen, ehe ihr Blick auf Marokko fiel. Sie betrachteten die Region als Verbindungsstück zwischen Europa und Afrika; demzufolge errichteten sie hier ihre Handelsniederlassungen für Erz und Salz an der Küste. Von hier aus entstanden Handelsverbindungen mit anderen Ländern, und neue Gewerbe kamen auf, darunter die Eisenverarbeitung, was den Wohlstand des Landes mehrte. Stadtgründungen waren eine Folge der Entwicklung; neu waren beispielsweise die Städte Chellah am Ufer des Oued Bou Regreg, unmittelbar südlich des heutigen Rabat, und Liks

Berber gelten als Nachfahren der Capsien-Kultur

Die Basilika von Volubilis zählt zu den besterhaltenen Römerstätten in Marokko

(oder Lixus), das an der Mündung des Oued Loulous ins Mittelmeer lag. Heute trägt die alte Stadt den Namen Larache. Die größte Phönizierstadt auf marokkanischem Gebiet war Mogador am Atlantik, auf dem Gebiet des heutigen Essaouira. Die Macht der Phönizier wuchs unaufhaltsam, die Berber wurden jedoch nicht vollständig unterworfen; in ihren abgelegenen Bergen waren sie vor Überfällen der neuen Herren sicher. Um 400 v. Chr. hatten die Berber sogar bereits Kontakte zu den Herren von Karthago, der neuen Phönizierhauptstadt in der Nähe des heutigen Tunis, geknüpft, und ihre Stämme hatten sich zu größeren Königreichen zusammengeschlossen; eines davon war das mächtige Königreich Mauretanien. Karthagos Macht erreichte im 4. Jahrhundert v. Chr. ihren Höhepunkt. Es war aber nicht mehr weit bis zu seinem Niedergang: Während der folgenden Jahrhunderte geriet das Karthagerreich zunehmend unter Druck: zunächst durch die Griechen und dann durch die neue Großmacht der Region, die Römer. Nach einer Reihe kleinerer Konflikte besiegten die Römer 146 v. Chr. ihre phönizischen Rivalen.

Rom & Byzanz

Als das Königreich Mauretanien, das einen Teil Marokkos innehatte, aufgrund seiner Handelsverbindungen zusehends an Einfluss gewann,

wurde Rom auf die neue Regionalmacht aufmerksam – mit vorsehbaren Folgen. Heute gelten die Römer als kriegsbesessen, doch gründeten sie ihr Reich nicht nur auf dem Schlachtfeld, sondern auch am Verhandlungstisch. Nachdem sie das Berberreich Numidien unterworfen hatten, ließen die Römer den jungen Kronprinzen Juba II. (46 v. Chr.–23 n. Chr.) in Rom ausbilden; anschließend durfte er als römischer Vasall den Thron des benachbarten Mauretanien besteigen. Juba II., Berber von Geburt, wurde zum Gelehrten. Seine Ehefrau war Kleopatra Selene II., Tochter des Römers Mark Anton und der legendären ägyptischen Königin Kleopatra VII.

Juba II. starb im Jahr 23 und vererbte den Thron an seinen Sohn Ptolemäus. Nach dessen Tod im Jahr 40 teilten die Römer das Land in zwei Provinzen: Mauretania Caesariensis (halbwegs identisch mit dem heutigen Algerien) und Mauretania Tingitana: Letztere umfasste den heutigen Norden von Marokko, Volubilis bei Meknès, Teile des Südens sowie die künftigen spanischen Städte Ceuta und Melilla. Ihre Herrschaft über Mauretania Tingitana sicherten die Römer weniger durch Militärpräsenz als durch gute Beziehungen zu den Berbern.

Die Delegation von Verwaltungsverantwortung hatte zur Folge, dass die Römer in der Provinz kaum präsent waren, auch wenn sie natürlich die oberste Autorität innehatten. Sie beschränkten sich auf eine Handvoll Vorposten, *coloniae* genannt, vor allem an der Küste, denn der Zugang ins Hinterland war durch die Gebirgsketten des Rif und des Atlas nahezu versperrt. Am bekanntesten sind die Niederlassungen Iulia Campestris Babba, Iulia Constantia Zilil und Iulia Velantia Banasa am Südufer des Oued Sebou, außerdem Chellah am Atlantik beim heutigen Rabat.

Als das Königreich Mauretanien, das einen Teil Marokkos innehatte, zusehends an Einfluss gewann, wurde Rom auf die neue Regionalmacht aufmerksam – mit vorsehbaren Folgen.

Dennoch wussten die Römer diese Provinz zu schätzen: vor allem wegen ihrer strategisch günstigen Lage und der Handelsverbindungen im Mittelmeerraum. Exportiert wurden Früchte, Perlen, Getreide, Fisch und Möbel. Auch die Münzen der Provinz standen hoch im Kurs. Das begehrteste Exportgut war der Purpurfarbstoff, der aus Schnecken gewonnen wurde, die in den marokkanischen Gewässern lebten; benötigt wurde der Farbstoff für die Herstellung von Prachtgewändern überall in Europa. Ein wichtiges Handelszentrum hierfür war Tingis, die Hauptstadt von Mauretania Tingitana; daraus ging später die Stadt Tanger hervor.

Eine der bedeutsamsten Errungenschaften der Römerzeit war die Einführung des Christentums. Die Bewohner von Mauretania Tingitana übernahmen nicht nur die Kultur des Römischen Reiches, ab dem 3. Jahrhundert konvertierten sie auch zum christlichen Glauben.

Im 5. Jahrhundert wurde Marokko von germanischen Stämmen erobert, darunter Westgoten und Vandalen. Ihre Herrschaft war nicht von langer Dauer; schon 540 wurden sie von Byzanz verdrängt, das nach dem Zusammenbruch des Weströmischen Reiches am Mittelmeer an Einfluss gewann. Alle Eroberer beschränkten sich auf Niederlassungen an der Küste, die Berber blieben in ihren Gebirgsorten ungestört.

Das Vordringen des Islam

Im 7. Jahrhundert kam es erneut zu einer wichtigen Wende in der Geschichte; damals drangen Araber nach Marokko vor. Sie brachten eine neue Religion mit: den Islam. Die Bevölkerung des Landes trat allmählich zu dieser neuen Religion über, nur bei den Berbern dauerte dies geraume Zeit. Jedoch wandten auch sie sich letztendlich dem Islam zu, behielten aber viele ihrer Gebräuche und Gesetze bei. Der Islam konnte sich behaupten – was man von den arabischen Herrschern, die ihn ins Land gebracht hatten, nicht behaupten kann. Ende des 7. Jahrhunderts kontrollierten die arabischen Armeen einen großen Teil der marokkanischen Nordküste und errichteten dort Siedlungen; daraus gingen bedeutende Königreiche hervor. Die Berber aber lehnten ihre neuen Herren ab und trieben die Araber im Jahr 683 wieder aus dem Land. Von 710 bis 740 herrschten die Araber noch ein zweites Mal über das Land, wurden dann aber erneut von aufständischen Berbern davongejagt.

> **Im 7. Jahrhundert kam es zu einer wichtigen Wende in der Geschichte des Landes; damals drangen Araber nach Marokko vor. Sie brachten eine neue Religion mit: den Islam.**

Die Dynastie der Idrisiden

Im Jahr 788 trat Idriss I. die Herrschaft über das Land an; er regierte bis 791 und begründete die Idrisiden-Dynastie. Seine Herrschaft war zwar nur von kurzer Dauer, doch Historiker halten ihn trotzdem für eine Schlüsselfigur in der islamischen Landesgeschichte. Der in Syrien geborene Idriss I. war ein direkter Nachfahre des Propheten Mohammed. Als die Kalifen aus dem Geschlecht der Abbasiden 787 versuchten, Idriss' Familie auszulöschen, floh dieser in Richtung Westen in die alte Stadt Walila, das römische Volubilis, wo der Berberstamm der Awraba ansäs-

Idriss I. gründete im 8. Jahrhundert die Heilige Stadt Zerhoun (heute: Moulay Idriss)

sig war. Als Nachfahre des Propheten war Idriss den Awraba willkommen, denn sie hofften, er sei im Bunde mit der göttlichen Vorsehung. Idriss nahm Kanza zur Frau, die Tochter des Stammesfürsten Ishaq ibn Muhammad; ihr gemeinsamer Sohn Idriss II. (791–828) folgte dem Vater auf dem Thron.

Schon Idriss I. sicherte sich einen großen Teil Nordmarokkos, und er gründete die Stadt Fès unweit von Volubilis. Idriss' Macht wuchs schnell, so dass er Marokko aus dem Kalifat der Abbasiden herauslösen und für unabhängig erklären konnte, sehr zum Ärger des Kalifen Harun el Rashid. 791 wurde Idriss im Auftrag des Kalifen vergiftet. Nur wenige Monate nach Idriss' Tod wurde sein Sohn Idriss II. geboren. Er trat sofort in die Thronfolge ein, wurde aber erst 805, mit 13 Jahren, offiziell zum König erklärt. Bis dahin kümmerten sich die Awraba um das Kind; politisch waren diese Jahre äußerst instabil. Der junge König setzte sich dann allerdings rasch durch und erwählte Fès zu seiner neuen

Hauptstadt. Idriss II. blieb als bedeutender Herrscher in Erinnerung: Er einte das Land, trieb seine Unabhängigkeit voran, förderte die Ausbreitung des Islam und garantierte eine Zeit wirtschaftlichen Wachstums.

Islamische Berberdynastien

Beim Tod Idriss' II. im Jahr 828 wurde sein Reich unter seinen zwölf Söhnen aufgeteilt. Jeder von ihnen erhielt ein kleines Emirat; das schwächte die Dynastie und führte zu ihrer Auflösung. Das 9. und 10. Jahrhundert standen im Schatten interner Machtkämpfe zwischen diversen Dynastien.

Die Zeit der Instabilität endete Mitte des 11. Jahrhunderts mit dem Aufstieg der Almoraviden, einer islamischen Berberdynastie aus der nördlichen Sahara. Im Verlauf eines Jahrhunderts, das von Wohlstand geprägt war, errangen die Almoraviden die Herrschaft über einen großen Teil Nordafrikas, die heutige Westsahara, Mauretanien sowie Teile von Spanien, Portugal, Algerien, vom Senegal und von Mali.

Die marokkanische Flagge über Ksar Zagora, wo im 11. Jahrhundert eine Festung stand

Die Dynastie der Almoraviden geht zurück auf einen jungen muslimischen Theologen und Rechtsgelehrten namens Abdallah ibn Yasin. Er gehörte dem Sanhadscha-Stamm der nördlichen Sahara an und vertrat den Islam in der Glaubensrichtung der Sunniten. Da er vom Stammesführer Yahia ibn Ibrahim zum Predigen ermutigt wurde, begab sich Abdallah ibn Yasin mit seinen Anhängern in die Berberstädte der westlichen Sahara, wo er ab 1054 lehrte. Zunächst lehnten die Berber ihn ab, und er war zum Rückzug gezwungen; er blieb aber hartnäckig, und bald folgten ihm die Berber durchs südliche und mittlere Marokko. Da sie beim Ritt durch die Wüste ihre Gesichter verhüllten, nannte man sie bald »die Verschleierten«.

Unter Abdallah ibn Yasin und dem ersten Herrscher der Dynastie, Youssef ibn Tachfin (regierte 1061–1106), sicherten sie sich die Handelswege der Karawanen aus der Sahara und drangen bis Adhmet vor. 1062 gründeten die Almoraviden schließlich Marrakesch als ihre Hauptstadt. 1069 nahmen sie Fès

Zeittafel

10000–6000 v. Chr.	Vertreter der Capsien-Kultur dringen nach Marokko vor
1000 v. Chr.	Phönizier besiedeln die Küsten
400 v. Chr.	Berberstämme gründen das Königreich Mauretanien
40 n. Chr.	Gründung der römischen Provinz Mauretania Tingitana
5. Jahrhundert	Vandalen und Westgoten beenden die römische Herrschaft
6. Jahrhundert	Byzanz erringt die Herrschaft über Marokko
7. Jahrhundert	Arabische Eroberer bringen den Islam ins Land
788–791	Idriss I. begründet die erste große islamische Dynastie
791–828	Regierungszeit Idriss' II.
1061	Youssef ibn Tachfin (regierte 1061–1106) begründet die Dynastie der Almoraviden und wählt Marrakesch zur Hauptstadt
1145	Dynastie der Almohaden
1195	Dynastie der Meriniden
1492	Die Christen erobern Granada zurück, das letzte muslimische Reich in Spanien; die andalusischen Muslime ziehen sich nach Marokko zurück
1554	Unter Muhammad ash-Sheikh übernehmen die Saadier die Macht
1666	Marokko wird erstmals von einem Vertreter der Alawiden-Dynastie regiert
1884	Spanien errichtet an der marokkanischen Küste ein Protektorat
1912	Der Vertrag von Fès verwandelt Marokko in ein französisches Protektorat; Spanien behält seine Besitzungen an der Küste
1927	Beginn der Regierungszeit Sultan Mohammeds V.
1956	Ende des französischen Protektorats, Spanien behält seine Enklaven; Mohammed V. wird erster König von Marokko
1961	Tod Mohammeds V.; sein Sohn Hassan II. besteigt den Thron
1973	Die von Algerien unterstützte Polisario kämpft für einen unabhängigen Staat Westsahara
1975	Spanisch-Sahara, jetzt Westsahara genannt, wird von Marokko und Mauretanien verwaltet; Algerien erhebt Einspruch, und Marokko besetzt das Land
1976	Kriegerische Auseinandersetzungen mit Algerien im Westsahara-Konflikt, da sich Marokko und Mauretanien das Gebiet untereinander aufteilen
1991	Waffenstillstand in der Westsahara, doch der völkerrechtliche Status bleibt ungeklärt
1999	König Hassan II. stirbt; Thronfolger ist sein Sohn Mohammed VI.
2007	Marokko unterbreitet den Vereinten Nationen einen Vorschlag für eine Autonomie der Westsahara, den die Polisario allerdings zurückweist
2007	Marokko fordert – vergeblich – eine Rückführung der spanischen Enklaven Ceuta und Melilla
2011	Der »Arabische Frühling« geht auch an Marokko nicht spurlos vorüber; nach Demonstrationen setzt König Mohammed VI. eine Verfassungsreform für mehr Demokratie durch

Im Inneren des Mausoleums für Moulay Idriss II. in Fès (14. Jahrhundert)

ein, Tanger folgte einige Jahre darauf, und 1086 überquerten sie das Mittelmeer und eroberten die spanischen Städte Córdoba, Granada und Sevilla. Das vom sunnitischen Islam zusammengehaltene Reich entwickelte sich prächtig; bald reichte es von Barcelona bis in die Sahara.

Almohaden, Mariniden & Saadier

Im 12. Jahrhundert waren die Almoraviden vor allem in Andalusien und weniger in Marokko engagiert; das kostete sie die Macht, und an ihre Stelle trat 1145 das Herrscherhaus der Almohaden. Deren Erfolg begründeten zwei Persönlichkeiten: der streng religiöse Ibn Toumart, der

MAROKKO DAMALS

ein verweltlichtes Land wieder zum reinen Islam zurückführen wollte, und der Krieger Abd el Mu'min (1094–1163). Abd el Mu'min übernahm die Regentschaft nach dem Tod Ibn Toumarts; er begründete eine der größten Dynastien, die es im Maghreb je gegeben hatte. Auf dem Höhepunkt ihrer Macht herrschte sie über sämtliche marokkanischen Städte aus der Zeit der Almoraviden, einen Großteil des muslimischen Spaniens und dazu über Libyen, Algerien und Tunesien. Ihr Einfluss währte über ein Jahrhundert, und dank Abd el Mu'min und seinen Nachfolgern war diese Epoche eine Zeit sozialen und wirtschaftlichen Fortschritts. Man gründete Universitäten, baute eine Flotte und entwickelte die Infrastruktur weiter. Die Architektur blühte, insbesondere unter Abd el Mu'mins Enkel Yacoub el Mansour, der den Bau der großen Koutoubia-Moschee in Marrakesch und des Hassan-Turms in Rabat in Auftrag gab.

Mansours Regierungszeit, die 1199 endete, markiert den Höhepunkt der Almohaden-Macht. In den folgenden Jahrzehnten kam es zu kriegerischen Auseinandersetzungen, die die Macht der Dynastie schwächte. So erwies sich die Schlacht von Las Navas de Tolosa 1212 als Wendepunkt im Verlauf der Reconquista, der jahrhundertelangen Rückeroberung der Iberischen Halbinsel durch christliche Herrscher; zu ihnen zählten damals König Alfonso VIII. von Kastilien (1155–1214), König Sancho VIII. von Navarra (1157–1234), König Pedro II. von Aragón (1178–1213) und König Alfonso II. von Portugal (1185–1223). Es folgten weitere Schlachten im Rahmen von Stammesrevolten in Afrika, in deren Verlauf immer mehr Landstriche abtrünnig wurden, bis die Almohaden besiegt waren.

Die Dynastie der Mariniden, die vom Ende des 12. Jahrhunderts bis Mitte des 15. Jahrhunderts die Regierungsgewalt innehatte, begann auf einem viel niedrigeren Niveau als ihre Vorgänger. Beim Niedergang der Almohaden war das Land zersplittert; den Mariniden blieb nur Marokko selbst. Es gelang ihnen zwar nicht, ihr Territorium auszuweiten, doch waren sie ansonsten nicht ohne Erfolge. Da ihnen militärischer Ruhm verwehrt blieb, verlegten sie sich auf die Architektur. In ihrer Hauptstadt Fès errichteten sie wunderbare Bauten, darunter einen Königspalast, für den sie ein neues Viertel vor den Toren der Stadt anlegten: Fès el Jedid. Dieses neue Viertel erhielt eine eigene Stadtbefestigung, Koranschulen und Universitäten, Souks, Parks und Wohnhäuser, außerdem einen *mechouar*, einen riesigen Platz für große Zeremonien. Auch den Mariniden glitt freilich im Laufe der Zeit die Macht aus den Händen, und Berber, Araber und Christen wetteiferten darum, an ihre Stelle zu treten.

> Abd el Mu'min übernahm die Regentschaft nach dem Tod Ibn Toumarts; er begründete eine der größten Dynastien, die es im Maghreb je gegeben hatte.

Zunächst folgten ihnen die Wattasiden und dann die einflussreichen Saadier, die unter Sultan Mohammed ash-Sheikh an die Macht drängten. Die Saadier behaupteten sich bis Mitte des 17. Jahrhunderts; während dieser Zeit gelang es ihnen, osmanische und portugiesische Eroberer von Marokko fernzuhalten. 1541 vertrieb man die Portugiesen aus Agadir, 1578 wurde Portugals Streitmacht bei Tanger vernichtend geschlagen.

Ursprünglich kamen die Saadier aus Tagmadert im Drâa-Tal; dort war Taroudant ihre Hauptstadt. Ähnlich wie andere Berber vor ihnen wählten sie Marrakesch zum Regierungssitz. Ihr erster Sultan, der seine Amtsgeschäfte von Marrakesch aus führte, war Zidan Abu Maali (regierte 1603–1627). 1659 endete die Herrschaft der Saadier über Marokko.

Die Dynastie der Alawiden

Im 17. Jahrhundert errang die Dynastie der Alawiden die Macht in Marokko. Die von Moulay Ali Cherif, dem Sultan von Tafilal, begründete Dynastie begann noch bescheidener als die Mariniden; ihr Herrschaftsbereich beschränkte sich auf das Drâa-Tal und den Süden des Landes, darunter Teile der Sahara. Moulay Ali Cherifs Sohn, Moulay el Rashid, vergrößerte dann rasch den Einflussbereich der Familie: Er eroberte zunächst Taza und anschließend Fès. Schließlich sicherte er sich noch Marrakesch und die Bergregion. 1666 kontrollierten die Alawiden ganz Marokko. Von kleineren Unruhen abgesehen, blieb das Land die folgenden 150 Jahre fest geeint.

Im 19. Jahrhundert erwachte in Europa wieder das Interesse am Maghreb. Portugiesen und Franzosen brachten große Teile Nordafrikas in ihren Besitz, darunter auch Marokko. Algerien fiel 1830 an Frankreich; Marokko rettete da noch seine Unabhängigkeit, die Zeiten blieben unruhig. 1859/60 eskalierte ein schon lange schwelender Streit über Ceuta, eine spanische Enklave an der marokkanischen Küste. Spanien erklärte den Krieg und annektierte auch noch das Umland von Ceuta, außerdem Tétouan, eine weitere Stadt am Mittelmeer. 1884 richtete Spanien für seine Besitzungen an der marokkanischen Küste ein Protektorat ein.

Nach dem Ende des Zweiten Weltkriegs flammten nationale Unruhen stärker auf als zuvor; schließlich erhielt Marokko 1956 seine Unabhängigkeit zurück.

Auch Frankreich verteidigte seine Interessen in Marokko und vereinbarte im Vertrag von Fès 1912 die Gründung eines Protektorats. Es überdauerte die Herrschaft der Sultane Yusef (1882–1927) und Mohammed V. (1927–1961; zeitweise im Exil). Beide Herrscher waren einem Gouverneur unterstellt, der von Frankreich eingesetzt wurde. Zunächst gab es unbestreitbaren Fortschritt, etwa den Ausbau der Infrastruktur und sogar neue Stadtgründungen, die sogenannten *villes nouvelles* vor den Toren der alten Medinas. Die Einheimischen lehnten die Besatzungsmacht dennoch ab; vor allem die Berber leisteten lange Widerstand.

Nach dem Ende des Zweiten Weltkriegs flammten nationale Unruhen stärker auf als zuvor; schließlich erhielt Marokko 1956 seine Unabhängigkeit zurück. Mohammed V. kehrte aus dem Exil zurück und wurde vom Volk begeistert zum König erklärt; bis heute spricht man deshalb

König Hassan II. (Mitte rechts) bei einem Staatsbesuch in Frankreich

von der »Revolution des Königs und des Volkes«. Alljährlich wird der Jahrestag dieses Ereignisses am 20. August gefeiert. König Mohammed V. starb 1961. Ihm folgte sein Sohn Hassan II. (1929–1999).

In den 1970er-Jahren entstand mit algerischer Unterstützung die Frente Polisario, eine militärische und politische Widerstandsbewegung, die in der zuvor spanischen Westsahara einen von Marokko unabhängigen Staat errichten wollte. Nach langen Verhandlungen einigte man sich auf eine Aufteilung des Territoriums zwischen Marokko und Mauretanien. Da Algerien Widerspruch einlegte, besetzte Marokko das gesamte Gebiet. Es kam zu Gefechten mit algerischen Truppen und zur Teilung der Region. 1991 wurde zwar ein Waffenstillstand vereinbart, der völkerrechtliche Status der Westsahara ist aber bis heute ungeklärt.

Mittlerweile herrscht König Mohammed VI. in Marokko. Er hat eine Kommission zur Aufklärung von Menschenrechtsverletzungen eingesetzt und Freihandelsabkommen mit der EU und den USA aushandeln lassen. Seine Macht ist immens: Der König kann das Parlament einberufen und auflösen und selbst neue Gesetze erlassen. Angesichts der Proteste und Revolutionen in vielen nordafrikanischen Ländern im Frühjahr 2011 hat Mohammed VI. angeboten, einen Teil seiner Vollmachten an die Regierung zu übertragen. ∎

Kunst & Kultur

Ob nun Literatur, Theater, Film und Musik oder Kunsthandwerk wie Töpferei, Kupfer- und Lederverarbeitung: In Marokko sind künstlerische Traditionen lebendig. Die Kunstszene ist stolz auf ihre Wurzeln in der Kultur der Berber; im Laufe der Jahrhunderte haben zudem Araber, Franzosen und Spanier Spuren hinterlassen.

Literatur

Unter den Künsten kann die Literatur auf die reichhaltigste Tradition zurückblicken: auf Dichter und Gelehrte, die in arabischer Sprache geschrieben haben. Frühe Anerkennung erwarben sich marokkanische Schriftsteller während der Zeit der Gelehrsamkeit unter den Almoraviden und Almohaden im 11. bis 13. Jahrhundert. In dieser Zeit gab es zwei Gruppen von Autoren: Die einen lebten und arbeiteten innerhalb des Sultanspalastes, denn dort wurden Kultur und Bildung gefördert; die anderen entstammten der Bevölkerung von Marokko und Andalusien.

Der andalusisch-arabische Ibn Bajjah (1095–1138) war einer der berühmtesten Gelehrten seiner Zeit. Der hochgeachtete Astronom, Philosoph, Arzt und Mathematiker war als Wesir für der Almoraviden tätig. Er hat das Wissen der frühen Dynastien um physikalische und astronomische Vorgänge entscheidend geprägt. Qadi Ayyad ibn Musa (1083–1149) war ein Zeitgenosse Ibn Bajjahs und einer der einflussreichsten Lehrer der sunnitischen Richtung des Islam. Sein Ansehen vor allem in Marrakesch war so groß, dass die Universität von Marrakesch, die Qadi Ayyad, heute nach ihm benannt ist. In der Universität und in Sammlungen wie dem Musée Dar el Batha in Fès und dem Musée de Marrakech werden frühe Werke von Qadi Ayyad und seiner Zeitgenossen aufbewahrt.

Die Almohaden setzten sich für Bildung ein – nicht nur für eine kleine Gelehrtenschicht, sondern auch für das Volk. Während dieser

Eine Theatertruppe aus Salé in den Straßen von Rabat

Meilensteine der Literatur

- **12. Jahrhundert:** Im maurischen Spanien schreibt der Arzt und Philosoph Ibn Tufal den ersten arabischen Roman, *Hayy ibn Yaqdhan*.
- **1377:** Ibn Khaldouns *Muqaddimah* gilt schon bald als ein frühes Grundwerk der Geschichtsphilosophie und Wirtschaftstheorie.
- **18. Jahrhundert:** *El Hawd* von Muhammad Awzal ist das älteste schriftlich erhaltene Werk der Berber.
- **1980:** Leila Abouzeid veröffentlicht *Aam al-Fil* (Jahr des Elefanten), einen der ersten von einer Frau verfassten Romane in arabischer Sprache. Das Buch handelt von den Nachwehen des Kolonialismus, der Unabhängigkeit und der neuen Rolle der Frau in der marokkanischen Gesellschaft.

Der amerikanische Schriftsteller und Komponist Paul Bowles (links) mit seinem marokkanischen Kollegen und Übersetzer Mohammed Mrabet

Zeit entstand die große Koutoubia-Moschee in Marrakesch, deren Bibliothek für einen Bestand von 25 000 Büchern und Handschriften angelegt war. Sultan Abu Yaqub Yusuf ließ zudem Schulen und Universitäten bauen, mittellose Schüler erhielten Stipendien.

Die Philosophen Ibn Rushd (1126–1198), in Europa als einer der größten Denker seiner Zeit gepriesen, und Ibn Tufail (1105–1185), Autor des Romans *Hayy ibn Yaqdhan (Der Lebendige, Sohn des Wachenden)*, galten als die bedeutendsten Intellektuellen ihrer Epoche.

Im 12. Jahrhundert entwickelte sich die Universität von Fès (El Qarawiyyan) zu einem Zentrum des Schrifttums. Auf Anordnung des Sultans Abu Inan stellte man der Universität noch die Medersa Bou Inania zur Seite. Diese Hochschule wurde zu einer religiös und kulturell wichtigen Bildungsstätte. In Fès lehrten so bedeutende Persönlichkeiten wie der nordafrikanische Universalgelehrte, Astronom und Historiker Ibn Khaldoun (1332–1402), ein Vorkämpfer der modernen Wirtschaftslehre. Am bekanntesten ist sein Hauptwerk *Muqaddimah* von 1377. Aus der großen Zahl namhafter Gelehrter jener Zeit wäre noch der muslimische Berber Abu Abdullah Muhammad ibn Abdullah el Lawati el Tanji ibn Battuta zu nennen, der sich durch Reisebeschreibungen einen Namen machte; eines seiner bekanntesten Werke heißt einfach *Rihla (Reise)*. Er bereiste Afrika und Spanien und kam sogar bis nach China, Indien und auf die Malediven. Seine Berichte fanden in jüngster Zeit Eingang in einen Film *Weg nach Mekka. Die Reise des Muhammad Asad* (2008).

Im 16. und 17. Jahrhundert nahm die marokkanische Literatur einen spürbaren Aufschwung; so sorgte damals der Saadier-Herrscher Ahmed el Mansour für die Publikation der Werke seiner Hofpoeten. In jenen Jahren richtete man weitere Bibliotheken ein, vor allem in Taroudant, und der religiöse Dichter Muhammad Awzal machte sich im 17. Jahrhundert um die Sprache der Berber verdient. Seine Schrift *El Hawd* gilt als erstes schriftlich niedergelegtes Zeugnis der Berbersprache.

Eine moderne Literatur kennt Marokko seit dem 20. Jahrhundert, seit der Zeit also, als gebildete Marokkaner die literarischen Traditionen und Techniken der europäischen Moderne kennenlernten. Seit der Unabhängigkeit des Landes in den 1950er-Jahren und einer raschen Wandlung der Gesellschaft entstanden neben den traditionellen Hochschulen viele neue Bildungseinrichtungen. Seither traten viele junge Autoren in Erscheinung und wurden auch außerhalb ihres Landes wahrgenommen. Zu den großen Schriftstellern der letzten Dekaden rechnet man u. a. Muhammad Choukri (1935–2003); am bekanntesten sind seine autobiografischen Werke *Das nackte Brot* (1987) und *Streetwise* (1996; ins Englische übersetzt). Driss Chraibi (1926–2007) publizierte 1954 seinen Roman *Le Passé Simple* in französischer Sprache; von Tahar ibn Jelloun (geb. 1944) stammt u. a. *Sohn ihres Vaters* (1988), und Muhammad Berrada (geb. 1938) schrieb *The Game of Forgetting* (1996). Einer der angesehensten Literaturpreise Marokkos ist nach dem Romancier Mohamed Zafzaf (1942–2001) benannt.

Der berühmteste in Marokko angesiedelte Film, *Casablanca*, wurde 1942 noch komplett in Hollywood gedreht.

Auch internationale Künstler ließen sich von den Schönheiten Marokkos inspirieren. So kam der amerikanische Schriftsteller und Musiker Paul Bowles (1910–1999) 1947 zum ersten Mal nach Tanger und war von der Stadt so fasziniert, dass er bis zu seinem Tod dort blieb. Sein bekanntester Roman *Himmel über der Wüste* spielt in Nordafrika und wurde 1949 veröffentlicht. Viele marokkanische Romane wurden überdies verfilmt oder dramatisiert und auf Festivals präsentiert.

Kino

Seit Flugreisen in der zweiten Hälfte des 20. Jahrhunderts immer erschwinglicher wurden, rückten Marokkos Dünenlandschaften und die Gassen der Medinas zunehmend in den Blick ausländischer Filmemacher. Der berühmteste in Marokko angesiedelte Film, *Casablanca*, wurde 1942 jedoch komplett in Hollywood gedreht. In Casablanca mag es zur Zeit des Zweiten Weltkriegs womöglich gar kein »Rick's Café Américain« gegeben haben – heute findet man jede Menge mit diesem Namen. Eines der frühesten authentischen Porträts dieses Landes

(Fortsetzung auf S. 50)

Marokkanische Baukunst

Im Verlauf der letzten 1000 Jahre unterlag die marokkanische Architektur zwei Einflüssen: dem Islam (denn die Bauweise fügt sich in den Rahmen einer islamischen Tradition) und den Vorlieben der Herrscher und Dynastien.

Die Almoraviden, deren Reich das spanische Andalusien mit einschloss, brachten im 11. Jahrhundert dekorativen Stuck und die Bögen der maurischen Architektur nach Marokko. Ihre Nachfolger, die Almohaden, bevorzugten ebenfalls den spanischen Stil, neigten aber zum Monumentalen: Sie errichteten gewaltige Bauten wie die Koutoubia-Moschee in Marrakesch und die Große Moschee in Salé. Höhepunkt dieses Baufiebers waren die Planungen für die – nach Mekka – zweitgrößte Moschee der Welt in Rabat. Der Tod des Sultans Yacoub el Mansour führte zu einem Abbruch des Projekts.

Eines der markantesten Merkmale mittelalterlicher Städte sind die eindrucksvollen Stadtbefestigungen. Fast jede wichtige Stadt besaß eine Kasbah, eine von mächtigen Mauern eingefasste Zitadelle. Der Zutritt erfolgte durch dekorativ gestaltete Tore (*bâb*). Einige der schönsten Beispiele für solche Tore findet man in Rabat (Bâb Oudïaa) und Meknès (Bâb Mansour).

Paläste & Moscheen

Mit zunehmender Absicherung ihrer Machtposition verloren militärische Schutzbauten an Bedeutung, und die Herrscherfamilien widmeten sich der zivilen Architektur. Nun entstanden riesige Palastanlagen. Die erste Dynastie, die in großem Umfang Paläste bauen ließ, waren die Mariniden. Und da ihnen ihre Hauptstadt Fès für diese Repräsentationszwecke zu klein erschien, legten sie im 13. Jahrhundert eine ganz neue Stadt an: Fès el Jedid, einen Stadtbezirk nur für den Bau des Palastes. Selbstverständlich achteten die Herrscher auch darauf, die eigene Selbstdarstellung durch Gesten religiöser Demut abzumildern: So entstanden die Moscheen von Fès, Mèknes, Marrakesch und Salé.

Die frühen Dynastien im Lande hatten sich große Reiche aufgebaut; die Einnahmen daraus verwendeten sie für ihre Bauvorhaben. Die Macht der späteren Dynastien war weitaus geringer, ihr architektonischer Ehrgeiz entsprechend kleiner.

Natürlich entstanden hier und da interessante Bauten, vor allem Ende des 17. Jahrhunderts unter den Saadiern, und noch im 18. Jahrhundert, als der Alawiden-Sultan Moulay Ismail

---

Minarette

Ein Minarett ist ein schlanker Turm und Teil der Moschee. Marokkanische Moscheen besitzen in der Regel jeweils ein quadratisches Minarett; eine Ausnahme stellt das achteckige Minarett an der Moschee von Chefchaouene dar. Damit unterscheiden sich marokkanische Minarette von den eher runden Säulen, wie sie ansonsten in der muslimischen Welt vorherrschen. Minarette tragen eine Plattform, von der aus der Gebetsrufer die Gläubigen fünfmal am Tag zur Andacht ruft. Sehenswert sind das Minarett der Koutoubia-Moschee in Marrakesch (1150–1190) und die Hassan-II.-Moschee in Casablanca mit dem höchsten Minarett der Welt (210 m).

Le Jardin Majorelle in Marrakesch: moderne Profanarchitektur mit Elementen einer Moschee

seine Hauptstadt Meknès mit Palästen, Stallungen und einer über 40 Kilometer langen Mauer schmücken ließ.

Moderne Einflüsse

Neue Anregungen empfing die Architektur erst wieder Anfang des 20. Jahrhunderts in der Zeit des französischen Protektorats. Frankreich initiierte ein umfassendes Programm zur städtebaulichen Erneuerung und errichtete unzählige *villes nouvelles* (Neustädte) unmittelbar neben den traditionellen Medinas. Die meisten sind in einem spanisch-neomaurischen Stil gehalten, auch wenn in den 1930er-Jahren eine marokkanische Variante des Art déco aufkam, die besonders in Casablanca beliebt war. Viele architektonische Neuerungen gingen in den letzten 50 Jahren von Casablanca aus; ein Höhepunkt war wohl die imposante Hassan-II.-Moschee in den 1990er-Jahren. Auch in Marrakesch entstanden bemerkenswerte Neubauten: die Banque Commerciale du Maroc (Abdeirahim Sijelmassi, 1985), Douar Ahiads Wohnbauprojekt (Charles Boccara, 1992) und das Flughafen-Terminal 1 (CR Architects, 2008).

Raffinierte marokkanische *zellij*-Kachelkunst

entstand ein paar Jahre später, 1949, als Orson Welles seinen *Othello* in Essaouira, Safi und El Jadida drehte. Der Film gewann die Goldene Palme von Cannes – als marokkanischer Beitrag. Es folgten weitere Hollywood-Produktionen, darunter Alfred Hitchcocks *Der Mann, der zu viel wusste* (1956) mit Szenen aus der Medina von Marrakesch. Im Klassiker *Lawrence von Arabien* rückt die marokkanische Wüste ins Bild, und in *Der Mann, der König sein wollte* (1975) ersetzt die marokkanische Kulisse den eigentlichen Schauplatz Afghanistan. Auch für weitere Blockbuster wie *Auf der Jagd nach dem Juwel vom Nil* (1985), *Gladiator* (2000), *Troja* (2004), *Alexander* (2004), *Prince of Persia: Der Sand der Zeit* (2010) lieferte Marokko den Hintergrund.

Den ersten marokkanischen Spielfilm brachte man Ende der 1960er-Jahre in die Kinos. Während ausländische Regisseure das Exotische suchten, kümmerten sich marokkanische Filmemacher um soziale Fragen. Zu den bekannteren Filmen aus Marokko gehören *El Chergui* (1975), ein Beitrag zum Thema Polygamie und Frauenrechte, *Alyam Alyam* (1978) über die Lage von Kleinbauern und *Le Coiffeur du Quartier des Pauvres* (1982). 2008 wurde *Casanegra* für den Oscar als bester fremdsprachiger Film nominiert. 2009 drehte Bruce Neilbur *Weg nach Mekka* über das Leben des Ibn Battuta, der sich 1325 auf eine Pilgerfahrt nach Mekka begab. Filmfestivals gibt es in Marrakesch; in Tétouan findet das International Mediterranean Film Festival statt.

Theater

Schon seit den Zeiten wandernder Puppentheaterbühnen ist das Theaterspiel tief in der Kultur Marokkos verankert. Die traditionelle Theaterform des Landes nennt sich *halqa* (etwa: der Kreis): ein spontanes Stegreiftheater unter freiem Himmel. Die Aufführungen schließen Elemente aus Komödie und Tragödie sowie Tanz und Musik ein. Diese *halqa*-Aufführungen finden zwar noch statt, und es gibt eine berühmte *halqa*-Bühne auf dem Platz Djemaa el Fna in Marrakesch, doch orientiert sich das zeitgenössische marokkanische Theater zunehmend an westlichen Vorbildern. In neuen Theaterbauten bekommt man bis heute *bsat* zu sehen, eine komisch-satirische Theaterform des 18. und 19. Jahrhunderts. Bühnen gibt es in allen größeren Städten, und weitere sind in Planung, denn die Theaterszene erfreut sich amtlicher Förderung. Der geplante CasaArt-Komplex an der Place Mohamed V. in Casablanca wird nach Fertigstellung 2,5 Hektar umfassen; er wäre dann der größte Theaterbau in der arabischen Welt und in ganz Afrika.

Traditionelles Kunsthandwerk

Marokkanisches Kunsthandwerk ist weithin berühmt, vor allem Arbeiten aus Stein, Holz, Gips, Metall, Ton und Leder. Möbel zu beschnitzen, Motive ins Leder hineinzuschneiden oder kunstvolle Ornamente aus Eisen zu gestalten sind Kunstfertigkeiten, die von einer Generation auf die nächste vererbt werden und die sich heute auf jedem Souk und an den Fassaden vieler Städte bestaunen lassen. Besonders präsent sind raffinierte Holzarbeiten, feiner Stuck und die *zellij*-Kachelkunst; Letztere findet man in großen Moscheen ebenso wie in Privathäusern. ■

Die Kunst des Teppichknüpfens

Teppiche werden überall in Marokko auf traditionelle Weise gewebt, doch die Techniken und Gestaltungsmittel unterscheiden sich von Region zu Region. Die Teppiche der Berber sind mit schlichten geometrischen Figuren geschmückt. Die in Casablanca und Rabat hergestellten Teppiche tragen dagegen kompliziertere geometrische Ornamente. Die Teppiche aus Marrakesch mit ihren leuchtenden Farben werden noch wirklich geknüpft. Das Weben eines Teppichs ist eine recht zeitraubende Angelegenheit. Üblicherweise waschen Frauen die Wolle und richten die Fasern dann mit einer Art Kamm aus; diesen Vorgang nennt man Kardieren. Die Wolle wird anschließend zu Garn versponnen, gefärbt und auf einem Webstuhl weiterverarbeitet. Die meisten Webstühle sind quadratische Rahmen; in vertikaler Richtung sind dort die Kettfäden eingespannt. Die horizontalen Fäden, die Schussfäden, werden dann entweder von Hand um die Kettfäden geknüpft oder dort hindurchgeführt. Jeder Faden wird am Ende mit einem Kamm eng an den vorhergehenden geschoben. Auf vielen Souks in den größeren Städten kann man den Webern und Teppichknüpferinnen bei der Arbeit zuschauen. In Marrakesch wendet man sich am besten an die Moulay Hfid Weaving Association *(2. Stock, Fondouk Moulay Hfid, Essebtiyne).*

Groß, frech und immer in Bewegung ist Marokkos wahrhaft kosmopolitische Stadt, die dennoch einige wirklich ruhige Plätze aufweist

Casablanca & die Küste

Erster Überblick   54

Im Zentrum von Casablanca   56

Rundgang durch die Innenstadt von Casablanca   58

Die Umgebung von Casablanca   62

Erlebnis: Golfspielen auf dem Royal   63

Erlebnis: Austern & Vogelbeobachtung in Oualidia   65

Erlebnis: Bergwandern auf dem Djebel Tassemit   66

Hotels & Restaurants   276

Die Hassan-II.-Moschee beherrscht die Skyline von Casablanca

Casablanca & die Küste

Casablanca ist eine Stadt, die sofort begeistert. Ob man sie nun aus dem Fenster eines Flugzeugs oder vom Deck eines Kreuzfahrtschiffes sieht, sie erstreckt sich immer so weit das Auge reicht, ergreift Besitz von der Fantasie und lädt die Besucher ein, ihre Straßen, Plätze und Bauwerke zu erkunden.

Casablanca ist eine Stadt voller Gegensätze. Diese alte und doch weltoffene Stadt und ihr Hafen, der größte Nordafrikas, sind Finanz-, Wirtschafts- und Handelszentrum Marokkos. Sie ist mit über 3,6 Millionen Einwohnern die größte Stadt des Landes. In ihrer Ausdehnung kommt sie gleich nach der Hauptstadt Rabat. Weltbekannte Firmen haben hier ihre Niederlassungen.

Jeder der acht Verwaltungsbezirke der Stadt hat seine eigene Atmosphäre. Im Westen liegt Anfa, ein Wohngebiet für reichere Leute; in der Nähe des Zentrums liegen die pulsierenden Viertel der Innenstadt, darunter die verkehrsreiche Kreuzung an der Place des Nations Unies, die nahe gelegene Medina, Mers Sultan, Ben Slimane und im Nordosten der Industriehafen von Sidi Belyout. Südlich der Innenstadt erstreckt sich das Quartier des Habous, die von den Franzosen in den 1930er-Jahren erbaute Neustadt *(ville nouvelle)*.

Casablanca, das seinen Ursprung in einer kleinen Berbersiedlung des 7. Jahrhunderts hat, weist heute viele architektonische Stilrichtungen auf. Hochhäuser beherrschen das Stadtbild, aber auch Moscheen, neomaurische Wohnhäuser und die Arbeiterviertel *(bidonvilles)*. Ein weiteres Sinnbild der kulturellen Bandbreite ist das Jüdische Museum.

Fügen Sie dieser Mischung noch Spitzenklasse-Hotels, trendige Restaurants an eleganten palmenbesäumten Boulevards, Strände wie die von Aïn Diab, riesige Parklandschaften und kleine Gässchen hinzu, und Sie haben eine Stadt mit immenser Vielfalt. All dies kann man in einem mediterranen Klima mit wenig jahreszeitlichen Schwankungen genießen.

An der Küste entlang

Richtung Südwesten und Nordosten warten an der Küste und im Inland viele Attraktionen. Es gibt mehr als 28 Kilometer Sandstrände in der Nähe von Casablanca und für Sportbegeisterte viele Gelegenheiten zum Segeln und Golfspielen. Wälder wie der große Korkeichenwald von Ziaïdas bieten Möglichkeiten zum Wandern. An der

---

NICHT VERSÄUMEN

Das rege Treiben in den engen Gassen der Ancienne Medina 60

Die kunstvolle Architektur der Cathédrale Sacré-Cœur 60

Eine Tasse Kaffee in einem Café im Trubel der Place Mohamed V 57, 60

Frisches Obst vom Hauptmarkt 60

Die Hassan-II.-Moschee mit ihrem außergewöhnlichen Minarett 61

Die Befestigungsmauern und Häuser in Azemmour 63

Den Küstenort Oualidia mit seinen hervorragenden Austern 64

Die köstlichen Roséweine aus den Weinbergen von Boulaouane 66

Küste Richtung Westen liegen einige Orte, von denen jeder auf seine Weise faszinierend ist. Der größte davon ist El Jadida. Diese Stadt ist bei marokkanischen Urlaubern wegen ihrer Sandstrände sehr beliebt und hat zudem noch eine von den Portugiesen im 16. Jahrhundert zum Schutz ihrer Handelswege erbaute Festung, die zwei Jahrhunderte später Schauplatz erbitterter Kämpfe wurde. Einige Kilometer von El Jadida entfernt scheint die kleinere Festungsstadt Azemmour vom Tourismus fast unberührt zu sein und ermöglicht Einblicke in die Besonderheiten einer typisch marokkanischen Kleinstadt. Ihre Medina mit den engen, gewundenen Straßen ist die Hauptattraktion. Es gibt hier auch einige gute Restaurants und Hotels. Weiter westlich an der Küste liegt die bezaubernde kleine Stadt Oualidia, bekannt für ihre geschützte Lagune und die Austernfischerei. Und dann gibt es noch den Hafen und die Industriestadt Safi – mit eigener großer portugiesischer Festung –, die nicht ohne Charme ist, wenn man die Phosphatfabriken und andere Spuren industrieller Tätigkeit nicht beachtet.

Im Inland

Im Inland und südlich von Casablanca findet sich der Reisende schnell abseits der Touristenpfade, aber auch hier gibt es viele versteckte Sehenswürdigkeiten. Boulaouane ist für seine Weinberge (Roséweine) und seine Kasbah (Zitadelle) berühmt, die hoch über einer Schleife von Marokkos längstem Fluss thront. Hier wird seit mehr als 200 Jahren die Kunst der Falknerei betrieben.

Die Ebenen und sanften Hügel zwischen Settat und Beni Mellal bilden eine atemberaubende Landschaft, die zum Mittleren Atlasgebirge hin noch aufregender wird. ■

Im Zentrum von Casablanca

Casablanca ist eine der fortschrittlichsten Städte Nordafrikas. Architekten haben es über die letzten Jahrhunderte spektakulär geformt. Heute liegen moderne Geschäftszentren an den alten Befestigungsmauern und den Art-déco- und neomaurischen Häusern ihrer Bewohner. Diese pulsierende Stadt ist ohne Zweifel das der Welt zugewandte Gesicht des modernen Marokko.

Der Uhrenturm der Ancienne Medina im Verkehrstrubel an der Place des Nations Unies

Casablanca ist eine neue Stadt, doch lassen sich ihre Spuren mehr als ein Jahrtausend weit zurückverfolgen, als sie eine kleine Berbersiedlung namens Anfa war. Anfa bewahrte seine Unabhängigkeit bis in die frühe islamische Zeit, doch erregte seine strategische Lage an der Westküste Marokkos das Interesse fremder Völker. Als Erste besetzten die Almoraviden Anfa, im 11. Jahrhundert, gefolgt von den Mariniden im 14. Jahrhundert. Im Zuge der portugiesischen Invasion von Anfa 1468 wurde die Stadt zerstört, und eine Festung wurde erbaut, um die viele kleine weiße Gebäude entstanden. Diese gaben der Stadt ihren Namen:

IM ZENTRUM VON CASABLANCA

INSIDERTIPP

Das Nachtleben in Casablanca brummt. Man muss es erlebt haben. Kleiden Sie sich dazu modisch-elegant.

CHRISTEL CHERQAOUI
NATIONAL GEOGRAPHIC-Books

Casa bedeutet »Haus«, und während das portugiesische Wort für weiß *branca* lautet, wurde es unter dem Einfluss der Spanier im 16. und 17. Jahrhundert zu *blanca* verändert. Im 18. Jahrhundert entwickelte sich Casablanca unter Sultan Mohammed ibn Abdallah zu einem wichtigen Handelsstützpunkt für Wolle, Tee, Zucker und Getreide hervor. Ein Erdbeben 1755 warf die Stadt in ihrer Entwicklung vorübergehend zurück.

Ihr heutiges Bild verdankt die Stadt in Teilen dem französischen Protektorat. Der erste Gouverneur von Französisch-Marokko, General Hubert Lyautey (1854–1934), wollte Casablanca zum Finanz- und Wirtschaftszentrum Marokkos ausbauen. Er engagierte Architekten, Städteplaner und Hunderte von Baufirmen. Der Umbau Casablancas begann um 1912 und dauerte mehr als 50 Jahre, sogar noch bis in die Zeit nach 1956. Das Ergebnis ist ein Schaukasten mit Art-déco- und neomaurischer Architektur.

Im Herzen der Stadt

Casablanca ist eine Metropole mit reicher Vergangenheit. In ihrem Herzen liegen zwei Plätze, die **Place des Nations Unies** und die **Place Mohamed V**. Diese sind untereinander, aber auch mit dem Rest der Stadt durch ein Netz breiter Boulevards verbunden. Die Place des Nations Unies war einst ein kleiner Marktplatz, der in den 1920er-Jahren in ein schickes Viertel mit Arkaden, trendigen Restaurants und Hotels umgebaut wurde. Im Gegensatz dazu ist die **Place Mohamed V**

(Fortsetzung S. 60)

Casablanca

55 B2, 59

Besucherinformation

- Staatliches marokkanisches Fremdenverkehrsamt, 55 rue Omar Slaoui
- (0522) 27 11 77

- Syndicat d'Initiative de Casablanca, 98 boulevard Mohamed V
- (0522) 22 15 24

- Internationaler Flughafen Mohammed V, Office National des Aeroports, Casa-Oasis, BP 8101
- (0522) 43 58 58

- Compagnie de Transports au Maroc Buses, 23 rue Léon L'Africain
- (0522) 54 10 10

www.ctm.ma

- ONCF-Bahngesellschaft
- (0890) 20 30 40

www.oncf.ma

Die Konferenz von Casablanca

Im Januar 1943 wurde ein Treffen im heute abgerissenen Hotel Anfa in Casablanca abgehalten. Mitten im Zweiten Weltkrieg trafen sich US-Präsident Roosevelt (1882–1945) und der britische Premierminister Churchill (1874–1965). Es ging um Pläne zur Befreiung Italiens sowie um den Zeitpunkt einer Invasion der Alliierten in Westeuropa. Die Deutschen hatten im Vorfeld von dem Treffen gehört und hielten fälschlicherweise das Weiße Haus in Washington für den Tagungsort, da auch Casablanca aus dem Spanischen übersetzt »weißes Haus« heißt. So fand das Treffen ungehindert statt und wurde ein voller Erfolg.

Rundgang durch die Innenstadt von Casablanca

Casablanca ist eine weiträumige Stadt. Schon ein Rundgang durch die Innenstadt und an den Hafenboulevards entlang zur großen Hassan-II.-Moschee bereitet Vergnügen und führt an einigen der schönsten Plätze der Stadt vorbei.

Der Palais de Justice (Justizpalast) an der Place Mohamed V

Beginnen Sie an der **Villa des Arts** ❶ (siehe S. 61), einer Kunstgalerie in einem Art-déco-Gebäude der 1930er-Jahre. Nach einem Spaziergang am Boulevard Brahim Roudani entlang gelangen Sie zum **Parc de la Ligue Arabe** ❷ (siehe S. 60) und direkt nördlich davon zur **Cathédrale Sacré-Cœur** ❸ (siehe S. 60). Von hier aus ist es nicht weit zur **Place Mohamed V** ❹ (siehe S. 57).

Gehen Sie nördlich am Boulevard Hassan II. entlang, um zur **Place des Nations Unies** ❺ (siehe S. 57), dem Wirtschaftszentrum der Stadt, zu gelangen. Von historischem Interesse ist das Gebiet im Norden, aber es bietet sich auch an, über den **Boulevard Mohamed V** ❻ zu schlendern, einen 1,6 Kilometer langen Abschnitt voller Art-déco-Häuser mit Mode und Kunsthandwerk. Kehren Sie zur Place des Nations Unies zurück. Diesen Platz schmücken Gebäude wie etwa das Rathaus mit dem Glockenturm aus den 1930er-Jahren. Von hier aus geht es in die **Alte Medina**. Sie wird von den Überresten eines Befestigungswalls eingefasst. Bahnen Sie sich Ihren Weg durch das geschäftige alte Jüdische Viertel oder die **Mellah** ❼, und halten Sie dann Ausschau nach dem **Jamaâ Chleuh** ❽, einem Gebäude im Stil einer Garnison aus dem 14. Jahrhundert, und dem **Heilig-**

NICHT VERSÄUMEN

Cathédrale Sacré-Cœur • **Ancienne Medina** • **Die Hassan-II.-Moschee**

RUNDGANG DURCH DIE INNENSTADT VON CASABLANCA

tum **Sidi Kairouani** ❾, in dem die Überreste des Stadtheiligen Sidi Allal el Kairouani ruhen. Auch die Bastion in der Stadtbefestigung, die als **Sqala** ❿ bekannt ist, lohnt einen Besuch. Gehen Sie in Richtung Boulevard des Almohades, biegen Sie nach links auf den Boulevard Sidi Mohamed ibn Abdallah, und sehen Sie die mächtige **Hassan-II.-Moschee** ⓫ (siehe S. 61). Bewundern Sie vom vorderen Innenhof aus die Marmorfassade mit gefliestem Minarett von enormer Größe. Im Inneren beeindrucken der Glasfußboden, die hohen Decken und die 183 Meter lange Gebetshalle.

Mosaiken in der Hassan-II.-Moschee

Cathédrale Sacré-Cœur
✉ Ecke Rue d'Alger und Boulevard Rachidi
☎ (0663) 253 71
www.sacred-destinations.com/morocco/casablanca

das Verwaltungs- und Geschäftszentrum der Stadt. Die beiden Plätze werden durch die **Avenue Hassan II** verbunden, wohingegen östlich von der Place des Nations Unies der **Boulevard Mohamed V** mit seinen Geschäften abzweigt. An diesem Boulevard stößt man irgendwann auf den **Hauptmarkt**.

Südlich der Place Mohamed V. liegt der größte Park der Stadt, **Parc de la Ligue Arabe**, ein Entwurf des französischen Architekten Albert Laprade (1883–1978). Hier kann man auf den palmengesäumten Wegen wandeln.

1930, einige Jahre nach Fertigstellung des Parks, begannen direkt nördlich davon die Arbeiten an der Kathedrale im maurisch-neogotischen Stil. Sie wurde als **Cathédrale Sacré-Cœur** bekannt und viele Jahre als Kirche genutzt, ist heute jedoch ein Kulturzentrum. Besteigen Sie auf jeden Fall den Turm, um den herrlichen Ausblick auf die Stadt zu genießen.

Nördlich der Place des Nations Unies liegt die märchenhafte alte Medina, vor Ort bekannt als **Ancienne Medina**, ein Viertel mit einem Labyrinth winziger Sträßchen in den Ruinen der Befestigungsmauern. Sie ist einer der ältesten Teile der Stadt und unterscheidet sich sehr von anderen Medinas des Landes, da die Architektur eher vom Stil der Kolonialisten als von arabischen Muslimen beeinflusst ist. Die Medina erstreckt sich bis zum Hafen, wo sich auch eine Bastion mit dem

Heiligtum Sidi Kairouani befindet, ein Grabmal von Sidi Allal el Kairouani, dem Schutzheiligen der Stadt.

Eine Reise nach Casablanca wäre unvollständig ohne einen Besuch in der **Hassan-II.-Moschee**, der fünftgrößten Moschee der Welt. Sie liegt auf einer zwei Hektar großen Landzunge am Atlantik. 3300 Handwerker sollen die Moschee nach den Plänen des französischen Architekten Michel Pinseau (1924–1999) erbaut haben. Bemerkenswerterweise hat sie mit 210 Metern das höchste Minarett der Welt. Nichtmuslime dürfen nur geführt hinein.

Direkt östlich der Moschee grenzt das riesige Hafengebiet von **Sidi Belyout** an die alte Medina. Etwas südlich des Stadtzentrums liegt die **Villa des Arts**, in der zeitgenössische Kunstwerke ausgestellt sind.

Die Stadtviertel

Außerhalb des unmittelbaren Stadtkerns liegen einige faszinierende Stadtviertel. **Bourgogne** und **Anfa** liegen westlich und sind bekannt für ihre breiten Boulevards mit vornehmen, von Palmen versteckten Häusern, die ein Gefühl von exklusivem Wohnen vermitteln. Ungefähr sechs Kilometer vom Stadtzentrum in westlicher Richtung liegt **Aïn Diab**. Dieses Viertel zieht sich am Atlantik entlang und ist angefüllt mit Hotels, Restaurants, Clubs und Bars für schicke, junge Marokkaner. In **l'Oasis,** das man in 15 Minuten mit dem Taxi erreichen kann, liegt das hervorragende **Musée du Judaïsme Marocain** (Museum des marokkanischen Judentums).

Das **Quartier Habous** ist das vielleicht faszinierendste Viertel außerhalb des Zentrums. Hier gibt es Geschäftsarkaden, Wohnhäuser, Märkte und große, von Mauern umgebene Plätze. Das Viertel wurde in den 1930er-Jahren im Stil einer traditionellen Medina unter Einsatz der damals modernsten Bautechniken gebaut. Hier kann man bei der traditionellen Herstellung von Töpfer- und Lederwaren, Möbeln und Teppichen zuschauen. ■

Hassan-II.-Moschee
- Boulevard Sidi Mohamed ibn Abdallah
- Für Nichtmuslime nur im Rahmen einer Führung geöffnet
- €€€

http://fmh2.ma/fr/

Musée du Judaïsme Marocain
- 81 rue Chasseur Jules Gros
- (0522) 99 49 40
- €

www.casajewish museum.com

Villa des Arts
- 30 boulevard Brahim Roudani
- (0522) 29 50 87
- So/Mo geschl.
- €

www.fondation ona.ma

Art déco

Art déco wird jener Stil genannt, der von den 1920er-Jahren bis in die frühen 1940er beliebt war. Art déco zog damals alle Welt in seinen Bann und war sowohl in der Architektur als auch in Mode und im Design vertreten. Typisch sind geometrische Formen, die einfach, aber auch kühn wirken: Konvexe und konkave Formen wurden wegweisend. Die Architekten von Casablanca schlossen sich dieser Bewegung zu einer Zeit an, in der sich die Stadt gerade uferlos ausdehnte. Allerdings mischten sich hier auch maurische Einflüsse darunter, und das Ergebnis ist Casablancas einzigartige Architektur: reich mit Kacheln verzierte Gebäude und Stuckfassaden mit Blumen- und Wirbelmustern, mit aufwendigen Stein- oder Eisenbalkonen, Rundbögen und Kuppeln.

Die Umgebung von Casablanca

Casablanca liegt an einem Küstenabschnitt des Atlantiks, der für seine Strände und Badeorte bekannt ist. Hier gibt es Fischerdörfer, Kasbahs und Medinas. Im Inland erstrecken sich zum Mittleren Atlas hin Weinberge und Orangenhaine.

Angeln an der Atlantikküste, einige Kilometer westlich von Casablanca

Mohammedia
55 B2

Rund um Casablanca werden die heißen Sommer durch die kühle Brise vom Atlantik erträglich, und die Winter sind angenehm warm. Das Klima eignet sich für den Anbau von Oliven und Granatäpfeln. Nordöstlich und südwestlich von Casablanca warten Urlaubsorte mit Möglichkeiten zum Golfen (siehe S. 63), Windsurfen, Segeln, Surfen und Baden. Alte Küstenstädte wetteifern mit modernen Städten.

Zur zweiten Kategorie gehört die Stadt **Mohammedia**, etwa 24 Kilometer nordöstlich von Casablanca. Die Stadt ist auf der Küstenstraße oder mit einer 20-minütigen Zugfahrt vom Hauptbahnhof Casablanca aus zu erreichen *(Boulevard Moulay Abderrahmane, Tel. 0890/20 30 40)*. Mohammedia, auch oft unter ihrem alten Namen Fedala benannt, ist ein beliebter Badeort mit vielen Luxushotels, einem Kasino, einem Yachtclub und einer Pferderennbahn. Mohammedias baumbestandene Boulevards sind bekannt für ihre Fülle an Blumen. Wenn Sie das Strandleben genießen wollen, verweilen Sie doch in einem der Hotels. Denken Sie aber daran, dass Mohammedia auch eine

DIE UMGEBUNG VON CASABLANCA

wichtige Hafenstadt mit viel Industrie ist.

Richtung Safi

Falls Ihre Zeit knapp bemessen ist, wenden Sie sich von Casablanca aus in südwestliche Richtung, wo es an der Küste eine größere Auswahl an Badeorten und alten Städten gibt. Nehmen Sie dabei nicht die schnelle A5 oder N1 durchs Inland, sondern die Küstenstrecke durch Dar el Maizi.

Azemmour: Diese Stadt, 120 Kilometer vor Casablanca liegt am längsten Fluss Marokkos, dem Oued Oum er Rbia, etwas landeinwärts. Azemmour ist eine alte Stadt mit Flair und geht in ihren Ursprüngen wenigstens auf das 15. Jahrhundert zurück. Innerhalb der Stadtmauern liegt die Alte Medina (Zugang von der Place du Souk), deren quadratische weiße Gebäude wie auch ihre Burg aus der portugiesischen Besatzungszeit im 16. Jahrhundert stammen. Letztere birgt zudem die Überreste einer Moschee. Auch die Alte Synagoge ist sehenswert (den Schlüssel gibt es beim Wärter).

Das wahre Marokko genießt man am besten abends auf der **Rue Moulay Bouchaib**. Tagsüber kann man am **Strand El Haouzia**, nur 15 Minuten nördlich

Azemmour
55 B2

ERLEBNIS: Golfspielen auf dem Royal

Einer der Höhepunkte für Golfliebhaber ist der **Royal Golf Club Anfa** *(Lice d'Anfa, Tel. 0522/36 53 55, www.rgam.ma)* direkt westlich der Stadt. Die Anlage hat einen 9-Loch-Platz, Par 35, und wurde in den hübschen Hügelgärten angelegt, von denen aus man das Minarett der Hassan-II.-Moschee sehen kann. Sie hat einen Trainingsparcours, Schlägerverleih und Golfwagen. Obwohl der Parcours kürzer ist als bei den meisten anderen Plätzen, ist er recht anspruchsvoll. Bäume und Blumenbeete säumen die Flächen. Vom Clubhaus aus hat man einen Blick über den Parcours. Der Royal in Anfa nimmt sowohl männliche als auch weibliche Spieler mit einem Handicap von 24.

Golfer finden noch weitere niveaureiche Golfplätze in der Nähe. Touristen und gut betuchte Einheimische genießen den großartigen 18-Loch-Platz, Par 72, den **Royal Golf Club Mohammedia** *(BP 12, Mohammedia, Tel. 0523/31 48 02, www.rgam.ma)* in Mohammedia, direkt am Meer. Der Platz wurde in den 1930er-Jahren angelegt; die Spieler haben oft mit den starken Küstenwinden zu kämpfen.

Zwischen Rabat und Casablanca gibt es am Strand noch den kleineren 9-Loch-Platz (Par 35) **Golf Club Bouznika Bay** *(bei km 22, route secondaire de Bouznika Plage, Bouznika, Tel. 0537/62 53 71)* und den 9-Loch-Platz, Par 37, des **Royal Golf Universitaire de Settat** *(bei km 2, route de Casablanca, BP 575, Settat, Tel. 0523/ 40 21 31)*, 70 Kilometer südlich von Casablanca. Der **Royal Golf und Spa El Jadida** *(bei km 7, route de Casablanca, BP 542, El Jadida, Tel. 0523/35 22 51)* ist ein 18-Loch-Platz, Par 72, in spektakulärer Lage an der Atlantikküste, etwa 100 Kilometer südlich von Casablanca.

CASABLANCA & DIE KÜSTE

El Jadida
- 55 B2

Besucherinformation
- Syndicat d'Initiative, 33 place Mohamed V
- (0523) 34 47 88
- Mi geschl.

Citerne Portugaise
- Place Mohamed Ahchemi Bahbai, El Jadida
- €

vom Stadtzentrum, aktiv sein. Das Restaurant La Perle (Tel. 0523/34 79 05) wird wegen seines frischen Fisches empfohlen. Gut übernachtungen kann man im **Riad Azama** *(17 impasse Ben Tahar, Medina, Tel. 0523/34 75 16)*. Rund um die Stadt liegen Olivenhaine und Granatapfelterrassen.

El Jadida: Westlich von Azemmour liegt die nächste beachtenswerte Stadt, die

Zwei Falkner in El Jadida, Weltkulturerbe der Unesco

Oualidia
- 55 A1

Safi
- 55 A1

Besucherinformation
- Délégation du Tourisme, 26 rue Imam Malik
- (0524) 62 24 96
- Sa/So geschl.
- www.safi-ville.com

sogar Weltkulturerbe ist: El Jadida. Wie Azemmour war dieser geschäftige Ort im 16. Jahrhundert ein Außenposten des portugiesischen Reiches. Die Stadt ist für ihre alten Befestigungsanlagen und Bastionen sowie ihre Rolle bei der Vertreibung der Portugiesen 1769 berühmt. Damals war sie unter dem Namen Mazagan bekannt

und wurde vom Herrscher Sidi Muhammad an die einheimischen marokkanischen Stämme zurückgegeben.

Zu den Hauptattraktionen der Stadt gehören der 16 Kilometer lange Strand mit schicker Strandpromenade sowie die **Citerne Portugaise**, ein großartiges unterirdisches Wasserbecken, das die Portugiesen im 16. Jahrhundert angelegt hatten. Wenn das Licht auf das Wasser fällt, werden die Gewölbe märchenhaft erleuchtet. Orson Welles drehte hier einige Szenen seines Films *Othello* (1952).

Oualidia & Safi: Fahren Sie auf der Küstenstraße weiter bis Oualidia, einem Dorf, das für seine Austern berühmt ist (siehe S. 65). Wer sie aus erster Hand probieren möchte, sollte eine der Austernfarmen aufsuchen.

Einige Kilometer weiter Richtung Südwesten liegt der große Fischerhafen **Safi** (208 km von Casablanca). Die modernen Gebäude der Stadt verschmelzen mit alten Befestigungsmauern und der Kechla-Zitadelle aus dem 16. Jahrhundert, in der sich das **Nationale Keramikmuseum** *(Citadelle de la Kechla, Safi, Tel. 0524/46 38 95, €)* befindet. Das Museum besitzt eine hübsche Sammlung traditionell gefertigter Keramikwaren. Der Hafen ist wichtiger Umschlagplatz für die Sardinen des Landes.

ERLEBNIS: Austern & Vogelbeobachtung in Oualidia

Oualidia ist ein Küstendorf zwischen Casablanca und Safi und ist trotz seiner Bescheidenheit bekannt für seine Strände, seine Buchten mit kristallklarem Wasser, die Vogelschutzgebiete sowie für seine berühmten Austernfarmen.

Ohne ein köstliches Austerngericht probiert zu haben sollte niemand die Gegend um Casablanca verlassen. Mit ihren Tanks und Austernbeeten fallen die Zuchtfarmen in Oualidia schnell auf. Hier werden verschiedene Arten von Austern gezüchtet, darunter auch jene, die man in der weltberühmten Austerngegend Marennes-Oléron an der Atlantikküste Frankreichs findet. Daneben gibt es die Pazifische Felsenauster, oft auch Japanische Auster genannt, und die westafrikanische Mangroven-Auster *(Crassostrea gasar)*.

Die Austern von Oualidia sind in ganz Marokko bekannt

Zum ersten Mal wurden Austern zur Zeit des französischen Protektorats in den 1950er-Jahren nach Oualidia gebracht. Anfangs waren die Zuchtfarmen recht einfach, aber als die Austern immer wertvoller wurden, wuchs in den folgenden Jahrzehnten schnell ein regelrechter Industriezweig heran. Heute werden die Farmen streng nach europäischen Hygienemaßstäben kontrolliert. Ein Besuch in einem solchen Zuchtbetrieb mit einem dazugehörigen Austernessen, gefolgt von einem Bummel am Strand, ist ein ideales Nachmittagsprogramm. Die Farmen sind schon im Zentrum von Oualidia ausgeschildert; in vielen kann man auch die Zuchtbeete besichtigen. Ein empfehlenswertes Restaurant ist L'Araignée Gourmande *(Oualidia Plage, Tel. 0523/36 64 47, www.araignee-gourmande.com).*

Vogelbeobachtung

Oualidias weite Sandstrände, Riffe, Feuchtgebiete und Salzpfannen sind ein wahres Paradies für Vogelfreunde. Ein Besuch dort lohnt sich zu jeder Jahreszeit (es empfielt sich sehr, ein Fernglas mitzunehmen).

Halten Sie Ausschau nach den Sammelplätzen der Rosaflamingos, während die langhalsigen Kormorane ihre Flügel in der Sonne trocknen lassen. An der Küste waten außerdem Rotschenkel vorsichtig durch die seichten Stellen des Wassers, zusammen mit schwarz-weißen Säbelschnäblern und extrem hochbeinigen Stelzenläufern sowie Uferschnepfen, gravitätisch staksenden Störchen, Seeschwalben und Reihern. Zu den häufig hier überwinternden Zugvögeln gehören auch die Austernfischer, die man sonst eher an der Nordseeküste vorfindet.

Wenn Sie im Frühling oder Herbst kommen, sollten Sie sich auf alles Mögliche gefasst machen, weil dann viele Tausend Vögel entweder von Schwarzafrika nach Europa oder umgekehrt von Europa in Richtung Süden ziehen. Bienenfresser, Steinschmätzer, Häherkuckucke und viele Grasmückenarten tummeln sich dann in den Lüften und am Boden.

Boulaouane
55 B1

Settat
55 B2

Im Inneren des Landes

Um die abwechslungsreiche Landschaft im Inland zu erleben, sollten Sie von der Küste in Richtung Settat, 57 Kilometer südlich von Casablanca, fahren. Eilige nehmen die A7, wer mehr Zeit hat, sollte die etwas abenteuerlichere Umleitung von Safi aus nehmen: Fahren Sie die Straße in östlicher Richtung nach Bouguedra, nehmen Sie die N1 nach Khemis Zemamra, dann wieder östlich durch Sidi Bennour nach **Boulaouane**. Hier liegen Weinberge, die den orangefarbenen Roséwein Gris de Boulaouane liefern. Direkt südlich der Stadt blickt die **Kasbah Boulaouane** auf eine Schleife des Flusses Oued Oum er Rbia. Die Landschaft ist mit Städten und Dörfern übersät. Fahren Sie Richtung Osten auf der R316 nach **Settat**, der Hauptstadt und dem Verwaltungszentrum der Region Chaouia-Ouardigha.

Das Stadtbild von Settat wird von der großen **Kasbah Ismailiya** aus dem 18. Jahrhundert beherrscht, die von Moulay Ismail (gestorben 1727) erbaut wurde. Settat ist heute eine moderne

> **INSIDERTIPP**
>
> **Einige halten die Orangen von Beni Mellal für die besten des Landes. Gehen Sie auf den Markt der Stadt, und finden Sie es selbst heraus.**
>
> TOM JACKSON
> *National Geographic*-Mitarbeiter

ERLEBNIS: Bergwandern auf dem Djebel Tassemit

Obwohl der Djebel Tassemit mit seinen 2247 Metern nicht die höchste Erhebung im Mittleren Atlas ist, stellt er eine Herausforderung dar. Bergwanderer können seinen Gipfel in etwa einem Tag erreichen. Die Route führt durch verschiedene Landschaften, durch Täler und tiefe Schluchten sowie lange Felsabschnitte. Die Wanderer kommen an Häuser- und Kirchenruinen vorbei. Die meisten Wanderungen starten in Beni Mellal.

Wie bei allen Wanderungen in den Bergen Marokkos sollte man gewisse Vorsichtsmaßnahmen treffen. Tragen Sie Wanderschuhe. Nehmen Sie sowohl leichte als auch warme Kleidung mit, denn es kann im Gebirge extreme Temperaturstürze geben. Ein Erste-Hilfe-Set ist sinnvoll sowie ein Zelt für etwaige Übernachtungen. Viel Wasser und Essensvorräte sollten selbstverständlich sein. Es ist gut, sich einer organisierten Tour anzuschließen. Wandertrecks in den Mittleren Atlas führen oft einen oder mehrere Esel fürs Gepäck mit sich. Bleiben Sie stets bei Ihrem Führer, oder informieren Sie, falls Sie doch alleine unterwegs sind, irgendjemanden über Ihre Wanderroute.

Firmen, die Trekking-Touren anbieten, sind etwa **Olive Branch Tours** *(35 rue Eloraibi, Jilali, Casablanca, Tel. 0522/26 14 16, www.olivebranchtours.com)* und **S'Tours** *(4 rue Turgot, Quartier Racine, Casablanca, Tel. 0522/36 07 73, www.stoursvoyages.com).*

In einem Dorf bei Beni Mellal schauen Kinder zu, wie Berberfrauen eine Mahlzeit zubereiten

Stadt, erblühte unter französischer Herrschaft und entwickelte sich im 20. Jahrhundert rasch weiter. Sie schmückt sich mit einer Universität und dem Royal Golf Universitaire de Settat (siehe S. 63). Abgesehen von der Kasbah (Zitadelle) sollte man die Fußgängerzonen an der **Place Hassan II** besuchen. Es gibt Unterkunftsmöglichkeiten für jeden Geldbeutel. Zudem ist die Stadt ein guter Ausgangspunkt für Reisen zum Mittleren Atlas. Um in die Berge zu gelangen, nimmt man die Straße nach Berrechid, dann die N11 nach Beni Mellal auf der Tadla-Ebene in den Ausläufern des Mittleren Atlas. Hier gibt es Orangen- und Olivenhaine sowie Kornfelder. Viel davon wird auf dem Markt in **Beni Mellal** angeboten, einem Ort rund um die **Kasbah Bel Kush** aus dem 17. Jahrhundert.

Wer etwas Zeit mitbringt, sollte sich in die Hügel im Süden begeben, wo die Kasbah von **Ras el Ain** und die Quelle und Gärten von **Ain Asserdoun** einen Besuch wert sind. Einige Kilometer südlich finden Sie den Aufstiegspfad zum 2247 Meter hohen **Djebel Tassemit** (siehe S. 66). In der Nähe liegen das üppig bewachsene **Oued-Derna-Tal** und die **Tarhzirte-Schlucht**, eine beliebte Wanderstrecke und Lebensraum der Berber. ■

Beni Mellal
55 C1
Besucherinformation
Délégation du Tourisme, Avenue Hassan II, Beni Mellal
(0524) 48 97 29

Eine moderne, weltoffene Hauptstadt voller eindrucksvoller Zeugnisse der Vergangenheit – und Tor zu den großartigen Wäldern und Stränden der Region

Rabat

Erster Überblick   70

Im Zentrum von Rabat   72

Rundgang durch Rabat   76

Erlebnis: Eine Teppichauktion   79

Erlebnis: Militärische Zeremonien   80

Rund um Rabat   84

Erlebnis: Vogelbeobachtung in Moulay Bousselham   87

Erlebnis: Die Höhlen von Temara   89

Erlebnis: Die Königliche Reitschule   91

Hotels & Restaurants   280

Ein Wasserverkäufer aus Rabat in traditioneller Tracht

Rabat

Neben dem Finanzzentrum Casablanca ist Rabat als Hauptstadt und Regierungssitz Marokkos die wichtigste Stadt des Landes. Sie hat das Flair einer Herrschaftsstadt und besitzt eine Altstadt voller Sultanspaläste, Moscheen und jahrhundertealter Festungsmauern. Hinzu kommen moderne Gebäude mit Regierungsbüros, ausländischen Botschaften und Universitätsinstituten.

Rabat liegt an der Mündung des Oued Bou Regreg in den Atlantik, 225 Kilometer südlich der Straße von Gibraltar. Die Nachbarstadt Salé liegt am anderen Flussufer. Rabat erfreut sich eines milden Klimas mit warmen Sommern und nur etwas kühleren Wintern. Die Temperaturen liegen in der Regel um 28 °C im Sommer und 18 °C im Winter, nur abends wird es zu jeder Jahreszeit ziemlich kühl. Frühling und Herbst sind die angenehmsten Jahreszeiten.

Der Lebensrhythmus in Rabat erscheint gemächlicher als in anderen marokkanischen Städten, obwohl Rabat und Salé zusammen zu den am dichtesten besiedelten Gebieten des Landes gehören. Das Dasein ist gewiss nicht so hektisch wie im geschäftigen Casablanca. Geruhsam ging es hier jedoch nicht immer zu. Rabat blickt auf eine lange Geschichte von Invasionen zurück und erlebte im 17. Jahrhundert unruhige Zeiten, als Piraten nicht nur die Stadt, sondern auch die Meere um die Küste beherrschten.

Das moderne Rabat hat Besuchern viel zu bieten, von Erholung in gepflegten Gärten und Streifzügen in der Medina über einen Besuch des Marché Central mit seinen Gewürzdüften bis hin zu einem Essen in einem der Cafés in den Boulevards der französischen *ville nouvelle* (Neustadt).

Hauptsehenswürdigkeiten sind die strategisch an der Flussmündung gelegene Oudaïa-Kasbah mit dem berühmten Tor und der Moschee aus dem 12. Jahrhundert, das weiße Mausoleum von Mohammed V. und die unvollendete Moschee mit Minarett des Sultans Yacoub el Mansour aus dem 12. Jahrhundert. Rabat ist für die mittelalterliche Festungsmauer berühmt, die über fünf Kilometer die Kasbah, die Medina und die Neustadt umschließt. Durchbrochen wird sie von fünf Toren, den *bâb*.

Im Süden des Stadtzentrums, auf dem ältesten Grund Rabats, liegt die Totenstadt Chellah. Die von Unkraut überwucherten Ruinen stehen in deutlichem Kontrast zu den strahlenden

---

Nicht versäumen

Besichtigung der Sträßchen, schönen Tore und gewaltigen Mauern der Oudaïa-Kasbah 73

Einen Besuch des eindrucksvollen Grabs von Mohammed V. 74

Erholung in der kühlen Stille des Andalusischen Gartens 75

Die Totenstadt Chellah, die römischen Ruinen und Fundamente der Ursprünge Rabats 81

Mitbringsel kaufen in den quirligen Souks der Medina von Salé 85

Die Vogelwelt in der unberührten Lagune Merdja Zerga 87

Erkundung der El-Harhoura-Höhle nahe dem Ort Temara 89

Fassaden des königlichen Palastes, der Regierungs- und der Geschäftsgebäude.

Die Museen sind unbedingt einen Besuch wert. Das Musée Archéologique mit seinen Statuen, Keramiken und Bronzegerätschaften aus den römischen Siedlungen Volubilis, Lixus und Sala Colonia (das heutige Rabat) bietet einen Überblick über die antike Geschichte Marokkos. Das Musée des Oudaïa, ein Museum für marokkanische Kunst, stellt Keramiken, Schmuck, Musikinstrumente und traditionelle Trachten aus.

Ausflüge

Rabat bietet sich als Ausgangspunkt für zahlreiche Attraktionen an. Salé, nur eine halbe Stunde zu Fuß am anderen Ufer des Flusses gelegen, war einst die wichtigste Stadt der Region, gehört aber heute zum Einzugsbereich Rabats. Im gut erhaltenen Zentrum stehen faszinierende Gebäude, darunter das Bâb el Mrisa (Meerestor), das in eine lebhafte Medina mit traditionellen Handwerksläden führt.

Zu Ausflügen laden auch Casablanca, Meknès und Fès ein, ebenso die Urlaubsorte Temara und der El-Harhoura-Strand sowie etliche kleinere Städte, wie z. B. Kenitra. Und der Mamora-Wald landeinwärts an den Ausläufern des Mittleren Atlasgebirges ist ein Paradies für Wanderer. ■

Im Zentrum von Rabat

Rabat ist eine geschäftige Metropole aus Regierungsgebäuden, Niederlassungen großer Finanz- und Handelsunternehmen, eleganten Hotels inmitten jahrhundertealter Souks, alten Kasbahs und Festungsmauern mit imposanten Toren, die von arabischen Blumenmotiven geschmückt sind. Es ist eine gelungene Mixtur aus modernen und alten Gebäuden.

Häuser und Moscheen der Stadt erheben sich über den Oued Bou Regreg

Rabat
71 A1
Besucherinformation
✉ Ecke Rue Oued El Makhazine und Rue Zalaga-BP
☎ (0537) 27 83 00
www.visitmorocco.com

Rabat heute
Da die meisten Sehenswürdigkeiten Rabats innerhalb (oder kurz vor) der Stadtmauer liegen, ist es leicht, sich zurechtzufinden. Das Areal ist seit den Römern, die es Sala nannten, permanent besiedelt. Aus dieser Zeit gibt es nur sehr wenige Hinterlassenschaften. Doch Spuren der römischen Stadt sind noch an der Hauptstraße, der einstigen Decumanus Maximus aus dem 1. Jahrhundert n. Chr., zu sehen.

Nach Abzug der Römer ließen sich die Bewohner im nahen Salé nieder, und erst etwa 1000 Jahre später wurde Rabat wieder aufgebaut. Die neue Stadt war zunächst recht merkwürdig – halb Totenstadt und halb Festung –, aber mit der Zeit kehrten die Menschen wieder zurück an das Südufer des Oued Bou Regreg. Der Motor für die Entwicklung Rabats war das Piratenunwesen, ein einträglicher Handel mit Menschen und Waren, die von Schiffen, die sich an der Küste auf dem Weg zurück von Amerika, Schwarzafrika oder den Karibischen Inseln befanden, geraubt wurden. Dieser Handel dauerte trotz Verbotsbemühungen bis weit ins 19. Jahrhundert an und brachte der Stadt mehrere Vergeltungsschläge hauptsächlich spanischer und französischer Flottenverbände ein.

1912 wurde die Stadt von der französischen Kolonialverwaltung in Besitz genommen, die am Rand der Altstadt eine prachtvolle *ville nouvelle* (Neustadt) errichten ließ. Rabat wurde zur neuen Hauptstadt ernannt und behielt diesen Status auch nach der Unabhängigkeit Marokkos im Jahr 1956.

Im modernen Rabat leben nahezu zwei Millionen Menschen, von denen die meisten im Baugewerbe oder in der Textil- und Lebensmittelindustrie arbeiten. Hinzu kommen das ganze Jahr über ausländische regierungsamtliche Besucher sowie Urlauber.

Die Hauptstraße der Stadt, die Avenue Mohamed V, verbindet die Altmit der Neustadt. An diesem Boulevard befinden sich der Hauptbahnhof, das Hauptpostamt und führende Hotels und Restaurants der Stadt. Auf beiden Seiten erstrecken sich große Plätze und Parks, darunter auch die größte Grünanlage der Stadt, der Nouzhat-Hassan-Garten.

Oudaïa-Kasbah

Die Oudaïa-Kasbah liegt an der Nordspitze der Stadt am Ufer des Oued Bou Regreg und dominiert mit ihren Festungswällen und Wachttürmen das Stadtbild. Die Kasbah wurde nach den Oudaïa benannt, einem arabischen Stamm, der sich im 17. Jahrhundert an der Atlantikküste niederließ und während der Herrschaft des Sultans Moulay Ismail eine Schlüsselrolle bei der Verteidigung der Stadt gegen spanische Invasoren spielte.

Die Oudaïa-Kasbah ist anders als andere Burgen in Marokko, da sie nicht nur eine Festung oder ein Palast ist, sondern eine kleine, schwer befestigte Stadt – eine Medina in der

Busbahnhöfe Rabat
- Gare Routier, Place Zerktouni
- (0537) 79 58 16

- CTM, Avenue Hassan II
- (0537) 28 14 88

Oudaïa-Kasbah
- 77
- Am Boulevard Tariq el Marsa, durch das Bâb Oudaïa

Bâb Oudaïa
- 77
- Place Souk el Ghezel

El-Atika-Moschee
- Rue Jamaa el Atiq, Oudaïa-Kasbah

Medina – mit eigenen Moscheen, Souks und Museen. Der Eingang zur Kasbah ist das **Bâb Oudaïa** an der Place Souk el Ghezel, ein imposantes Torhaus aus dem 12. Jahrhundert. Zum Bâb Oudaïa, das von zwei Wehrtürmen bewacht wird, führt eine breite Treppe. Trotz der Verteidigungsaufgabe ist das Bâb Oudaïa ein schönes Beispiel der Almohaden-Architektur mit komplizierten, abstrakten Mustern um einen großen, aber elegant proportionierten maurischen Torbogen mit zwei attraktiv verwitterten, bronzeverkleideten Türflügeln mit Nietenreihen. Der Durchgang des Tors dient heute als Ausstellungsraum für einheimische Künstler.

Die Stadt innerhalb der imposanten Mauern besteht aus engen Straßen, die sich zu Plätzen und Höfen verbreitern und mit hellblau und weiß gestrichenen Häusern gesäumt sind. Im Zentrum steht in der Rue Jamaa die **El-Atika-Moschee** aus dem 12. Jahrhundert, auch Jamaa el Atiq genannt. Sie ist seit Jahrhunderten das Hauptgotteshaus der Stadt, dessen Minarett schon von Weitem zu sehen ist. Ebenso unübersehbar ist der Wachturm, die **Plateforme du Sémaphore** (Signalturm), an der Nordspitze der Kasbah. Er diente einst als Signalturm für die auslaufenden Piratenschiffe. Der Wachturm wurde, wie etliche Teile der nörd-

Das Mausoleum Mohammeds V.

Das prachtvolle Mausoleum Mohammeds V. (siehe S. 81) wurde beim Tod von König Mohammed V. (1909–1961), des ersten Königs des modernen Staates Marokko und langjährigen Veterans der Unabhängigkeitsbewegung, in Auftrag gegeben. In dem imposanten Bau ruhen sein Sarkophag aus weißem Onyx und die seiner Söhne König Hassan II. (regierte 1961–1999) und Prinz Moulay Abdullah (1935–1983).

Das von dem bekannten vietnamesischen Architekten Vo Toan entworfene Gebäude wurde mit der Hilfe von etwa 400 einheimischen Handwerkern aus weißem italienischem Marmor und Onyx aus dem afghanischen Hindukusch errichtet. Die Bauarbeiten begannen im Jahr 1962. Das Mausoleum steht auf einem Podest mit Treppen, die zu mehreren Terrassen um den eigentlichen Pavillon führen. Innen ist er mit Granit, Marmor und Onyx ausgestattet. Die Anlage birgt auch ein Museum, das die (offizielle) Geschichte der derzeit herrschenden Alawiden-Dynastie erzählt.

Eines der charakteristischsten Merkmale des Gebäudes sind die Marmorsäulenreihen, zwischen denen die Wachen zu den Türen des Mausoleums marschieren. Dessen Wände sind mit maghrebinischen Kalligrafien, kunstvollen Reliefs und *zellij*-Kacheln geschmückt. Es ist eine der meistbesuchten Attraktionen in Rabat.

Kinder spielen in einer Gasse der Oudaïa-Kasbah

lichen Festungsanlagen der Kasbah, im 18. Jahrhundert von einem Mann namens Ahmed al Inglizi konstruiert, einem Baumeister, der zum Islam übergetreten war und sich den europäischen Piraten angeschlossen hatte.

Der Palast des Moulay Ismail an der Südostecke der Kasbah wurde in der Zeit des französischen Protektorats umfassend instandgesetzt. In dem Gebäude befindet sich heute das **Musée des Oudaïa** mit einer Sammlung von Volkskunst und traditionellem Kunsthandwerk. Der Hauptausstellungsbereich des Palastes liegt rund um den Innenhof.

Neben dem Palast und ebenfalls innerhalb der Kasbah-Mauern befindet sich der wunderschöne **Andalusische Garten**. Er ist im maurischen Stil mit alten Bäumen, Buchsbaumhecken und Rasenflächen angelegt. Mittelpunkt ist ein Wasserrad, ein *noria*, das der Bewässerung der Büsche dient. Wenn man schon in der Gegend ist, lohnt sich ein Besuch im **Café Maure** (Oudaïa-Kasbah), wo man den Ausblick über die Bucht genießen kann.

Musée des Oudaïa
- 77
- Oudaïa Kasbah
- (0537) 72 64 61
- Di geschl.
- €

Andalusischer Garten
- 77
- Am Boulevard Tariq el Marsa, über die Oudaïa-Kasbah

(Fortsetzung S. 78)

Rundgang durch Rabat

Der Rundgang führt zu vielen der schönsten historischen Stätten in einigen der atmosphärischsten Vierteln Rabats sowie zum Marché Central.

Das Bâb Oudaïa, das kunstvoll verzierte Tor aus dem 12. Jahrhundert der Oudaïa-Kasbah

Der **Boulevard Hassan II** ist eine prominente Hauptstraße, die direkt durch das Zentrum Rabats verläuft. Der weitläufige **Nouzhat-Hassan-Garten** ❶ am Südrand des Boulevards ist Startpunkt für einen Stadtspaziergang. Von hier geht es nach links zum **Bâb el Had** ❷, einem Torhaus aus dem 19. Jahrhundert, das von zwei Türmen gerahmt wird und den Eingang zum quirligen **Marché Central** ❸ bildet. Man kann sich vom Park aus direkt über die **Rue Sidi Fatah** gegenüber in die **Medina** ❹ begeben. Die Medina von Rabat hat mit ihren breiteren Straßen und jüngst renovierten Wohnhäusern ein moderneres Flair als viele andere Medinas in Marokko. Sie liegt nicht weit vom Fluss Oued Bou Regreg, geschützt von Mauern, die aus der Zeit der Almohaden und von El-Andalus stammen. Das jüdische Viertel der Medina, die **Mellah** ❺, besteht aus traditionellen Häusern und engen Gassen.

NICHT VERSÄUMEN

Marché Central • Oudaïa-Kasbah • Mausoleum Mohammeds V.

Die Medina führt weiter bis zum **Boulevard Tariq el Marsa**, wo im staatlich geführten **Ensemble Artisanal** Teppiche und andere Waren verkauft werden. Hier geht es links Richtung Flussmündung. Auf der rechten Seite liegen die **Andalusische Garten** und das **Musée des Oudaïa** ❻ (siehe S. 75) hinter den Festungsmauern der **Oudaïa-Kasbah** ❼ (siehe S. 73–75). Die Kasbah wurde in der Zeit des französischen Protektorats zum ersten offiziellen Baudenkmal Marokkos ernannt. Der Eingang in die Kasbah ist das **Bâb Oudaïa** (siehe S. 74), ein verziertes Torhaus, das im 12. Jahrhundert auf Befehl von Sultan Yacoub el Mansour errichtet wurde. Das Tor hat eine bewegte Vergangenheit – hier wurden Gefangene gehalten, die von räuberischen Berberpiraten gefangen wurden. Eine schmale Steintreppe im hinteren Teil führt hinab zu den Verliesen der Gefangenen. Die Oudaïa-Kasbah selbst ist ein Schmuckstück. In ihr befindet sich auch die älteste Moschee Rabats, die **El-Atika-Moschee**.

Zurück geht es über den Boulevard Tariq el Marsa bis zur Place Sidi Maklouf, dann nach Süden auf die Avenue Alaouiyine mit dem **Mausoleum von**

> ### Weitere Stadtrundgänge
> Die marokkanische Touristeninformation bietet Stadtführungen an. Im Büro an der Ecke Rue Oued El Makhazine und Rue Zalage in Agdal sind Flyer mit Streckenbeschreibungen erhältlich.

Mohammed V. ❽ (siehe S. 74). Letzter Punkt ist der **Hassan-Turm** ❾ (siehe S. 81) auf jenem Grund, auf dem Sultan Yacoub el Mansour vergeblich versucht hatte, die größte Moschee der Welt zu bauen.

- 🗺 Siehe Karte S. 71
- ▶ Parc du Triangle de Vue
- ⏱ 2,5 Stunden
- ↔ 5 Kilometer
- ▶ Hassan-Turm

Die Säulenstümpfe und das halb vollendete Minarett, der Hassan-Turm, der unvollendeten Moschee

Ensemble Artisanal
✉ Boulevard Tariq el Marsa
☎ (0537) 73 05 05

Place Souk el Ghezel
✉ Rue des Consuls
🕐 Mo & Mi geschl.

Medina

Der Pfad aus der Oudaïa-Kasbah hinaus führt an der Mauer des Andalusischen Gartens entlang zum Eingang in die Medina in der Rue des Consuls, der Haupteinkaufsstraße der Medina. Dort trifft man auf das riesige **Ensemble Artisanal**, ein Geschäft, in dem Kunsthandwerker ihre Waren zu festgesetzten Preisen verkaufen. Solche Einrichtungen sind in jeder größeren Stadt Marokkos zu finden.

Ein authentischeres Einkaufserlebnis gibt es an der **Place Souk el Ghezel** ein Stück weiter die Straße hinunter, wo donnerstags eine Teppichauktion stattfindet. Der Platz ist Ausgangspunkt für die Erkundung der Medina. In den Straßen drängen sich Stände, die Gewürze, Honigkuchen, Teppiche, Schmuck, Kunsthandwerk und Textilien verkaufen. In der Rue Souika und der Rue des Consuls wird alles verkauft, was das Herz begehrt.

In der Südostecke der Medina liegt die Mellah, das jüdische Viertel, in der die jüdische Gemeinde Rabats lebte. Die jüdische Bevölkerung hat das Viertel verlassen. Dort gab es rund ein Dutzend Synagogen, aber sie werden heute anderweitig genutzt. Die einzige noch aktive Synagoge der Stadt befindet sich ein paar

Hundert Meter weiter auf der anderen Seite der Place du Mellah.

INSIDERTIPP

Das Ensemble Artisanal am Boulevard Tariq el Marsa vermittelt einen guten Eindruck von Preisen, Qualität und Auswahl der Waren, um die man andernorts feilschen möchte.

CHIP ROSETTI
NATIONAL GEOGRAPHIC-Mitarbeiter

Ville nouvelle
Rabats Geschäfts- und Wohnviertel, die *ville nouvelle* (Neustadt), breitet sich im Stadtzentrum südlich der Medina aus. Sie entstand Anfang bis Mitte des 20. Jahrhunderts zur Zeit des französischen Protektorats als Standort der Finanz- und Verwaltungsgebäude. Ein Netz aus Boulevards bildet den Grundriss des neuen Viertels, die Avenue Mohamed V ist die Hauptstraße. An den Boulevards wurden hier und da kleine Parks angelegt. Die Boulevards selbst sind gesäumt von Wohnhäusern, Regierungsgebäuden und Banken mit ansprechenden Fassaden.

Am Nordende der *ville nouvelle* befindet sich an der Avenue Hassan II und gegenüber der südlichen Mauer der Medina der **Nouzhat-Hassan-Garten**, der größte und hübscheste Park der Stadt.

Das **Postmuseum** (Musée de la Poste), ein Stück weiter westlich in einem PTT-Gebäude an der

Nouzhat-Hassan-Garten
77
Am Boulevard Hassan II

ERLEBNIS: Eine Teppichauktion

Die Region um Rabat ist für die Qualität ihrer Teppiche berühmt, die meist aus roter Wolle gewebt werden und sich weich und samtig anfühlen. Wer gerne einen Teppich als Souvenir kaufen oder nur das Spektakel einer Teppichauktion erleben möchte, sollte sich an einem Donnerstagvormittag zur **Place Souk el Ghezel** aufmachen. Der Platz liegt in der Medina südlich der Oudaïa-Kasbah. Viele der Rabat-Teppiche, die in den Läden im Land angeboten werden, stammen von dieser Auktion. Auf dem Markt kann es voll werden, man sollte besser früh erscheinen. Zur Teppichauktion strömen Einheimische und Besucher, ganz abgesehen von den Hunderten Frauen aus den Städten und Dörfern der Umgebung, die ihre gewebten Teppiche hier auf dem Marktplatz verkaufen möchten.

Der Auktionator ist leicht zu erkennen, da er oft ein loses Gewand mit Kapuze, die *djellaba* trägt. Er erhebt seine Hand, um Gebote zu akzeptieren, bis der Teppich verkauft ist. Es ist ein Stück Kultur, das einen Besuch unbedingt lohnt. Die Einheimischen sehen es jedoch nicht immer gerne, wenn Besucher mitbieten.

Postmuseum
- 77
- 196 Avenue Mohamed V
- (0537) 70 23 74
- €

Cathédrale Saint Pierre
- 77
- Place du Golan
- (0537) 72 23 01
- www.dioceserabat.org

Archäologisches Museum
- 77
- 23 rue Brihi, Quartier Hassan
- (0537) 70 19 19
- Di geschl.
- €

Mausoleum Mohammeds V.
- 77
- Boulevard Mohamed Lyazidi
- €

Königlicher Palast
- 77
- An der Avenue Yacoub el Mansour
- Zugang nur mit geführter Tour

Avenue Mohamed V, erzählt die Geschichte des marokkanischen Postwesens. Von hier sind es nur ein paar Schritte Richtung Südwesten bis zur **Cathédrale Saint Pierre** aus den 1930er-Jahren, einem der bemerkenswertesten modernen Gebäude und einer von nur wenigen katholischen Kirchen Rabats.

Die Hauptattraktion der Neustadt ist das **Archäologische Museum** (Musée Archéologique) im Südteil, das eine Sammlung prähistorischer, römischer und islamischer Relikte aus den Ruinen von Chellah besitzt. Die römische Bronzesammlung des Museums hat einen eigenen Eingang im Hauptgebäude, auch müssen die Eintrittskarten dafür extra erworben werden. Die Informationstafeln sind auf Französisch.

Königlicher Palast

Der königliche Palast gleich südöstlich des Zentrums, aber noch innerhalb der mächtigen Stadtmauern, besteht aus einem stattlichen Gebäudekomplex, der Ende des 18. Jahrhunderts erbaut, aber von König Hassan II. in weiten Teilen umgebaut und u. a. mit einem Golfplatz versehen wurde. Der Palast wird noch genutzt und birgt Regierungs- und Verwaltungsgebäude, Stallungen und eine Moschee. Zudem ist er Sitz der Regierung und die offizielle Residenz von König Mohammed VI. und seiner Familie. Er ist deswegen für die Öffentlichkeit nicht zugänglich, aber Besucher dürfen das Gelände besichtigen. Den schönsten Blick auf den Palast bietet der Paradeplatz, der *méchouar*.

> **INSIDERTIPP**
>
> **Lohnenswert ist der Besuch einer Dorfbäckerei, die eigentlich der »Gemeindebackofen« ist, wo viele Frauen ihr eigenes Brot backen.**
>
> HEATHER PERRY
> *NATIONAL GEOGRAPHIC-Mitarbeiterin*

ERLEBNIS: Militärische Zeremonien

Jeden Tag erlebt Rabat farbenprächtige militärische Aufmärsche. Als Erstes kommt die Wachablösung am Hassan-Turm, bei der die Königliche Hofwache in ihren Uniformen zu bewundern ist. Die berittene Garde trägt im Winter Rot und im Sommer Weiß und hat die Aufgabe, die königliche Familie zu beschützen. Die Zeremonie beginnt um 7 Uhr. Um 10.45 Uhr wird dann zeremoniell die Nationalflagge in der Kaserne der Königlichen Garde gehisst. Besucher dürfen die Kaserne am königlichen Palast zu diesen Ereignissen betreten.

Hassan-Moschee

Östlich der Innenstadt, nicht weit vom Ufer des Oued Bou Regreg, liegt die Hassan-Moschee, die aus mehreren Bauteilen besteht. Das erste und augenfälligste ist der **Hassan-Turm** (Le Tour Hassan), ein prächtig ausgeschmücktes Minarett für eine nie vollendete Moschee.

Im 12. Jahrhundert begann der Sultan Yacoub el Mansour ein ambitioniertes Bauprogramm, zu dem die Moschee Koutoubia in Marrakesch und die Giralda in Sevilla gehörten. Leider starb der Sultan vor der Vollendung der meisten dieser Bauten. Der heutige Turm ist nur der untere Teil des geplanten Minaretts, aber doch eindrucksvoll mit etwa 44 Meter Höhe, etwa der Hälfte des geplanten Baus. Besucher können hier täglich am Vormittag die Wachablösung beobachten.

Gegenüber der Moschee steht das **Mausoleum von Mohammed V.** (siehe S. 74). Ebenso sehenswert sind die 200 Säulen um das Fundament des Turms, der einzige Teil der Moschee Mansours, der gebaut wurde. Der Bau, die **unvollendete Moschee** (siehe S. 82), ist wohl das bekannteste Wahrzeichen der Stadt.

Die Totenstadt Chellah

Der älteste Teil der Stadt, die Totenstadt Chellah, liegt im Südosten außerhalb der Stadtmauern. Den Eingang in diese wunderschön erhaltene Begräbnisstätte bildet ein großes Tor aus der Zeit der Almohaden, das auch als **Arc de Triomphe** (Triumphbogen) bezeichnet wird. Auf dem Gelände selbst verteilen sich Ruinen aus römischer Zeit und aus dem 14. Jahrhundert, die

Torwache am königlichen Palast von Rabat

Hassan-Turm
✉ Rue de la Tour Hassan

Totenstadt Chellah
✉ Boulevard Moussa ibn Nossair
💲 €

> **INSIDERTIPP**
> **Besucher in Rabats atmosphärischer Totenstadt Chellah können versuchen herauszufinden, welche Ruinen aus römischer Zeit und welche aus dem 14. Jahrhundert stammen.**
>
> TOM JACKSON
> *National Geographic*-Mitarbeiter

Letzteren aus der Zeit des Sultans Abou al Hassan, der die Totenstadt ausbauen ließ. Über der Stätte erhebt sich ein Minarett, das mit Kacheln verkleidet ist.

Die römischen Ruinen stammen aus der Zeit, als das Areal noch Teil der Stadt Sala Colonia war, einschließlich einer antiken Straße, die die Stadt mit dem Hafen verband. Die Lage des Hafens aus dem 1. Jahrhundert v. Chr. wurde durch Ausgrabungen lokalisiert. Von der Aussichtsplattform im Zentrum der Stätte können Besucher die Reste des römischen **Jupitertempels** sowie die jüngere Ruine der **Abou-Youssef-Moschee** sehen.

Weitere noch erkennbare Bauten der römischen Stadt sind der achteckige **Nymphenteich**, der einst zum Wasserleitungssystem der Römer gehörte, sowie das **Forum**. Auf der Stätte befinden sich auch Brunnen und Hibiskusgärten.

Yacoub el Mansours unvollendete Moschee

Kein Besucher Rabats kommt am Hassan-Turm (siehe S. 81) vorbei, der, wäre er jemals vollendet worden, Teil einer der größten Moscheen der Welt gewesen wäre. Der Sultan Yacoub el Mansour, Herrscher im 12. Jahrhundert und Gründer der Almohaden-Dynastie, wollte eine so prachtvolle Moschee bauen, dass sie in die Geschichte einging. Er sah Rabat als das Zentrum seines Reiches und wünschte eine Moschee, die dessen Erhabenheit und Bedeutung entsprach.

Die Moschee wurde vom marokkanischen Baumeister Jabir entworfen, von dem auch die Koutoubia-Moschee in Marrakesch stammt. Sie sollte in rechteckiger Form entstehen und einen riesigen Gebetssaal mit vielen Säulen besitzen. Ihr Minarett sollte mit 86 Metern das höchste der Welt sein. Der Sultan starb jedoch 1199 und die Bauarbeiten wurden eingestellt. Nur ein paar Hundert Säulen waren fertig, und das Minarett hatte nur gut die Hälfte der geplanten Höhe erreicht.

Das unvollendete quadratische Minarett und die marmornen Säulenstümpfe stehen heute noch und bieten einen spektakulären Anblick. Das Minarett aus rotem Sandstein ist mit einem Gitterwerk aus Bögen üppig ausgeschmückt. Es ist für die Öffentlichkeit zwar nicht zugänglich, gehört aber – zusammen mit dem nahen Mausoleum von Mohammed V. – zu den meistbesuchten Wahrzeichen der Stadt. Der Turm wurde wie die gesamte Stadt 2012 in die Liste des Unesco-Weltkulturerbes aufgenommen.

Der Park in der Totenstadt Chellah nahe der römischen Stätte Sala Colonia

Außerhalb des Zentrums

Die langen Strände Rabats sind ebenfalls ein Magnet, auch Freizeiteinrichtungen wie der berühmte **Dar es Salam Royal Golf Club**. Der charakteristische Par-73-Kurs des Golfplatzes wurde vom legendären englischen Golfplatzarchitekten Robert Trent Jones (1906–2000) entworfen. Bis 2011 fand hier der Wettkampf um den Hassan-II.-Pokal statt (mittlerweile findet er in Agadir statt).

Die Sandstrände von Rabat und Salé liegen an der Mündung des Oued Bou Regreg gegenüber. Abseits der Strände ist die Küste um Rabat mit Felsnasen und hohen Klippen dramatisch zerklüftet, an die bei Flut die gewaltigen Wellen des Nordatlantiks donnern. Bei Ebbe offenbaren sich etliche kleine Strände und Buchten. Diese gefährlichen Strände werden manchmal von Surfern des **Oudayas Surf Club** genutzt, der seinen Sitz am Strand nahe der Kasbah hat. Er bietet englischsprachigen Surf- und Surfboarding-Unterricht an und vermietet Surfbretter. Leider ist die Wasserqualität um Rabat nicht die Beste. ■

Dar es Salam Royal Golf Club
✉ Km 9, Avenue Mohamed VI, Route des Zaërs Souissi, Rabat
☎ (0537) 75 58 64
www.royalgolfdaressalam.com

Oudayas Surf Club
✉ 3 plage de Rabat, Oudaïa-Strand
☎ (0537) 26 06 83
www.oudayassurfclub.coml

Rund um Rabat

Rabat ist die Hauptstadt der Region Rabat-Salé-Zemmour-Zaër, einer der dichtest besiedelten Regionen des Landes. Die meisten Bewohner leben jedoch in nur einigen wenigen Städten – Salé z. B. hat über 750 000 Einwohner –, so dass reichlich freie Landschaft vorhanden ist. Es gibt große bewaldete Landstriche und lange, einsame Sandstrände.

Das Kerzenfest in Salé

Salé

Das idyllische Salé mit seinen Stadtmauern um ein Gewirr aus Gassen mit weißen Häusern war einst ein Feind von Rabat. Heute ist die Stadt ein enger Freund und wichtiger Teil der marokkanischen Hauptstadt.

Im Lauf der Geschichte wurde Salé von Phöniziern, Römern, Vandalen, Byzantinern und Arabern beherrscht und war bereits eine blühende Stadt, als im 12. Jahrhundert die Mariniden die Festungsmauern errichteten. Als sich die Stadt zu einem Handelszentrum entwickelte, zog sie das Interesse von Berberpiraten auf sich, die im 17. Jahrhundert hier ihren Stützpunkt aufschlugen. Diese »Salé-Korsaren«, wie sie genannt wurden, verbanden sich mit Rabat und gründeten die Republik Bou Regreg, die unter der Herrschaft der Piraten zu einer legendären Macht wurde. Im 18. Jahrhundert fielen die Städte wieder unter die Herrschaft des Sultans, und die Piratengewalt löste sich auf.

Es folgte eine Zeit des Niedergangs, doch Salé kam

INSIDERTIPP

Der Töpfermarkt von Salé bietet eine unglaubliche Vielfalt einheimischer Töpferwaren, von Tassen und Schalen bis zu Tajines – wunderschöne Mitbringsel für Familie und Freunde.

SANAA AKKACH
National Geographic-
Art Director

dank seines rasch wachsenden Kunsthandwerksgewerbes ein paar Jahrhunderte später erneut zu Wohlstand. Auch profitierte die Stadt von der zunehmenden Bedeutung Rabats, das einen beispiellosen Boom erlebte.
Stadtzentrum: Heute erinnert nur noch wenig an Salés turbulente Geschichte, aber Besucher erhalten einen Eindruck von der Vergangenheit, wenn sie durch das **Bâb el Mrisa** (Meerestor) aus dem 13. Jahrhundert treten. Den Namen erhielt es, weil es von den seefahrenden Einwohnern, nicht zuletzt den Salé-Korsaren, als Zugang zum Hafen benutzt wurde.

Vom Bâb el Mrisa geht es an der alten Mellah – dem jüdischen Viertel – und auf der anderen Seite der Hauptstraße, der Rue Fondouq Abd el Hadi, der neuen Mellah, vorbei bis ins Zentrum des Souk-Viertels. Es besteht aus nur ein paar Querstraßen um den **Grand Souk**. Die Souks von Salé verkaufen fast ausschließlich Kunsthandwerk. Die Töpferwaren, Kerzen und Stickereien des Souk el Merzouk trugen dazu bei, dass Salé eine Schlüsselrolle im Kunsthandwerksgewerbe Marokkos spielt.

Gleich hinter den Souks liegt eine kleine **Medersa** aus dem 14. Jahrhundert, die dem Marinidenherrscher Abou el Hassan gewidmet ist. Das Hauptgebäude der Hochschule ist zwar für Besucher nicht zugänglich, aber Sie können den Kolonnadenhof besichtigen, dessen Säulen mit

Salé
71 A2

Salé Medersa
Rue de la Grande Mosque

Das Kerzenfest von Salé

Das Kerzenfest von Salé findet zehn Tage nach dem muslimischen Neujahr am Vorabend des Geburtstags des Propheten Moulid an-Nabi statt und gehört in Salé zu den Höhepunkten eines Jahres. Die Einwohner, insbesondere die Seeleute, marschieren in aufwendigen Trachten durch die Straßen und tragen große, kunstvoll geformte Kerzen. Ziel ist das Grab von Sidi Abdullah ibn Hassoun, des Schutzheiligen von Salé und der Seeleute, wo die Kerzen aufgestellt werden. Damit wird dem Heiligen gedankt, dass er die Seeleute schützt.

Moulay Boussetham
🅼 71 B3

Kenitra
🅼 71 B2

Mamora-Wald
🅼 71 B1, C1

Seemannsfriedhof
✉ Am Boulevard Circulaire

zellij-Kacheln in Brauntönen geschmückt und mit floralen Stuckarbeiten gekrönt sind.

Links der Medersa befindet sich die **Große Moschee** Salés. Sie stammt zum großen Teil aus dem 12. Jahrhundert; das Minarett stammt jedoch aus jüngerer Zeit. Weiter Richtung Meer geht es zum **Seemannsfriedhof**, auf dem nicht nur

INSIDERTIPP
Sabra ist ein Stoff, der zu 100 Prozent aus Pflanzen hergestellt wird. Jedes Stück aus einer Mischung aus Aloe, Seide, Rohleinen und Kammgarn ist einzigartig.

CHRISTEL CHERQAOUI
NATIONAL GEOGRAPHIC-*Books*

viele Seeleute begraben sind, sondern auch mehrere heilige Männer, die *marabout*. Das erste Grab, das in Sicht kommt, ist das von Sidi Abdullah ibn Hassoun, des Schutzheiligen von Salé, und Ziel des Kerzenfests (siehe S. 85). Gleich dahinter liegt das Grab von Sidi Ahmed ibn Achir, eines heiligen Mannes aus dem 16. Jahrhundert, der dank seiner Fähigkeiten Kranke geheilt und Seeleute in Not wohlbehalten in den Hafen Salés geleitet haben soll.

Die Küste nördlich von Salé

An der Küste der Region Rabat-Salé-Zemmour-Zaër liegen mehrere interessante Orte, darunter auch Kenitra, das 1913 als Port Lyautey von den Franzosen gegründet wurde, und **Moulay Boussetham,** berühmt für die Lagune Merdja Zerg.

Kenitra: Die Umgebung von Kenitra zeigt zwar Zeichen früher Besiedlung, aber die heutige Stadt wurde erst zu Beginn des 20. Jahrhunderts während des französischen Protektorats gegründet. 1912 wählte General Hubert Lyautey die Siedlung Kenitra an der Mündung des Oued Sebou als neuen Militärstützpunkt. Unter seinem Kommando entstand eine neue Stadt, die von 1932 bis 1956 Port Lyautey hieß, und nach der Unabhängigkeit Marokkos ihren ursprünglichen Namen erhielt. Es ist eine moderne Stadt, in deren Zentrum Bürogebäude, Banken und Restaurants die Plätze säumen. Das Umland ist geprägt von Landwirtschaft und Zellstoffproduktion für die Papierherstellung. Getreidefelder, Zitrushaine sowie Korkeichen- und Eukalyptuswälder sind überall zu sehen. Als Küstenstadt ist Kenitra auch für die Fischerei und ihre Sandstrände bekannt.

Ein paar Kilometer nördlich von Kenitra liegen bei

ERLEBNIS: Vogelbeobachtung in Moulay Bousselham

Das malerische Dorf Moulay Bousselham liegt idyllisch an der Küste und ist ein beliebtes Ferienziel für Marokkaner aus Rabat oder aus Larache und Asilah. Aber am bekanntesten dürfte das Dorf wohl für seine Flora und Fauna und insbesondere für seine faszinierende Vogelwelt sein.

Moulay Bousselham liegt auf einem Landstrich, der durch hohe Sanddünen entstand und auf einer Seite vom wilden Atlantik und auf der anderen von der stilleren Lagune Merdja Zerga *(École Nationale Forestière d'Ingénieurs, BP 511)* begrenzt wird. Der Ort erstreckt sich an der Mündung des Flusses Oued Drader und hat einige fantastische Strände und Feuchtgebiete, in denen sich Zugvögel versammeln.

Vogelfreunde können hier Watvögel (wie Säbelschnäbler, Schnepfen, Brachvögel, Wasserläufer und Regenpfeifer), Reiher und Löffler sowie, besonders im Winter und Herbst, verschiedene Enten- und Gänsearten beobachten. Im Frühling und Herbst lassen sich hier auch Singvögel auf ihrem Weg nach oder von Europa und dem Westen Sibiriens nieder.

Berühmt wurde die Lagune Merdja Zerga in den 1990er-Jahren als eines der letzten bekannten Überwinterungsgebiete des stark gefährdeten Dünnschnabelbrachvogels, der aber in den vergangenen Jahren nicht mehr gesichtet wurde. Ebenfalls typisch für die Lagune ist die sonst überwiegend im Süden verbreitete Kapohreule.

Am kleinen Fischerhafen des Dorfs werden Bootstouren über die Lagune angeboten *(Preis und Fahrtdauer müssen verhandelt werden)*.

Die Lagune Merdja Zerga ist ein Naturschutzgebiet. Wer sich lieber sonnt und badet: Die Strände in der Umgebung sollen zu den schönsten Marokkos gehören. Moulay Bousselham hat nur wenige Einwohner, aber die Moschee im Zentrum des Dorfs birgt, so heißt es, das Grab eines heiligen Mannes aus dem 10. Jahrhundert – Moulay Bousselham höchstselbst. Die Einwohnerschaft schwillt daher das ganze Jahr über an – durch Naturfreunde und durch Pilger, die das Grab besuchen.

Der Stelzenläufer ist nur einer der vielen reizvollen Watvögel Moulay Bousselhams

Sidi Yahya el Gharb
71 B2

Sidi Moussa el Harrati
71 B3

Mehyda
71 B2

Sidi All ibn Ahmed die Ruinen der alten römischen Stadt **Thamusida** mit den Resten von Bädern, eines Tempels, Stadtmauern und eines Prätoriums.

Im **Mamora-Wald**, dem Forêt de la Mamora, landeinwärts von Kenitra, wachsen ebenso wie im Forêt As-Sehoul und dem Forêt des Zaërs über weite Hektar Korkeichen, duftende Kiefern, Akazien, Eukalyptus- und Holzbirnenbäume.

Zwischen den Waldgebieten liegen Dörfer, deren Einwohner in traditionellen Häusern leben und mit Ackerbau, Rinder- und Schafzucht ihren Lebensunterhalt bestreiten. Einen Eindruck von der Schönheit der Landschaft vermittelt eine Fahrt ostwärts von Kenitra nach **Sidi Yahya el Gharb** und dann auf der R411 Richtung **Sidi Moussa el Harrati**.
Mehdya: Etwa 16 Kilometer westlich von Kenitra liegt der Küstenort Mehdya. Er ist mit seinen weißen Häusern an einem langen und breiten Strand ein beliebter

Marokkanische Urlauber vergnügen sich im Meer nördlich von Rabat

INSIDERTIPP
Eine Einladung zu einem Essen im Haus eines freundlichen Fremden sollte man nicht ausschlagen. Aber alles muss probiert werden, und auf sanftes Drängen muss man auch mehr davon essen.

HEATHER PERRY
NATIONAL GEOGRAPHIC-Mitarbeiterin

Ausflugsort von Kenitra und Rabat. Der Ort ist überwiegend modern, besitzt aber eine heute weitgehend zerfallene Kasbah. Der Eingang ist ein monumentales Tor aus der Zeit von Moulay Ismail. Dahinter liegen die Ruinen eines einst prachtvollen Palastes und einer Moschee sowie ein Gewirr aus engen Gassen. Mehdya ist ein beliebter Fischerhafen.

Lac Sidi Bou Ghaba: Richtung Süden entlang der Küste erstreckt sich der Lac Sidi Bou Ghaba. Hier kommen Kammblässhühner, Provencegrasmücken und Krickenten vor. Südlich des Lac du Sidi Boughaba Richtung Salé und Rabat liegt das Städtchen **Sidi Bouknadel** mit einem interessanten Kunsthandwerksmuseum, dem **Musée Dar Belghazi**. Zur Sammlung gehören Musikinstrumente, Holzschnitzarbeiten und Schmuck. Der Strand von Sidi Bouknadel, die **Plage des Nations**, ist freundlich.

Die **Jardins Exotiques** an der Hauptstraße durch den Ort sind ein Park voller tropischer Pflanzen. Angelegt wurde er in den 1950er-Jahren von dem Gärtner Marcel François als Privatgarten, war aber in den 1980er-Jahren bereits überwuchert. Die Behörden erkannten seine Bedeutung und stellten ihn in alter Pracht wieder her. Heute gedeihen dort über 1000 verschiedene Pflanzenarten aus der ganzen Welt.

Temara & Umgebung
Temara und der ruhigere Nachbarort Skhirat südlich von Rabat und Salé liegen an einem Küstenabschnitt, der in vergangenen Jahrhunderten mehrere Invasoren

Sidi Bouknadel
71 B2

Musée Dar Belghazi
Km 17, Route de Kenitra, Salé Bouknadel
(0537) 82 21 78
€
museebelghazi.marocoriental.com

Jardins Exotiques
Km 12, Route de Kenitra, Sidi Bouknadel
(0537) 82 27 56
www.les-jardins-exotiques.com

Temara
71 A1

ERLEBNIS:
Die Höhlen von Temara
Die Küste von Temara Richtung Süden nach Casablanca ist mit ihren vielen zugänglichen Höhlen ein Paradies für Höhlenfans. Die größte, die **El-Harhoura-Höhle** (siehe Karte S. 71 A1), ist etwa 16 Meter hoch. Ihre Öffnung im Felsen am Strand von El Harhoura blickt aufs Meer. Die Höhle entstand über Millionen von Jahren. Ausgrabungen brachten Beweise für menschliche Besiedlung aus der Alt- und Jungsteinzeit zutage. Fragmente von Krügen, Werkzeugen, Waffen und Schmuck gehören, wie menschliche und tierische Knochen, zu den Fundstücken.

Die Dressur der Vollblutpferde ist in der Region um Rabat ein großes Geschäft

Kasbah de Guiche Oudaïa
✉ Rue la Plage, Temara

El-Harhoura-Strand
🅰 71 A1

anlockte, darunter Phönizier, Andalusier, Spanier und Portugiesen. Das Dasein konzentriert sich heute um den Hafen. Etliche Fischer bieten Ausflugsfahrten aufs Meer an. Viele reiche Bewohner Rabats verbringen ihre Ferien in Temara, wo sie üppige Villen besitzen.

Die Ursprünge Temaras liegen im 12. Jahrhundert, als der Almohaden-Herrscher Sultan Abd el Mumin (1094–1163) hier eine Moschee errichten ließ. In den folgenden Jahrhunderten wuchs die Stadt und erhielt im 17. Jahrhundert eine Kasbah, die **Kasbah de Guiche Oudaïa**, die nach dem hier ansässigen arabischen Oudaïa-Stamm benannt ist.

Vier Jahrhunderte später ist Temara vor allem für die Sandstrände bekannt, die sich über zehn Kilometer an der Küste entlangziehen. Der beliebteste ist der **El-Harhoura-Strand**, berühmt für seine **Meereshöhle** (siehe S. 89), die vermutlich bereits seit der Altsteinzeit bewohnt wurde. Die Strände Sidi el Abed, La Falaise, Val d'Or und Petit Val d'Or außerhalb des Orts sind meist ruhiger, haben aber weniger Freizeitanlagen. Nicht weit vom Strand El Harhoura liegt die Freiluftarena **Mohamed Kacimi**. Sie ist nach dem marokkanischen Maler Mohamed Kacimi (1942–2003) benannt, der in Temara lebte. Hier

RUND UM RABAT

finden regelmäßig Kulturveranstaltungen statt, und wer Glück hat, erlebt eines der klassischen Konzerte. In der Nähe befindet sich die **Königliche Reitschule**, wo mehrere Hundert Pferde gehalten und für die Fantasias (Reitkunstaufführungen) trainiert werden.

Khemisset

Khemisset liegt landeinwärts Richtung Meknès und Fès und wird überwiegend von Berbern aus dem Mittleren Atlasgebirge bewohnt, von denen viele in der florierenden Agrarindustrie arbeiten. Einige pendeln jedoch nach Rabat oder Meknès, und zwar über die Schnellstraße zwischen Rabat und Fès, die in den 1990er-Jahren gebaut wurde. Sie ist auch für Besucher die bequemste Verbindung zur Stadt. Khemisset hat zwar nur wenige Touristenattraktionen, aber ein Stadtbummel gibt einen faszinierenden Einblick in das marokkanische Alltagsleben. Am bekanntesten ist der Ort für seine alte Schmalspurbahn, die in der Zeit des französischen Protektorats mit Rabat verkehrte. Allerdings ist von ihr heute nicht mehr viel übrig.

Die alte Stadt **Tiflet** zwischen Khemisset und Meknès war vermutlich schon seit dem 1. Jahrtausend v. Chr. von Phöniziern und Römern besiedelt. Ausgrabungen legten Reste von Häusern, primitiven Straßen sowie Werkzeug, Schmuck und Töpferwaren frei. In jüngerer Zeit wurde Tiflet bekannt für die Bienenzucht, die von Frauenkooperativen betrieben wird. Diese Imkerinnen produzieren den aromatischsten Honig des Landes, der auch zur Herstellung von traditionellen Süßspeisen wie Baklava verwendet wird. ■

Arena Mohamed Kacimi
✉ Rue el Harhoura, Temara

Khemisset
🅜 71 C1

Tiflet
🅜 71 B1

Königliche Reitschule
✉ Avenue Hassan II, Temara
☎ (0537) 64 37 14
💲 €

ERLEBNIS: Die Königliche Reitschule

Schon am Eingang zur Königlichen Reitschule (École Royale de Cavalerie) am Rand von Temara wird klar, dass es sich um etwas Besonderes handelt. Das dekorierte Bauwerk hat drei Torbogen, hinter denen ein Weg zu den Stallungen führt. Dort sind etwa 300 Pferde untergebracht, von Berbern über reinrassige Araber bis zu englischen Vollblütern. Die Schule bietet Training für Pferde und Reiter. Es gibt Klassenräume für den Unterricht zum Umgang mit Pferden und draußen Trainingskoppeln, auf denen die Reiter ihr Wissen in die Praxis umsetzen können. Ein Sattler und Werkstätten zur Herstellung feiner Reitkleidung und -stiefel befinden sich ebenfalls auf dem Gelände, ebenso ein Laufgang. Die Schule ist vom Zentrum Temaras ausgeschildert und öffentlich zugänglich. Für Besucher finden häufig Festivals statt, wenn die Pferde nicht gerade an Reitwettbewerben oder an den traditionellen Fantasias, den Reitkunstfesten, teilnehmen.

Von den endlosen Stränden bei Larache und Al Hoceima zu den Geistern von Tangers internationaler Zone und weiter ins wilde Rifgebirge

Tanger & die Nordküste

Erster Überblick   94

Tanger & Umgebung   96

Das Tanger der Boheme zu Fuß   98

Erlebnis: Hamambesuch in Tanger   101

Atlantikküste   104

Tétouan & Umgebung   110

Erlebnis: Feiern zur Semana Santa   115

Rifgebirge   118

Erlebnis: Wandern im Rifgebirge   124

Al Hoceima & Umgebung   128

Erlebnis: Zu Fuß im Al-Hoceima-Nationalpark   129

Fahrt durch die Zegzel-Schlucht   130

Hotels & Restaurants   285

Frauen in traditioneller Kleidung in einer Gasse in Tanger

Tanger & die Nordküste

Die üppige Landschaft im Norden Marokkos lockt im Verein mit dem architektonischen Erbe der Kolonialzeit und der großen Vielfalt an Sprachen.

Das Klima ist gemäßigt, der Einfluss der europäischen Kultur spürbar; trotzdem ist diese Gegend unbestreitbar marokkanisch, von den Art-déco-Straßen in Tangers *ville nouvelle* ist es nicht weit bis zu den Berberdörfern, in denen die Frauen auf traditionelle Art Stoffe weben, und bis zu Fischereihäfen, in denen der Fang auf Rosten direkt am Kai gegart wird. In der zweiten Hälfte des 20. Jahrhunderts durchliefen Tanger und das Umland eine lange Periode der Vernächlässigung durch die Regierung und der wirtschaftlichen Stagnation. Inzwischen werten die Tourismusbranche und Infrastrukturprojekte das tägliche Leben der Menschen in diesem Gebiet auf.

Wenn man am Hafen von Tanger steht und die Tagesausflügler aus Spanien sieht, mag man es kaum glauben: Dieses Gebiet von Marokko ist einer der am wenigsten besuchten Landesteile. Während auf der »Marrakesch Express«-Route ein ununterbrochener Strom von Reisenden in den Süden des Landes zieht, sind die grünen Hügel und fantastischen Strände im Norden ein weniger ausgetretenes Gebiet.

Die Hafenstadt Tanger allerdings ist an ausländische Besucher gewöhnt. Sie liegt an einer malerischen Bucht unweit der Straße von Gibraltar. Tanger war jahrhundertelang ein wichtiger Handelsposten. Mit seiner quirligen Medina, der attraktiven *ville nouvelle* und den Stränden beschrieb es der französische Künstler Henri Matisse (1869–1954) als ein »Malerparadies«.

Tanger blickt auf eine dramatische Geschichte voller Intrigen, Kunst und Korruption zurück. 1925 wurde die Stadt als ein Haupttagungsort der Diplomatie und des internationalen Handels anerkannt und erhielt von den Kolonialmächten einen internationalen Status. Dadurch wurde Tanger zu einem weitgehend autonomen Stadtstaat. Während der Jahre als internationale Zone lockte die Stadt alle Arten von Künstlern, eigenwillige Charaktere und die Superreichen an (die amerikanische Erbin Barbara Hutton und der Verleger Malcolm Forbes kauften Paläste in Tanger; sie fühlten sich von der Idee einer Stadt angezogen, die außerhalb der Reichweite nationaler Regierungen lag). Die Bars und Cafés der *ville nouvelle* waren einst Lieblingsplatz für Spione, Schmuggler und Schrift-

> ### NICHT VERSÄUMEN
>
> Ausblick von Tangers Kasbah auf die Straße von Gibraltar **97**
>
> Das Labyrinth kleiner Straßen, Durchgänge und Gassen in Tangers Medina **97, 100**
>
> Die Eleganz von Dar el Makhzen; der frühere Palast beherbergt ein schönes Museum **101**
>
> Tangers anglikanische Kirche St. Andrew, deren Glockenturm wie ein Minarett gestaltet ist **103**
>
> Die eindrucksvolle Küstenlandschaft zwischen Ceuta und Tétouan **114**
>
> Eine Fahrt durch die spektakuläre Zegzel-Schlucht **130**

steller wie Paul Bowles, Tennessee Williams und William Burroughs.

Atlantikküste

Südlich von Tanger, am nördlichen Abschnitt von Marokkos langer Atlantikküste, liegen die malerischen Städte Asilah und Larache. Sie bilden einen ruhigen, entspannten Gegensatz zu den belebten Straßen von Tanger und Tétouan; hier gibt es breite, schöne Strände, saubere, gepflegte Medinas und grandiose Festungsanlagen, die von ihrer turbulenten Geschichte erzählen. Wohl wagt sich mancher Tanger-Besucher bei einem Tagesausflug bis nach Asilah vor, aber die Küste ist doch großenteils von internationalem Tourismus unberührt.

Mittelmeerküste

Die Mittelmeerküste östlich von Tanger hat moderne Ferienanlagen und attraktive Küstenstädte aufzuweisen. Die spanischen Enklaven Ceuta und Melilla liegen ebenfalls an diesem Küstenstreifen, versteckt hinter einer Kette von Zäunen, Mauern und endlosen Grenzkontrollpunkten. In Al Hoceima und Nador halten sich viele Badegäste auf.

Wer sich ins Landesinnere zum Rifgebirge und den Städten Tétouan und Chefchaouen aufmacht, entdeckt ein Marokko, das sich stark von dem in den Badeorten an der Küste unterscheidet. Hier in den hohen Rifbergen, wo die Menschen sich erst in den 1950er-Jahren der Kontrolle durch die Regierung unterwarfen, erleben Sie eine traditionellere Lebensweise; hier ist Handwerk, wie Holzschnitzerei, Weben und Töpfern, noch eine wichtige Einkommensquelle. Ein weiterer Wirtschaftszweig bleibt die Produktion von Marihuana, das in industriellem Maßstab angebaut und verarbeitet wird. ∎

Tanger & Umgebung

An der nördlichsten Spitze des Landes — dort, wo Atlantik und Mittelmeer aufeinandertreffen — liegt Tanger. Die Stadt scheint hinauszuschauen, als gehöre sie mehr zu den staatenlosen Weiten der internationalen Gewässer als zu Marokko. Über die Jahrhunderte hatte sie viele Herren, von phönizischen Händlern bis zu französischen Kolonialbeamten.

Tangers Altstadt steigt von der Küste steil an, hinten ist die Mohammed-V.-Moschee zu erkennen

Tanger verdankt seine gespaltene Persönlichkeit einer komplexen Geschichte, in deren Verlauf es kaum je mit Marokko als Ganzem vereint war. Das nationale Zugehörigkeitsgefühl der Stadt hat sich über die Jahrhunderte immer wieder verschoben.

Das moderne Tanger hat seine Wurzeln im frühen 20. Jahrhundert, als es zur internationalen Zone ausgerufen wurde. Dieser Status wurde der Stadt durch die europäischen Kolonialmächte verliehen und machte Tanger zu einem selbstverwalteten Stadtstaat, frei von Handelszöllen und -steuern. Ausländer, die sich dauerhaft hier niederließen, und wohlhabende Besucher kamen in Scharen in die exotische Stadt. Hier fanden Intellektuelle, Spieler, Künstler, Spione und Schmuggler ein Zuhause. Die Stadt florierte, doch brachte ihr hedonistischer Ruf eine berüchtigte Geschichte von Sexskanda-

TANGER & UMGEBUNG

len, Korruption und politischer Intrige mit sich.

Nach der Wiedervereinigung mit Marokko 1960 durchlitt die Stadt einen wirtschaftlichen Niedergang. König Hassan II. (regierte 1961–1999) missfiel der zwielichtige Ruf der Stadt, er kam nie hierher. Tanger wurde von der internationalen Metropole zur verarmten Hafenstadt.

Die Politik von Marokkos gegenwärtigem König Mohammed VI. hat dem Niedergang in den letzten Jahren Einhalt geboten. Er will die Stadt zu früherem Glanz zurückführen, sie wieder zu

INSIDERTIPP

Bei der Ankunft am Kai von Tanger bekommt man leicht einen schlechten ersten Eindruck. Am besten saust man gleich an den Gaunern und falschen Führern vorbei, die sich auf jede Bootsladung Touristen stürzen.

CLIVE CARPENTER
NATIONAL GEOGRAPHIC-Mitarbeiter

einem mondänen Badeort machen. Heutige Tanger-Besucher kommen in eine Stadt im Übergang – renovierte Hotels stehen neben verfallenden Art-déco-Theatern und uralten Souks.

Orientierung

Wie die meisten marokkanischen Städte besteht Tanger aus zwei Teilen: der Altstadt und der *ville nouvelle*, die großenteils in der Zeit gebaut wurde, als Marokko ein französisches Protektorat war (1912–1956). Tanger ist auf einer Kette steiler Hügel erbaut, die von den goldgelben Stränden rund um den Hafen ansteigen.

Tangers Medina liegt auf dem Hügel neben dem alten Hafen. Den höchsten Punkt besetzt die mittelalterliche **Kasbah**, die früher einen Palast beherbergte. Nach Norden und Osten ist sie vom Meer begrenzt, im Westen, Süden und Südosten schließen sich die Viertel der *ville nouvelle* an. Es gibt Boulevards und Grünflächen. In der Medina winden sich Hunderte schmaler Straßen und namenloser Gassen zwischen den alten Gebäuden durch Innenhöfe, Tunnel und Marktplätze.

Medina

Das historische Herz der Stadt mit seinen mittelalterlichen Gassen und quirligen Marktplätzen ist Tangers größte Touristenattraktion. Anfangs sind viele Besucher überwältigt vom lauten Geschrei der Stadt und der rätselhaften Anlage. Später stellt man fest, dass die Altstadt viel zu bieten hat.

Die belebten Marktplätze und Cafés rund um

Tanger
95 A2
Besucherinformation
ONMT, 29 boulevard Pasteur
(0539) 94 80 50
Sa/So geschl.

(Fortsetzung auf S. 100)

Das Tanger der Boheme zu Fuß

Von Matisse bis Burroughs hat Tanger eine reiche künstlerische Geschichte. Ihr Goldenes Zeitalter erlebte die Stadt Anfang der 1950er-Jahre, als sie zum Treff für die Beatgeneration wurde. Obwohl die Zeiten der internationalen Zone vorbei sind, ist noch vieles vom Tanger jener Tage erhalten.

Nicht jede Ecke von Tangers Medina sprüht vor Aktivität – es gibt auch ruhige Ecken

Beginnen Sie Ihren Erkundungsgang in den Küstenstraßen der *ville nouvelle*, wo die Schriftsteller der Beatgeneration ihre Künstlerkolonie in den Billigzimmern von Hotels wie Rembrandt, Massila und El Muniria einrichteten. Starten Sie an der Rue Magellan am **Hotel El Muniria** ❶, wo William Burroughs lebte. 1957 mieteten sich hier Jack Kerouac und Allen Ginsberg ein, als sie Tausende von Seiten, die Burroughs in Notizbücher gekritzelt hatte, in den Roman »Naked Lunch« einbrachten. Wenn Sie dem Hafen den Rücken kehren und nach links zum Boulevard Pasteur abbiegen, kommen Sie zum **Hotel Rembrandt** ❷. Das moderne Hotel beherbergte einst Ausstellungen von Brion Gysin oder Paul Bowles, in den Suiten darüber wohnten Tennessee Williams und Truman Capote. Von hier geht es nach rechts auf dem Boulevard Pasteur, vorbei an den Cafés und Restaurants, zur **Place de Faro** ❸, wo eine Gruppe antiker Kanonen den fantastischen Ausblick über den Hafen und die Meerenge nach Spanien bewachen. Gehen Sie zum **Café de France** ❹ auf der Nordseite der Place de France. Dort können Sie eine Tasse Kaffee oder einen Pfefferminztee genießen in einer Umge-

NICHT VERSÄUMEN

Place de Faro • Café de France
• American Legation Museum

bung, die sich seit den Tagen der Beatgeneration wenig verändert hat.

Von der Place de France gehen Sie auf der Rue de la Liberté nach Norden, vorbei am **El Minzah Hotel** ❺, wo sich Künstler im Ambiente von Caid's Bar versammelten. Bergab geht es ins lebhafte Viertel rund um den Grand Socco und dann durch die Tore und die Rue as Siaghin hinunter zum **Café Central** ❻. Das Café am Petit Socco war die Stammkneipe von Burroughs.

Wenn Sie noch nicht dort waren, nutzen Sie die Gelegenheit, um das **American Legation Museum** ❼ (siehe S. 100) ein paar Straßen südlich des Petit Socco zu besuchen. Es beherbergt eine Sammlung von Kunst amerikanischer Maler, die in Tanger ansässig waren. Ein Raum ist ganz dem Schaffen des aus New York stammenden und später in Tanger lebenden Au-

INSIDERTIPP

Es lohnt nicht, Schauplätze des Buches »Naked Lunch« aufspüren zu wollen, denn diese schulden den verschlungenen Wegen von Burroughs' fiebriger Fantasie mehr als der Stadt Tanger.

CLIVE CARPENTER
National Geographic-Mitarbeiter

tors der Beatgeneration, Paul Bowles, gewidmet. Weiter geht es nach Osten, vorbei an der Großen Moschee, und dann links in die Rue Dar Baroud. Steuern Sie zum Abschluss die schöne Café-Terrasse des **Hotel Continental** ❽ an. Hier wurden 1990 mehrere Szenen der Verfilmung von Bowles' in Tanger angesiedeltem Roman *Himmel über der Wüste* gedreht.

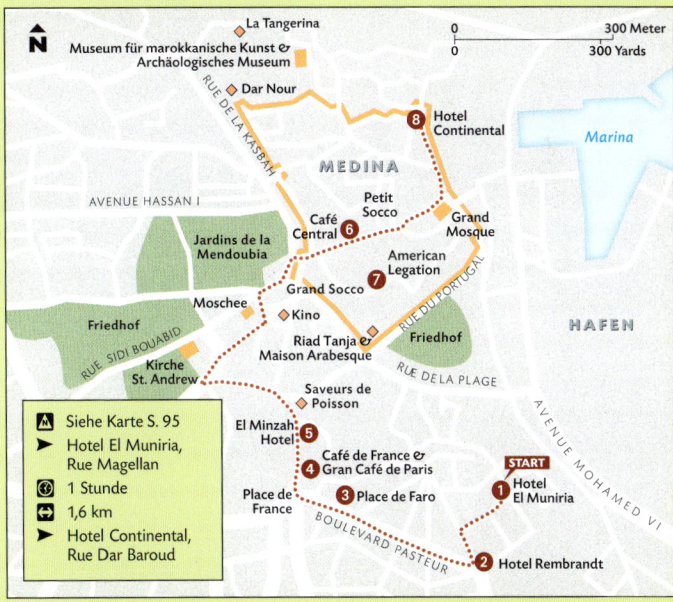

Boutique Volubilis
✉ 15 Petit Socco, Medina
☎ (0539) 93 13 62

Boutique Majid
✉ 66 rue les Almouhads, Medina
☎ (0539) 93 88 92
www.boutiquemajid.com

die **Rue as Siaghin** und den **Petit Socco** bilden das Herz der Medina. Diese Gegend hat sich in den 1990er-Jahren einen schlechten Ruf erworben, aber er ist heute nicht mehr gerechtfertigt. Ein weniger hektisches Einkaufserlebnis bescheren die **Boutique Volubilis**, die handgemachte Kleidung verkauft, und die **Boutique Majid** mit einer Auswahl an hochwertigem marokkanischem Kunsthandwerk und Antiquitäten.

Auch wenn man die Hostels am Petit Socco besser meidet, gibt es in der Gegend einige gute Übernachtungsmöglichkeiten, darunter das **Riad Tanja** (Rue du Portugal, Tel. 0539/33 35 38, €€), zu dem auch ein ausgezeichnetes Restaurant gehört, und das **Maison Arabesque** (73 rue Naciria, Place Sakaya, Medina, Tel. 0679/46 68 76, www.maison-arabesque.com, €€).

Ein kurzes Stück südlich des Petit Socco, an der Rue d'Amérique, liegt das bemerkenswerte **American Legation Museum**. Der Bau war bei der Eröffnung 1821 das erste öffentliche Gebäude der USA außerhalb Nordamerikas. Heute beherbergt er eine Sammlung von Dokumenten und Gegenständen. Zu den Höhepunkten zählen der Paul-Bowles-Raum. Er enthält Fotos, Briefe und Gemälde des Schriftstellers und der amerikanischen Künstlergemeinschaft, die in den 1950er-Jahren in der Stadt lebte. Außerdem kann man die historische Korrespondenz zwischen dem Gesandtschaftspersonal und ihren Vorgesetzten in Washington einsehen. Der Museumsdirektor, Thor Kuniholm, ist ein sprudelnder Quell nützlicher Informationen und unterhaltsamer Anekdoten.

Das Musée de Kasbah ist in einem Teil des alten Palastes untergebracht

TANGER & UMGEBUNG

ERLEBNIS: Hamambesuch in Tanger

Hamams, also öffentliche Bäder, gehören in Tangers Medina zum Alltag. Wie ihre antiken Vorläufer sind Hamams ein wichtiger Teil des städtischen Lebens; sie sind lebendiger sozialer Treffpunkt und praktische Notwendigkeit in einer Stadt, in der wenige Häuser Badezimmer besitzen. Alle öffentlichen Hamams sind nach Geschlechtern getrennt und haben mehrere große gekachelte Räume mit unterschiedlich temperierten Becken.

Hamams sind überall in der Medina zu finden. Am besten fragen Sie im Hotel nach dem Nächstgelegenen. Am Eingang müssen Sie etwa 15 Dirham bezahlen und Ihre Kleider in einer Nische ablegen – es gibt keine abschließbaren Schränke, lassen Sie Wertsachen besser im Hotel. In einem öffentlichen Hamam sollten Sie Handtücher und Toilettenartikel selbst mitbringen, auch wenn oft vor Ort Olivenseife verkauft wird. Für weitere 30 bis 50 Dirham können Sie einen Bademeister anheuern, der Sie durch die Räume führt und mit einem Ganzkörperpeeling, einer *gommage,* verwöhnt.

Frauen kann ein Besuch im Hamam einen faszinierenden Einblick in die Kultur der Marokkanerinnen vermitteln. An diesen ausschließlich weiblichen Orten sind die Einheimischen sehr gesprächig und unbefangen; der Lärmpegel unter den Kuppeln der Badehäuser kann ohrenbetäubend sein.

Wenn Ihnen die Aussicht auf öffentliches Nacktsein nicht behagt: Viele Hotels haben private Hamams. Sie sind oft kühler und ähneln eher westlichen Spas als traditionellen Hamams. Probieren Sie den Hamam im **El Minzah Hotel** *(85 rue de la Liberté, Tel. 0539/33 34 44, www.leroyal.com/morocco, €€)* aus.

INSIDERTIPP

Das American Legation Museum ist zu einem wichtigen Kulturzentrum geworden — fragen Sie nach den Konzerten traditioneller Musiker.

BEN HOLLINGUM
National Geographic-Mitarbeiter

Wenn Sie vom Petit Socco die Rue des Almohades und dann die Rue Ben Raisouli hinaufgehen, erreichen Sie am Ende der Mauern der Kasbah. Innerhalb dieser mittelalterlichen Anlage bietet die Place de la Kasbah eine fantastische Aussicht auf die Straße von Gibraltar und die spanische Küste. Die schön dekorierten Gebäude des einstigen Sultanspalastes beherbergen heute das **Musée d'Art marocain** – eine Schatzkiste traditioneller marokkanischer Kunst — und das **Musée d'Antiquités**, dessen Sammlung viele antike karthagische und römische Artefakte umfasst. In den Straßen rund um die frühere Palastanlage gibt es mehrere gute Gästehäuser, die besten sind **Dar Nour** und **La Tangerina**. Von der Kasbah sind es nach Osten nur ein paar Schritte zum **Hotel Continental**. Obwohl sein Luxus seit den Tagen,

American Legation Museum
🅐 99
✉ 8 rue d'Amérique, Medina
☎ (0539) 93 53 17
💲 €
www.legation.org

Musée d'Art marocain / Musée des Antiquités
🅐 99
✉ Dar el Makhzen, Place de la Kasbah
☎ (0539) 93 20 97
🕐 Di geschl.
💲 €€

Dar Nour
✉ 20 rue Gourna, Kasbah
☎ (0662) 11 27 24
💲 €€€
www.darnour.com

La Tangerina
✉ 19 rue du Riad Sultan, Kasbah
☎ (0539) 94 77 31
💲 €€€
www.latangerina.com/en/

Hotel Continental
🛏 99
✉ 36 rue Dar Baroud, Medina
☎ (0539) 93 10 24
http://hotelcontinental-morocco.com

als es Winston Churchill und Mitglieder europäischer Königshäuser zu seinen Gästen zählte, verblasst ist, sorgen seine Lage und das gute Restaurant immer noch für große Popularität.

Ville nouvelle

So wie der Petit Socco das Herz der Medina ist, bildet der **Grand Socco** das Herz der *ville nouvelle*. Der öffentliche Platz, der offiziell **Place du 9 Avril** heißt, dient als Treffpunkt des alten und neuen Tanger. Im Norden wird er von einem Grünbereich begrenzt, den Jardins de la Mendoubia, im Westen von der kunstvoll verzierten **Sidi-Bou-Abib-Moschee**, die Südseite nehmen Cafés, Büros und die Art-déco-Fassade der **Cinémathèque de Tanger** ein. In der Vergangenheit hat der Platz Paraden, Festlichkeiten und politische Aufmärsche erlebt. Besonders bemerkenswert war die Rede von König Mohammed V., in der dieser die Unabhängigkeitsbewegung unterstützte. Er hielt sie am 9. April 1947 – daher der Name des Platzes.

In der Zeit der internationalen Zone waren die Cafés und Hotels der *ville nouvelle* die Heimat zweier sehr unterschiedlicher Gruppen. Die mit Nieten besetzten Ledernischen des Gran **Café de Paris** *(Place de France)* und die Terrasse des **Café Hafa** *(Avenue Mohamed Tazi)* spielten einst Gastgeber für die Schriftsteller

Cinémathèque de Tanger

Das elegante Kino auf der Südseite des Grand Socco ist ein Sinnbild für Tangers wechselndes Geschick. 1938 wurde es als Cinéma Rif eröffnet, die Kombination aus französischem Art déco und traditioneller marokkanischer Gestaltung fängt den Geist dieser Zeit ein. Während Tangers Goldenem Zeitalter, das mit dem Hollywoods zusammenfiel, liefen hier die neuesten Filme aus Europa und Amerika vor einem Publikum, das sich aus einheimischen und ausländischen Bewohnern zusammensetzte.

Mit dem Niedergang Tangers ging es auch mit dem Cinéma Rif bergab. Die Zuschauerzahlen schrumpften, das Gebäude verfiel. In den 1990er-Jahren stand das einst so prachtvolle Theater am Rand des Ruins und zeigte nur noch Zweitklassiges im Niveau von Bollywood. Wie bei so vielen anderen Institutionen in Tanger schien eine Schließung unvermeidlich.

2006 bewahrte eine gemeinnützige Organisation unter Führung von Yto Barrada das Gebäude vor dem Abriss – der französisch-marokkanische Künstler will das Filmemachen in Marokko voranbringen. Die Organisation renovierte das verfallende Kino und verwandelte es in ein aufregendes Kulturzentrum, die **Cinémathèque de Tanger** *(Cinéma Rif, 1 place du 9 Avril, Grand Socco, Tel. 0539/ 93 46 83, www.cinema thequedetanger. com/accueil-2.html)*. Heute laufen hier Filmfestivals, Kunstausstellungen, Jugendprogramme und natürlich allabendlich niveauvolle Filme aus aller Welt.

Paul Bowles, Tennessee Williams und William Burroughs. Sie kamen hierher, um Haschisch zu rauchen und über Literatur zu diskutieren, und saßen Seite an Seite mit Spionen, die Informationen austauschten. Die Überreste dieser Ära dekadenter Eleganz sind in der Gegend noch überall zu sehen. Einiges davon hat die Jahre der Vernachlässigung überstanden, z. B. die exzentrische anglo-maurische anglikanische Kirche **St. Andrew** (*Rue d'Angleterre*) und das luxuriöse **El Minzah Hotel**, während das Schicksal anderer Wahrzeichen, darunter das heruntergekommene **Grand Hotel Villa de France** und das im Verfall begriffene **Teatro Cervantes**, in der Schwebe hängt.

Eine Kostprobe der lokalen Küche liefert das **Saveur de Poisson** (*2 escalier Waller, Tel. 0539/33 63 26, Fr geschl., €*), ein kleines Restaurant unweit der Rue de la Liberté. Zahlen Sie 100 Dirham, setzen Sie sich an einen der Tische, und genießen Sie ein Fünf-Gänge-Menü.

Rund um Tanger

Tanger ist ein Ausgangspunkt für diverse Ausflüge. Die befestigte Stadt **Asilah** (siehe S. 104–106) liegt nur 45 Kilometer westlich, zu erreichen über die Küstenstraße am Atlantik. Etwa elf Kilometer südlich von Tanger eröffnet **Cap Spartel**, eine dramatische Landzunge, atemberaubende Blicke auf den Punkt, an dem Atlantik und Mittelmeer aufeinandertreffen.

Cap Malabalata, auf der anderen Seite der Bucht, etwa zehn Kilometer von Tangers Zentrum entfernt, bietet faszinierende Aussichten auf die Stadt und auf das südliche Spanien. ■

El-Minzah-Hotel
- 99
- 85 rue de la Liberté
- (0539) 33 34 44

www.leroyal.com/morocco

Der Geist von Tanger: Musiker in einem typischen Restaurant

Atlantikküste

Marokkos Atlantikküste eignet sich hervorragend, um ein paar schöne Tage zu verbringen. Saubere Küstenstädte werden von der Meeresbrise gekühlt und sind von fantastischen Stränden umgeben. Asilahs Kulturleben und Laraches Geschichte warten auf Entdeckung.

Ein Wandbild setzt Farbtupfer auf die traditionell leuchtend weißen Mauern von Asilah

Asilah
95 A2

Hinter Cap Spartel fällt die marokkanische Küste in einer frappierend geraden Linie von Stränden und Klippen, die sich ganz bis nach Rabat (siehe S. 72–83) erstrecken, nach Südwesten ab.

Asilah

Etwa eine Stunde Fahrt, 43 Kilometer südlich von Tanger, liegt der Fischereihafen Asilah. Die Stadt war nie eine Metropole, hat sich aber über Tausende von Jahren dank Fischerei, Handel und dem alten Freibeutergewerbe im Stillen prosperiert. Der Handel ist heute die Domäne der Containerhäfen. Deshalb hängt Asilahs Wohlergehen heute weitgehend vom Tourismus ab, vor allem vom Sommerkulturfestival der Stadt, dem **Asilah Arts Festival**. Asilah hat nur wenige historische Stätten. Stattdessen haben die Architekten von Asilahs kultureller Renaissance die gesamte Medina in einen Ort zum Erforschen und Entspannen verwandelt. Mit gepflegten Gebäuden, sauberen Straßen und einer schläfrigen Atmosphäre scheint Asilah von Tanger oder Tétouan Welten entfernt. Die vorherrschenden Farben sind Weiß und Blau – die meisten Häuser sind weiß gekalkt und haben blaue Türen und Verzierungen, andere sind blau wie die Häuser in Chefchaouen (siehe S. 119–121). Das Schema wird von Wandmalereien unterbrochen, einem Erbe des jährlichen Kulturfestivals, bei dem Künstler aus aller Welt jeweils eine Mauer in der Medina zugeteilt bekommen.

Besonders gut lässt sich die Stadt bei einem Spaziergang rund um ihre Befestigungsmauern überblicken. Die Mauern und Tore sind vollständig erhalten und lassen sich auf ganzer Länge begehen; dabei kann man die (von den Portugiesen erbauten) Bastionen bewundern, die den Befestigungsanlagen von Essaouira (siehe S. 216–221) ähneln. Auf einer Seite folgen die Mauern der Küste und bieten Blicke auf den Atlantik.

Ein Spaziergang entlang der Mauern bringt Sie zum **Palais de Raissouli**, der Anfang des 20. Jahrhunderts von Moulay Ahmed ben Mohammed er Raissouli – einem berüchtigten Banditen und Stammesführer aus dem Rifgebirge – in die

Kunstfestival in Asilah

Im August wechselt alljährlich die entspannte Atmosphäre, wenn Besucher in Scharen zum hochgelobten internationalen Kunst- und Kulturfestival strömen. Das Event startete 1978, als Mohamed Benaïssa, der damalige Bürgermeister, eine Gruppe von Künstlern in die ruhige Küstenstadt einlud, um sich in der Medina an Wandmalereien zu versuchen.

Er hoffte, durch die Verschönerung der Straßen der zerfallenden Medina den Stolz der Bewohner auf ihre Stadt wiederzuentfachen und den Kreislauf aus Vernachlässigung und Verfall umzukehren. Das Kulturfestival ist in vielerlei Hinsicht zu einem Erfolg geworden und hat Asilah von einem unbeachteten Kaff in eine malerische Stadt verwandelt, die Künstler aus aller Welt anzieht. Obwohl das Festival nur ein paar Wochen dauert, sind die positiven Auswirkungen das ganze Jahr über zu spüren.

Heute hat das Festival sehr viel mehr zu bieten als den Fresken-Wettbewerb – es ist zu einem dreiwöchigen Festival der Musik und Poesie, des Tanzes und der visuellen Kunst geworden. Normalerweise findet es im Juli oder August statt und zieht Tausende Besucher an. Neben den Aufführungen und Lesungen gibt es zahlreiche Seminare und Vorträge. Außerdem wird auf Veranstaltungen über die Entwicklung des kulturellen Ausdrucks in der islamischen Welt und seine Rolle in der Gesellschaft diskutiert. In den letzten Jahren hat das Festival Sponsoren mit großen Namen aus dem Nahen Osten angelockt, darunter wichtige arabische Kulturstiftungen mit Sitz in den Vereinigten Arabischen Emiraten.

Hotel Azayla
- 20 rue ibn Rochd, Asilah
- (0539) 41 67 17

hotelazayla.com

Hotel Patio de la Luna
- 12 plaza de Zelaka, Asilah
- (0539) 41 60 74

www.patiodelaluna.com

San-Bartolomé-Kirche
- Avenue de la Liberté, Asilah

Mauern der Medina hineingebaut wurde. Wenn er nicht gerade westliche Geschäftsreisende entführte, um Lösegelder zu erpressen, zwang er zum Tode Verurteilte dazu, sich aus seinem Palast 30 Meter tief auf die Felsenküste zu stürzen. Inzwischen dient der Palast Kultur-Events.

Die Medina von Asilah ist nur ein kleiner Teil der Stadt, die Straßen jenseits der Stadtmauern lohnen ebenfalls eine Erkundung. Die Gebäude der Neustadt entsprechen dem Farbschema der Medina mit reicher Palette. Im Gebiet rund um die Hauptstraße, den Boulevard Mohamed V, und den Hauptplatz halten sich die meisten Besucher auf. Sie besichtigen das

Hotel Azayla und das etwas ältere **Hotel Patio de la Luna**. Eine Sehenswürdigkeit in der Neustadt ist die Kirche **San Bartolomé**. Heute lebt hier ein Nonnenorden, der eine Schule unterhält. Die Kirche ist ein Beispiel für die spanische Kolonialarchitektur.

Larache

Die Wurzeln der größten Stadt an diesem Küstenstreifen reichen in römische Zeit zurück, als der inzwischen zerstörte Ort Lixus (siehe S. 107–108) auf einem Hügel ein kleines Stück flussaufwärts von der heutigen Stadt erbaut wurde. Bis zum 20. Jahrhundert wurde das wirtschaftliche Wachstum von Larache durch eine Reihe trügerischer Sand-

Die Ruinen der römischen Siedlung Lixus, im Hintergrund sind Larache und das Meer zu erkennen

INSIDERTIPP

Larache ist die wohl spanischste Stadt in Marokko. Sie wurde 1610 an Spanien verkauft, und der nördliche Teil Marokkos stand im 20. Jahrhundert lange Zeit unter spanischer Herrschaft.

CHRISTEL CHERQAOUI
NATIONAL GEOGRAPHIC-Books

unterzugehen und ein paar Dirhams für eine Ruderbootfahrt über den Fluss zum Strand zu zahlen. Im Gebiet rund um den Strand wird emsig gebaut. Hier steht u. a. die Ferienanlage Port Lixus.

Lixus

Die antike römische Siedlung Lixus ist nicht so gut erhalten wie die monumentalen Ruinen von Chellah (siehe S. 81–82) oder Volubilis (siehe S. 178–181). Sie liegt etwa 1,6 Kilometer

Larache
- 95 A1

Besucherinformation
- Avenue Mohamed V
- (0539) 91 35 32

bänke und Gezeitenströmungen behindert. Diese trüben Jahre sind der Grund dafür, dass die Medina im Vergleich zum modernen Stadtgebiet überraschend klein ist. Die düstere Medina hat Besuchern wenig zu bieten. Sehenswert sind die Festungen aus dem 18. Jahrhundert – **Château de la Cigogne** und **Kasbah Kebibat** –, die in einem beklagenswerten Erhaltungszustand sind.

Für die meisten Besucher von Larache ist der Strand die Hauptattraktion. Er liegt auf der anderen Seite der Mündung des Flusses Oued Loukos und ist von Larache aus auf zwei Wegen zu erreichen. Entweder man fährt selbst oder nimmt den Bus. Die zweite, viel bessere Möglichkeit geht über das Wasser und besteht darin, zum Hafen hin-

Steinkreis von Msoura

Ein paar Kilometer südlich von Asilah steht der Steinkreis von Msoura, eine Formation von 167 Steinen, die aufrecht in einer Reihe konzentrischer Kreise aufgestellt sind. Der größte dieser rätselhaften Monolithen ist fast sechs Meter hoch. Man nimmt an, dass die Stätte etwa 5000 Jahre alt ist und möglicherweise in ihrer Mitte einst das Grab eines antiken Königs barg. Die Stätte ist schlecht erhalten. Der Grabhügel, der sich jahrtausendelang in der Mitte erhob, wurde 1935 von übereifrigen europäischen Archäologen zerstört. Heute ist die Stätte nur auf einer schwindelerregend gewundenen Route über eine Reihe unbefestigter Straßen zu erreichen. Wer die Anlage besuchen möchte, fragt am besten nach einem Führer.

Unerwarteterweise ist der beste Ort, um mehr über den Steinkreis zu erfahren, das **Tétouan Musée Archéologique** (siehe S. 112). Es beherbergt ein großformatiges Modell der Stätte, wie sie vor den Grabungen von 1935 aussah, sowie Gegenstände, die während des Projekts gefunden wurden.

Blauracken sind in der Nähe von Larache zu sehen

Lixus
95 A1

Ksar el Kebir
95 A1

nördlich von Larache am anderen Ufer des Oued Loukos. Vom 1. bis 5. nachchristlichen Jahrhundert war sie als westlichster Außenposten des Römischen Reiches eine blühende Metropole. Die meisten Ruinen an dieser Stätte sind aus jener Zeit, einige, z. B. die gedrungene Ruine einer christlichen Basilika, stammen aus den Jahren des Niedergangs der Stadt.

Archäologen haben Beweise für Monolithen und Grabhügel entdeckt. Sie legen nahe, dass die Stadt von derselben Zivilisation gegründet wurde, die den Steinkreis in Msoura (siehe Kasten S. 107) weiter im Norden baute. Das Highlight der Stätte ist der Bereich rund um das zerstörte Amphitheater, das auf einer Erhebung steht. Von hier schaut man hinab auf den Oued Loukos, der sich seinen Weg nach Larache zum Meer bahnt.

Ksar el Kebir

Südöstlich und landeinwärts von Larache liegt die Stadt Ksar el Kebir inmitten einer fruchtbaren landwirtschaftlich genutzten Region; sie war immer ein bedeutender Marktflecken. Bekannt ist sie vor allem wegen der Dreikönigsschlacht (siehe gegenüber) von 1578, in der marokkanische Truppen einer portugiesischen Armee eine verheerende Niederlage beibrachten. Die Schlacht hatte weitreichende Folgen sowohl für Marokko wie für Portugal. In Marokko brachten die Lösegelder für Hunderte portugiesischer Adliger und Söldner, die in der Schlacht gefangen genommen worden waren, Sultan Ahmed el Mansour die Mittel ein, um in seiner Hauptstadt Marrakesch ein Goldenes Zeitalter der Architektur anzustoßen. In Portugal führte der Verlust des jungen Königs Sebastian I. und der vielen Tausend, die mit ihm gekämpft hatten, zu einem drastischen Verfall mit der Folge, dass das Land in den folgenden 62 Jahren von Spanien regiert wurde.

Ksar el Kebir ist heute in erster Linie eine landwirtschaftliche Marktstadt und besitzt kaum etwas, was Touristen anlockt. Wenn Sie an einem Sonntag in der Gegend sind, lohnt es, den wöchentlich stattfindenden Souk zu besuchen. ■

Die Schlacht von Ksar el Kebir

Die Schlacht von Ksar el Kebir, oder Dreikönigsschlacht, wurde im Wadi al Makhazin, nahe Ksar el Kebir, am 4. August 1578 ausgefochten. Auf der einen Seite standen die 20 000 gut ausgerüsteten Soldaten von König Sebastian von Portugal (regierte 1557–1578) und seines Verbündeten, des abgesetzten marokkanischen Sultans al Mutawakkil, der von Tanger angerückt war. Sebastian wollte Marokko unter christliche Herrschaft bringen. Ihm gegenüber standen 50 000 schlecht vorbereitete Männer der Infanterie und Kavallerie unter der Führung von Sultan Abd al Malik und seinem Bruder Ahmed. Die Invasoren wurden gezwungen, sich nach Larache zurückzuziehen, die Verluste waren auf beiden Seiten hoch. Viele ertranken beim Versuch, den Wadi al Makhazin zu durchqueren, wahrscheinlich auch König Sebastian und al Mutawakkil. Abd al Malik, der Führer der marokkanischen Streitmacht, starb am folgenden Tag, und sein Bruder wurde der neue Sultan.

Der Sieg trug Marokko großes Ansehen ein. Dagegen wurde die Leiche des jungen Königs nie identifiziert, obwohl König Philipp II. von Spanien später erklärte, er habe von den Marokkanern Sebastians sterbliche Überreste erhalten und sie in einem Kloster in Lissabon bestattet.

Viele Portugiesen und Söldner wurden gefangen genommen und von den Marokkanern gegen Lösegelder festgehalten. Dies führte zu Gerüchten, König Sebastian habe überlebt und sei ebenfalls gekidnappt worden. Zu Hause in Portugal herrschte Verwirrung. Es gab keinen direkten Thronerben. Sebastians Nachfolge übernahm kurzfristig sein Großonkel Heinrich, ein katholischer Kardinal. Nach Heinrichs Tod 1580 schritt Philip II. von Spanien ein, um die Nachfolge durch einen illegitimen Neffen König Heinrichs zu verhindern.

Portugal hatte seinen König verloren und verlor nun seine Unabhängigkeit. Es hielt sich ein starker Glaube, dass Sebastian am Leben sei. Zwischen 1580 und 1619 tauchten vier Anwärter auf, die vorgaben, Sebastian zu sein. Der Letzte, ein Italiener, wurde 1619 von den Spaniern gehängt, der Mythos lebte fort.

Der Sebastianismus, der Glaube, dass der König zurückkehren werde, war langlebig. Er fand Eingang in den Volksglauben als »der schlafende König«, der eines Tages zurückkehren werde, um Portugal zu retten. Sebastian wurde als O Desejado (»der Erwünschte«) und O Encoberto (»der Verborgene«) bekannt. Er wurde zum Gegenstand von Liedern, einem Theaterstück, einer Oper (Donizetti), zahlloser Geschichten und Ende der 1960er-Jahre sogar eines Pop-Songs. Ende des 19. Jahrhunderts setzten in Brasilien einige Bauern, deren Vorfahren aus Portugal ausgewandert waren, ihr Vertrauen auf eine nahe bevorstehende Rückkehr Sebastians, um die neue brasilianische Republik zu stürzen, nachdem 1890 die Monarchie in diesem Land verdrängt worden war.

Tétouan & Umgebung

Die weiße Stadt Tétouan, einst Hauptstadt von Spanisch-Marokko, ist eines der Glanzlichter im Norden des Landes. Sie liegt an der Mittelmeerküste etwa 60 Kilometer südöstlich von Tanger an den Ausläufern des Djebel Dersa. Ihre Nähe zu den Stränden, dem Rifgebirge und der spanischen Enklave Ceuta macht sie zum idealen Ausgangspunkt, um die Gegend zu erkunden.

Die Stadt Tétouan ist berühmt für ihre pulsierenden Lebensmittelmärkte

Tétouan
- 95 A2

Besucherinformation
- 30 boulevard Mohamed V
- (0539) 96 19 15
- Sa/So geschl.

Tétouan

Nach dem staubigen Tanger bietet Tétouans weiße Medina eine willkommene Abwechslung. Obwohl die Stadt für viele Besucher wenig mehr ist als ein Zwischenstopp – auf dem Weg nach Al Hoceima, Tanger oder Chefchaouen –, sind Tétouans Architektur, die Geschichte und das Kunsthandwerk einen Besuch wert. Wie alle Städte in dem Gebiet regeneriert sie sich rasch nach einer langen Ära der administrativen Vernachlässigung. Der Erneuerungsprozess wird überwacht, um Schäden an Gebäuden der gut erhaltenen Medina zu verhindern, die 2001 als Unesco-Welterbestätte benannt wurde.

Tétouans Geschichte wird durch seine lange Beziehung zu Spanien bestimmt. Obwohl an dieser Stelle schon vor der Ankunft der Römer Siedlungen bestanden, wurde die Stadt, wie sie heute ist, im We-

INSIDERTIPP

Der Busbahnhof in Tétouan ist berüchtigt für falsche Führer, Trickbetrüger und Gauner.

CLIVE CARPENTER
NATIONAL GEOGRAPHIC-Mitarbeiter

sentlichen im 15. Jahrhundert von Juden und Muslimen gegründet, die vor der Verfolgung aus Spanien geflohen waren. So hatte die andalusische Kultur starken Einfluss auf die Architektur der Medina. Besonders stark waren diese Einflüsse in der Mellah. Im 19. Jahrhundert war Tétouan eine größere Garnisonsstadt der spanischen Kolonialbehörden. In dieser Zeit entstand die Neustadt El Ensanche.

Ville nouvelle: Das Herz von Tétouan, dort, wo sich Neustadt und Medina begegnen, ist die **Place Hassan II**. Der Platz wird von prächtigen Gebäuden eingerahmt, darunter der **Khalifa-Palast** (nicht zugänglich), eine Sommerresidenz der königlichen Familie, und der ehemalige Sitz der spanischen Verwaltung, in dem heute das beste Hotel von Tétouan, **El Reducto**, und sein ausgezeichnetes Restaurant untergebracht sind. Der schlichte Eingang zur Medina befindet sich auf der Westseite, nach Süden und Westen gehen die Boulevards der *ville nouvelle* ab. Tétouans Neustadt ist im Vergleich mit der vieler anderer Städte klein. Mittelpunkt dieses Bezirks ist die Place Moulay el Mehdi; der öffentliche Platz ist von Cafés gesäumt und wird von der Spanischen Kathedrale aus gelbem Stein beherrscht.

El Reducto
✉ 38 Essaid Zanqat Zawya Kadiriya, Tétouan
☎ (0539) 96 81 20
www.elreducto.com

École Artisanale in Tétouan

Ein Bummel durch Tétouan zeigt, dass die Bewohner auf die Geschichte und auf ihre Traditionen enorm stolz sind. Stickerei ist eines der künstlerischen Handwerke, für die die Stadt berühmt ist, neben Mosaiken, Webteppichen und zu Kleidungsstücken verarbeitetem Leder. Die entsprechenden Fertigkeiten stehen in der École Artisanale, der Gewerbeschule, auf dem Lehrplan. Ziel der 1919 gegründeten Schule ist es, die traditionellen Methoden zu bewahren und weiterzuentwickeln. Zu finden ist sie in der Nähe des Museums für marokkanische Kunst (siehe S. 113). Die Trägerorganisation der Schule bietet Führungen durch die Werkstätten und die Räume, in denen die schönsten Schülerarbeiten aufbewahrt werden.

Verkauft wird an Ort und Stelle nichts, aber wer daran denkt, das eine oder andere Souvenir zu erstehen, bekommt hier zumindest eine Vorstellung hinsichtlich Qualität und Auswahl der Waren, die in der Stadt erhältlich sind. Die Öffnungszeiten variieren, das Fremdenverkehrsbüro *(30 boulevard Mohamed V, Tel. 0539/96 19 15)* kann normalerweise informieren, wann die Ausstellungsstücke zu besichtigen sind.

Spanische Kathedrale
✉ Place Moulay el Mehdi, Tétouan

Hotel Panorama Vista
✉ Avenue Moulay Abbas, Tétouan
☎ (0539) 96 49 70
www.panoramavista.com

Café Jenin
✉ 8 rue Alwehdah, Tétouan
☎ (0539) 96 22 46

Musée Archéologique
✉ 2 rue Ben Hussaien, Tétouan
☎ (0539) 96 73 03
⏲ Vorm. & Sa/So geschl.
💰 €

Ensemble Artisanal
✉ Avenue Hassan II, Tétouan

Die *ville nouvelle* besitzt mehrere gute Hotels und Restaurants – darunter das **Hotel Panorama Vista** und das **Café Jenin**.

Das interessanteste Museum, das **Musée Archéologique**, liegt am Rand der Medina an der Rue Ben Hussaien. Es birgt eine Sammlung von Fundstücken aus verschiedenen archäologischen Stätten in Marokko. Zu den Highlights zählen Mosaiken aus den Ruinen der römischen Stadt Lixus (siehe S. 107–108), Artefakte vom geheimnisvollen Msoura-Steinkreis und andalusische Grabmäler. Ein weiterer Stopp in der Neustadt ist das **Ensemble Artisanal**. Der Laden verkauft eine Auswahl an traditionellem Kunsthandwerk zu festen Preisen. Alle Produkte sind von einer lokalen Kooperative traditioneller Handwerker und Kunsthandwerker hergestellt.

Mehr über die lokalen Handwerker erfährt man in der **École Artisanale**, die im Westen der Medina liegt.

Medina: Sie ist größer als die von Tanger und gut erhalten. Die Medina ist von einer Befestigungsmauer mit sieben Toren umschlossen, die aufsehenerregend geschnitzt sind. Die gekälkten Häuser sind mit Keramiken verziert und entsprechend der muslimischen Sitte gestaltet – die Häuser öffnen sich nach innen auf Höfe und umschlossene Gärten und schaffen Privatsphäre; ihre Außenmauern werden von eindrucksvollen Holztüren durchbrochen, die mit Schmiedearbeiten versehen sind und in kunstvoll gekachelten Durchgängen stecken.

INSIDERTIPP

Das Musée Archéologique in Tétouan ist wirklich einen Besuch wert, allein um herauszufinden, wohin viele der Gegenstände, die in Lixus und Msoura fehlen, gewandert sind.

BEN HOLLINGUM
NATIONAL GEOGRAPHIC-Mitarbeiter

Das jüdische Viertel, **Mellah** genannt, im Süden der Medina ist an seinem charakteristischen architektonischen Stil zu erkennen; hier wenden sich die Gebäude nach außen, sie haben Balkone und Fenster mit Blick auf die Straße.

Die Medina ist ein wichtiges kommerzielles Zentrum für die ländlichen Gemeinden des östlichen Rifgebirges. Sie beherbergt lebhafte Märkte, auf denen Handwerker und Bauern aus dem Umland ihre Waren verkaufen. Die Märkte konzentrieren sich auf die Gassen und Straßen hinter dem Khalifa-

Palast, unweit der Rue Terrafin. Der Hauptplatz des **Souk el Houts** ist Töpferarbeiten und Teppichen gewidmet. Nicht weit entfernt liegen die **Gherza el Kebira**, wo man vor Ort hergestellte Kleidung erwerben kann, und der **Souk el Fouki**. Man sieht traditionelle Gewänder wie die *fouta*, die von Berbern aus dem Rifgebirge an ihren Marktbuden getragen werden, und die weißen *djellaba* der Stadtbewohner. Auf den Straßen und Plätzen, die sich nördlich an den Souk el Houts anschließen, gibt es eine Abfolge kleinerer Souks. Noch weiter nach Norden kommt man an den Gerbereien vorbei und durch das Bâb Sebta auf den riesigen Friedhof der Stadt.

Am östlichen Ende der Medina, rund um das alte Bâb Okla, liegen zwei kulturelle Institutionen. Das **Museum für marokkanische Kunst** (Musée d'Art marocain) beherbergt eine Sammlung traditioneller

In der Medina von Tétouan malt ein Handwerker feine Details auf Holz

Gewänder und Beispiele für Handwerkskunst. Zu den Highlights zählen ein schönes jüdisches Hochzeitskleid und eine Schmucksammlung. Außerhalb des Bâb Okla liegt die 1928 gegründete **École Artisanale** (siehe S. 111), ein riesiger Komplex aus Werkstätten und Klassenzimmern, in dem Auszubildende traditionelles Handwerk erlernen.

Museum für marokkanische Kunst

✉ Rue Sqala, Tétouan
☎ (0539) 97 27 21
🕐 Di geschl.

Ceuta

🅰 95 A2

Besucherinformation

✉ C/Edrossos, s/n, Baluarte de los Mallorquines, Ceuta
☎ (0034) 856 200 560

www.ceuta.es

Mittelmeerküste

Die Stadt Tétouan liegt mitten an einem der schönsten Küstenabschnitte im nördlichen Marokko, von der spanischen Enklave Ceuta im Norden zur schroffen Küste des Rifgebirges im Osten. Die Küstenlinie prägen attraktive Strände und Fischerorte; sie sind von den Brechern abgeschirmt, die das Mittelmeer in den Wintermonaten ein bisschen unwirtlich machen können.

Ceuta: Die nördlichste Siedlung an diesem Küstenstreifen ist die spanische Enklave **Ceuta**. Wie ihr östliches Gegenstück Melilla (siehe S. 132) ist Ceuta eine seltsame politische Anomalie – ein winziges Stück der Europäischen Union drückt sich an die marokkanische Küste (siehe S. 117). Sein politischer Status macht Ceuta zu einem beliebten Durchgangspunkt für alle, die Drogen – oder einfach sich selbst – auf das europäische Festland einschleusen wollen. Mitunter wirkt Ceuta wie eine belagerte Stadt; es ist von Mauern und Zäunen umschlossen, die von Sicherheitskameras, Wachtürmen und Militärpatrouillen kontrolliert werden. Wenn man durch die zahllosen Tore und Kontrollstellen an der Grenze geht, scheint es, als betrete man ein Gefängnis oder eine Militärbasis. Letzterer Vergleich ist nicht ganz aus der Luft gegriffen, denn Ceuta wird von einer erheblichen Militärpräsenz in Form der Spanischen Legion (ehemalige Fremdenlegion) geprägt, die schon Raufereien angefangen und Bars in der Stadt verwüstet haben soll.

Das Erste, was man nach der Reise durch alle Tore zu sehen bekommt, ist die hoch aufragende Festung, die **Königlichen Stadtmauern** (Murallas Reales). Dieses Festungssystem ist

INSIDERTIPP

Der bergige Küstenstreifen rund um Ceuta und Tétouan ist wirklich spektakulär. Wenn Sie Zeit haben, nehmen Sie wegen der schöneren Aussicht die kleinen Küstenstraßen statt der Hauptstraßen.

CLIVE CARPENTER
NATIONAL GEOGRAPHIC-Mitarbeiter

öffentlich zugänglich und beherbergt eine moderne Kunstgalerie. Jenseits der Mauern liegt der kompakte Innenstadtbezirk von Ceuta rund um die **Plaza de África** und den Paseo Colón. Die riesige Plaza de África wird von der zweitürmigen Kathedrale aus dem 17. Jahrhundert beherrscht. Sie wurde Mitte des 20. Jahrhunderts modernisiert und ist bekannt für ihre Gemälde

ERLEBNIS: Feiern zur Semana Santa

Marokko ist bekannt für seine vielen muslimischen Feste, darunter *moussem*, bei denen sich Pilger versammeln, um einen lokalen Heiligen oder heiligen Führer zu feiern (siehe S. 20). In den spanischen Enklaven Ceuta und Melilla werden zudem auch christliche Feste begangen, besonders die Semana Santa, die Karwoche. Es ist eine Zeit der Ausgelassenheit, des Pomps und der Zeremonien.

Das Fest dauert mehrere Tage: Es beginnt in der Woche vor Ostern und schließt Palmsonntag, Gründonnerstag und Karfreitag ein. Die Dauer des Festes und seine Bestandteile variieren von Ort zu Ort, aber traditionell endet jeder Tag mit einer abendlichen Kerzenprozession, die von jeweils einer anderen Bruderschaft oder Kirche angeführt wird. Die Festwagen sind geschmückt und werden von den Männern aus der Gemeinde, den *costaleros*, als Symbol für das Leiden Christi getragen.

Die Festlichkeiten werden von Musik und Tanz begleitet, der sogenannten *saeta*, die immer auch einen extravaganten Flamenco enthält. Der andalusisch-maurische Flamenco, der in Andalusien um die Zeit der Reconquista im 15. Jahrhundert entstanden sein soll, ist der Tanz, der am häufigsten mit Spanien in Verbindung gebracht wird. Die Feiern zur Semana Santa selbst sollen aus dem 16. Jahrhundert stammen. Weil kaum jemand lesen konnte, wurde die Leidensgeschichte Christi durch Bilder oder Handlungen dargestellt. In **Ceuta** drehen sich die Feierlichkeiten meist um den Hauptplatz, die Plaza de África, Standort der Kathedrale und der Kirche Nuestra Señora de África (Unserer lieben Frau von Afrika). In **Melilla** konzentrieren sich die Festlichkeiten auf die Plaza de España, die den alten Teil der Stadt mit ihrer Medina Sidonia aus dem 16. Jahrhundert mit der Neustadt verbindet. Informationen zur Karwoche in Ceuta gibt es beim **Informationspunkt zur Kultur** *(Avda. Alcalde Sánchez Prados s/n, Gran Vía, gegenüber Palacio de la Asamblea, Tel. 0034/956 528 146)* in der Neustadt. In Melilla erhält man im Tourismusbüro an der Plaza de las Cuatro Culturas die nötigen Informationen; Infos auch online unter www.melilla turismo.com.

Festwagen bei einer Semana-Santa-Prozession in Ceuta

Die Festungsmauern in Ceuta beherrschen die Hafenzufahrt

Königliche Stadtmauern
- Avda. Martinez & Avda. González Tablas, Ceuta

Ceuta, Kathedrale
- Plaza de África, Ceuta
- (0034) 956 517 771

Nuestra Señora de África
- Plaza de África, Ceuta

Museo Municipal
- 30 paseo de Revellin, Ceuta
- (0034) 956 511 770
- So/Mo geschl.

und Statuen. Ein weiteres dominierendes Gebäude an der Plaza ist die Kirche **Nuestra Señora de África** aus dem 18. Jahrhundert. Das Gebäude mit seiner Barockfassade und den eleganten Eingängen wurde über den Ruinen einer Moschee errichtet, die zerstört wurde, als die Portugiesen die Stadt 1415 eroberten. In der Nähe steht das **Museo Municipal**, das eine Ausstellung von Münzen und Amphoren, Töpferarbeiten, Werkzeugen und Rüstungsteilen zeigt, die bis in die Jungsteinzeit zurückreichen. Sie wurden während Routineausgrabungen in der Stadt gefunden. Ein kurzes Stück entfernt, am Paseo de Colón, liegt das **Museo de la Legion** – das Museum der Spanischen Fremdenlegion.

Besucher sind vielleicht überrascht, die prominent aufgestellte Statue des Legionskommandeurs und späteren Militärdiktators Francisco Franco im Museum zu sehen.

Ceuta ist ein anspruchsvoller Ort; hier finden sich gute Restaurants wie **Club Nautico** und **Gran Muralla** (siehe S. 284). Im Hafen können Sie eine Fähre zum spanischen Festland besteigen oder die großen Kreuzfahrtschiffe ansehen, die hier nach Reisen durchs Mittelmeer oder entlang der marokkanischen Küsten anlegen. Ein hübscher Spaziergang führt auf den **Monte Hacho**. Oben auf dem steilen Hügel steht eine Festung, die einst von der spanischen Armee genutzt wurde. Von diesem Punkt aus kann man über die Grenze hinaus bis ganz auf die Gipfel der Rifberge sowie über die Meerenge hinweg auf Gibraltar und Spanien blicken.

Badeorte & Umgebung: Beim Verlassen der Enklave Ceuta führt die Nationalstraße N13 nach Süden zu den Badeorten **Restinga-Smir**, **Mdiq** und **Martil**. Obwohl sie in hohem Maß von europäischen Ferienanlagen und Privatgelände in Beschlag genommen sind, gibt es rund um diese Städte noch immer mehr als genug goldgelben Sand für jeden, selbst im Hochsommer. Allerdings kann es in den Spitzenzeiten recht schwierig sein, eine Übernachtungsmöglichkeit zu finden, denn die Hotels sind meist bereits als Urlaubsdomizile für marokkanische und europäische Familien ausgebucht. Monolithische Hotelkomplexe wie das **Barceló Marina Smir** in **Restinga-Smir** prägen die Küstenlinie, und es gibt für Nichtgäste außer den Stränden nur wenig Interessantes zu sehen.

Im weiteren Verlauf schwenkt die Küste nach Osten ab. Hier bilden die Rifberge den Hintergrund zu einem Streifen mit Landwirtschaft und Dörfern, der aber auch Strände, Buchten und Inseln vor der Küste aufzuweisen hat.

Südlich von Tétouan wird die Küstenstraße auf dem Weg nach **Oued Laou** schwieriger. Diese Stadt ist vor allem für ihren Samstagsmarkt bekannt. Während der restlichen Woche ist der Ort ruhig, und es gibt wenig zu unternehmen. Wenn Sie ein stilles Plätzchen suchen, laden die breiten Strände rund um die Stadt ein. Bei der Rückkehr in den Ort am Abend warten Fischbuden und einige kleine Restaurants.

Von Oued Laou folgen Sie der herrlichen Schlucht des Flusses Oued Laou, einer wilden Strecke, landeinwärts in Richtung Chefchaouen (siehe S. 119–121). ■

Museo de la Legion
- ✉ 6 calle Deòn Navarro Acuña, Ceuta
- ☎ (0034) 956 526 219
- 🕒 So geschl.

Barceló Marina Smir
- ✉ Route de Sebta, BP 768, Restinga-Smir
- ☎ (0539) 97 12 34
- $ €€€€

Spanisch-Marokko

Obwohl die Tage des spanischen Protektorats schon seit Jahrzehnten beendet sind, hält Spanien immer noch an einer Reihe von Territorien auf marokkanischem Staatsgebiet fest. Diese Territorien reichen von den großen, spanischsprachigen Städten Ceuta und Melilla bis zu isolierten Militärbasen an der Küste und winzigen Inseln, deren einziges auffälliges Merkmal ein Fahnenmast ist (natürlich mit einer spanischen Flagge). Dass den winzigen und strategisch nutzlosen Territorien eine solche Bedeutung beigemessen wird, mag absurd erscheinen, aber beide Seiten nehmen die Sache sehr ernst.

2002 gab es einen Zwischenfall (den wohl kleinsten Krieg der Welt), als eine kleine Gruppe marokkanischer Soldaten auf der Insel Leila (auf Spanisch Perejil) kampierten – einem nackten Felsen etwa 200 Meter vor der Küste östlich von Ceuta. Trotz der offensichtlichen Bedeutungslosigkeit dieser unbewohnbaren Insel beschwor die Aktion eine diplomatische Auseinandersetzung herauf; die marokkanischen Truppen wurden nach einigen Tagen von einer spanischen Streitmacht, die aus vier Hubschraubern, Kommandotrupp und einem Zerstörer der Marine bestand, zum Rückzug von der Insel gezwungen.

Rifgebirge

Der Rif ist eine Region von spektakulärer Naturschönheit und Artenvielfalt. Dicht bewaldete Hügel fallen zu kristallklaren Gebirgsbächen ab, die sich durch dramatische Felsschluchten winden und Wasserfälle hinabstürzen. Diese Region Marokkos ist wild, und selbst in den Städten Chefchaouen und Ouezzane unterscheidet sich die Atmosphäre stark von der im Flachland.

Landwirtschaft ist im Rifgebirge noch eine sehr traditionelle Angelegenheit

Der Rif-Gebirgszug prägt die Landschaft des Nordens; er erstreckt sich über 280 Kilometer von Cap Spartel bis zum Oued Muluya. Viele der Gipfel liegen nahe der Mittelmeerküste, aber die Gebirgskette reicht auch nach Süden bis auf die Höhe der Stadt Ouezzane, 112 Kilometer südlich von Tanger. Es ist eine Landschaft aus Kiefernwäldern, struppigen Berghängen und Hochlandbächen. Hier leben Wildschweine, Füchse, Schlangen und Adler. Mit etwas Glück können Sie einen Trupp Berberaffen sehen. Die Menschen, die diese Region ihre Heimat nennen, sind sehr auf ihre Unabhän-

INSIDERTIPP

Für alle Fans von Outdoor-Aktivitäten ist Chefchaouen das ultimative Ziel. Sie können wandern, Mountainbike fahren, reiten, mit dem Kanu oder Floß fahren, angeln und sogar Höhlen erforschen.

SANAA AKKACH
NATIONAL GEOGRAPHIC-Art Director

gigkeit bedacht und blicken auf eine Geschichte des Widerstands zurück. Viele der Orte in dieser Gegend wurden im 15. Jahrhundert von jüdischen und muslimischen Flüchtlingen aus Spanien gegründet. Sie hielten an ihrer traditionellen Kultur fest. Zwischen den 1890er- und den 1920er-Jahren trugen die Berberstämme aus dem Rifgebirge mehrere Kriege gegen Kolonialstreitkräfte aus, bevor sie 1926 durch eine Gemeinschaftsoffensive der Spanier und Franzosen geschlagen wurden. Zwar unterstehen sie seit den 1950er-Jahren der Kontrolle des Staates, bewahren aber ihre Lebensweise, in der Anbau und Verarbeitung von Hanf eine wichtige Rolle spielen.

Chefchaouen

Die Stadt 64 Kilometer südlich von Tétouan ist ein guter Ausgangspunkt, um die Gipfel des nördlichen Rifgebirges zu erwandern. Die Stadt selbst ist kühl und bietet viele historische Gebäude vor einer überwältigenden Bergkulisse.

Angesichts der Atmosphäre des heutigen Chefchaouen käme man nicht auf die Idee, dass es in der ersten Hälfte des 20. Jahrhunderts eine Gebirgsfestung war – ein Ort, den vor 1920 nur wenige Europäer besuchten. Die Feindseligkeit und selbstgewählte Isolation wurzelte in den Ursprüngen der Stadt als Flüchtlingsgemeinde für

Chefchaouen
 95 A1
Besucherinformation
✉ Place Mohamed V, Chefchaouen
☎ (0535) 62 34 60

Haschisch

Bauern in den Rifbergen erzeugen rund ein Drittel der weltweiten Haschischproduktion; die Droge wird aus gepresstem Pflanzenharz hergestellt. Obwohl dieser Geschäftszweig 2004 verboten wurde, ist er immer noch ein bedeutender Teil der regionalen Wirtschaft. Abseits der Städte wird der Indische Hanf auf Feldern angebaut. Bauern setzen Kunstdünger ein, um mehrere Ernten pro Jahr hervorzubringen. Die Erträge bringen den Landwirten vor Ort mehr ein als der Anbau konventioneller Feldfrüchte, aber die größeren Profite machen Kriminelle aus Europa, die das gepresste Harz auf Schnellbooten außer Landes schmuggeln.

Egal, was man Ihnen erzählt: Haschisch ist in Marokko verboten, und die Gesetze zum Drogenbesitz werden von der Polizei strikt durchgesetzt, besonders gegenüber Touristen. Die Polizei kontrolliert an den Straßen, und auch bei kleinen Mengen Haschisch sind die Strafen empfindlich. Außerdem erpressen Dealer häufig Besucher, die nach Haschisch fragen.

Straßencafés in Chefchaouen

Musée Ethnographique
- Place Outa el Hammam, Chefchaouen
- (0599) 98 67 61
- Di geschl.
- €

Juden und Muslime, die vor der Reconquista in Spanien im 15. Jahrhundert geflohen waren. In den 1920er-Jahren, nachdem die Spanier die lokale Widerstandsbewegung endgültig besiegt hatten, waren Besucher der Stadt überrascht, dass die jüdische Bevölkerung von Chefchaouen immer noch einen Dialekt sprach, der stark dem mittelalterlichen Kastilisch ähnelte.

Chefchaouen ist zwar viel kleiner als Tanger oder Tétouan, aber es gibt viel zu sehen. Beim Betreten durch das **Bâb el Aïn** führt die Rue Lalla el Hora steil hinauf zur **Place Outa el Hammam** im Herzen der Medina. Der kleine, von Cafés gesäumte Platz ist genau richtig, um zu entspannen und die Architektur aus dem 15. Jahrhundert zu bewundern. Er wird von der **Großen Moschee** dominiert. Bemerkenswert ist ihr ungewöhnliches achteckiges Minarett, das mit *zellij*-Kacheln geschmückt ist. Der zweite beachtenswerte Bau am Platz ist die **Kasbah**. Sie wurde von den Sultanen Moulay Ali el Rashid und Moulay Ismail erbaut. Das Erscheinungsbild des Baus ist offensichtlich eher von Verteidigungsbedürfnissen als von Ästhetik diktiert.

Das **Musée Ethnographique** in der Kasbah ist einen Besuch wert. Die Sammlung erzählt die Geschichte von Chefchaouen und konzentriert sich dabei auf Alltagsgegenstände wie Berbergewänder, Werkzeuge und Haushaltsgegenstände sowie Fotos der Stadt und ihrer Bewohner, die während des Rifkriegs in den 1920er-Jahren aufgenommen wurden. Zusätzlich zu seiner Sammlung spielt das Museumsgebäude selbst eine kleine Rolle in der turbulenten Geschichte der Region. Während der 1920er-Jahre diente es als Gefängnis, und hier wurde der Führer der aufständischen Rifkabylen, Abd el Krim, nach seiner Verhaftung 1926 festgehalten. Heute kann man seine Gefängniszelle besichtigen.

Das **Quartier al Andalus** liegt nur einen Fußweg von der Place Outa el Hammam und der Medina entfernt. Hier ließen sich muslimische und jüdische Flüchtlinge aus

Andalusien nieder, nachdem sie während der Reconquista im 15. Jahrhundert vertrieben worden waren. Es ist ein Viertel voll weiß getünchter Häuser mit himmelblauen Türen, verziert mit typischen spanischen architektonischen Details.

Rund um Chefchaouen

Chefchaouen ist ein beliebter Startpunkt für Wanderungen in die Berge. Es schmiegt sich in ein Tal zwischen den Zwillingsbergen **Ech Chaoua** (»die Hörner«), die der Stadt ihren Namen gaben. Zahlreiche Gebirgsbäche fließen am Hang oberhalb der Stadt zusammen und stürzen in Kaskaden hinab zu den Mauern der Medina. Die Berge rund um Chefchaouen eignen sich für leichtere Wanderungen und sind ein guter Einstieg für alle, die an eine Tour im Atlasgebirge (siehe Kasten S. 150) denken.

Rund um Chefchaouen gibt es viele Wege mit überwältigender Aussicht auf die Stadt, die Hügel ringsum und auf den Talassemtan-Nationalpark weiter östlich. Der wichtigste Wanderweg aus der Stadt beginnt im Norden der Medina und ist über die Hauptstraße zu erreichen, die durch das Bâb Majarol hinausführt. Folgen Sie dieser Straße hinauf zum **Camping Azilane**, einem einfachen Campingplatz. Ab hier ist der Weg, der auf den 1616 Meter hohen Gipfel des Ech Chaoua führt, mit gelb-weißen Markierungen auf dem Fels gekennzeichnet. Der Aufstieg ist steil und der Pfad schmal, aber man muss nicht klettern. Jeder, der einigermaßen fit ist, kann den Weg in ein bis zwei Stunden bewältigen. Vom Gipfel kann man die Medina von Chefchaouen mit ihren leuchtenden Farben gut würdigen.

Camping Azilane
- Nördlich der Medina, Chefchaouen
- (0539) 98 69 79
- €

Chefchaouen Kunst & Handwerk

Chefchaouen ist berühmt für sein Handwerk. Der größte Gewerbezweig ist die Weberei; die Medina steckt voller Werkstätten, in denen die gestreiften Stoffe, die zu schalartigen *fouta* verarbeitet werden, und die leichteren Stoffe hergestellt werden, aus denen später die *djellaba* der Rifbewohner entstehen. Besucher werden feststellen, dass sich im Souk der Stadt wunderbar Souvenirs kaufen lassen. Neben den farbenfrohen Stoffen sieht man Lederwaren, schmiedeeiserne Lampen, Wollteppiche, Pantoffeln und Schmuckkästchen sowie Möbel aus Zedernholz. Die Stadt besitzt mehrere Kooperativen, und neben dem Handwerk sind auch landwirtschaftliche Erzeugnisse zu einer Einkommensquelle geworden.

Das Olivenöl der Region – die Ölmühlen sind in den Dörfern häufig zu sehen – ist ebenso schmackhaft wie die in den Hainen angebauten Oliven und der Ziegenkäse. Handwerkskunst aus Chefchaouen steht auch in anderen marokkanischen Städten zum Verkauf.

> **INSIDERTIPP**
> **Machen Sie einen Tagesausflug nach Akchour, um die Gottesbrücke zu besichtigen, einen atemberaubenden, 25 Meter hohen natürlichen Bogen, gebildet aus erodierendem rotem Sandstein, der einst zwei Berge verband.**
>
> SANAA AKKACH
> NATIONAL GEOGRAPHIC-Art Director

Viele kehren auf demselben Weg in die Stadt zurück; es ist aber auch möglich, auf einem anderen Pfad weiter nach Norden zum malerischen Weiler **El Kalaa** zu laufen, bevor man den Weg einschlägt, der um den Hügel herum und wieder nach Chefchaouen führt. Hinter El Kalaa führt der Weg weiter zur **Gottesbrücke** – einer natürlichen Brücke, die sich 25 Meter über dem Oued Farda wölbt. Bis dorthin ist es eine ganze Tageswanderung.

Östliches Rif

Hinter Chefchaouen wird die Straße uneben, mündet aber bald in die größere N2. Diese *route nationale* wurde als Verbindung zwischen Tanger und den größeren Städten im Norden sowie der Grenze zu Algerien gebaut. Mautfrei und streckenweise mehrspurig durchquert sie ein paar Kilometer landeinwärts von der Mittelmeerküste das Rifgebirge.

Zwischen Chefchaouen und Ketama windet sich die N2 durch kleine Berberdörfer, die hoch an den Gebirgspässen kauern. Die meisten bestehen aus einer losen Ansammlung von Häusern und Bauernhöfen. Die Unterkunftsmöglichkeiten sind sehr begrenzt. Dennoch

---

Talassemtane-Nationalpark

Auf dem »Rif« genannten Gebirgszug östlich von Chefchaouen liegt der Talassemtane-Nationalpark *(Tel. 0539/ 98 91 78)*. Der Park mit seinen teils bizarr aussehenden Felsformationen umfasst 60 000 Hektar unberührte Gebirgslandschaft und ist Heimat der verschiedensten Wildtiere und -pflanzen. Der vom Aussterben bedrohte schwanzlose Berberaffe mit seinem gelblich braunen Fell ist sicherlich der berühmteste Bewohner des Parks. Zu den vielen verschiedenen Vogelarten im Park zählen der Bartgeier und der Steinadler. Außerdem befinden sich hier der in Marokko einzig verbliebene Wald mit einer endemischen Unterart der Pinsapo-Tanne sowie auch einige Eichen- und Atlas-Zedern-Wälder. Der Park wurde 2004 im Rahmen einer Regierungsinitiative zum Schutz der marokkanischen Flora und Fauna eingerichtet. Die Behörde, die den Park verwaltet, unterhält ein ausgezeichnetes Informationszentrum nahe dem Chefchaouen-Eingang zum Park.

Schafehüten auf einer Lupinenwiese im Rifgebirge

lohnt es, in Orten wie **Derdara** und **Taza** anzuhalten. Wenn Ihnen die Stille der Natur und die Atmosphäre des Dorflebens gefallen, können Sie einen Tag lang durch die Hügel rund um diese Dörfer wandern. Die Aussicht von den Gipfeln wie etwa dem **Djebel Khesena** (1700 m), unweit Bâb Taza, ist wunderschön.

Mit dem Auto rund 100 Kilometer von Chefchaouen entfernt liegt die Stadt **Ketama** an den Hängen des **Djebel Tidirhine**, mit rund 2450 Metern der höchste Gipfel der Rifberge. Wer sich schon etwas länger in der Region aufhält oder hier schon gewandert ist, wird an den Anblick der ruhigen, ländlichen Seite der marokkanischen Marihuanaproduktion gewöhnt sein. In Ketama befasst man sich allerdings mit dem anderen, sehr viel gefährlicheren Teil dieses Geschäfts. Hier werden die Deals gemacht, hier treffen sich europäische Gangster mit ihren marokkanischen Partnern. Die Polizeipräsenz ist gering. Touristen wird geraten, einfach nur durch die Stadt hindurchzufahren oder sie zu meiden. Seltsamerweise gibt es hier ein gutes Hotel, das **Hotel Tidighine**.

Taza: Über die Straße etwa 185 Kilometer südlich von Ketama, in den südlichen Ausläufern des Rifgebirges, liegt die kleine Stadt Taza. Der Ort hatte einst eine enorme strategische Bedeutung und wurde von den

Derdara
95 A1

Ketama
95 B1

Hotel Tidghine
- Ketama
- (0539) 81 31 32

Taza
- 95 B1

Besucherinformation
- 56 avenue Mohamed V, Taza

regierenden Herrscherhäusern eifersüchtig bewacht. Wenn man auf dem Wall der alten Medina steht, ist leicht zu erkennen, warum der Ort so geschätzt wurde. Der imposante Blick auf den Taza-Pass – eine der wenigen Routen zwischen dem Mittelmeer und Fès und Meknès – zeigt: Wer diese Stadt hielt, kontrollierte den Norden Marokkos. Heute ist Taza ein ruhiger Ort, der in den Jahren des Protektorats als Strafe für seinen Widerstand marginalisiert wurde. Die gespannten Beziehungen zwischen beiden Seiten sind in der Anlage der Stadt noch sichtbar – die französische *ville nouvelle* wurde mit einer kilometerbreiten Pufferzone aus Parkanlagen und offenem Land zur alten Medina errichtet.

Der Ort selbst ist ein Mix aus kleinen Wohnhäusern, die seinen etwa 5000 Einwohnern ein Zuhause geben. Sie stehen innerhalb der Lehmmauern der Medina auf der Bergkuppe. Es gibt mehrere Moscheen, die auf die Hauptstraße der Medina hinausgehen. Sie stellen, auch wenn sie öf-

ERLEBNIS: Wandern im Rifgebirge

Trotz der mangelnden touristischen Infrastruktur sind die Rifberge ein Paradies für Wanderer. Die Gebirgskette hat keine Gipfel, die sich mit dem Djebel Toubkal im Hohen Atlas vergleichen ließen; sie besitzt eine schöne Landschaft mit üppigen Nadelwäldern, einsamen Dörfern und Wasserfällen. Es gibt viele wilde Tiere und Pflanzen, vom scheuen Berberaffen und Wildschweinen bis hin zu Falken, Zwergadlern und Steinadlern.

In den tieferen Lagen der Gebirgskette fällt das Laufen leichter als im Hohen Atlas, und das kühlere Mittelmeerklima erlaubt sogar im Hochsommer Ausflüge. Im **Talassemtane-Nationalpark** gibt es eine Anzahl populärer Wanderwege.

Viele internationale Agenturen für Erlebnisreisen können Wandertouren arrangieren, wenn Sie vor Ihrer Abreise nach Marokko buchen. Im Land selbst sind Sie am besten bei **Chaouen Rural** *(Bureau 3, Rue Machichi, Qua. Administratif, Chefchaouen, Tel. 0539/98 72 67, www.chaouenrural.org)* aufgehoben, die für Sie *gîtes* (Schutzhütten für Wanderer) anmieten und Maultiere und Führer anheuern. Auch wenn Sie keine Lust auf das ganze Organisieren inklusive Führer haben, gibt es eine Alternative, denn die Berge sind ganz und gar keine feindliche Umgebung: Eine gute Karte der Gegend und die übliche Wanderausrüstung reichen normalerweise völlig aus, um sich zurechtzufinden. Die Einheimischen sind freundlich und weisen Wanderern gern den Weg.

Das staatliche **Fremdenverkehrsamt** *(Office National Marocain du Tourism, 30 avenue Mohamed V, Tétouan, Tel. 0539/96 19 15)* und das **Tourismusministerium** *(Centre d'Affaires, Aile Sud, Lot 1 C17, Avenue Ennakhil-Hay Riad, Rabat, Tel. 0537/57 78 83, www.tourisme.gov.ma/index_en.htm)* halten ebenfalls Routenvorschläge bereit. Die Strecken führen durch die Nationalparks Talassemtane, Talembote und Bouhachem.

Ein Diademrotschwanz, einer der besonderen Vögel im Rifgebirge

fentlich nicht zugänglich sind, faszinierende Beispiele der Almohaden-Architektur des 12. Jahrhunderts dar, wahrscheinlich einige der ältesten des Landes. Nahe dem südlichen Ende der Straße, unweit der **Andalusischen Moschee** *(Méchouar, Medina)*, befindet sich das kleine Museum der Stadt, das deren Rolle in den Konflikten der Region erläutert und die Geschichte seiner Einwohner erzählt. Es gibt mehrere Hotels im Ort, überwiegend in der Neustadt. Sie sind hinreichend komfortabel, besonders das **Hotel Tour Eiffel** *(Route de Fès, Taza, Tel. 0532/67 15 62, €€€)* und das **Grand Hotel du Dauphiné** *(Prince Héritier Sidi Mohamed, Taza, Tel. 0535/67 35 67, €€€)*.

Tazekka-Nationalpark: Im Süden von Taza liegt der Djebel-Tazekka-Nationalpark mit seiner spektakulären Natur. Eine Straße führt um den Berg und windet sich 177 Kilometer weit durch schöne Landschaft, bevor sie wieder in Taza endet. Die Straße ist schmal, aber sie bietet eine tolle Möglichkeit, die Sehenswürdigkeiten der Gegend anzuschauen. Die Kaskaden des Ras el Oued, eine Reihe von Wasserfällen, die in einen Bergsee stürzen, liegen wenige Minuten südlich von Taza. Oberhalb der Wasserfälle liegt ein kleiner Weiler. Hier können Sie in einem Café etwas essen, bevor Sie weiter den Djebel Tazekka hinaufsteigen. Das wahre Highlight ist jedoch der **Gouffre du Friouato**, ein gewaltiges natürliches Höhlensystem etwa eine Stunde Fahrt von Taza entfernt. Die Höhlen sind 230 Meter tief und seit ihrer Entdeckung 1935 nur teilweise erforscht worden. Um zur Haupthöhle zu gelangen, muss man viele Stufen hinabsteigen und sich durch einen engen Durchgang quetschen. Wenn Sie dort einige Stunden verbringen möchten, lohnt es, einen Führer anzuheuern, der Sie zu den weiter entfernten Bereichen bringt, z. B. zur Salle de Draperies, einer Kammer, deren Felsformationen wie steinerne Vorhänge aussehen. Hinter den Höhlen windet sich die Straße durch Bâb Bouldir vorbei an einem Campingplatz und einer Ferienhausanlage. Ein Stück weiter passiert die Straße einen unbefestigten Weg, auf dem Sie zum Gipfel des Djebel Tazekka 1980 Meter hinauffahren können, bevor Sie nach Taza zurückkehren.

Ouezzane

In den westlichen Ausläufern des Rifgebirges, etwa 80 Kilometer südwestlich von Chefchaouen, liegt der Ort Ouezzane, der sich allmählich von einer langen Zeit des Niedergangs erholt.

Obwohl es immer noch nicht viel anzuschauen gibt – klotzige Betonbauten, die von Bergbaugesellschaften errichtet wurden –, lohnt sich ein Halt, wenn Sie durch die Gegend kommen. Die unvorteilhafte Architektur verhüllt den wahren Kern: Ouezzane ist eine antike Stadt mit einer reichen Geschichte.

Im 17. Jahrhundert war Ouezzane eine geistige Hauptstadt der marokkanischen und nordafrikanischen Anhänger des Sufismus (einer mystischen Strömung im Islam). Moulay Abdullah Cherif, ein religiöser Führer des 17. Jahrhunderts, der angeblich von

Gasse in Ouezzane: breit genug für einen beladenen Esel

König Idriss I. (regierte 788–791) abstammte, rief hier eine religiöse Bruderschaft, die Taïbia, ins Leben und gründete die **Zaouia-Ouazzania-Moschee**.

Das **Grab des Marabout** im Dar-Sqaf-Viertel der Medina ist für viele marokkanische Muslime noch immer eine Pilgerstätte. Die Stadt war traditionell auch ein Pilgerort für Marokkos jüdische Bevölkerung, die Rabbi Amrane ben Diwan, einen jüdischen Mystiker des 17. Jahrhunderts, verehrt.

Ouezzane galt lange als Stadt der Weber und anderer Handwerker; diese Tradition hat in den letzten Jahren eine Art Wiederauferstehung erlebt. Mehrere **Handwerkerkooperativen** sind entstanden, um sicherzustellen, dass dieses wertvolle Erbe erhalten bleibt.

Möglicherweise sehen Sie bei einem Besuch in Ouezzane Drechsler, die mit Holz aus den nahen Wäldern arbeiten. Sie sind berühmt für ihre *ghaitas*, ein Rohrblattinstrument der Berber, und spezielle Pfeifen, die *sebs* genannt werden. Oder Sie treffen auf Weber, die an Webstühlen oder Spinnrädern arbeiten und traditionelle *djellaba* dieser Gegend, die *djellaba Ouezzania*, oder Teppiche herstellen.

All dies und mehr wird in den Souks der Medina dargeboten und, da die Handwerker aus Ouezzane überall in Marokko einen so hervorragenden Ruf genießen, wahrscheinlich auch in den Geschäften anderer Städte.

Ein Souk in der Medina widmet sich Lederarbeiten; auch dieses Handwerk hat in Ouezzane eine jahrhundertelange Tradition. Die **Gerberei** stammt aus dem 14. Jahrhundert und besteht aus einer Reihe von »Wannen«, die in den Lehm gegraben sind und die verschiedenen Flüssigkeiten enthalten, die für den Gerbvorgang benötigt werden.

Das so bearbeitete Leder wird für Kleidungsstücke verwendet, z. B. für die traditionellen *babouches* (Pantoffeln), die man überall in Marokko findet, und für Einrichtungsgegenstände wie den Puff, einen runden gepolsterten Sitzhocker. ■

INSIDERTIPP

Achten Sie bei der Fahrt durch die Rifberge auf Straßensperren der Polizei — wenn Sie versehentlich eine durchfahren, warten eine Nacht in der Zelle sowie vier geplatzte Reifen von den Nagelstreifen auf Sie.

CLIVE CARPENTER
NATIONAL GEOGRAPHIC-Mitarbeiter

Al Hoceima & Umgebung

Die Küstenstadt Al Hoceima, zu Beginn des 20. Jahrhunderts kaum mehr als ein Fischerdorf, prägt heute einen langen Abschnitt der marokkanischen Küste mit Ferienanlagen und Hotels, die sich vom Stadtzentrum in alle Richtungen ausfächern. Von der Inselfestung Peñón de Vélez de la Gomera bis zur algerischen Grenze zählt dieser Küstenstreifen zu den schönsten in Marokko.

Al Hoceima, Blick hinaus zum Cap Ras-Tarf

Al Hoceima
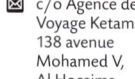 95 B1

Besucherinformation

✉ c/o Agence de Voyage Ketama, 138 avenue Mohamed V, Al Hoceima

☎ (0539) 98 51 20

www.alhoceima.com

Dieser Abschnitt der Küste ist eines der beliebtesten Ferienziele. Die Strände und die zwanglose Berbergesellschaft, die in diesen Orten überwiegt, machen sie zu idealen Orten zum Verweilen. Jedoch besteht die Gegend nicht nur aus Strand und Bars: Von den Beni-Snassen-Bergen im Osten bis zur Naturlandschaft des Al-Hoceima-Nationalparks hat die Region allen Besuchern etwas zu bieten.

Al Hoceima

Die attraktive Stadt Al Hoceima liegt auf einem Kap nahe der Mündung des Flusses Oued Nekor. Im Vergleich zu den Küstendörfern und Bergorten, die verstreut in den Landstrichen rundum liegen, verströmt Al Hoceima eine kosmopolitische Atmosphäre. Die Bevölkerung setzt sich vorwiegend aus örtlichen Berberstämmen zusammen.

Bis zur Mitte des 20. Jahrhunderts bestand Al Hoceima aus ein paar Häusern, die sich im nördlichen Teil der Bucht zusammendrängten. Die Spanier setzten den Wachstumsprozess in Gang, als sie hier während des Rifkriegs in den 1920er-Jahren Truppen und Nachschub anlandeten. In den folgenden Jahrzehnten entwickelte sich Al Hoceima zur Garnisonsstadt und zum Verwaltungszentrum der rebellischen Rifregion. In den 1950er-Jahren wurden die stillen Wasser erneut durch Schiffe aufgewühlt, als Kronprinz Hassan hier mit marokkanischen Soldaten landete, um die Unabhängigkeitsbewegung im Rif zu unterdrücken. Nach zwei Erdbeben mit schweren Schäden in den letzten 15 Jahren besitzt die Stadt nur wenige Gebäude, die aus der Zeit vor dem 20. Jahrhundert stammen.

Die Menschen besuchen Al Hoceima nicht wegen der historischen Sehenswürdigkeiten. Es sind vielmehr die Strände, das gute Essen und die komfortablen Hotels, die Touristen anziehen. Viele der Hotels sind groß, und es fehlt ihnen an Charakter, doch das **Hotel Maghreb el Jedid** und das **Hotel Villa Florido** haben vernünftige Preise und einen höheren Standard als viele andere in dieser Gegend. Man kann Tage damit verbringen, den **Al-Hoceima-Nationalpark** zu erkunden oder sich am Strand zu aalen, bevor man zum Abendessen mit Meerblick den **Club Nautique** oder das Restaurant **Espace Miramar** ansteuert.

Rund 80 Kilometer westlich von Al Hoceima liegt die spektakuläre Festung **Peñón de Vélez de la Gomera**. Dieser spanische Militäraußenposten gehört zu den Plazas de Soberania, den

Hotel Maghreb el Jedid
- 56 avenue Mohamed V, Al Hoceima
- (0539) 98 25 04

Hotel Villa Florido
- 40 place du Rif, Al Hoceima
- (0539) 84 08 47
- http://florido.alhoceima.com

Club Nautique
- Port d'Al Hoceima
- (0539) 98 16 41

Espace Miramar
- Rue Moulay Ismail, Al Hoceima
- (0539) 98 42 42
- www.espacemiramar.com

(Fortsetzung auf S. 132)

ERLEBNIS: Zu Fuß im Al-Hoceima-Nationalpark

Der an der Mittelmeerküste gelegene Al-Hoceima-Nationalpark ist ein riesiges Gebiet unberührter mediterraner Küstenlandschaft mit einer Reihe schöner Wanderrouten. Der Park mit einer Fläche von 466 000 Hektar unweit der Stadt Al Hoceima wird von der Lokalregierung verwaltet und gepflegt.

Er ist ein ausgezeichneter Ort, um in der Hochsaison den Massen in Al Hoceima zu entkommen. Versteckt an verschiedenen unbefestigten Wegen und Seitenstraßen, gibt es etliche hübsche Buchten und Strände. Der Park beheimatet knapp 70 Vogelarten, darunter Fischadler und Korallenmöwen. An der Küste leben die vom Aussterben bedrohten Mittelmeer-Mönchsrobben. Außerdem kann man hier verschiedene Delfinarten beobachten.

Fahrt durch die Zegzel-Schlucht

Wenige Minuten Fahrt südlich von Saïdia, zwischen den Orten Berkane und Taforalt, liegt eine spektakuläre Schluchtenlandschaft.

Einsame kleine Dörfer an der Straße in die Zegzel-Schlucht

Zwischen **Saïdia** und **Oujda** im Osten der Rif-Gebirgskette liegt eine dramatische Schlucht. Die Zegzel-Schlucht ist durch Millionen Jahre der Erosion entstanden, in denen das Wasser des Flusses Oued Zegzel den roten Fels der Beni-Snassen-Berge einschnitt. Die Straße, die sich durch das Tal windet, führt vorbei an Felswänden, Oliven- und Zitrushainen, Bergen und Plateaus.

Sie ist an manchen Stellen holprig; es empfiehlt sich ein Geländefahrzeug. Die Strecke führt im Zickzack um den Djebel Tamefout, einen der höchsten Gipfel der Beni-Snassen-Kette. Der beste Startpunkt für die Fahrt ist **Berkane** ❶, eine Stadt im Binnenland etwa 24 Kilometer südlich von Saïdia. Hier trifft die Küstenstraße auf die Hauptstraße N2, die von Chefchaouen

NICHT VERSÄUMEN

Grotte de Chameau • Grotte des Pigeons

nach Ahfir an der algerischen Grenze durch Nordmarokko verläuft. Diese beiden Straßen kommen an einem großen Kreisverkehr ❷ zusammen. Fahren Sie von hier auf der N2 etwa 1,6 Kilometer nach Süden, und biegen Sie dann nach links ab, kurz nachdem die Straße den Oued Zegzel überquert hat. Folgen Sie der Straße, die sich durch moderne Wohnviertel schlängelt, bevor sie sich nach Süden wendet und parallel zum Fluss verläuft. Nach drei Kilometern durch Dörfer erreicht die Straße die **Zegzel-Schlucht** ❸.

FAHRT DURCH DIE ZEGZEL-SCHLUCHT

Nach etwa acht Kilometern mit tollen Ausblicken auf das Tal, in deren Verlauf die Straße den Fluss insgesamt sechsmal überquert, kommen Sie an eine Abzweigung nach links, wo eine Seitenstraße etwa 0,8 Kilometer durch Olivenhaine bergan zur **Grotte de Chameau** 4 führt. Dieses Höhlensystem ist nach Flutschäden schon seit einigen Jahren nicht mehr öffentlich zugänglich. Auch wenn man nicht in die Höhlen hineinkommt, finden Reisende hier einen hübschen Platz für eine Badepause. Von hier ist die hoch aufragende Silhouette des Djebel Tafoughalt zu bewundern. Etwas weiter entlang der Straße weitet sich das Tal. In dieser »Schüssel« haben Bauern terrassierte Flächen geschaffen. Hier wird die Straße etwas besser und führt in Kurven durch die landwirtschaftlichen Flächen rundum. Dann geht es zurück in die Schlucht, bevor Sie die **Grotte des Pigeons** 5 erreichen. Hier wurden Skelettreste von Vögeln und Menschen aus der frühen Steinzeit gefunden. Die Höhle ist gegenwärtig eine archäologische Grabungsstätte, deshalb können Besucher nur hineinschauen, sie aber nicht betreten.

Weitere 0,8 Kilometer weiter vereint sich die Straße gleich nördlich der Stadt **Taforalt** 6 wieder mit der N2. Hier können Sie entweder Richtung Süden nach Taforalt hineinfahren oder rechts abbiegen und auf der Hauptstraße bis zur N2 und zurück nach Berkane fahren. Diese Route, die etwa 20 Kilometer um die Berge herum zurück ins Stadtzentrum von Berkane führt, hat den Vorteil, dass sie überwiegend gerade und flach ist.

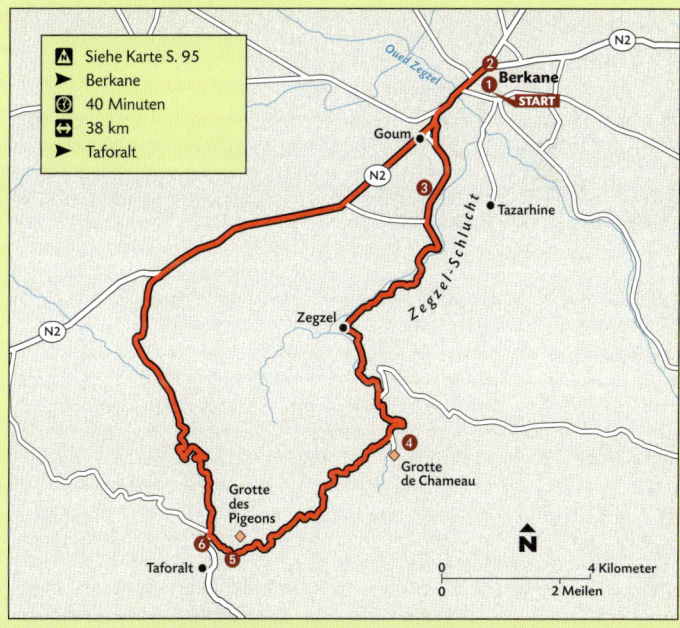

> **Der Souk in Imzouren**
>
> Souks voller Handwerkskunst, landwirtschaftlicher Erzeugnisse und Kleidung findet man überall in Marokko, aber keiner gleicht dem Souk in Imzouren. Er liegt etwa 17 Kilometer von Al Hoceima entfernt in Imzouren und ist nur für Marokkanerinnen geöffnet. Es ist der einzige Souk im Land, in dem Frauen, die meisten von Berberabstammung, ungezwungen umhergehen, sich unterhalten und ihre Einkäufe erledigen können. Männer dürfen nur in Begleitung von Frauen hinein und das auch nur für eine begrenzte Zeit.

Melilla
🅐 95 C1

Besucherinformation
✉ Calle de Fortuny 21, Melilla
☎ (0034) 952 976 151
www.melillaturismo.com

Museo Municipal
✉ Plaza Pedro de Estopiñán s/n, Melilla
☎ (0034) 952 684 940
🕒 Mo geschl.

Gebieten innerhalb der marokkanischen Grenzen, die nach dem Ende der Kolonialzeit bei Spanien verblieben (siehe S. 117). Die Militärbasis erhebt sich auf einem einzeln stehenden Felsen, der einst eine Insel war, mit dem Festland über eine kleine Sandbank und eine Zugbrücke verbunden. Seine Bedeutung hat der Posten schon vor über 100 Jahren verloren, aber er bleibt spanischer Besitz.

Melilla

Von Al Hoceima rund 145 Kilometer nach Osten entlang der Küste, unweit der algerischen Grenze, liegt die spanische Enklave Melilla. Wie ihr westliches Gegenstück Ceuta (siehe S. 114, 116) ist Melilla eine nette Stadt mit einer gut bewachten Grenze auf der landeinwärts gewandten Seite.

Melilla wird von der furchteinflößenden Festung **Medina Sidonia** beherrscht – einer Bastion aus dem 16. Jahrhundert mit dicken Mauern. Sie schützte die kleine Altstadt vor marokkanischen Angriffen. Lange bestand Melilla einzig aus der Festung und der kleinen Siedlung. Erst im 20. Jahrhundert – als sie zu einem Handelshafen für das spanische Protektorat wurde – expandierte sie über die kleine Halbinsel hinaus nach Süden und auf das Festland. Die Altstadt innerhalb der Medina Sidonia ist einen Blick wert. Von besonderem Interesse ist das **Museo Municipal**. Es beherbergt eine Sammlung von Artefakten und Kunstwerken.

Die Neustadt außerhalb der Mauern ist ebenso bezaubernd mit ihrem grandiosen Hauptplatz, den der Spanier Enrique Nieto (1883–1954), ein Schüler des berühmten Architekten Antoni Gaudí (1852–1926), entwarf. Die Neustadt ist außerdem Standort vieler ausgezeichneter Bars und Restaurants; die Atmosphäre ist hier freizügiger als auf der anderen Seite der Grenze, und das vielfältige Nachtleben ist eine erfrischende Abwechslung, besonders für Frauen, die der rein männlichen Gesellschaft der meisten marokkanischen Bars überdrüssig sind. Zu den Highlights zählen **Bar Alhambra**, **Los Salazones** und **Casa Marta**.

AL HOCEIMA & UMGEBUNG

Die modernistische Kirche Sagrado Corazón in Melilla

Nador

Auf der anderen Seite der Grenze von Melilla liegt die ausufernde moderne Stadt Nador. Sie war nur ein Dorf, als Marokko 1956 die Unabhängigkeit erlangte, aber sie wuchs schnell, als der Handel, der zuvor über Melilla abgewickelt worden war, hierher umgeleitet wurde. Es gibt nicht viel, was Touristen in die Stadt zieht, aber einige Hotels und Restaurants machen sie zu einer ausgezeichneten Basis, um die geschützten Feuchtgebiete in **Kariat Arekman** und **Oued Moulouya**, ein kurzes Stück Richtung Osten, zu erkunden. Ersteres ist ein Salzsumpf, Letzteres ist ein Süßwasser-Feuchtgebiet am Fluss.

Saïdia

Die letzte größere Stadt an der Küste vor der algerischen Grenze ist Saïdia, ein moderner Badeort mit vielen Stränden, Golfplätzen und Hotels der mittleren Preiskategorie. Es scheint, als sei der Ort zu schnell gewachsen, denn ihm fehlt ein wirkliches Zentrum und jegliches kulturelle Leben. Allerdings ist Saïdia jedes Jahr im August Gastgeber eines populären traditionellen Musikfestivals. Jenseits von Saïdia erscheinen die Orte im nördlichen Algerien verlockende Ziele für einen Tagesausflug, doch leider ist die Grenze wegen einer lang anhaltenden diplomatischen Kontroverse über die Westsahara geschlossen. ■

Nador
95 C1

Besucherinformation
- Délégation du Tourisme de Nador, 88 boulevard Ibn Rochd, Nador
- (0536) 33 03 48
- Syndicat d'Initiative du Tourisme, Hôtel Rif, Nador
- (0256) 60 36 37

Saïdia
95 C1

Die Königsstadt mit ihrem mittelalterlichen Markt und prachtvollen Moscheen beherrscht eine Landschaft mit majestätisch anmutenden Bergen und traditionellen Dörfern

Fès & der Hohe Atlas

Erster Überblick   136

Das Zentrum von Fès   138

Rundgang durch Fès   142

Erlebnis: Die Gerbereien von Chouwara   145

Von Fès nach Er Rachidia   148

Erlebnis: Das Spa Moulay Yacoub   149

Special: Der Hohe Atlas   150

Hotels & Restaurants   291

Detailaufnahme vom Bâb Boujeloud – dem Tor zur Altstadt Fès el Bali

Fès & der Hohe Atlas

Fès ist mit 1200 Jahren die älteste islamische und drittgrößte Stadt Marokkos. Sie gleicht einem lebenden Museum spanisch-arabischer Kultur und Architektur, das sich harmonisch in die Randlage, in der sich die Stadt befindet, einfügt. Fès liegt in einer Ebene mit Blick auf den Mittleren und Hohen Atlas und ist Ausgangsort für Wanderer, Wintersportler und solche, die auf der Suche nach Marokkos traditionellem Dorfleben sind.

Fès gewann an Bedeutung, als es im Jahr 809 zum ersten Mal zur Hauptstadt Marokkos erklärt wurde. Obwohl auch Meknès, Marrakesch und Rabat zeitweise diese Führungsrolle innehatten bzw. noch haben, wurde Fès dieses Privileg am längsten zuteil; Fès ist bis heute eine moderne, dynamische Stadt. Sie teilt sich in drei Hauptbezirke auf, die sich zu Füßen einer Nekropolis und den Überresten eines Palastes aus dem 16. Jahrhundert ausbreiten. Fès el Bali ist der älteste Teil der Stadt und wird von einem noch aus dem 8. Jahrhundert stammenden Labyrinth von Sträßchen, Hinterhöfen und Gassen durchzogen. Seine Medersas, Paläste, Souks, Moscheen mit Minaretten und anmutigen Kuppeln sowie die steinernen Häuser (bekannt als *fondouk*) sind gute Beispiele früher islamischer, maurischer und andalusischer Architektur. 1983 wurde Fès el Bali zum Weltkulturerbe erklärt.

Fès el Jedid grenzt direkt an Fès el Bali an und wurde im 13. Jahrhundert von den Mariniden gegründet. Hier findet man den Königspalast Dar el Makhzen, das Jüdische Viertel und an der prächtigen Rue de Fès el Jedid einige der schönsten Geschäfte der Stadt.

Der dritte Bezirk von Fès ist die vorwiegend zu Wohnzwecken genutzte *ville nouvelle*. Ihre Boulevards, die fast alle unter französischer Schutzherrschaft entstanden, werden von Bäumen, vornehmen Häusern, Gärten und Cafés gesäumt. Fès ist heute Hauptstadt der Region Fès-Boulemane. Dazu gehören Fès-Dar-Dbibegh in der Mitte und die Provinzen Sefrou, Moulay Yacoub und Boulemane. Das Landschaftsbild ist recht abwechslungsreich. Tief eingeschnittene Täler, mit Blumen und Zedern bewachsen, bilden einen Kontrast zu den Gebirgsausläufern, Bergkuppen, Schluchten, Palmenhainen und Wüsten. Am Wegesrand findet man Städte, die durch ihre Thermalquellen und Wasserfälle berühmt geworden sind, malerische Dör-

> ### NICHT VERSÄUMEN
>
> **Rundgang durch die autofreie historische Altstadt Fès el Bali, Weltkulturerbe der Unesco** 136, 140
>
> **Die Kairaouine-Moschee und -Universität, die vielleicht älteste Universität der Welt** 139, 144
>
> **Das reichhaltige Meisterwerk der Mariniden-Dynastie: die Medersa Bou Inania** 141
>
> **Die Medersas Seffarine und Attarine, ehrwürdige Universitäten** 144
>
> **Die Zaouia von Moulay Idriss II., Grabmal des großen Sultans** 145
>
> **Die Gerbereien von Chouwara, Heimstätten des ältesten Handwerks der Stadt** 145

FÈS & DER HOHE ATLAS

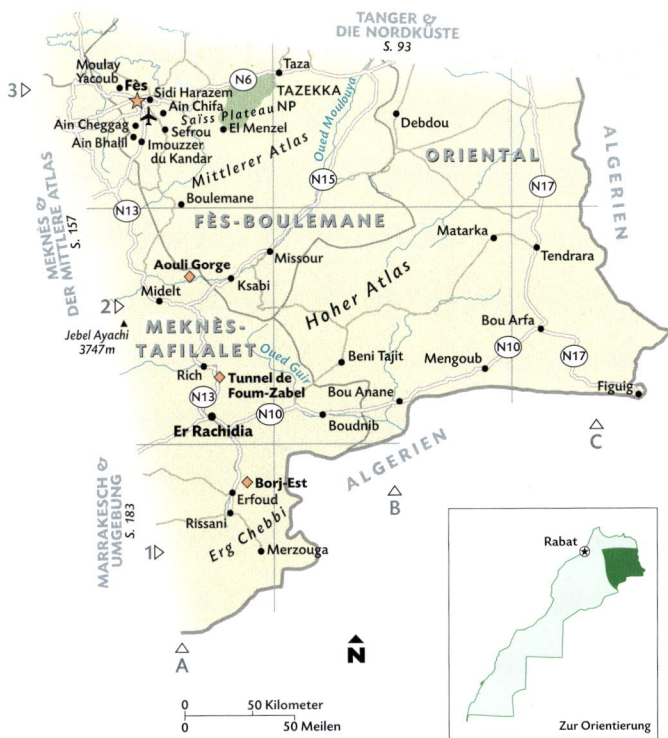

fer und jahrhundertealte Dorfgemeinschaften. Man sollte sich die Städte Moulay Yacoub, Sefrou und Midelt nicht entgehen lassen. Zudem gibt es viele nette Dörfer in dramatisch schöner Landschaft. Merzouga und Rich südlich von Fès sind nur zwei Beispiele.

Fès liegt auf dem Saïss-Plateau am Rande des Mittleren Atlasgebirges. Südlich von Fès, zum Mittleren Atlas hin, wird es hügeliger, und dahinter schließt sich das viel höhere Gebiet des Hohen Atlas an. Fast unmittelbar südlich von Fès erhebt sich der Djebel Ayachi, der mit seinen 3747 Metern die höchste Erhebung des östlichen Hohen Atlas darstellt und vielen seltenen Blumen, Tieren und Vögeln eine Heimstätte bietet. Damit ist er ein Paradies für Naturfreunde und Wanderer.

In Fès und Umgebung herrschen die extremsten Temperaturen Marokkos. Der Sommer von Ende Juli bis September kann mit Temperaturen von bis zu über 40 °C in der Stadt außergewöhnlich heiß sein. Wintertags ist es kälter, und die Berggipfel sind oft mit einer dicken Schneedecke überzogen. Wintersport gehört hier zu einem beliebten Zeitvertreib, doch oft sind die Gebirgspässe wegen Schnee gesperrt.

Fès und die Region des Hohen Atlas bieten sowohl für Geschichts- und Kulturinteressierte als auch für Natur- und Sportfreunde so viel, dass immer mehr Besucher hierherkommen. ■

Das Zentrum von Fès

Den Atem der Geschichte spüren: von spanisch-arabisch beeinflussten Moscheen, Medersas (Universitäten), Labyrinthen aus Sträßchen und Hinterhöfen aus dem 8. Jahrhundert in Fès el Bali über den Königspalast der Mariniden aus dem 13. Jahrhundert, umgeben von seinen Gärten und der jüdischen Architektur in Fès el Jedid, bis hin zu den Boulevards in *ville nouvelle*.

Teppichgeschäfte in den mit Kopfstein gepflasterten Straßen der Medina Fès el Bali

Fès

137 A3, 143

Besucherinformation

✉ Regionales Touristenbüro, Immeuble Bennani, Place de la Résistance, Boulevard Moulay Youssef

☎ (0535) 62 34 60

✉ Syndicat d'Initiative, Place Mohamed V

☎ (0535) 62 47 69

Als Fès im Jahr 809 zum ersten Mal die Hauptstadt Marokkos wurde, war der Ort noch unter dem Namen Madinat Fès bekannt. Idriss II. baute hier seinen Königspalast sowie Moscheen, Brunnen, Steinhäuser *(fondouk)* und eine Medina (Altstadt mit Markt) voller überdachter Märkte, die man *kissaria* nennt.

Marokkos erste Königsstadt nahm schnell an Größe und Bedeutung zu. Im Jahr 817 kamen Flüchtlinge aus Córdoba in Andalusien an und gründeten das Viertel Adwat al Andalus im Nordosten der Stadt. Einige Jahre später kamen arabische Familien dazu, die vor Verfolgungen in Kairouan (dem heutigen Tunesien) geflohen waren, und gründeten das Viertel Kairaouine, auch bekannt als Adwat al Qarawiyyin. Das kulturelle Erbe dieser beiden neuen Volksgruppen bildete die

Grundlage für die Entwicklung von Fès. 857 wurde die Kairaouine-Moschee erbaut.

Quelle des Wissenschaft

Die Moschee wurde 859 auch zur ersten Medersa Marokkos, der Kairaouine-Universiät (siehe S. 144). Fès wurde bald zum Kultur-, Bildungs- und Wissenschaftszentrum des Landes, auch als im 12. Jahrhundert Marrakesch zur Hauptstadt Marokkos aufstieg. In der Mitte des 13. Jahrhunderts erlangte Fès seine Position als Hauptstadt zurück, als die Dynastie der Mariniden sie zum Mittelpunkt ihres Reiches wählte. Um ihre prachtvollen Paläste zu bauen, schufen die Mariniden eine neue Stadt namens Fès el Jedid, direkt vor den Toren des alten Fès.

Fès el Jedid hatte eigene Befestigungsanlagen, verzierte Paläste, Koranschulen und Universitäten sowie Souks, Parks und *fondouk*.

Ein *méchouar* – ein riesiger Platz für Zeremonien und Veranstaltungen – war ebenfalls in den Plänen vorgesehen sowie eine Mellah, ein Viertel für die jüdische Bevölkerung der Stadt.

Im 16. Jahrhundert wechselte die Hauptstadt unter der Herrschaft einer neuen Dynastie wieder nach Marrakesch, doch wuchs Fès als geistiges und intellektuelles Zentrum weiter. Die turbulente Geschichte setzte sich im 17. Jahrhundert fort, als die Dynastie der Alawiden die Stadt übernahm. Nun wieder Hauptstadt, wurde Fès zu einem wichtigen Handelszentrum für Getreide, Fisch, Leder und Textilien.

Fès blieb, abgesehen von einer Zeit im 17. und 18. Jahrhundert, die Hauptstadt, bis Marokko durch den Vertrag von Fès 1912 unter die Schutzherrschaft Frankreichs gestellt wurde. Fès hält sich als wichtiges

HINWEIS: Fès ist ein Verkehrsknotenpunkt. Den Hauptbahnhof finden Sie in der *ville nouvelle (Rue Imarate Arabia, Tel. 0555/62 51 32)*. Von dort fahren tagsüber regelmäßig Züge nach Casablanca, Rabat, Meknès, Marrakesch und Tanger. Der Busbahnhof der Compagnie de Transports au Maroc *(CTM; Place Allal al Fassi, Tel. 0535/73 29 92 oder Reservierungen unter: 0800/09 00 30)* wird von relativ neuen und verlässlichen Bussen angefahren, die staatlich unterhalten werden. Sie fahren zum Bahnhof, zum Flughafen Fès-Saïss *(Imouzzer, BP A11, Tel. 0522/43 58 58)* 15 Kilometer südlich der Stadt, in alle Stadtgebiete und nach Sefrou.

Der Fez: eine typische Kopfbedeckung

Fès ist berühmt für seine randlose rote, zylinderförmige Kopfbedeckung, die als *fez*, *fès*, *fèsi* oder *tarboosh* bekannt ist. Bis ins 19. Jahrhundert hinein war Fès die einzige Stadt der Welt, die diese beliebte Hutform herstellte, die besonders von Männern und Militärangehörigen im Maghreb, in Griechenland und dem Osmanischen Reich bevorzugt wurde. Ihre Ursprünge liegen im Dunkeln; manchen Überlieferungen zufolge soll sie zuerst im alten Griechenland ersonnen worden sein, nach vorherrschender Meinung soll sie aber aus Fès kommen, wo man diesen Hut noch immer in der Medina erwerben kann. Er ist aus einem gewebten filzähnlichen Stoff gefertigt und mit einer Quaste versehen. Normalerweise ist er rot; es gibt jedoch auch Varianten mit Weiß und Schwarz. Die rote Färbung stammt von den *kizilcik*-Beeren, die in den Vorstädten wachsen.

Medersa Bou Inania
- 143
- Rue Talaa Kebira
- Für Nichtmuslime Sa–Do 12–14.30 Uhr und Fr nach 11 Uhr geschl.
- €

Wirtschaftszentrum und gilt als Marokkos geistiges und kulturelles Zentrum.

Fès el Bali

Wer nur wenig Zeit hat, sollte unbedingt die von Stadtmauern umgebene Altstadt Fès el Bali besuchen. Sie gehört zum Weltkulturerbe der Unesco und besteht aus einem Labyrinth von autofreien Sträßchen, Hinterhöfen und Gassen aus dem 8. Jahrhundert. Man gelangt durch eines der vier Haupttore (bâb) hinein – **Bâb Boujeloud** im Westen, **Bâb Guissa** im Norden, **Bâb Jdid** im Süden und **Bâb Ftouh** im Südosten. Innen stößt man überall auf frühe islamische und andalusische Architektur. Die Moscheen, Paläste, Medersas, Souks und Steinhäuser sind mit Schnitzereien verziert.

Hinter dem Bâb Boujeloud: Fès el Bali ist vielleicht am bekanntesten wegen seiner **Medina**, die man am besten durch das Bâb Boujeloud betritt. Die Menschen verkaufen an Ständen Kunsthandwerk, Kleidung und Nahrungsmittel. Saugen Sie das mittelalterliche Flair auf, während Sie eine der beiden Verkehrsadern – die Rue Talaa Kebira Richtung Norden oder die Rue Talaa Seghira Richtung Süden – entlangwandern und zwischen den Souks, die nach Handwerkszweigen angeordnet sind, umherschlendern; **Souk Nejjarine** z. B. ist bekannt für Möbel und Holz-

Kinder spielen an einem hübsch gefliesten Brunnen in der Medina Fès el Bali

Die Töpferwaren von Fès

Auf dem Weg durch die Läden und Souks der Stadt treffen Sie auf die brillant leuchtenden kobaltblauen Töpferwaren, die seit dem 11. Jahrhundert in Fès gefertigt werden. Kunsthandwerker töpfern sie noch immer wie vor Jahrhunderten in kleinen Werkstätten an der Rue Talaa Kebira. Dem Ton wird Wasser zugefügt, um ihn feucht und geschmeidig zu machen und dann zu Gegenständen zu formen und in einem großen Trockenofen, der mit Olivenkernen befeuert wird, zu brennen. Danach werden mit einem feinen Pferdehaarpinsel komplizierte geometrische Muster oder Blumen aufgetragen, und abschließend wird alles noch einmal gebrannt. Unter den Töpferwaren finden sich Krüge, Vasen, Gefäße mit Deckeln, Schüsseln, Teller und Tajines (Gefäße zum Kochen der marokkanischen Spezialität Couscous). Sie können aber statt Werkstätten zu besuchen, auch eine Töpferfabrik im Industrieviertel Ain Nokbi nahe dem Bâb Ftouh im Andalusischen Viertel besichtigen *(Cooperative des Patrons Potiers, Rue de Sidi Harzeme, Ain Nokbi, Tel. 0535/64 92 25)*. Wenn Sie jedoch nach Mitbringseln suchen, sollten Sie in der Medina Fès el Bali im Souk el Henna am Platz nahe beim Souk Attarine *(souk el Attarine)* auf die Suche gehen.

INSIDERTIPP

Heuern Sie einen Führer an, der Sie durch die Medina von Fès geleitet. Das ist gar nicht so teuer und bewahrt Sie vor Taschendieben und stundenlangem Herumirren. Zudem kann er Geschichten aus dem Ort erzählen.

SUSAN STRAIGHT
NATIONAL GEOGRAPHIC-Lektorin

arbeiten, **Souk Tillis** für Teppiche und **Souk Attarine** für Arzneien und Gewürze. Vor allen anderen Medersas in Fès sollte man zuallererst zur **Medersa Bou Inania** gehen. Vom Bâb Boujeloud aus geht es die Rue Talaa Kebira hinauf, und schon bald sieht man das Minarett des Gebäudes aus dem 14. Jahrhundert. Mit seinen reichhaltigen Verzierungen aus *zellij*-Kacheln, Marmor und Onyx gilt es als das schönste Medersa-Gebäude der Mariniden-Dynastie. Von hier aus begeben Sie sich zur Rue Talaa Seghira, dann auf der Rue de la Poste in südlicher Richtung zum größten Museum der Stadt – dem **Dar-Batha-Museum**, einer Sammlung traditioneller Töpferwaren und von Kunstwerken aus *zellij*-Kacheln. Sie ist im **Batha-Palast** aus dem 19. Jahrhundert untergebracht.

Hinter dem Bâb Guissa: Durch diesen Eingang nach Fès el Bali gelangen Sie zum **Palais Jamaï**. Die arabische Architektur des im 19. Jahrhundert für den Großwesir

Dar-Batha-Museum
- 143
- Place de la Musée
- (0055) 63 41 16
- Di geschl.
- €

Palais Jamaï
- 143
- Bâb Guissa
- (0535) 63 43 31
- www.sofitel-legend.com/fes/en

(Fortsetzung auf S. 144)

Rundgang durch Fès

Der Weg beginnt am Königspalast der Mariniden und der jüdischen Architektur von Fès el Jedid und nimmt Sie mit auf eine Zeitreise zurück ins 8. Jahrhundert, wenn es durch die labyrinthartigen Straßen von Fès el Bali geht.

Im Gewühl der Medina Fès el Bali, einem Labyrinth aus Sträßchen und Gassen

Beginnen Sie am besten in Fès el Jedid. Starten Sie an der **Place des Alaouites** im Südwesten des Bezirks und bewundern Sie den Eingang zum **Königspalast Dar el Makhzen** ❶ (siehe S. 146). Hier wohnt der König, wenn er sich gerade in Fès aufhält. Schlendern Sie in östlicher Richtung die Grande Rue des Merinides entlang, um zur **Mellah** (siehe S. 147), dem Jüdischen Viertel, zu gelangen. Wenden Sie sich Richtung Norden auf die Grande Rue de Fès el Jedid, um zum **Park Jardins de Boujeloud** ❷ zu kommen (siehe S. 146).

Wenn Sie den Park wieder verlassen, gehen Sie rechts auf der Avenue des Français entlang zur Place Bou Jeloud, wo Sie auf das **Bâb Boujeloud** ❸, eines der Stadttore, treffen. Dieses Bauwerk wurde 1913 im maurischen Stil erbaut. Vor Ihnen liegt die Rue

NICHT VERSÄUMEN

Dar-Batha-Museum • Medersa Bou Inania • Rue Cherabliyne

Talaa Seghira, auf der Sie in die Altstadt **Fès el Bali** gelangen.

Sie sollten einen Abstecher über die Rue el Douh rechts zum **Dar-Batha-Museum** ❹ machen (siehe S. 141). Hier sehen Sie Bücher, Keramik, Schnitzereien, gewebte Stoffe, Lederarbeiten und bunte *zellij*-Kacheln. Nach dem Besuch im Museum gehen Sie zurück Richtung Rue Talaa Seghira, wo Sie rechts einen Blick auf das Minarett der **Medersa Bou Inania** ❺ erhaschen (siehe S. 141). Bewundern Sie den spanisch-maurischen Stil der Holzschnitzereien und *zellij*-Kacheln und schauen Sie sich die Zimmer der ehemaligen Studenten an. Für eine Pause gibt es an der Rue Talaa Seghira einige gute Restaurants und Imbissstände, die *chebakya* (frisch frittiertes Gebäck mit Honig) und *kaab ghzahl*, bekannt als *cornes de gazelle* (mit Mandeln gefülltes Gebäck), verkaufen.

Parallel zur Rue Talaa Seghira verläuft die Rue Talaa Kebira. Wenn Sie diese Route nehmen, kommen Sie zur **Rue Cherrabliyne** ❻, eine der Hauptdurchgangsstraßen der Medina Fès el Bali, an der auch viele Souks liegen. Halten Sie auf den Gewürzmärkten Ausschau nach Safran sowie nach Geschäften, die *babouches* (Pantoffeln) und Fez-Hüte anbieten. Achten Sie auf die *fondouk* – alte, noch bewohnte Steinhäuser rund um Hinterhöfe. Links liegt das Kairaouine-Viertel, und in der Ferne sehen Sie auf einer Hügelkuppe die Grabmale der Mariniden.

Kehren Sie zurück zur Rue Talaa Seghira, und besuchen Sie das **Zaouia von Moulay Idriss II.** ❼ (siehe S. 145), eine Moschee aus dem 18. Jahrhundert, in der sich das Grab von Idriss II. befindet. Gehen Sie nördlich zum Souk el Attarine und dann rechts zur **Medersa Attarine** (siehe S. 144). Gegenüber befinden sich die **Kairaouine-Moschee** ❽ aus dem 9. Jahrhundert, dann die **Medersa Cherratine** und die **Medersa Seffarine** (alle S. 144). Am oberen Ende des Platzes nehmen Sie die rechte Gasse, Derb Mechattin, zum **Gerberviertel** ❾ (siehe S. 145). Von hier aus überqueren Sie den Fluss, um ins **Andalusische Viertel** (siehe S. 146) zu gelangen, eher ein Wohnviertel mit Souks, wo Sie die landestypischen Waren kaufen können. Wenn Sie durch diesen Teil spazieren, schauen Sie hoch, ob Sie die nahe gelegene **Andalusische Moschee** erspähen können, die auf einem Hügel thront.

Kairaouine-Moschee und -Universität
- 143
- Rue Bou Touil
- (0535) 64 10 16

Medersa Seffarine
- 143
- Place el-Seffarine
- €

Medersa Cherratine
- 143
- Rue el Cherratine
- €

Jamaï erbauten Palastes mitsamt seiner Gartenanlage ist heute Teil eines Fünf-Sterne-Hotels mit Blick auf die Medina im Süden und die Ruinen der **Mariniden-Gräber**.

Wenn man von hier aus südöstlich weitergeht, vorbei am **Achebine-Souk**, erreicht man das Gerberviertel **Chouwara** (siehe S. 145) am Ufer des Oued Fès. Von einer Terrasse über den Fässern voller farbiger Pigmente hat man einen wunderbaren Blick auf die Gerber.

Hinter dem Bâb Jdid: Wer durch das Bâb Jdid in die Altstadt schlendert, sollte den Schildern zur **Kairaouine-Moschee und -Universität** (9. Jahrhundert) folgen, die nach dem Viertel benannt ist, in dem sie ihren Platz hat. Die Moschee besitzt eine Gebetshalle für bis zu 20 000 Gläubige und einen großen Innenhof, der mit mehr als 50 000 zellij-Kacheln verschönert ist, die um einen Marmorbrunnen verlegt sind. Nichtmuslime müssen sich mit einem Blick durch die Tore begnügen, die sich an der Rue Talaa Kebira und an der Place el-Seffarine befinden. Die älteste noch tätige Universität der Welt ist heute das wichtigste islamische Lehrzentrum.

Im Südosten grenzt die **Medersa Seffarine** aus dem 13. Jahrhundert an. Unter ihrer hölzernen Kuppel befindet sich ein Brunnen, umgeben von einem Hof und dem ältesten *mihrab* der Stadt — einer Mauernische, die nach Mekka weist. Die **Medersa Cherratine** aus dem 17. Jahrhundert liegt an der Südwestecke der Kairaouine-Moschee. Sie ist die einzige Medersa in Fès, die von den Alawiden gebaut wurde. An der Nordseite der Moschee befindet sich die **Medersa Attarine** aus dem 14. Jahrhundert. Ihr Innenhof mit reich verzierten Marmorsäulen und Zedernholzbogen ist phänomenal,

Verzierter Griff an einer vergoldeten Eingangstür zum Königspalast Dar el Makhzen

INSIDERTIPP

Besuchen Sie die Tischler, Schmiede oder andere Handwerker, die Sie hinter die Kulissen ihrer Arbeit schauen lassen. Zu den ältesten kunsthandwerklichen Gegenständen zählen die marokkanischen Pantoffeln und die schmucken und reich verzierten Teeservice.

SANAA AKKACH
NATIONAL GEOGRAPHIC-Art Director

und ihre Eingangshalle weist eines der komplexesten Kachelmuster der Stadt auf.

Von hier aus wenden Sie sich westlich durch den Souk el Attarine, um zur **Zaouia von Moulay Idriss II.**, dem Mausoleum des großen Sultans und Gründers von Fès, zu gelangen. Nichtmuslime haben keinen Zutritt zur Grabkammer selbst.

Einige Häuserblocks weiter Richtung Westen liegen der **Nejjarine-Brunnen** und das **Nejjarine-Museum**. Es ist in einem traditionellen *fondouk* untergebracht — einer Kombination aus Wirtshaus und Werkstatt, auch als Karawanserei bekannt — und beinhaltet eine schöne Sammlung marokkanischer Holzarbeiten.

Direkt südlich liegt das **Belghazi-Museum**, ein Palast aus dem 17. Jahrhundert, der im Besitz der Familie Belghazi ist. Darin befinden sich eine Sammlung von

Medersa Attarine
- 143
- Souk el Attarine
- (0535) 62 34 60
- €

Zaouia von Moulay Idriss II.
- 143
- Rue bou Touil Kairaouine

Nejjarine-Museum
- Place Nejjarine
- (0535) 74 05 80
- €

Belghazi-Museum
- 143
- Km 17, Route de Kenitra, Salé-Bouknadel
- (0535) 82 21 78
- €

www.museum belghazi.com

ERLEBNIS: Die Gerbereien von Chouwara

Zumindest schon seit dem Mittelalter verbindet man mit Fès die traditionsreiche Kunst des Gerbens. Wenn Ihnen von den stechenden Gerüchen nicht schlecht wird, besuchen Sie das **Gerberviertel** am Ufer des Oued Fès am Rande des Andalusischen Viertels.

Besucher dürfen zwar nicht in die Gerbereien, können das Treiben aber von Balkonen aus beobachten. Besuchen Sie eines der angrenzenden Ledergeschäfte, und genießen Sie einfach die Atmosphäre. Am besten kommt man morgens, wenn die Farben noch am schönsten sind. Versuchen Sie es bei der **Terrasse de Tannerie** *(10 Derb Chouwara, Tel. 0535/63 66 25, €).*

Gerben ist recht einfach und wird seit Jahrhunderten auf fast unveränderte Weise durchgeführt. Die Felle von Rindern, Kamelen oder Ziegen werden von Fleisch und Haaren gereinigt, dann in einer Lösung aus Granatapfelbaumrinde eingeweicht. Als Nächstes werden sie ausgespült und getrocknet. Auf dem Weg durch das Gerberviertel sieht man überall Tierhäute, die über Mauern und Dächern zum Trocknen ausgelegt sind.

Zum Schluss werden die Häute eingefärbt. Obwohl es heute längst industriell gefertigte Farben gibt, verwenden viele Gerber immer noch wie Generationen vor ihnen die Farben, die sie aus Beeren und anderen Pflanzenteilen gewinnen.

Ein Färber behandelt eine Tierhaut in den Gerbereien von Chouwara in Fès el Bali

Andalusische Moschee
- 143
- Rue el Nekhaline

Medersa Sahrij
- 143
- Rue Sidi Bou Ghaled
- (0535) 64 30 40
- €

Aben-Danan-Synagoge
- 143
- Rue Der el Feran Teati, Mellah
- €

Jüdischer Friedhof
- 143
- Mellah

Waffen, Teppichen und Schmuck sowie ein Innenhofcafé und eine Terrasse.

Hinter dem Bâb Ftouh:
Wer Fès el Bali durch das Bâb Ftouh betritt, findet sich im **Andalusischen Viertel** wieder. In diesem Wohngebiet gibt es viele Souks. Schauen Sie sich den gekachelten Eingang der **Andalusischen Moschee** und die **Medersa Sahrij** an.

Fès el Jedid
Eine jüngere, von einer Mauer umgebene Erweiterung von Fès el Bali ist Fès el Jedid im Südwesten, was übersetzt »Neues Fès« heißt. Es wurde im 13. Jahrhundert durch die Mariniden erbaut. Zwischen den beiden Vierteln verlaufen die **Jardins de Boujeloud**. Der Haupteingang des Parks liegt an der Avenue des Français südlich des Bâb Boujeloud.

Um das Jüdische Viertel (siehe gegenüber) oder die **Mellah** zu erreichen, sollten Sie die Avenue des Français in westlicher Richtung beibehalten, links auf die Grande Rue de Fès el Jedid einbiegen und durch das imposante **Bâb Semmarine** auf die Rue Sekkakine gehen, die dann zur Grande Rue des Merinides wird. Die meisten Häuser der Mellah besitzen hölzerne oder schmiedeeiserne Balkone und wurden im 18. oder 19. Jahrhundert gebaut.

Nach der Hälfte der Grande Rue de Merinides biegen Sie links auf die Derb Djaj, um dort den Gebetsraum der **Aben-Danan-Synagoge** aus dem 17. Jahrhundert zu besuchen und dann zum **Jüdischen Friedhof** mit mehr als 12 000 weißen Grabsteinen weiterzugehen; schließlich gelangen Sie zur **Habarim-Synagoge**, die ein Museum für jüdische Kunst beherbergt.

Am Ende des Friedhofs geht es über die Place des Alaouites zum **Königspalast Dar el Makhzen** mit seinen vergoldeten Bronzetüren, geschnitzten Torbogen und Marmorsäulen. Der Palast ist Wohnstätte des Königs.

Das Jüdische Viertel

Das Jüdische Viertel liegt im Südosten des Stadtbezirks Fès el Jedid und ist als Mellah bekannt. Die meisten marokkanischen Städte besitzen eine Mellah, aber die in Fès ist vermutlich die älteste. Sie stammt aus dem 14. Jahrhundert, aus der Zeit der Mariniden. Die meisten heutigen Gebäude sind allerdings aus dem 18. und 19. Jahrhundert und liegen sehr nah beieinander. Als die Mellah geschaffen wurde, stand nur wenig Platz zur Verfügung, so dass die Familien ihre Häuser zweistöckig und eng beieinander bauten. Der einzig freie Platz war ein Innenhof. Beim Rundgang werden Sie diese seltene Bauweise sehen, aber auch viele Souks und Werkstätten mit traditionellem Kunsthandwerk.

INSIDERTIPP

Nach einem Tag in der Medina entspannen Sie sich bei einem Drink auf dem Dach des Hotels Palais Jamaï (siehe S. 141, 144). Bei Sonnenuntergang erschallen von den vielen Hundert Moscheen der Stadt die Aufrufe zum Gebet.

JANELLE NANOS
NATIONAL GEOGRAPHIC TRAVELER-
Redakteur

Rundgänge für Touristen

Für Touristen wurden sechs thematisch orientierte Rundgänge angelegt. Jeder Rundgang ist mit farbigen Schildern für folgende Themen gekennzeichnet: Orange für »Mauern und Wälle«, Lila für »Fès el Jedid«, Türkis für das »Andalusische Viertel«, Grün für »Paläste und Andalusische Gärten«, Blau für »Monumente und Souks« und Rot für »Traditionelles Kunsthandwerk«. Karten zu diesen Rundgängen bekommt man im Fès Tourist Office und im Syndicat d'Initiative (siehe S. 138).

Ville nouvelle

Der dritte Stadtbezirk von Fès, die *ville nouvelle*, liegt im Süden der Stadt. Anlage und Architektur der *ville nouvelle* sind typisch europäisch geprägt und durch breite Boulevards, wie etwa die Avenue Hassan II und die Avenue Mohamed V, gekennzeichnet. Das Viertel wurde im 20. Jahrhundert während der französischen Schutzherrschaft angelegt. Hier findet man Spitzenhotels und Boutiquen, Cafés und Restaurants und Bankhäuser sowie das Touristenbüro.

Für diejenigen, die das Gewühl und den Tauschhandel in der Medina leid sind, bieten das **Centre Artisanal** *(Boulevard Allal Ben Abdallah, Tel. 0535/62 56 54)* und die Geschäfte an der Avenue Mohamed V traditionelle Waren zu Festpreisen an. ∎

Habarim-Synagoge
🅐 143
✉ Mellah

Von Fès nach Er Rachidia

In der Umgebung von Fès verdienen viele Städte und Landstriche Aufmerksamkeit: im Westen Moulay Yacoub mit heißen Heilquellen, im Süden Sefrou mit Wasserfällen und einem jährlich stattfindenden Kirschenfest, das entlegene Dorf Boulemane und der Mittlere und Hohe Atlas sowie Er Rachidia.

Ein von der Zeit gezeichnetes Dorf im Atlasgebirge wirkt wie ein Teil des Berges

Moulay Yacoub
▲ 137 A3

Sidi Harazem
▲ 137 A3

Im Westen und Südosten von Fès liegen zwei alte Badeorte. Der beliebtere ist **Moulay Yacoub** (siehe gegenüber) 20 Kilometer westlich der Stadt. Moulay Yacoub entwickelte sich um heiße Schwefelquellen herum, die aus 1500 Meter Tiefe emporquellen. Genau südlich der Straße nach Oudja, 15 Kilometer von Fès, liegen die Thermal- und Schwimmbäder von **Sidi Harazem**. Der Name der Stadt stammt von einem ihrer Bewohner, St. Sidi Harazem, für den im 17. Jahrhundert von Sultan Moulay El Rashid eine Grabstätte errichtet wurde. Ende April wird ein *moussem* (Fest) zu

> **INSIDERTIPP**
>
> **Das Beste von Marokko liegt im Verborgenen. Mieten Sie sich einen Maulesel, und lassen Sie sich von seinem Besitzer in die Berberdörfer des Hohen Atlasgebirges oder des Djebel Sarhro führen.**
>
> VICTOR ENGLEBERT
> NATIONAL GEOGRAPHIC-Fotograf

Ehren des Heiligen gefeiert *(Infos bei der Touristeninformation Fès)*. Übernachten kann man im Sidi-Harazem-Hotel unweit der Bäder.

Die Provinz Sefrou
Die Provinz Sefrou südlich von Fès ist bekannt wegen ihrer malerischen Landschaft und Wasserfälle.

Die Hauptstadt der Provinz ist **Sefrou** und liegt am Fluss Oued Aggaï. Ihre Wurzeln reichen bis vor die Regierungszeit von Idriss I. (starb 791) zurück, als hier eine strategisch günstige Siedlung errichtet wurde, die Beziehungen zu afrikanischen Händlern unterhielt. Die Stadt hat bedeutende Befestigungsanlagen aus dem 18. Jahrhundert und ist durch den Oued Aggaï in zwei Teile geteilt, die über Brücken verbunden sind. Betreten Sie die alte Medina nördlich des Flusses durch das **Bâb el Maqam**, und gehen Sie bergab in südöstliche Richtung. Bald sehen Sie die Große Moschee, die hier das Stadtbild beherrscht, sowie das Grabmal von Sidi Lahcen Lyoussi, dem Schutzheiligen der Stadt.

Überqueren Sie den Fluss über eine der Brücken, um in den Süden, in die jüdische **Mellah**, zu gelangen. Die Kultur und Architektur von Sefrou weist auch heute starke Spuren des jüdischen Erbes auf. Dazu zählen die typischen Häuser mit hölzernen Arkadenhöfen. Direkt vor dem südlichen Tor zur Altstadt, dem **Bâb Merba**, liegt eine **Synagoge**, die aber für die Öffentlichkeit geschlossen ist. In der Nähe

Sefrou
137 A3

> **ERLEBNIS: Das Spa Moulay Yacoub**
>
> Die heißen Schwefelquellen von Moulay Yacoub sollen alle Arten von Leiden lindern, aber selbst gesunde Menschen kommen hierher, um die Heilbäder, Jacuzzis und Massagen zu genießen. Es gibt auch ein Schwimmbecken und einen Hamam mit getrennten Bereichen für Männer und Frauen, Duschen und ausgebildeten Masseuren. Etwas gehobenere Wellnessanwendungen gibt es in einem modernen Spa südlich des Hauptspa. Informationen und Buchungsmöglichkeiten von Wellnessurlaub gibt es beim **Centre Thermale de Moulay Yacoub** *(BP 2426, Moulay Yacoub, Tel. 0535/ 69 40 64, www.moulayyacoub.com)*.

Der Hohe Atlas

Die Gebirgskette des Hohen Atlas ist die höchste Marokkos. Gebirgsausläufer beginnen östlich von Agadir und ziehen sich in nordöstlicher Richtung. Die höchsten Gipfel befinden sich weiter östlich, darunter der Djebel Ayachi (3747 m).

Die Gipfel des Hohen Atlas bieten ein spektakuläres Bild. Die Berge bilden vom Toubkal-Nationalpark im Westen bis zum Djebel Ayachi eine eindrucksvolle Barriere. Weitere Gipfel sind der Djebel l'Ouenkrim (4089 m), Djebel M'Goun (4068 m) und der Djebel l'Aksoual (3910 m). Gegen Ende Mai müssen die tiefer gelegenen Ebenen bereits die Hitze des nordafrikanischen Sommers ertragen, aber in den Bergen ist es immer noch Frühling. Dies ist die angenehmste Jahreszeit für einen Besuch. Wenn der Schnee auf den Gipfeln anfängt zu schmelzen, werden Bäche zu Flüssen (oueds), die die Siedlungen im Norden, Süden und Osten der Gebirgskette versorgen. Schneebedeckte Höhen glänzen in der Sonne, Bergflüsse sind gefüllt, und Blumen blühen. Berberfamilien wandern dann mit ihren Schafen, Ziegen und Mauleseln auf die höher gelegenen Weiden in ihre Sommerdörfer.

Die Gebirgskette des Hohen Atlas fungiert als Wetterscheide zwischen dem raueren und trockeneren Klima der Sahara und den feuchteren und kühleren mediterranen Temperaturen des Nordens. Die Wetterbedingungen entlang der Gebirgskette können recht dramatisch sein, und die meisten Gebirgspässe, wie der Tizi-n'Test-Pass, der wegen seiner Haarnadelkurven und seiner spektakulären Ausblicke auf das Saïss-Plateau mit dem die Wolken berührenden Antiatlas berühmt ist, sind im Winter (November bis April) geschlossen. Skifahren ist im Winter sehr beliebt, besonders im Djebel-Toubkal-Massiv (siehe S. 212).

Im Frühling, Sommer und Herbst kommen Wanderer, Kletterer und Geländewagenfans in den Hohen Atlas. Von Midelt aus gibt es anspruchsvolle Wege zum Gipfel des Djebel Ayachi, aber auch hinunter nach Tounfite oder den klassischen Cirque-Jaffar-Rundweg. Diese Wege sind nichts für Ungeübte: Der Cirque-Jaffar-Rundweg ist 79 Kilometer lang.

Diejenigen, die eher Entspannung in den Bergen suchen, erfreuen sich an der wundervollen Flora und Fauna.

Beim Blumenpflücken im Hohen Atlas

befindet sich ein überdachter Markt.

Wer eher Ruhe sucht, sollte die Stadt durch das Bâb el Maqam verlassen, der Avenue Moulay Hassan folgen und nach Schildern zu den **Kaskaden** suchen, einem Wasserfall des Oued Aggaï ungefähr 1,5 Kilometer westlich der Stadt.

Das Kirschenfest: Im Frühling zur Kirschblüte wird die Landschaft um Sefrou in ein zartes Rosa getaucht. Jedes Jahr im Juni erwacht die Stadt für einige Tage, um mit Musik und Tanz beim Kirschenfest das Ende der Kirschernte zu feiern. Höhepunkt bildet eine Prozession, die von der Kirschkönigin angeführt wird. Dieses marokkanische Fest wird seit 1920 gefeiert.

Andere Städte der Provinz Sefrou: Zu den kleineren Orten rund um Sefrou gehört das hübsche Dorf **Imouzzer du Kandar**, das von den Franzosen gegründet wurde und ein beliebtes Urlaubsziel für die Bewohner von Fès ist. Es liegt ca. 1300 Meter hoch und ist so auch im Sommer recht kühl. Das gemäßigte Klima ist ideal für Apfel-, Feigen- und Walnussbäume. Im August findet ein Apfelfest statt.

Die nahe gelegenen Dörfer **Ain Chifa** (mit Badebecken), **Ain Cheggag** und **El Menzel** sind ähnlich male-

Die Kaskaden, beliebter Picknickplatz nicht weit von Sefrou

risch. In dem Örtchen **Bhalil** wurden prähistorische Wohnhöhlen gefunden.

Der Mittlere & Hohe Atlas

An der Stecke südlich von Sefrou Richtung Hoher Atlas und Er Rachidia wechseln sich Berge, Hügel und Täler ab. In der Nähe von **Boulemane** überquert die Straße den Mittleren Atlas mit seinen Seen und Wäldern, um dann wieder abzufallen und schließlich zum nördlichsten Teil des Hohen Atlas anzusteigen. Am Wegesrand liegen Berbersiedlungen, die man *ksour* nennt, sowie die Marktstadt Midelt.

Imouzzer du Kandar
137 A3

Ain Chifa
137 A3

Ain Cheggag
137 A3

El Menzel
137 A3

Einheimische in Midelt, einer Stadt im Atlasgebirge

Boulemane
137 A3

Midelt
137 A2

Midelt liegt auf fast 1500 Meter und ist einer der höchstgelegenen Orte Marokkos. Die ebene Landschaft der Umgebung ähnelt einer Wüste, überragt vom hohen Berg **Djebel Ayachi**, der mit seinen 3747 Metern eine spektakuläre Kulisse bildet. Midelt ist zum Ausgangsort für Bergwanderungen geworden und hat daher eine Handvoll Gästehäuser und einen Souk, den **Souk Jdid** (*Rue Souk Jdid*), wo man Teppiche, Schmucksteine, Lederwaren und Stoffe kaufen kann.

Midelt liegt in einer Gegend mit Landwirtschaft sowie Blei- und Mineralienabbau. Die Bevölkerung arbeitet auf den Feldern und lebt in Häusern, die die traditionelle Bauweise des Südens aufweisen. Viele der Häuser stammen aus der Zeit, als Midelt von einer kleinen *ksour* zur Garnisonsstadt des französischen Protektorats aufstieg. Ihr mediterranes Klima mit heißen Sommern und kühlen Wintern ist förderlich für den Anbau von Weizen, Walnüssen und Gemüse, aber auch von vielen Obstsorten, die beim Ledergerben verwendet werden.

In der Nähe von Midelt befinden sich Schluchten, die für Wanderer und Geländewagenfans interessant sind, wobei die meisten Strecken nur in den Sommermonaten passierbar sind. Die **Aouli-Schlucht**, einige Kilometer nordöstlich von Midelt, ist eine jener Schluchten, in denen einst Blei abgebaut wurde.

Er Rachidia & weiter südlich

Die Straße hinter Midelt wird immer abenteuerlicher, je höher sie zum Hohen Atlas emporführt, doch hinter dem **Tizi-n-Talrhemt-Pass** beginnt die lange Abfahrt ins Ziz-Tal. Das spektakuläre Landschaftsbild ist in Millionen von Jahren durch den Fluss Oued Ziz entstanden, als er den Hohen Atlas hinunterstürzte und Schluchten in den Untergrund grub. Sein fruchtbares Tal liefert landwirtschaftliche Anbauflächen und damit Möglichkeiten zur Besiedlung, wie etwa das kleine Dorf Rich und das sandumwehte Merzouga. Weiter weg vom Fluss liegen grüne Wälder und Dattelpalmenhaine. Dagegen wird die riesige Ebene bei Er Rachidia immer trockener und erscheint wie eine Wüste.

Er Rachidia: Die Stadt aus dem 20. Jahrhundert, früher bekannt als Ksar es Souk, erreicht man durch den **Tunnel de Foum-Zabel (Tunnel du Légionnaire)** im Ziz-Tal.

Er Rachidia ist die Hauptstadt der gleichnamigen Provinz. Sie war einst nur ein kleines *ksour*. Als die Franzosen seine strategische Lage am Rande der Sahara in der Mitte Marokkos erkannten und es zur Militär- und Verwaltungsbasis umfunktionierten, wuchs die Stadt. Heute ist sie ein idealer Ort, um Vorräte aufzufüllen, wenn man im Geländewagen zu den Sanddünen von Erg Chebbi (siehe S. 154–155) unterwegs ist.

Wer Zeit hat, sollte auf der N13 südlich Richtung Wüste und nach Erfoud fahren (oder einen Bus von Er Rachidia nehmen). Die Straße führt durch eine öde und kahle Landschaft, die nur durch vereinzelte Oasen, die für das Schicksal des Berberkönigreichs Sijilmassa lebensnotwendig waren (siehe unten), aufgelockert wird. Sie kommen an einigen Oasen vorbei, darunter Sidi Abu Abdellah, Meski, Kar ej Jdid, Zrigat und Borj-Yerdi.

Erfoud: Erfoud ist eine großflächige Wohnstadt am Rande der Wüste unweit der algerischen Grenze. Die Häuser sind klein und quadratisch, aus roten Erdziegeln gebaut und gitternetzförmig angelegt. Die Stadt ist von Dattelpalmenhainen umgeben – eine Haupteinkommensquelle (siehe S. 155) – und ähnelt daher einer Wüstenoase. Ein weiterer Industriezweig ist der

Rich
137 A2

Merzouga
137 A1

Er Rachidia
137 A2

Besucherinformation
- Touristeninformation, Boulevard Moulay Ali Cherif Errachidia
- (0535) 62 34 60

www.errachidia.ma

Erfoud
137 A1

Das Königreich Sijilmassa

Die Oasen von Ziz zwischen Er Rachidia und Erfoud spielten für das unabhängige Königreich Sijilmassa eine große Rolle. Es wurde 757 von den Berbern gegründet und konzentrierte sich auf Rissani (siehe S. 155). Aus zwei Gründen konnte es bis weit ins 14. Jahrhundert überleben. Zum einen war es Herr über die reichhaltigen Erzeugnisse dieser fruchtbaren Oasen, und zum anderen konnte es sich als Handelszentrum auf der Salzstraße zwischen Westafrika und dem Norden etablieren.

Marmor. Man kann die kleinen Werkstätten, in denen schöne Stücke aus poliertem Marmor gefertigt werden, auch besuchen.

Die Stadt war bis zum französischen Protektorat (1912–1956) nur eine kleine Berbersiedlung. Die Franzosen errichteten hier einen militärischen Wachtposten, um das Tafilalet-Tal und die Grenzgebiete des Landes zu kontrollieren.

Die französische Besatzung traf auf Ressentiments seitens der Berber, die seit Hunderten von Jahren hier gelebt hatten und die europäischen Eindringlinge nicht gerade freundlich aufnahmen. Schließlich wurden die Berber von den Franzosen besiegt, die jedoch bis 1930 keine Macht über Erfoud erlangten, so dass die Wüstenstadt zu den letzten Gebieten Marokkos zählte, die sich der französischen Herrschaft ohne weiteren Widerstand ergaben. Von der von den Franzosen erbauten Militärgarnison **Borj-Est**, die man über die Bab-el-Oued-Brücke erreicht, hat man einen schönen Blick auf die Wüste.

Heute ist Erfoud eine quirlige Stadt mit vielen Annehmlichkeiten und einem Souk. Ansonsten gibt es nur wenige Einrichtungen für Touristen. Hauptattraktion ist der nahe gelegene **Erg Chebbi** – einer der am meisten fotografierten Orte der Welt und ein beliebtes Ziel für Wüstenwanderer.

Die enorm großen Sanddünen bei Erfoud

Die Datteln von Erfoud

Die Dattelernte im Oktober ist alle Jahre wieder eine Zeit emsiger Geschäftigkeit in Erfoud. Jeder Besitzer eines Dattelpalmenhains hat seine eigene Methode, um in die Spitzen der hohen Palmen zu klettern. Man schwingt schwere Messer oder Macheten und durchtrennt damit die Äste, so dass die gelben Datteln krachend zu Boden fallen. Die Früchte werden dann auf Eselskarren geladen und direkt nach Hause oder zum Souk befördert. Datteln sind die Haupteinnahmequelle der Bewohner von Erfoud und werden in der Küche sehr vielseitig verwendet. Jedes Jahr wird ein Dattelfest gefeiert, und Einheimische aus der Region kommen zusammen, um Allah für die gute Ernte zu danken. Es gibt Tanz, Schlemmereien sowie Musik, und das Fest kann mehrere Tage dauern.

INSIDERTIPP

Zu den schönsten Erlebnissen in der Wüste gehört ein Kamelritt durch die Sanddünen von Erg Chebbi bei Sonnenuntergang.

CAROLE FRENCH
National Geographic-Autorin

Erg Chebbi: Der Erg liefert ein Kultbild von Wüste. Die Sanddünen haben tiefe Mulden und erreichen an manchen Stellen schwindelerregende Höhen von ungefähr 150 Metern. Sie sind zu einer der Haupttouristenattraktionen Marokkos geworden. Kamel- oder Geländewagentouren wurden hier zu einem aufstrebenden Industriezweig.

Durch die Ausblicke und die wilde Lage werden Erfoud, der Erg Chebbi und das winzige Dorf Merzouga als Drehorte geschätzt. Zu den hier gedrehten Filmen gehört *Marschier oder stirb* (1977 mit Gene Hackman). Auch Stephen Sommers' *Die Mumie* (1999) wurde hier gedreht.

Rissani: Fahren Sie 14 Kilometer von Erfoud den Oued Ziz in Richtung Süden entlang, um durch ein großes Tor in die Stadt Rissani zu gelangen. Die Geschichte und Lage dieser kleinen Stadt am Rande der Sahara machen es zu einem faszinierenden Ort. Hier gibt es dienstags, donnerstags und sonntags einen Markt *(Avenue Moulay Ali Cherif)*. Ungefähr zwei Kilometer südwestlich des Stadtzentrums liegt das große **Moulay-Ali-Cherif-Mausoleum**, das ein kleines **Museum** beherbergt. Richtung Westen, in malerischer Wüstenkulisse, warten die Lehmziegelruinen der alten Stadt Sijilmassa. Wegen Übernachtungsmöglichkeiten wenden Sie sich am besten an die **Kasbah Ennasra** *(BP 167, Ksar Labtarni, Tel. 0535/77 44 03, www.kasbahennasra.net)*. ■

Rissani
137 A1

Moulay-Ali-Cherif-Mausoleum
Avenue Moulay Ali Cherif, Rissani

Rissani, Museum
Avenue Moulay Ali Cherif, Rissani

Großartige Architektur, historische Monumente und quirlige Souks inmitten des wunderschönen Atlasgebirges

Meknès & der Mittlere Atlas

Erster Überblick 158

Meknès 160

Rundgang durch Meknès 164

Erlebnis: Vollblüter im Haras de Meknès 169

Rund um Meknès 172

Erlebnis: Ski fahren auf den Pisten von Ifrane 175

Special: Natur im Mittleren Atlasgebirge 176

Volubilis 178

Hotels & Restaurants 297

Ein Schwatz in einer Gasse der Medina von Meknès

Meknès & der Mittlere Atlas

Meknès wird mit seinen extravaganten Palästen, Terrassengärten und reich verzierten Moscheen auch als »Versailles von Marokko« bezeichnet. Die Stadt liegt in einer schönen und geschichtsträchtigen Landschaft, zu der das Mittlere Atlasgebirge und die römische Stadt Volubilis gehören.

Meknès wurde um das 10. Jahrhundert vom Berberstamm der Miknasa rund um eine kleine Kasbah gegründet. Aber erst im 17. Jahrhundert wurde sie unter dem Alouiten-Sultan Moulay Ismail zur Hauptstadt voller Paläste.

Die einstige Königsresidenz Meknès liegt etwa 130 Kilometer landeinwärts von Rabat. Die Stadt ist Weltkulturerbe der Unesco. Hauptattraktionen sind die Ville Impériale (Kaiserliche Stadt) mit dem Palast Dar el Makhzen und die Regierungsgebäude inmitten einer Parklandschaft. Hinzu kommen die Große Moschee und prachtvolle Bauwerke wie der Koubba el Khayatine, der Agdal-Teich und das Mausoleum von Moulay Ismail. Eines der großartigsten der vielen Tore um die Stadt ist das Bâb Mansour zwischen Ville Impériale und Medina, das mit Steinreliefs und *zellij*-Kacheln verziert ist.

Die Stadt ist für viele Dinge berühmt, nicht zuletzt für den Haras de Meknès — ein Nationalgestüt mit Rennpferden. Golfer können im Royal Golf Club von Meknès auf dem Gelände der Stadt des Sultans Moulay Ismail eine Runde spielen. Oliven, Wein und Quellwasser aus Oulmès sorgen für Erfrischung nach einem langen Besichtigungstag.

In der Nähe befindet sich die frührömische Stadt Volubilis, einst Hauptstadt des Königreichs Mauretania Tingitana, die aus der Zeit der Mauretanier im 4. und 5. Jahrhundert v. Chr. stammt. Heute ist sie die besterhaltene römische Stadt in ganz Nordafrika. Der Nachbarort Moulay Idriss ist die heiligste Stätte des Landes. Dort befindet sich das Grab von Idriss I., des Staatsgründers Marokkos und Urenkels des Propheten Mohammed.

Zur Region gehören auch die Provinzen um den Wintersportort Ifrane,

> ### NICHT VERSÄUMEN
>
> **Besichtigung der Bauwerke, Paläste und Ruinen von Moulay Ismails Ville Impériale** 161
>
> **Das mächtige Bâb Mansour, das prachtvollste Tor Marokkos** 162
>
> **Einen Spaziergang an einem heißen Sommertag über das gepflegte Gelände des Royal Golf Club von Meknès** 167
>
> **Einen Besuch der faszinierenden Ausstellungen im wunderbaren Dar Jamaï** 168
>
> **Die umwerfende Aussicht vom Dach der Bou-Inania-Medersa über die Stadt und die Medina** 170
>
> **Skifahren in Ifrane, dem exklusivsten Wintersport-Resort des Mittleren Atlasgebirges** 175
>
> **Die stimmungsvollen Ruinen des römischen Volubilis** 178

MEKNÈS & DER MITTLERE ATLAS

die Städte Khenifra und Er Rachidia, das Tizguit-Tal, in dem vom Aussterben bedrohte Berberaffen leben, und die Berge des Mittleren Atlasgebirges.

Die Lage nahe dem Atlasgebirge verleiht Meknès ein Klima mit ausgeprägten Jahreszeiten. Im Frühling ist es angenehm warm, in den Wäldern und Feldern erblühen bunte Blumen. Es ist die ideale Zeit, um die Stadt oder die archäologischen Funde von Volubilis zu erkunden. Im Sommer mit Temperaturen von etwa 33 °C am Tag ist es zu heiß. Sobald jedoch die Sonne untergeht, sinken die Temperaturen beträchtlich – die Abende und Nächte sind weitaus kühler. Der milde Herbst ist bei Touristen beliebt, die dann die Stadt erkunden oder die Laubfärbung genießen. Im Winter sinken die Temperaturen in den Bergregionen weit unter den Gefrierpunkt, und Schneefälle machen die Pisten um Ifrane zum Paradies für Skifahrer. ■

Zur Orientierung

Meknès

Großartige Paläste und architektonische Schönheiten prägen Meknès. Aber auch die *ville nouvelle* (Neustadt) mit ihren modernen Hotels, Wohnhäusern und Grünanlagen passt sich in das historische Umfeld ein, weswegen Meknès zu den herrschaftlichen Städten gehört, die erkundet werden sollten.

Das Bâb Mansour aus dem 18. Jahrhundert ist das am reichsten geschmückte Stadttor von Meknès

Die Gegend um Meknès war schon in prähistorischer Zeit besiedelt. Die Phönizier und Byzantiner hielten sich an der Küste auf und drangen nie bis nach Meknès vor. Die Berberstämme lebten im südlichen Antiatlas und im Hohen Atlas. Um das 8. Jahrhundert n. Chr. war Meknès nur eine kleine Siedlung, deren Einwohner in Behausungen in den labyrinthischen Gassen einer ummauerten Medina lebten.

1000 Jahre Geschichte

Etwa Ende des 9. und Anfang des 10. Jahrhunderts ließ sich der Berberstamm der Miknasa hier nieder und gründete die Stadt Meknès.

Später kamen die Almoraviden, dann die Almohaden, die Meriniden, Wattasiden und schließlich die Saadier (siehe S. 40–42) an die Macht und bauten die Stadt weiter aus. Der Wendepunkt kam im 17. Jahrhundert, als sich Ismail ibn Sharif (ca. 1645–1727), der spätere Sultan Moulay Ismail und vermutlich größte Herrscher der Alaouiten-Dynastie (siehe S. 167), in Meknès verliebte. In jener

INSIDERTIPP

Auf dem Weg nach Fès ist Meknès die ideale Vorbereitung auf den prächtigen Nachbarn.

TOM JACKSON
NATIONAL GEOGRAPHIC-Mitarbeiter

Zeit sollte die Stadt ihren Höhepunkt als eine der schönsten Herrscherstädte Marokkos erreichen. Als Moulay Ismail 1672 an die Macht kam, war er entschlossen, eine Hauptstadt zu erschaffen, die seiner Macht würdig war. Das Ergebnis war eine Stadt von solcher Pracht, dass sie oft als »Versailles von Marokko« bezeichnet wurde.

Der Sultan und seine Baumeister schufen opulente Paläste und Moscheen, monumentale Tore, Plätze, Seen, Kasbahs und Festungswälle. Das Ergebnis war eine derart herrschaftliche Stadt, dass sie und ihr Erbauer auf immer in die Geschichte Marokkos eingingen. Moulay Ismail starb 1727, und 1757 verlor Meknès, das ein paar Jahre zuvor von einem Erdbeben schwer beschädigt wurde, den Status als Hauptstadt an Marrakesch. Obwohl viele der herrlichen Anlagen aus der Glanzzeit unter dem großen Sultan nicht mehr existieren, entwickelte sich die Stadt dennoch in einen geschäftigen Ort.

Ville Impériale

Nach Überquerung der Brücke von der Neustadt aus wird das gewaltige Ausmaß von Moulay Ismails Ehrgeiz sofort ersichtlich. Das gesamte Viertel wird von wunderschön gearbeiteten Mauern durchzogen — insgesamt 43 Kilometer. Sie umschließen Paläste und Bereiche für Gärten, die einst geplant, aber nie angelegt wurden. Selbst der gigantische Palast Dar el Makhzen nimmt nur etwa ein Viertel des Areals ein, das von seinen großen Mauern umfasst wird.

Mèknes
159 B3
Besucherinformation
127 place administrative, Ville Nouvelle
(0535) 52 60 22

Das Erbe des Miknasa-Stammes

Die Geschichte von Meknès wird so sehr von der Gestalt des Moulay Ismail dominiert, dass vergessen wird, dass die Stadt bereits existierte, als er mit seinen Plänen und seinem Sklavenheer eintraf. Meknès ist nach den Miknasa benannt, einem nomadischen Berberstamm, der im 7. und 8. Jahrhundert nach und nach gen Westen wanderte. Es wird angenommen, dass die erste Siedlung in etwa wie das Bergstädtchen Aït Ben Haddou aussah (siehe S. 243), eine Kasbah aus Lehmziegeln, die als Station für Handelskarawanen und Reisende diente. Während der Almoraviden- und Almohaden-Herrschaft wurde Meknès zum Handelszentrum und erhielt mehrere eindrucksvolle Bauten wie die almohadische Große Moschee und die Medersa von Sultan Bou Inania (siehe S. 170).

Bâb Mansour
165

Place el Hedime: Die Straße von der Neustadt führt an den ummauerten Anlagen entlang zur Place el Hedime. Der weitläufige Platz war einer der ersten Abschnitte von Moulay Ismails Königsstadt, der vollendet wurde – für seine Anlage wurde ein Viertel niedergerissen. Zur Zeit von Moulay Ismail war die Place el Hedime sowohl öffentlicher Raum als auch Lagerplatz. Zeitgenössische Quellen berichten von haufenweise Stein- und Marmorblöcken, die von den Mauern des Palastes El Badi in Marrakesch (siehe S. 198, 202–204) und den Ruinen von Volubilis (siehe S. 178–181) abgetragen worden waren und hier gelagert wurden. Heute ist der Platz ein guter Startpunkt zur Erkundung der Herrschaftsstadt und ideal für einen vergnüglichen Abend.

Bâb Mansour: Am Rand der Place el Hedime steht zwischen der Ville Impériale und der Medina das Bâb Mansour. Es ist eines der schönsten ornamentalen Tore Marokkos und ein prachtvolles Exemplar der Architektur des 18. Jahrhunderts. Die massive Holztür des Tors allein ist über 15 Meter hoch. Das Tor wird manchmal auch das Bâb Mansour el Aleuj genannt, das »Tor des siegreichen Abtrünnigen« oder »Tor des abtrünnigen Mansour«. Den Namen erhielt es von seinem Erbauer Mansour, einem Christen, der zum Islam übergetreten war. Der Legende nach soll Mansour nach Fertigstellung des Tors zu Moulay Ismail gesagt haben, dass er noch etwas Besseres bauen könnte, wenn er wollte. Als Moulay Ismail dies hörte, wurde er so wütend, dass er Mansour mitten auf der Place el Hedime enthauptete. Die Geschichte kann jedoch nicht stimmen, da das

Traditionelle Unterhaltung auf der Place el Hedime

Die Place el Hedime ist ein großer Platz, dessen Mauern einst zur Kasbah der Meriniden gehörten. Hier tummeln sich oft die Schlangenbeschwörer, Feuerschlucker, Jongleure und Geschichtenerzähler. Diese traditionellen Belustigungen sind schon seit Hunderten von Jahren in Marokko beliebt, allerdings werden sie heute meist nur noch gegen ein paar Dirham als Fotomotiv für Touristen geboten. Geschichtenerzähler, um die sich die Zuhörer in kleinen Kreisen drängen, gehen auf die Zeit zurück, als nur wenige Marokkaner jenseits ihres unmittelbaren Umfelds reisten und Bücherlesen gänzlich unbekannt war. Geschichtenerzählen ist ein Bestandteil der traditionellen Kultur und brachte Erzählungen aus fernen Ländern zu den Menschen. Diese Geschichtenerzähler, die in schnellem Darija (marokkanisches Arabisch) mit starkem Akzent reden, sind ein Teil des Treibens auf dem Platz, das keineswegs für Touristen dargeboten wird.

Der Souk von Meknès lockt Einheimische wie auch Besucher an

Tor erst Jahre nach Ismails Tod vollendet wurde.

Das Tor, ein Meisterwerk mit steinernen Friesen, zierlichen Bogen und Fassaden aus blauen und cremefarbenen *zellij*-Kacheln, gehörte zu Moulay Ismails radikalem Ausbau von Meknès und brauchte etwa 150 Jahre bis zur Fertigstellung. Zu den Details des Tors, das für zahllose andere Bauten als Vorbild diente, gehören verschlungene, wirbelnde Motive und Loggiatürme. Die Marmorsäulen sollen von der antiken Stätte Volubilis stammen.

Rund um die Place Lalla Aouda: Auf der anderen Seite des Tors liegt die Place Lalla Aouda, auf der einst Moulay Ismails »Schwarze Garde« – eine Armee afrikanischer Sklaven – für ihn paradierte. Am südlichen Ende des Platzes, hinter dem schlichten Hintereingang des Bâb Mansour, befindet sich ein kleiner Garten. Tagsüber warten hier Pferdekutschen auf Kundschaft.

Südwestlich der Place Lalla Aouda steht das **Koubba el Khayatine**, ein verziertes Gebäude, das als Empfangshalle für ausländische Würdenträger diente. Die Wände des Hauptraums sind mit filigranen geometrischen Mustern ausgeschmückt.

(Fortsetzung S. 166)

Rundgang durch Meknès

Die beste Art, sich von den Sehenswürdigkeiten und Geräuschen von Meknès betören zu lassen, ist ein Spaziergang durch das historische Zentrum.

Auf der Place el Hedime tummeln sich Gaukler und Geschichtenerzähler

Startpunkt dieses Stadtspaziergangs ist das **Mausoleum von Moulay Ismail** ❶ (siehe S. 166), die letzte Ruhestätte des produktivsten Bauherrn von Meknès. Zur Rechten beim Verlassen des Mausoleums liegt das Viertel **Dar el Kebira**, wo sich heute ein Wohnviertel befindet. Weiter geht es durch das Tor am Ende der Rue Palais zum **Koubba el Khayatine** ❷ (siehe S. 163, 166). In diesem Gebäude empfing der Sultan einst Gesandte aus aller Welt. Darunter liegen die Habs Qara (siehe S. 166), unterirdische Kammern, in denen angeblich Sklaven untergebracht waren.

Der Weg führt nun über die Place Lalla Aouda zum **Bâb Mansour** ❸ (siehe S. 162–163) am Rand der Medina. Sollte geöffnet sein, lohnt ein Blick in die Räume und auf die Ausstellung einheimischen Kunsthandwerks. Nach

---

NICHT VERSÄUMEN

Bâb Mansour • Dar Jamaï • Bou-Inania-Medersa

Überquerung der Rue Dar Smen geht es durch das Gewusel auf der **Place el Hedime** (siehe S. 162) Richtung **Dar Jamaï** ❹ mit seinem türkisfarbenen Dach (siehe S. 168, 170). Die Villa aus dem 19. Jahrhundert wird durch die umfassende Sammlung des **Museums** in den Innenräumen perfekt ergänzt.

Nach Erkundung des Dar Jamaï geht es weiter auf der Straße entlang dem Gebäude Richtung Norden, dann rechts und dann auf der Straße weiter nordwärts bis zur Rue Najjarine. Dort locken die Souks in den Höfen und Nebengassen zum Stöbern. Spezialität sind hier *babouches* (traditionelle marokkanische Lederpantoffeln), die vor den Läden ausgelegt sind. In der Straße (Richtung Osten, also nach Abbiegen auf diese Straße nach rechts) gibt es noch weitere Souks, die Teppiche und Kleidung verkaufen. Bald kommt das Minarett der **Großen Moschee** ❺ in Sicht. Gleich gegenüber befindet sich die für Besucher zugängliche **Bou-Inania-Medersa** ❻. Das hinreißende Haus diente einst als Koranschule, ein Ableger der prächtigen Medersas in Fès.

Von der Medersa sind es 105 Meter Richtung Norden bis zum Abzweig auf eine Straße nach rechts, die sich zunächst leicht nach links wendet, aber dann wieder geradeaus unter dem Schatten einer Zeder nordwärts verläuft. Der erste größere Abzweig nach rechts (nach etwa 45 Metern) führt zur Rue Hamamouch und von dort aus der Medina wieder hinaus.

Nach Überquerung des Boulevard el Haboul wartet der **Jardin el Haboul** ❼, ein Park am Rand jenes Tals, das Meknès praktisch in zwei Hälften teilt.

Die Einwohner kommen oft hierher, um sich zu erholen und um den kleinen, aber interessanten Zoo zu besuchen. Von hier geht es entweder zurück in die Medina oder weiter auf der Rue des Moulins nach Südosten und schließlich über die Brücke in die *ville nouvelle*.

> - Siehe Karte S. 159
> - Mausoleum von Moulay Ismail
> - 1,5 Stunden
> - 1,6 Kilometer
> - Jardin el Haboul

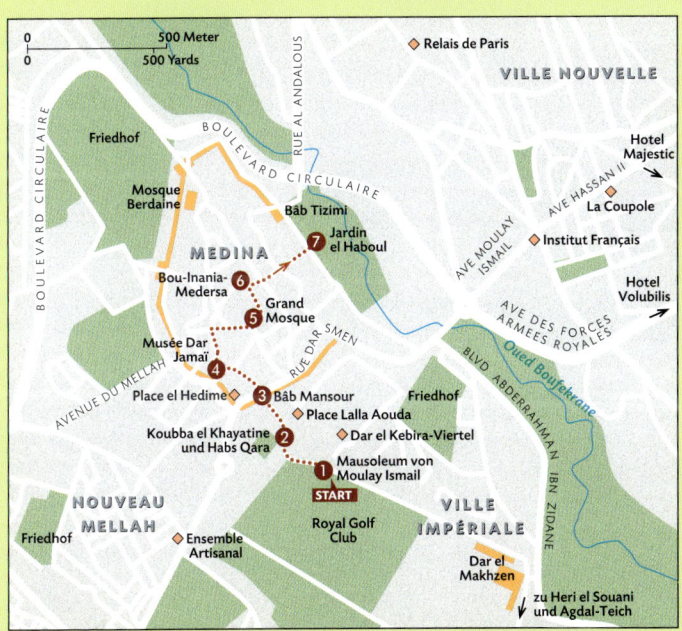

MEKNÈS & DER MITTLERE ATLAS

Koubba el Khayatine & Habs Qara
- 165
- Place Habs Qara
- €

Mausoleum des Moulay Ismail
- 165
- Rue Saraq
- Fr für Nichtmuslime geschl.

Eine Treppe führt vom Koubba el Khayatine zu unterirdischen Kammern, den **Habs Qara**, hinab. Einstmals soll das unheimliche Areal mehrere Kilometer lang gewesen sein, aber ein Erdbeben ließ einige Deckenbereiche einstürzen. In diesen Katakomben soll Moulay Ismail die Heerschar der gefangenen Europäer und Afrikaner eingekerkert haben, die an seinen Großbauten arbeiteten und nur für die Knochenarbeit das Tageslicht sahen. Historiker gehen allerdings davon aus, dass die Katakomben mutmaßlich als Kornkammern dienten.

Ein kurzes Stück zu Fuß vom Koubba el Khayatine liegt das **Mausoleum des Moulay Ismail**. Das Mausoleum ist mit aufwendigem Schmuckwerk und mit *zellij*-Kacheln ausgestattet und besteht aus einer Gebetshalle, Höfen und mehreren Grabkammern. Es ist die letzte Ruhestätte des Sultans, seiner Frau und seiner Söhne. Das Grab ist ein beliebter Pilgerort für Marokkaner. Hinter dem Mausoleum befindet sich der **Dar el Kebira**, einer der schönsten Paläste von Moulay Ismail. Er wurde nach schweren Schäden durch ein Erdbeben 1755 aufgegeben. Der

Die unverwechselbaren aquamarinfarbenen Kacheln des Minaretts der Großen Moschee

Moulay Ismail

Ismail ibn Sharif, bekannt als Sultan Moulay Ismail (ca. 1645–1727), war eine Schlüsselfigur in der marokkanischen Geschichte und treibende Kraft hinter dem Erscheinungsbild des heutigen Meknès. Er ist ein faszinierender Charakter, in Marokko als Herrscher, der das Land vereinigte, verehrt, gleichwohl von Historikern als einer der grausamsten Monarchen der Geschichte beschrieben.

Moulay Ismail kam 1672 nach dem plötzlichen Tod seines Halbbruders bei einem Reitunfall an die Macht. Er errang schnell den Ruf eines geschickten Militärkommandanten und furchtlosen Führers, der an allen Fronten feindliche Mächte bekämpfte. Innerhalb von 20 Jahren hatte er gnadenlos einen Invasionsversuch des Ottomanischen Reiches im Osten zurückgeschlagen, die Hafenstädte Tanger, Larache und La Mamora aus europäischer Hand zurückerobert und die widerspenstigen Berber des Atlasgebirges unter die Herrschaft eines arabisch dominierten marokkanischen Staates gebracht.

Ermutigt von diesen Siegen, baute Moulay Ismail Meknès zur neuen, prächtigen Hauptstadt aus. Ismails furchterregende Macht und sein scheinbar unerschöpflicher Reichtum ermöglichten ihm, in beispiellosem Ausmaß zu bauen und somit Marokko auf immer seinen Stempel aufzudrücken.

Nach seinem Tod verlief die Bautätigkeit jedoch im Sande. 1755 zerstörte ein Erdbeben viele der Bauten Moulay Ismails, bald danach wurden weitere durch Stürme vernichtet. Sein Enkel Mohammed III. verlegte die Hauptstadt des Landes schließlich nach Marrakesch, Ismails Bauwerke wurden aufgegeben. Wie der Palast El Badi, den Moulay Ismail für seine eigenen Bauprojekte abreißen ließ, sind heute die meisten seiner Prachtbauten nur noch Ruinen, die von den folgenden Generationen nach und nach als Baumaterial abgetragen wurden.

Name bezeichnet heute einen Wohnbezirk auf dem Palastgelände – was durchaus passend ist, da viele der Häuser aus Teilen des alten Palastes gebaut wurden. Die Ruinen der Palastanlage ragen überall aus dem Viertel heraus.

Dar el Makhzen & der Süden der Stadt

Der Dar el Makhzen innerhalb eines eigenen ummauerten Geländes weiter südlich ist der einzige Palast Moulay Ismails, der noch heute eine königliche Residenz ist. Der heutige Palast ist viel kleiner als der weitläufige Koloss, den Moulay Ismail bauen ließ. Die Eingänge zu diesem Grundstück sind schwer bewacht. Besucher können das Gelände nur über eine Runde Golf im **Royal Golf Club** betreten – ein kompakter 9-Loch-Golfplatz, der neben dem königlichen Palast angelegt wurde.

Hinter dem Dar el Makhzen, in der Südostecke der Ville Impériale, stehen zwei der eindrucksvollsten Bauten der Stadt. Das **Heri el Souani** ist ein Labyrinth aus Bogen und Gängen, in denen sich einst die königlichen Stallungen und ein Getreidespeicher befanden. Ein Großteil des

Royal Golf Club
165
Jnan al Bahraouia, Ville Impériale
(0535) 53 07 53
€€€€

Aus dem dichten Häusergewirr der Altstadt von Meknès ragen hier und da Minarette empor

Gebäudes ist heute zwar verfallen, aber ein Teil wurde restauriert. Die verfallenen Abschnitte lohnen jedoch ebenfalls eine Besichtigung. Die zweite Attraktion ist der **Agdal-Teich**, ein steingefasstes Wasserbecken, das zur Bewässerung der königlichen Gärten gebaut wurde. Ähnlich wie in den Menara-Gärten in Marrakesch (siehe S. 207), ist auch dieser künstliche See ein beliebter Picknickplatz.

Die Medina

Nur wenige Altstädte Marokkos entstanden planmäßig, aber die Medina von Meknès sieht auf dem Stadtplan besonders chaotisch aus. Das liegt daran, dass sich die Stadt um die Grundstücke entwickelte, die Moulay Ismail für seine Pläne beansprucht hatte – eigenwillig geformte Schneisen aus gedrängten Häusern quetschen sich in die Lücken zwischen den ummauerten Grundstücken.

Auf der anderen Seite der Place el Hedime vom Bâb Mansour aus steht wie ein trotziges Symbol gegen die Extravaganz der Ville Impériale der schöne **Dar Jamaï**, eine Villa, die der königliche Wesir in den 1880er-Jahren bauen ließ. Der Wesir fiel nur einige Jahre später in Ungnade, und sein Haus wurde 1920 zu einem Museum mit einer Kunsthandwerkssammlung eingerichtet. Bemerkenswert sind die grünen und gelben Fassi-Keramiken, die ursprünglich im 18. Jahrhundert in

ERLEBNIS: Vollblüter im Haras de Meknès

Der Haras de Meknès ist eines der größten und angesehensten Gestüte Marokkos. Für Pferdeliebhaber ist ein Besuch ein unvergessliches Erlebnis. Wer früh genug ankommt, kann die eleganten, reinrassigen Araber- und die Berberpferde bei ihrem morgendlichen Aufwärmgalopp über das Gelände erleben.

Die Meknès-Region blickt auf eine lange Tradition der Reitkunst zurück. Moulay Ismail selbst soll ein begeisterter Reiter und Pferdezüchter gewesen sein.

Der Haras de Meknès *(Zitoune, Meknès, Tel. 0535/ 53 97 53, Sa/So geschl.)* wurde Anfang des 20. Jahrhunderts am Rand von Moulay Ismails Ville Impériale gegründet. Sein Zweck waren die Veredelung der Stammbäume und die Förderung marokkanischer Pferderassen, z. B. der Araber und Berber, sowie die Zucht von Vollblütern für Rennen, Pferdesport und Fantasias (Reiterfestivals).

Marokko ist berühmt für seine Reiterfestivals. Die bekannte **Tissa-Fantasia** von Meknès findet jeden Herbst statt. Reich geschmückte Pferde werden von aufwendig gekleideten Berbern geritten. Während der Vorführungen »tanzen« Pferd und Reiter zu Musik und Trommeln. Hinzu kommen Wettbewerbe und Vorführungen für die Zuschauer.

Der Haras de Meknès umfasst ein Areal von etwa 80 Hektar mit Freilauf für Pferde, Trainingsgelände und den Ställen für die 450 Pferde. Besuchern werden Gestütsführungen angeboten. Man kann dort u. a. die Hengste sehen, die von etwa 30 führenden Pferdehaltern zum Beschälen der Stuten ausgeliehen wurden, um die Stammbäume der eigenen Pferde zu veredeln. Zuchtsaison ist von Februar bis Juni. Zum Besuch des Haras de Meknès gehört fast immer der Anblick einiger der prachtvollen Pferde. Auch erfährt man etwas über die Pflege der Gestütspferde. Der Eingang zum Haras de Meknès liegt gleich hinter der Königlichen Militärakademie im Palast Dar el Beida hinter der Ville Impériale an der Hauptstraße stadtauswärts Richtung Azrou.

Reiter auf der Fantasia für den *moussem* von Moulay Abdallah

Kunsthandwerk in Meknès

Meknès hat eine lebendige Kunsthandwerksszene. Im **Ensemble Artisanal** (Tel. 0535/53 09 29) oberhalb des Stadtbusbahnhofs in der Avenue Zine el Abidine Riad lassen sich Lehrlinge bei der traditionellen Herstellung der zellij-Kacheln über die Schulter schauen. In der Medina selbst wird reichlich Kunsthandwerk verkauft, darunter auch silbernes Damaszenergeschirr. Unverkennbar ist der französische Einfluss im **Institut Français** (Rue Ferhat Hachad, Tel. 0535/ 51 65 00, www.if-maroc.org/meknes), das ein Programm aus Theater, Kino und literarischen Veranstaltungen bietet. Studenten klassischer arabisch-andalusischer Musik geben im Conservatoire de Musique nahe der Place Ifriquia zwischen den Avenues Mohamed V und Allal Ben Abdallah gelegentlich Konzerte.

Musée Dar Jamaï
- 165
- Sahat el Hadim
- (0535) 53 08 63

Große Moschee
- 165
- Rue des Souks es Sebbat

Bou-Inania-Medersa
- 165
- Rue des Souks es Sebbat
- €

Meknès entstanden. Des Weiteren gibt es Teppiche mit traditionellen, geometrischen Mustern aus Meknès und mit filigranerem Design aus dem Mittleren und Hohen Atlas. Ebenfalls ausgestellt werden Berberschmuck, Holzschnitzereien, Metallarbeiten und Stickerei. Ein Raum wurde wie das Wohnzimmer einer reichen marokkanischen Familie ausgestattet.

Die Straße neben dem Dar Jamaï führt direkt ins alte Zentrum der Medina. Dort befinden sich viele spannende **Souks**, die eher an den Bedürfnissen der Bewohner denn der Touristen ausgerichtet sind. Hier gibt es alles, von Schuhen bis zu Instrumenten. Da viele Touristen auf dem Weg nach Fès an Meknès vorbeifahren, bieten diese Souks authentischere Waren an.

Ein guter Anlaufpunkt ist die Gegend um die Große Moschee, sowohl für historisch Interessierte als auch für Shoppingbegeis-

INSIDERTIPP

Das Quellwasser von Oulmès entspringt bei einer Temperatur von über 40 °C, aber als erfrischendes Getränk sollte es gekühlt und mit reichlich Eis getrunken werden.

THIERRY GOULET
Restaurantbesitzer in Meknès

terte. Die **Große Moschee**, ein gut erhaltenes Beispiel der traditionellen Almohaden-Architektur, lohnt einen Blick, darf aber nur von Muslimen betreten werden.

Der Hauptanziehungspunkt ist hier jedoch die prachtvolle **Bou-Inania-Medersa**. Das elegante Gebäude besteht aus einem kühlen Innenhof mit einem kleinen Springbrunnen, der von den Kammern der einstigen Koranschüler umgeben ist. Das Bauwerk ist mit kunstvollen zellij-Kacheln ausgeschmückt, wirkt aber dennoch dezent, besonders im Vergleich mit den anderen monumantalen Gebäuden in Meknès.

Die Souks in diesem Viertel verkaufen Teppiche und Schmuck, die von höherer Qualität sind als die in den Souvenirmärkten von Fès oder Marrakesch – allerdings auch teurer.

Ville nouvelle

Die Rue Moulay Ismail führt über das Tal des Oued Boufekrane in die *ville nouvelle* (Neustadt). In dem modernen Viertel befinden sich das Gewerbezentrum, Verwaltungsgebäude und Verkehrsanbindungen. Es gibt in diesem Teil der Stadt keine besonderen Wahrzeichen oder historischen Bauwerke, weswegen die meisten Besucher nur zum Essen oder Schlafen herkommen. Dafür ist die Neustadt gut ausgestattet; exzellente Hotels wie das Art-déco-**Hotel Volubilis** oder das cool-modernistische **Hotel Majestic** sorgen für Erholung von den staubigen und chaotischen Straßen der Medina, und Restaurants wie das **La Coupole** und das **Relais de Paris** bieten eine breite Auswahl an Gerichten. ■

Hotel Volubilis
(siehe auch S. 297)
✉ 45 avenue des FAR, Ville Nouvelle
☎ (0535) 54 44 05

Hotel Majestic
(siehe auch S. 293)
✉ 19 avenue Mohamed V, Ville Nouvelle
☎ (0535) 52 20 35
www.hotelmajestic meknes.ma

La Coupole
✉ Avenue Hassan II, Ville Nouvelle
☎ (0535) 52 24 83

Relais de Paris
✉ 46 rue Oqba, Ville Nouvelle
☎ (0665) 18 68 18

Ein Gläubiger betet im Mausoleum von Moulay Ismail

Rund um Meknès

Meknès ist die Hauptstadt der Region Meknès-Tafilalet, die sich vom nördlichen Umland der Stadt nahe der antiken Stätte Volubilis bis nördlich und westlich der algerischen Grenze erstreckt. Meknès-Tafilalet ist umgeben vom Ackerland des Saïss-Plateaus, von Oliven- und Orangenhainen und Weingärten. Im Süden wird die Region vom Mittleren Atlasgebirge begrenzt.

Studenten auf dem Campus der Universität Al Akhawayn in Ifrane

El Hajeb
159 B3

Nördliche Provinzen

Es gibt um Meknès im Norden der Region Meknès-Tafilalet drei Hauptprovinzen. Die Stadt selbst liegt in der Präfektur Meknès El Menzah. Die kleinere Provinz Meknès-Ismaïlia im Westen ist überwiegend ländlich, und in El Hajeb im Süden gibt es sehenswerte Orte wie Agourai mit seiner Kasbah aus der Zeit von Moulay Ismail, die Festungsstädte Sebt Jahjouh und Boufakrane sowie die Provinzhauptstadt El Hajeb. Die Gegend zwischen Boufakrane und El Hajeb ist bekannt für ihre Weingärten, in denen die Reben für den exzellenten Wein Les Celliers de Meknès wachsen.

El Hajeb: El Hajeb liegt etwa 30 Kilometer von Meknès in den Ausläufern des Mittleren Atlasgebirges. Es ist eine hübsche Stadt aus traditionellen, würfelförmigen Häusern. Die Gegend ist bei

INSIDERTIPP

Die zauberhafte Stadt Ifrane (siehe S. 174) ist unbedingt sehenswert. Der Wintersportort mit einer der größten Universitäten Marokkos ist mit typischen Berghäusern bebaut und wird oft als marokkanische Schweiz bezeichnet.

CHRISTEL CHERQAOUI
National Geographic-Books

Wanderern beliebt, da es Steilhänge, Quellen und jahrtausendealte Höhlen in den Felswänden gibt. Viele Menschen aus der Gegend gehören zum Berberstamm der Zayane.

Für diese Region ist El Hajeb eine relativ große Stadt und daher gut für einen Aufenthalt auf dem Weg nach Süden in die Berge geeignet. Es gibt Banken und Lebensmittelgeschäfte, eine Moschee, eine Kasbah und einen weitläufigen, überdachten Souk. Der **Souk** in der Avenue Hassan II verkauft hauptsächlich Obst und Gemüse aus der Region sowie Fleisch, Fisch, Brot, Getreide und duftende Gewürze. Textilien werden, neben Kunsthandwerk wie Holzmöbel, ebenfalls angeboten.

Südliche Provinzen

Der bergige Süden der Region Meknès-Tafilalet teilt sich in drei Provinzen auf – Ifrane, Khenifra und Er Rachidia –, die hauptsächlich aus abgelegenen Dörfern bestehen.

Azrou: Die Gegend um den Ort **Azrou** ist bei Anglern beliebt, die hier nach Forellen fischen. Auf dem Markt der Stadt werden auch die

Azrou
159 B3

Der Zayane-Stamm

Die Zayane sind ein Berberstamm aus dem Mittleren Atlasgebirge. Sie sind zwar traditionell Nomaden, stellen aber einen großen Prozentsatz der Bewohner in Städten wie El Hajeb und Khenifra.

Anders als andere Berberstämme, wurden die Zayane kaum von europäischer oder arabischer Kultur beeinflusst. Sie haben keine Schriftsprache und sprechen nur Tamazight, einen Berberdialekt, den es nur im Mittleren Atlasgebirge und im Hohen Atlas Marokkos gibt.

In der Zayane-Kultur spielen Familie, Musik, Tanz und Pferde eine große Rolle.

Die Männer sind geschickte und erfahrene Reiter, auch auf den Fantasias, und alle Mitglieder nehmen an den *ahidous* teil, das sind Feste, bei denen Frauen und Männer einen wogenden Reigen tanzen.

Die Kultur der Zayane ist eng verbunden mit dem Kunsthandwerk wie Teppichherstellung und Weberei, das unerlässlich für den Lebensunterhalt ist. Die Küche besteht überwiegend aus Gemüse und Getreide, die unterwegs gesammelt statt angebaut werden. Ergänzt wird sie mit Fleisch, meist Wild und Geflügel, das auf der Jagd erlegt wurde.

Freunde feiern auf dem Heiratsfest in der kleinen Stadt Imilchil in der Provinz Er Rachidia

Midelt
159 C2

Sidi-Ali-Aguelmam-See
159 B3

einheimischen Timahdite-Schafe verkauft. Wer tatsächlich angeln will, sollte sich über die N13 nach Süden Richtung **Midelt** und Er Rachidia (siehe S. 152–153) zum **Sidi-Ali-See** mit seinem Forellen- und Hechtbestand aufmachen. Die Flüsse und Bäche in den nahen Bergen sind im Frühling exzellente Angelreviere.

Das Heiratsfest von Imilchil

Die kleine Stadt Imilchil in der südlichen Provinz Er Rachidia ist berühmt für ihr Heiratsfest. Der Tradition nach erinnert das Fest an das Leben zweier junger Menschen aus verschiedenen Stämmen, die sich verliebt hatten. Deren Familien verboten jedoch ihre Verbindung, worauf sie sich zu Tode weinten. Die strömenden Tränen schufen zwei Seen: Isli, was »er« und Tislit, was »sie« bedeutet.

Von Kummer überwältigt, söhnten sich die beiden Elternpaare aus und beschlossen, ein Fest am Todestag ihrer Kinder zu organisieren. Es sollte beide Stämme zusammenbringen und jungen Leuten ermöglichen, sich kennenzulernen und zu heiraten. Das Fest, das Souk Aamor Agdoud n'Oulmghenni oder Heiratsfest von Imilchil, findet heute noch statt.

In einem Gebiet, in dem Dörfer weit auseinanderliegen und Verkehrsmittel rar sind, ist das Fest eine der wenigen Gelegenheiten für junge Leute, neue Freunde und mögliche Lebensgefährten kennenzulernen. Es findet alljährlich Ende September statt und ist eine Zeit der gegrillten Hammel, der Musik und Tänze sowie natürlich der Verlobungen.

Ifrane: Die Provinz Ifrane ist besonders für Wintersportler ein beliebtes Reiseziel. Die Hauptstadt, die ebenfalls **Ifrane** heißt, entwickelte sich Anfang des 20. Jahrhunderts von einem kleinen Dorf zu einer blumenreichen Stadt und zu einem erstklassigen Wintersportort. Die Unabhängigkeit hat Ifrane kaum berührt; die neue marokkanische Elite zog es ebenso wie ihre Vorgänger hierher, und der König baute in der Stadt sogar einen Palast. In jüngster Zeit hat sich die Atmosphäre jedoch durch den Bau der Universität Al Akhawayn verändert.

Ifrane ist eines der führenden Skigebiete Marokkos. Dank seiner Lage auf 1670 Meter Höhe und einem Klima, das jeden Winter verlässlich für kalte Temperaturen und Schnee sorgt, ist es ein beliebtes Ziel für Skifahrer.

Die Stadt ist gepflegt, hübsch, aber auch teuer. Es gibt viele Hotels, wie das **Hotel Perce-Neige** im Stadtzentrum, eines der luxuriösesten und stylischsten Hotels in diesem Teil Marokkos. Empfehlenswert sind das **Rendezvous de Skieurs** und das **Café Restaurant La Rose**.

Wer Ski fahren möchte, muss zum nahen **Mischliffen** (siehe oben) fahren oder ein Taxi nehmen. Dort befinden sich drei Skilifte und einige Geschäfte.

Die Gegend südlich von Ifrane ist einer der am dünnsten besiedelten Teile Marokkos. Kleine Berberdörfer verteilen sich im Mittleren Atlasgebirge, das vom Rifgebirge im Norden Richtung Süden zum Hohen Atlas und zur Atlantikküste verläuft. Die Landschaft bietet mit den tiefen Tälern und Zedernwäldern, vulkanischen Plateaus, abgeflachten Felsen und hohen Gipfeln einen spektakulären Anblick. Die höchsten Berge sind der **Djebel Bou Naceur** (3340 m) und der **Djebel Bou Iblane** (3190 m). ∎

> ### ERLEBNIS:
> ### Auf den Pisten von Ifrane
>
> Ifrane ist eine der kältesten und schneesichersten Regionen Marokkos. Der trendige Skiort ist im Winter mit seinen Pisten, seinem kosmopolitischen, alpinen Flair und guten Anlagen ein Magnet für Skifahrer.
>
> Zentrum ist der Wintersportort Mischliffen mit seinen Skilifts zu verschiedenen Abhängen, von wo die Skifahrer dann die Pisten hinuntersausen können. Es gibt auch andere Wintersportarten wie Skilanglauf oder Snowboarding. Man kann hier Skier ausleihen, aber wer die neueste Ausrüstung will, sollte sich seine eigenen mitbringen.
>
> Die **Touristeninformation der Provinz Ifrane** *(Place du Syndicat, Avenue Mohamed V, Ifrane, Tel. 0535/56 68 21, E-Mail: rihdeme@tourisme.gov.ma)* und die Regionale Touristeninformation Meknès *(127 place Administrative, Meknès, Tel. 0535/52 44 26)* haben exzellente Broschüren zum Skifahren in der Region.

Ifrane
🗺 159 B3

Hotel Perce-Neige
✉ Rue des Asphodelles, Ifrane
☎ (0535) 56 64 04

Rendezvous de Skieurs
✉ Rue des Lilas
☎ (0535) 56 62 81

Café Restaurant La Rose
✉ 7 rue de la Cascade, Ifrane
☎ (0535) 56 62 15

Natur im Mittleren Atlasgebirge

Neben den häufigeren Falken, Wildschweinen und Ziegen lebt im Mittleren Atlasgebirge auch eine scheue und unnahbare Primatenart: die Berberaffen.

Der Berberaffe ist der einzige in Marokko beheimatete Primat

Ein Affe ist ein unerwarteter Anblick so weit im Norden wie Marokko, einem Land, in dem die einzigen Tiere, die auf Bäume klettern, normalerweise die Ziegen sind. Der Berberaffe *(Macaca sylvanus)* ist gut für die Winter gerüstet und lebt in den bewaldeten Bergen bis zu 2100 Meter über dem Meeresspiegel.

Die Tiere werden Berberaffen oder Magots genannt und sind nach ihrer Herkunft entfernte Verwandte der Makaken, die in Süd- und Ostasien leben. Im Lauf ihrer langen Migration haben sich die Tiere verändert und an ihre Umwelt angepasst, ein dichtes Fell entwickelt und den langen Schwanz anderer Makaken verloren. Sie sind mit bis zu 75 Zentimeter Länge ziemlich groß und wiegen zehn bis 14 Kilo. Meist leben sie in Gruppen von 15 bis 30 Tieren, die von einer Matriarchin (einem respektierten älteren Weibchen) angeführt werden, und verbringen gleich viel Zeit in den Bäumen und auf dem Boden. In den vergangenen Jahren ging die Zahl der wild lebenden Berberaffen Marokkos auf 10 000 zurück. Der Grund ist in erster Linie der Verlust ihres natürlichen Waldhabitats durch Abholzung. In den letzten zehn Jahren richtete die marokkanische Regierung Nationalparks im Rifgebirge und dem Hohen Atlas ein. Doch der Bestand ist durch Verlust des Habitats noch immer gefährdet.

Es gibt eine kleine, aber stabile Anzahl von Berberaffen auf dem britischen Hoheitsgebiet Gibraltar – die einzigen Primaten, die in Europa in freier Wildbahn leben. Diese Gruppe aus ungefähr 200 Tieren gedeiht unter dem Auge des »Officer in Charge of the Apes« (»Affenbeauftrager«), eines Soldaten, der dafür sorgt, dass sie zu fressen und Unterschlupf haben.

Einen soliden Bestand von Berberaffen gibt es im Ifrane-Nationalpark im Herzen des Mittleren Atlas. Der Nationalpark umfasst dichte Wälder aus Atlas-Zedern, Steineichen und immergrünen Bäumen wie Schwarzkiefern. Im Cèdre-Gouraud-Wald, durch

Der Spanische Schachbrettfalter ist ein hübscher Tupfer in der Landschaft

> **INSIDERTIPP**
> **Es ist ratsam, einen professionellen Führer zur Erkundung der Berge anzuheuern.**
>
> FAICAL ALAOUI MEDARHRI
> *Moroccan National Tourist Office*

den die Straße zwischen Azrou und Ifrane führt, sind einige der geschützten Zedern mehrere Hundert Jahre alt.

Ebenfalls in der Region des Mittleren Atlasgebirges lebt der Berberhirsch *(Cervus elaphus barbarus)*. Er war in Marokko seit der Altsteinzeit beheimatet, musste aber vor ein paar Jahren aus Herden in Gefangenschaft hier wieder angesiedelt werden. Auch das Berberschaf *(Ammotragus lervia)* wurde vor der Ausrottung gerettet, ebenso wie das Berberwildschwein *(Sus scrofa barbarus)* und der Wanderigel *(Erinaceus algirus)*. Iltisse und Luchse sind ebenfalls gefährdete Tiere, die in diesem Gebirge leben.

Der Anblick der Berge wandelt sich mit den Jahreszeiten. In den wärmeren Monaten säumen gelbe Butterblumen die Flussbetten oder das Ufer des Aguelmane Ouiouane, und die Landschaft färbt sich zartlila, wenn das Ginstergewächs Igelpolster *(Erinacea anthyllis)* auf den Berghängen erblüht.

Der von dichten Wäldern durchzogene Ifrane-Nationalpark eignet sich nicht nur gut, um die herrliche Landschaft des Mittleren Atlasgebirges zu erleben, sondern ist im Winter auch ein beliebtes Skigebiet (siehe S. 175).

Vogelwelt des Mittleren Atlasgebirges

Im Mittleren Atlasgebirge sind erstaunlich viele Vogelarten beheimatet, von denen einige nur noch in wenigen anderen Teilen Nordwestafrikas zu finden sind. Einer davon ist der Atlasgrünspecht, der in den Kiefernwäldern in hohen Bergregionen lebt, aber nur selten zu erblicken ist. Häufiger zu sehen sind die Greifvögel, die im Mittleren Atlasgebirge reichlich vorkommen. Zwerg- und Steinadler sowie Adlerbussarde kreisen hoch über den Bergen, und mächtige Habichte fliegen durch Waldgebiete auf der Suche nach Beutevögeln. An den Bergbächen tummeln sich Wasseramseln, die dort nach Futter tauchen und schwimmen. Und um die Felshänge fliegen Alpensegler und Felsenschwalben.

Volubilis

Die antike Stadt Volubilis liegt ein paar Kilometer nördlich von Meknès auf einem Plateau in den Ausläufern des Zerhoun-Gebirges. Sie ist eine der besterhaltenen und größten römischen Stätten der Welt und wurde 1997 zum Weltkulturerbe der Unesco erklärt.

Die Ruine der Basilika in der antiken Stadt Volubilis, die 280 n. Chr. von den Römern verlassen wurde

Volubilis
- 159 B3
- 31 km nördlich von Meknès an der Straße nach Tanger
- €

Volubilis wurde vermutlich um das 3. Jahrhundert v. Chr. auf dem Grund jungsteinzeitlicher und karthagischer Siedlungen gebaut und entwickelte sich bald zu einer der reichsten und wichtigsten Städte Marokkos.

Mauretanien bestand aus einem riesigen Gebiet, das fast ganz Nordafrika bis in den Süden nach Chellah (einst Colonia) nahe der heutigen Stadt Rabat umfasste. Als der letzte König von Mauretanien starb, übernahm der römische Kaiser Claudius die Herrschaft. Im Jahr 40 n. Chr. teilte Claudius das Königreich in zwei Provinzen: Mauretania Tingitana und Mauretania Caesariensis. In den Provinzen wurden Grenzstädte, die *coloniaes*, errichtet, die wichtigsten waren Lulia Campestris Babba, Lulia Constantia Zilil und Lulia Velantia Banasa.

Volubilis wurde zum Verwaltungszentrum von Mauretania Tingitana, das für die Römer wegen der engen Handelsbeziehungen mit

dem Mittelmeerraum eine wichtige Provinz war. Volubilis stand in Konkurrenz zu Tingis, der Hauptstadt von Mauretania Tingitana an der Küste des heutigen Tanger. Als wohlhabende Stadt in der fruchtbaren Ebene – von wo sie gewaltige Mengen an Korn, Fisch, Obst, Olivenöl und Perlen nach Rom und in die benachbarten Staaten exportierte – wurde Volubilis jedoch immer mächtiger.
Der Reichtum der Stadt war außerordentlich.

Ausgrabungen finden hier seit 1915 statt, in jüngerer Zeit durch das marokkanische Institut National des Sciences de l'Archéologie et du Patrimoine (Landesinstitut für Archäologie und Kulturerbe). Neue und interessante Überreste werden noch immer entdeckt, die jüngsten gehören zu einer mittelalterlichen Stadt. Auf dem Gelände gibt es ein kleines Museum mit Café, und der Weg um die Ruinen und die Ausstellungsstücke sind ausführlich beschriftet.

INSIDERTIPP
Wer keine Zeit für einen ziellosen Bummel durch Volubilis hat, kann am Kassenschalter für etwa 100 Dirham einen Führer anheuern.

BEN HOLLINGUM
NATIONAL GEOGRAPHIC-Mitarbeiter

Rundgang

Herausragendstes Bauwerk ist die **Basilika**, deren Säulenvorbau und Seitenwände aus acht perfekt geformten und gut erhaltenen Bogen bestehen. Der Innenraum bestand aus drei Schiffen

---

Die Unesco & Marokko

Die United Nations Educational, Scientific and Cultural Organization, kurz Unesco, wurde 1945 mit dem Ziel gegründet, die Erforschung von Zivilisationen und Kulturen zu fördern und weltweit für den Schutz von Baudenkmälern zu sorgen.

Marokkos historische Stadt Meknès wurde 1996 zum Weltkulturerbe der Unesco erklärt, die archäologische Stätte Volubilis folgte ein Jahr später. Weitere Unesco-Stätten in Marokko sind die gut erhaltenen Medinas von Fès und Marrakesch, das *ksar* Aït Ben Haddou bei Ouarzazate am Nordrand der Sahara, die einstmals portugiesische Stadt Mazagan (das heutige El Jadida) und die Medinas von Essaouira und Tétouan sowie die gesamte Stadt Rabat. Die Oudaïa-Kasbah wird derzeit für den Status als Weltkulturerbe in Betracht gezogen.

Um als Weltkulturerbe aufgenommen zu werden, muss eine internationale Expertengruppe übereinstimmen, dass eine Stätte ein einzigartiges und wichtiges Beispiel menschlicher Intelligenz und Kreativität darstellt. Die Ernennung erhöht den Status einer Stätte gewaltig, und die Kuratoren erhalten beträchtliches Kapital, das zum Erhalt der Gebäude benötigt wird.

und zwei Apsiden. In der Nähe stehen das **Forum** und die Säulen der **Kapitolruine**, wo sich der Opferaltar befand. Diese Bauwerke stammen vermutlich aus dem 2. Jahrhundert n. Chr. und stehen im Gewerbeviertel der Stadt, in dem es auch einen Marktplatz gab.

Die Tempel, die oft nach griechisch-dorischem Vorbild mit Säulen, Triglyphen und einer skulpturenreichen Metope gebaut worden waren, spielten für die Einwohner eine große Rolle. Zu den Ruinen von Volubilis gehört auch ein **Jupitertempel**.

Bei der Besichtigung sind einstmals prachtvolle Häuser zu sehen, die mit Mosaikböden ausgestattet waren. Ebenfalls zu sehen sind die schön erhaltenen Reste des **Hauses des Orpheus**, dessen Mosaiken Szenen aus der Mythologie darstellen, das **Haus der Säulen**, das seinen Namen von seinem Kolonnadenhof erhielt, und das **Haus des Herkules**. Hinzu kommen die Reste römischer *thermae*, Bädern, sowie **Kornspeicher** und **Olivenölmühlen**.

Eine der schönsten Ruinen ist der **Triumphbogen**, der in Erinnerung an die Triumphe des Lucius Septimius Bassianus, des römischen Kaisers Caracalla (188–217, regierte ab 211), erbaut wurde. Der gewalti-

Die geheimnisvolle Stadt Moulay Idriss

Nur wenig südlich von Volubilis liegt auf einer Hügelkette nahe der Hauptstraße nach Meknès die geheimnisvolle Stadt Moulay Idriss. Der Ort ist die heiligste Pilgerstätte in Marokko und Hort des Grabes von Idriss I., des Urenkels des Propheten Mohammed und ersten Königs Marokkos.

Trotz ihrer Schönheit und historischen Bedeutung blieb die Stadt nahezu vollständig vom Tourismus verschont. Das liegt daran, dass sie sich über die Jahre den Ruf erworben hat, Fremden gegenüber feindselig zu sein. Es stimmt zwar, dass die wichtigsten Bauten der Stadt – alte Schreine und Moscheen – für Nichtmuslime unzugänglich sind, aber der weitverbreitete Glaube, dass die ganze Stadt für Abendländer verboten sei, stimmt keineswegs. Solange sich die Besucher respektvoll verhalten und nicht versuchen, die heiligen Schreine zu betreten, sind die Einwohner freundlich und zuvorkommend.

Die Stadt mit ihrem sehr gemächlichen Getriebe ist für ein oder zwei Tage ein beschaulicher und angenehmer Aufenthaltsort. Allein der Blick auf die Stadt vom Gipfel einer ihrer Hügel lohnt den Ausflug hierher, und die schlichten Häuser sind eine erfreuliche Erholung von der manchmal überwältigenden Opulenz von Meknès.

Die wenigen Touristen, die es in die Stadt verschlägt, reisen meist am gleichen Tag wieder ab, da es bis vor Kurzem für sie keine Unterkünfte gab. Mittlerweile wurden jedoch einige Pensionen eröffnet, wie das **Dar Zerhoune** *(42 Derb Zouak, Moulay Idriss, Tel. 0535/ 54 43 71, www.buttonsinn.com)* des Londoner Gastwirts Mike Richardson.

ge Bogen steht am Ende der Hauptstraße der Stadt, des **Decumanus Maximus**, und wurde im antiken Stil mit dekorativen Säulen und Bogen errichtet.

Nach den Römern

Volubilis erlebte ab etwa dem 5. Jahrhundert n. Chr. eine Zeit des Niedergangs, als Vandalen, Westgoten und Byzantiner in Marokko einfielen. Die Eindringlinge zogen die Küstengebiete Marokkos vor, so dass in Volubilis viele Einwohner ohne Einschränkungen durch neue Herrscher leben konnten. Anders als andere marokkanische Städte wurde Volubilis nicht verlassen. Viele der Einwohner passten sich der römischen Kultur an und traten zum Christentum über.

Volubilis tauchte in etwa der gleichen Zeit wieder in der Geschichte auf, als die ersten islamischen Siedler in Marokko eintrafen. Es wird vermutet, dass Flüchtlinge der Awraba die Stadt besiedelten, ein Berberstamm aus dem Rifgebirge. Idriss ibn Abdullah, der spätere Idriss I. und Gründer und erster Herrscher der Idrisiden-Dynastie, war den Abbasiden entflohen, dem regierenden Kalifat aus Bagdad, das 787 in Syrien eingedrungen war.

Die Awraba-Berber boten Idriss Zuflucht in der Stadt. Sie achteten ihn als einen Nachfahren des Propheten Mohammed. Als Idriss Volubilis zur Hauptstadt seiner Dynastie erklärte, erlebte sie eine erneute Blütezeit. Idriss I. gründete bald darauf Fès, das zur neuen Hauptstadt wurde. Zudem ließ sich Idriss I. ganz in der

INSIDERTIPP

Wer einen Besuch in Rabat plant, kann viele der Fundstücke aus Volubilis im Musée Archéologique (siehe S. 80) besichtigen.

LEON GRAY
National Geographic-Mitarbeiter

Nähe sein Mausoleum bauen (siehe gegenüber).

Volubilis war vermutlich im 11. Jahrhundert unter der Herrschaft der Almoraviden und danach unter den Almohaden, Mariniden und Saadiern bewohnt. Im Lauf der Zeit verfiel die Stadt und wurde durch Erdbeben beschädigt. Auch im 17. Jahrhundert wurde sie schwer beschädigt, als Sultan Moulay Ismail Mauern und Marmorsäulen für seine Bauten in Meknès abtragen ließ. Das Ausmaß seines Raubbaus ist nicht genau bekannt, aber es gibt einiges, wie die Marmorsäulen, das zum Bau des Bâb Mansour verwendet wurden (siehe S. 162–163). ■

Belebte Souks in Marrakesch, zerklüftete Berge im Hohen Atlas und goldene Strände in Essaouira

Marrakesch & Umgebung

Erster Überblick   184

Zentrum von Marrakesch   186

Special: Die Souks von Marrakesch   190

Erlebnis: Feilschen in den Souks   191

Erlebnis: Ausflug in einer Calèche   194

Im Zentrum von Marrakesch   196

Special: Die Paläste der Stadt   202

Erlebnis: Die Stadt jenseits der Medina auf zwei Rädern erkunden   206

Special: Architektur   208

Die Umgebung von Marrakesch   210

Erlebnis: Bergwandern auf dem Djebel Toubkal   212

Erlebnis: Wassersport auf dem Bin el Ouidane   215

Essaouira   216

Rundgang durch Essaouira   218

Erlebnis: Windsurfen vor Essaouira   221

Rund um Essaouira   222

Hotels & Restaurants   299

Eine Garküche auf dem Djemaa el Fna; im Hintergrund die Koutoubia-Moschee

Marrakesch & Umgebung

Marrakesch ist das begehrteste Reiseziel Marokkos: eine quirlige, laute Stadt voller Souks und Paläste. Jenseits davon lockt die Landschaft mit schneebedeckten Bergen, fruchtbaren Ebenen und einer herrlichen Küste.

Seit Jahrhunderten ist die Oasenstadt ein Marktort und Treffpunkt. Sie liegt am Berührungspunkt der nordafrikanischen Küstenebene mit der Wüste und den schneebedeckten Gipfeln des Hohen Atlas. Arabische Kaufleute kamen aus den Küstenstädten nach Marrakesch, auch die Berber aus den Dörfern der umliegenden Hügellandschaft und die Händler Westafrikas aus den Goldfeldern Malis und Nigers.

Wegen ihrer beeindruckenden Stadtmauer aus getrocknetem Lehm (siehe S. 198) wird Marrakesch auch »rote Stadt« genannt. 1062 wurde sie zu Zeiten der Almoraviden-Herrschaft gegründet. Die Almoraviden suchten für ihr aufstrebendes Reich eine neue Hauptstadt. Im Lauf der Jahrhunderte entwickelte sich Marrakesch zu einer der prächtigsten Städte Marokkos. Marrakesch heißt in der Sprache der Berber übrigens »Gottes Land«.

Hauptstadt Marokkos ist mittlerweile Rabat, Marrakesch ist aber Verwaltungszentrum der Region Marrakesch-Tensift-El Haouz, die sich über 32 000 Quadratkilometer vom Vorgebirge des Hohen Atlas bis zu den Stränden Essaouiras erstreckt.

Am schönsten ist Marrakesch vom Herbst bis zum Frühjahr. Im Sommer kann sich die Stadt auf über 40 °C aufheizen. Essaouira dagegen ist im Sommer reizvoll: Die Meeresbrise sorgt für angenehme Frische. Im Winter kann es dort aber kalt und ungemütlich werden. Für den Hohen Atlas ist der Sommer die beste Reisezeit.

NICHT VERSÄUMEN

- Die Atmosphäre auf dem Djemaa el Fna, einem der größten und aufregendsten Plätze der Welt **187**
- Feilschen und handeln in den Souks von Marrakesch **191**
- Die Architektur der Koranschule Ibn Youssef **192**
- Die Koutoubia-Moschee, die seit über 900 Jahren das Stadtbild prägt **193**
- Die Ruinen El Badis, des ehemaligen Palastes des Sultans Ahmed el Mansour **198, 202**
- Auf den Spuren bedeutender Dynastien die Saadier-Gräber bewundern **199**
- Die Ruhe der königlichen Gärten Menara und Agdal **207**
- Das Bergpanorama mit dem schneebedeckten Djebel Toubkal, Marokkos höchstem Gipfel **211**
- Nervenkitzel bei einer Wildwassertour auf einem der Flüsse im Ourika-Tal **214**

Marrakesch

Zwei Charaktere prägen die Stadt: die Medina mit den Souks, Moscheen, kleinen Gassen und verwunschenen Häusern sowie die modernen Stadtteile, die sie umgeben. Guéliz etwa ist ein lebendiges Geschäftszentrum.

Alle Straßen in Marrakesch scheinen zum Djemaa el Fna zu führen — dem wichtigsten und weitläufigsten

MARRAKESCH & UMGEBUNG

Platz der Medina. Der Platz ist ein guter Ausgangspunkt, um die Altstadt zu erkunden: etwa die 900 Jahre alte Koutoubia-Moschee mit ihrem eleganten Minarett, die kunstvoll gestalteten Saadier-Gräber aus dem 16. Jahrhundert oder eine der ältesten Universitäten Marokkos, die Medersa Ibn Youssef.

Auch die herrschaftlichen Häuser und Paläste in der Medina sind sehenswert. Einige Paläste sind noch bewohnt und daher nicht zu besichtigen, etwa der Königspalast, während andere in Hotels oder Restaurants umgewandelt wurden.

Wem das geschäftige Treiben im Zentrum zu bunt wird, kann sich in der schickeren *ville nouvelle* eine Atempause verschaffen: in den königlichen Menara-Gärten beispielsweise, die im 12. Jahrhundert von den Almohaden angelegt wurden, oder in den moderneren Majorelle-Gärten.

Hoher Atlas

Auch in der freien Natur außerhalb der Stadt gibt es vieles zu entdecken: beispielsweise den Nationalpark Toubkal mit den höchsten Bergen Marokkos, die Wasserfälle in Ouzoud oder samstags den berühmten Markt in Asni. Nur eine Stunde vom Zentrum Marrakeschs entfernt kommen Sie in ursprüngliche Landschaften. Hier leben die Berber seit vielen Jahrhunderten, als wäre die Zeit stehen geblieben.

Essaouira

Die bezaubernde Küstenstadt Essaouira ist als Urlaubsort bei den Marokkanern sehr beliebt. Die freundliche, beschauliche Stadt bietet ein lebendiges kulturelles Angebot und betörende Souks. Vor allem ein Besuch der befestigten Medina lohnt sich. ■

Zentrum von Marrakesch

Das labyrinthische Gewirr der Gassen in den Souks, die herrschaftliche Architektur und die friedvollen schattigen Gärten machen Marrakesch zu einem der aufregendsten Reiseziele in Marokko.

Ein Geschichtenerzähler aus Marrakesch unterhält die Besucher auf dem Djemaa el Fna

Marrakesch
- 185 B2, 197

Besucherinformation
- Marokkanisches Touristenbüro, Place Abdelmmoumen Ben Ali
- (0524) 43 61 31

Marrakesch wurde im 11. Jahrhundert zu Zeiten der Almoraviden gegründet. Wegen des Wassers ließen sie ihre neue Hauptstadt an Quellen errichten. Unter der Almohaden-Herrschaft im 12. Jahrhundert wurde die Befestigung der Stadt ausgebaut. Eine Kasbah und ein erstes Krankenhaus entstanden. Die herausragende Stellung des Ortes fand ihren Ausdruck vor allem im Bau der Koutoubia-Moschee, einem der großartigsten muslimischen Sakralbauten überhaupt.

Durch den Niedergang der Almohaden im 13. Jahrhundert büßte Marrakesch an Bedeutung ein. Fès wurde unter der neuen Herrscherdynastie zur Hauptstadt. Ohne königliches Patronat bewahrte sich Marrakesch zumindest die Rolle des Kultur- und Handelszentrums der Region, so dass von seinem Glanz einiges erhalten blieb. 1524 wurde es unter der Dynastie der Saadier wieder Hauptstadt. Zu Beginn des 20. Jahrhunderts trafen die Franzosen eine außergewöhnlich gut befestigte Stadt an.

Die Medina gilt mit ihren hochkarätigen Sehenswürdigkeiten, etwa den Saadier-Gräbern, der spektakulären Koutoubia-Moschee und der Medersa Ibn Youssef, als die schönste von ganz Marokko. Von der Unesco wurde sie zum Weltkulturerbe erklärt.

Die Medina von Marrakesch ist ein besonders beliebtes Reiseziel. In dem unendlich wirkenden Gewirr der Gässchen sind viele Reisegruppen unterwegs. Das Werben und Drängen der Händler und Stadtführer ist überraschenderweise weniger penetrant und aggressiv. Belästigungen, Diebstahl oder Betrug sollten Sie unbedingt der Touristenpolizei melden (an der Westseite des Djemaa el Fna gibt es ein Polizeibüro und südlicher in der Rue Moulay Ismail).

INSIDERTIPP

In Marrakesch unbedingt von den Ständen auf dem Djemaa el Fna probieren. Die gerösteten Nüsse oder der frisch gepresste Orangensaft schmecken einfach wunderbar.

MARISA LARSON
NATIONAL GEOGRAPHIC-Mitarbeiterin

Djemaa el Fna

Der riesige Platz wurde im 11. Jahrhundert in der Kasbah als *méchouar* (Exerzierplatz) und Marktplatz

Unterwegs in Marrakesch

Die Medina in Marrakesch gehört zu den größten in ganz Marokko. Der immer wieder verwirrende Verlauf der Gässchen ist wie in jeder Medina organisch gewachsen. So etwas kann man natürlich nicht am Reißbrett planen. Früher bestand die ganze Stadt nur aus der Medina. Erst die moderne Stadtentwicklung hat Marrakesch über seine Stadtmauern hinauswachsen lassen. Das Herz der Medina ist der beeindruckende Platz Djemaa el Fna.

Im Zentrum der Medina nördlich vom Djemaa el Fna wird in den Souks von jungen Tieren bis hin zu alten Möbeln so ziemlich alles verkauft. Das Gewimmel in den Gassen verdeckt zunächst, dass sie alle einen ganz eigenen Charakter besitzen: von den erhabenen Palästen im Süden bis hin zu den faulig stinkenden Höfen im Gerberviertel im Osten.

Die Hauptsehenswürdigkeiten lassen sich in wenigen Minuten vom Djemaa el Fna aus zu Fuß erreichen. Dieser Platz ist der ideale Ausgangspunkt, um die Stadt zu erkunden. Als Fußgänger oder Fahrradfahrer (siehe S. 206) werden Sie eine charakteristische Eigenschaft Marrakeschs schnell zu schätzen wissen: Die Stadt ist eben und flach. Steil ansteigende Gassen wie in Tanger oder Tétouan müssen hier nicht bezwungen werden.

Straßentheater auf dem Djemaa El Fna

Bei Morgendämmerung sieht Marrakeschs wichtigster Platz aus wie eine einzige Asphaltwüste. Das ändert sich allerdings schnell. Innerhalb weniger Stunden verwandelt sich der Djemaa el Fna in eine Mischung aus riesigem Marktplatz und Open-Air-Zirkus voller Straßenkünstler, Kunsthandwerker und Händler. Auf diesem Platz finden Sie die dichteste Essenz marokkanischen Lebens. Von der Unesco wurde er deshalb als großartige Bühne einer faszinierenden landestypischen marokkanischen Tradition in die Liste der »Meisterwerke des mündlichen und immateriellen Erbes der Menschheit« aufgenommen.

In der Mittagshitze mag der Unterhaltungswert noch recht bescheiden sein. Hier und da treibt ein Händler seinen müden Esel geschickt zwischen den Schlangenbeschwörern und Musikern hindurch und vor die Kameras der Reisegruppen. Mit der kühlen Abendluft verwandelt sich der Djemaa el Fna aber in ein atemberaubendes, fantastisches Spektakel. Die dichte Menschenmenge wird pausenlos unterhalten: von Musikern, Akrobaten, Tänzern, Jongleuren, Geschichtenerzählern und Schlangenbeschwörern.

Bei Sonnenuntergang verwandelt sich der Platz dann in einen riesigen Open-Air-Speisesaal. Nun führen die Köche hier ihre ganz eigene Form eines gastronomisch attraktiven Straßentheaters auf. Sobald am späten Abend dann die Essensstände schließen, sorgen Musiker bis tief in die Nacht für gute Stimmung.

Djemaa el Fna
 197

angelegt. Nur der Djemaa el Fna überlebte die Kasbah, die unter der Herrschaft der Almoraviden erbaut wurde. Für den arabischen Namen Djemaa el Fna (Platz der Geköpften) hört man eine Reihe widersprüchlicher Erklärungen. Vermutlich diente der Platz für öffentliche Hinrichtungen. Heutzutage wird der Djemaa el Fna für ein weitaus freundlicheres Spektakel genutzt. Er ist das Herz der Stadt und bietet beste Unterhaltung.

Der Djemaa el Fna ist eine der berühmtesten Bühnen des Straßentheaters überhaupt (siehe oben) und ein riesiger lebendiger Marktplatz. Unglaubliche Schnäppchen wird man hier nicht machen, dafür jedoch bekommt man tagsüber von Lebensmitteln bis zu Textilien einfach alles. Am Abend verwandeln ihn die vielen Essensstände in ein gigantisches Open-Air-Restaurant.

Die Souks

Zum Rückgrat der Medina gelangt man durch ein Bogenportal hinter der Place Bâb Fteuh und dem Souk Qessabine, nördlich vom Djemaa el Fna: Die Rue Souk Smarine ist eine relativ breite, überdachte Straße, die weiter nördlich zum Souk el Kebir wird. In den Gässchen und an den Plätzen haben die Händler sich je nach Spezialisierung niedergelassen: In dem einen Souk gibt es vor allem Lederprodukte, im nächsten Textilien oder Gewürze. Häufig hängen die Souks zusammen. Als

Erstes kommt der Souk **Rabha Kedima** *(auf der Rue Souk Smarine nach etwa 200 m links)*. Dort wird Medizin verkauft. Aber Achtung: Dieser Souk ist nichts für schwache Nerven. Tierkörperteile und viele seltsame Dinge stehen dort in Gläsern herum. Aus ihnen werden orientalische Medikamente und kosmetische Produkte fabriziert.

Im **Souk des Babouches**, weiter nördlich, gibt es die bunten Lederpantoffeln zu kaufen, mit denen viele Einheimische herumlaufen. Wer Transportkosten nicht scheut, kann natürlich auch auf dem **Souk des Tapis** zuschlagen (auch als Criée Berbière bekannt: *in einem Gässchen auf der nördlichen Seite von Rabha Kedima*). Feine marokkanische Teppiche stapeln sich hier an den Wänden oder türmen sich zu riesigen Bündeln auf dem Boden auf. Die Ladenbesitzer erklären auf Nachfrage sehr gern, welche Farben und Muster traditionell aus welcher Gegend stammen. Handfestere Proben der marokkanischen Handwerkskunst hat der **Souk el Haddadine** *(nördlich, gleich neben dem Souk des Babouches)* zu bieten. Hier sind die Hufschmiede zu Hause. Im

(Fortsetzung S. 192)

Café im wohlhabenden Stadtteil Guéliz, Marrakesch

Die Souks von Marrakesch

Marrakesch ist berühmt für die Souks nördlich vom Djemaa el Fna. Händler und Besucher verwickeln sich gegenseitig in turbulente Feilschereien über stets schwankende Preise. Trotz der neuen Supermärkte und Boutiquen stürzen sich Einheimische wie Touristen ins Gewimmel – die einen, um tägliche Einkäufe zu erledigen, die anderen, um Souvenirs zu ergattern.

Ein Souk in Marrakeschs Medina, in dem Töpferwaren verkauft werden

In den Souks ist das Einkaufen nicht unbedingt günstig, denn die Zahl ausländischer Besucher hat die Preise Jahr für Jahr in die Höhe getrieben. Dafür bieten Marrakeschs Souks die wohl breiteste Auswahl innerhalb Marokkos an. Die verwinkelten Märkte erstrecken sich nördlich des Djemaa el Fna in alle Richtungen bis hin zur Ibn-Youssef-Medersa.

Enge Gassen münden in noch engere Gässchen, die zu kleinen, höhlenartigen Plätzen führen, an deren Torbogen die feilgebotenen Waren den Besuchern über den Köpfen baumeln – seien es Musikinstrumente, typische Kleidungsstücke oder Hammelhälften.

So ein Souk ist ein lauter und verwirrender Ort. Die Gässchen scheinen sich um sich selbst zu drehen. Am besten lassen Sie sich treiben. Wer Sorge hat, sich völlig zu verlaufen, kann sich vorsorglich im **Touristenbüro** *(Place Abdelmmoumen Ben Ali, Tel. 0524/43 61 31)* in Guéliz oder auch im Hotel die Dienste eines Stadtführers sichern.

Jede Stadt ist für bestimmte Produkte berühmt. In Fès sind es die blauen Töpferwaren, in Meknès die Holzschnitzereien sowie Mosaiken und in Marrakesch die Lederwaren. Die Preise für die Waren sind fast nie ausgeschildert. Und selbst wenn: Jeder richtige Händler erwartet von Ihnen, dass Sie mit ihm feilschen.

Werkstätten

In den Souks gibt es nicht nur Marktstände. So mancher Stand ist gleichzeitig auch eine Werkstatt, in der auf engstem Raum Teppiche, Stickereien, Holzschnitzereien oder Ähnliches hergestellt werden. Die wohlhabenderen Händler haben ihre Werkstätten in der Regel außerhalb der Souks.

Die Händler zeigen ihr Handwerk gern. So prägen sie vor Ihren Augen die Lederwaren, schneiden sie zu oder nähen sie. Auch die traditionelle Herstellung der *babouches*, die in Marokko viel getragen werden, können Sie hier bestaunen. Die Pantoffeln sind ein tolles Mitbringsel von der Reise.

Kooperativen

Die Souks haben eine beachtliche Bürgerbewegung hervorgebracht. Im Laufe der letzten 20 Jahre wurden viele Non-Profit-Kooperativen gegründet. In ihren Geschäften werden die Waren zu festen Preisen verkauft, und mit den Gewinnen werden die Handwerker und Kunsthandwerker für ihre mühsame Arbeit zuverlässig und fair bezahlt. Außerdem finanzieren sie Bildungsprogramme. Mathematische und sprachliche Fähigkeiten sollen den Menschen helfen, ein eigenes Geschäft zu führen. Zwei Beispiele dafür sind die **Femmes de Marrakech Coopérative Artisanale de Couture** *(67 Souk Kchachbia, Tel. 0524/37 83 08)*

INSIDERTIPP

Eigentlich besteht die größte Herausforderung in einem Souk darin, nicht mehr zu kaufen, als ins Gepäck passt.

SALLY MCFALL
National Geographic-Mitarbeiterin

und die **Association Al-Kawtar** *(57 rue Laksour/3 rue el Mouassine, Tel. 0524/38 56 95, www.al-kawtar.com)*. Die Frauen verdienen verhältnismäßig gute Stundenlöhne, bekommen eine Krankenversicherung und kostenlose Kinderbetreuung. Dadurch werden sie sozial und ökonomisch unabhängig und sind für ihren Lebensunterhalt nicht länger auf andere angewiesen.

ERLEBNIS: Feilschen in den Souks

Das Gefeilsche mag auf viele erst einmal abstoßend wirken, es gehört aber zur Inszenierung im Souk einfach dazu. Die Händler erwarten es, und häufig macht es sogar Spaß. Bei einem Minztee können Sie alle Fragen zu dem von Ihnen begehrten Objekt stellen: Wie wird es hergestellt, welche Geschichte hat es ... Irgendwann kommt die Unterhaltung dann unweigerlich auf die Höhe des Preises. Ab jetzt gilt es, charmant zu feilschen. Überlegen Sie sich zuerst, wie viel Sie bereit wären zu zahlen, und beginnen Sie dann freundlich mit einem ersten, natürlich niedrigeren Angebot. Häufig landen Sie als Besucher schließlich bei einem Preis, der deutlich höher ist als der, den Einheimische für die gleiche Ware zahlen würden.

Können Sie sich auf keinen Preis einigen, akzeptieren die Händler, wenn Sie nichts kaufen. Falls die Händler aber auf den von Ihnen vorgeschlagenen Preis eingehen, sollten Sie das Geschäft auch tätigen (für die Händler geht es um ihren Lebensunterhalt, für sie ist das kein Spiel). Bezahlt wird in bar. Danach schlendern Sie mit Ihrem Einkauf weiter durch die Gassen, seien es nun Lederwaren, Keramik oder ein kleines Schmuckstück.

Koubba Ba'Adiyn
- 197
- Place Ibn Youssef

Ibn-Youssef-Medersa
- 197
- Place Ibn Youssef
- (0524) 44 18 93
- www.medersa-ben-youssef.com

Souk des Bijoutiers *(neben dem Souk des Tapis)* wird traditioneller Schmuck aus der Region feilgeboten.

Die nördliche Medina

Eines der ältesten und angesehensten Viertel von Marrakesch ist zu Fuß nur wenige Minuten vom Souk el Kebir entfernt. Hier steht die große Ibn-Youssef-Moschee, außerdem befindet sich hier die Medersa.

Die Place Ibn Youssef, an der Nordgrenze zum Souk el Kebir, ist das Herz des Viertels. An der südlichen Seite des Platzes liegt das wunderschöne Gebäude **Koubba Ba'Adiyn** mit einem kunstvoll geschnitzten Kuppeldach. Nur dieses kleine Gebäude ist übrig von der einst riesigen Moschee und Palastanlage, die der Almoraviden-Herrscher Ali Ibn Youssef im 12. Jahrhundert errichten ließ. Die gleichnamige Moschee wurde im frühen 19. Jahrhundert übrigens auf den Ruinen ihrer Vorgängerin errichtet. Das ehemalige Bad mit seinem Brunnen lässt noch erahnen, wie prächtig die Anlage einmal ausgesehen haben muss.

Trotzdem besitzt dieser Stadtteil noch immer fantastische alte Architektur. Die Koranschule, die **Medersa Ibn Youssef** an der nordöstlichen Ecke des Platzes, gehört zu den bedeutendsten historischen Gebäuden der Stadt. Die Mariniden gründeten sie im

Eine Calèche rollt am Bâb Agnaou vorbei

ZENTRUM VON MARRAKESCH

> **INSIDERTIPP**
>
> **Zur Orientierung in den Souks ist ein Kompass Gold wert. Selbst mit der besten Karte kommen Sie in Schwierigkeiten, da viele Straßen keinen Namen haben und manche anderen dafür gleich zwei!**
>
> AHMED TARIF
> *Reiseleiter*

14. Jahrhundert, und die Saadier bauten sie im zeitgemäßen Stil um. Die Koranschule wandte sich an die Bildungselite: Das islamische Recht wurde dort ebenso gelehrt wie die knifflige Kunst der Textauslegung. Die ehemaligen Zellen der Studenten und die damaligen Gebetsräume können besichtigt werden.

Von der Place Ibn Youssef gelangt man durch eine imposante Bronzetür in die Medersa. Jeder noch so kleine Winkel wurde mit aufwendigen Stuckverzierungen, Mosaiken, Zedernholzschnitzereien oder traditionellen *zellij*-Kacheln ausgestaltet – und dazu kommen noch die Marmorsäulen. Viele der Räume dürfen besichtigt werden.

Ein Besuch im **Souk des Fassis** bietet sich im Anschluss an. Er beginnt gleich neben der Medersa. Einige der schönsten traditionellen Karawansereien der Stadt, die *fondouks*, wurden restauriert und zeigen ihre ursprüngliche Schönheit. Hier haben sich mittlerweile Ateliers und kleine Werkstätten eingerichtet.

Wunderschön restauriert wurde auch der Dar-Menebhi-Palast (siehe S. 205) aus dem 19. Jahrhundert. In den Räumen ist das **Musée de Marrakech** mit einer Sammlung marokkanischer Kunst untergebracht: Bilder, Skulpturen, Münzen, Schmuck, Keramik und architektonische Details berühmter Gebäude sind dort ausgestellt. Die Stücke der Sammlung gehen zurück bis in die Zeit der Idrissiden. Allein schon das fantastische Gebäude ist das Eintrittsgeld wert. Der glasüberdachte Innenhof mit dem Kronleuchter über dem kunstvollen Wasserbecken ist großartig.

Koutoubia-Moschee & die westliche Medina

Hinter der Place Foucauld, südwestlich vom Djemaa el Fna, beginnt ein ruhigeres, großzügigeres Stadtviertel. Die Wahrzeichen Marrakeschs, elegante Hotels und sehr schöne Gärten befinden sich genau hier.

Vom Djemaa el Fna aus rückt sofort das 77 Meter hohe Minarett der **Koutoubia-Moschee** in den Blick. Die Moschee ist ein wunderbares Beispiel

Musée de Marrakech
- 197
- Place Ibn Youssef
- (0524) 44 18 93
- €

www.museede
marrakech.ma

Koutoubia-Moschee
- 197
- Place de la Koutoubia

Mamounia Hotel
✉ Avenue Bâb Jedid
☎ (0524) 38 86 00
www.mamounia.com

marokkanischer Architektur. Ihr Minarett wurde stilbildend für viele Minarette und auch Kirchen in Nordafrika und sogar Spanien. Offenbar wurde sie im 12. Jahrhundert direkt neben eine fast identische Moschee gebaut, an die heute nur noch Ruinen erinnern.

Das **Minarett** zeichnet sich durch das Spiel mit genauen Proportionen aus: Es ist im Almohaden-Stil gehalten und fast exakt fünfmal so hoch wie breit. Patina verströmen die verwitterten Fragmente der ehemals prächtigen Verzierungen. Das Innere besteht aus einem nicht sehr großen Hof und einer schlichten Säulenhalle. Zutritt haben allerdings nur muslimische Besucher. Dies wird in fast allen Moscheen Marokkos so gehandhabt. Die *minbar* (vergleichbar einer Kanzel) ist atemberaubend schön. Andalusische Handwerksmeister haben sie angefertigt und geschnitzt. Heute steht sie im El-Badi-Palast (siehe S. 198, 202–204).

Nur ein kleines Stückchen weiter westlich erstrahlt das frisch renovierte **Mamounia-Hotel** in verschwenderischem Glanz. Das altehrwürdige Hotel gehörte zu den Lieblingsetablissements des ehemaligen britischen Premierministers Winston Churchill. Im Anschluss an die Konferenz von Casablanca zog er sich mit dem amerikanischen Präsidenten Franklin D. Roosevelt hierher zum Essen zurück, um die weitere Kriegsführung zu besprechen (siehe S. 57). Allein we-

ERLEBNIS: Ausflug in einer Calèche

Pferdekutschen in Marrakesch heißen Calèche und bieten eine unterhaltsame, wenngleich touristische Art der Mobilität. An der westlichen Seite des Djemaa el Fna, an der Place Foucauld, stehen in der Regel immer welche. Für einige Touren gibt es feste Preise: etwa rund um die Stadtmauer oder in ein bestimmtes Stadtviertel. Ansonsten können Sie mit etwa 100 Dirham pro Stunde rechnen. Falls mehr verlangt wird, sollten Sie handeln – das erwarten die Fahrer.

Die Calèche selbst ist ein bunt angemaltes vierrädriges Gefährt, das es in dieser Art seit dem 18. Jahrhundert gibt. Meist sind die Kutschen mit zwei Sitzbänken für je zwei Personen ausgestattet. Manche haben nur eine Doppelbank. Der Calèchekutscher sitzt vorne. Er lenkt die Pferde, die mitunter ein beachtliches Tempo gehen. Die Calèches mit Verdeck sind im Sommer besonders zu empfehlen, da die Sonne in Marrakesch erbarmungslos scheinen kann.

Die Kutscher versuchen oft, ihre Fahrgäste in eine Unterhaltung zu verwickeln. Sie werden dann gefragt, woher Sie kommen, und Ihnen wird allerlei über Marrakesch erzählt. Dies hat meist zwei Gründe: Zum einen verfliegt damit die Zeit, zum anderen verbessern sich die Chancen auf ein Trinkgeld. Seien Sie nicht überrascht, wenn Sie Komplimente über Ihr Heimatland zu hören bekommen.

Traditioneller Schmuck im Souk Djemaa el Fna

gen der wunderschönen Gärten sollten Sie einen Tisch auf der Terrasse reservieren, auch wenn das Restaurant teuer ist. Im Hotel gilt übrigens ein streng einzuhaltender Dresscode. Die Gärten gehörten ursprünglich zur Anlage des Königspalasts der Saadier und sind sehr viel älter als das Hotel.

Nördlich der Koutoubia-Moschee erreicht man auf der Avenue Mohamed V das **Ensemble Artisanal**. In diesem von der Regierung unterstützten Geschäft werden regional angefertigte Kunsthandwerkswaren zu festen Preisen verkauft. Hier können Sie ungestört einkaufen, denn es gibt keine übereifrigen Händler. Die Preise liegen allerdings in der Regel leicht über denen im Souk. Dafür können Sie sich in aller Ruhe einen Überblick über die Waren verschaffen, die typisch für die Region sind.

Auf der anderen Straßenseite beginnt die modernste öffentliche Anlage Marrakeschs, der **Cyber-Park Arsat Moulay Abdeslam**.

Die Kasbah & Mellah

Die Kasbah erreichen Sie vom Djemaa el Fna aus südlich auf der Rue Riad Zitoun el Kedim. Die kunstvollen Saadier-Gräber und das prächtige Tor Bâb Agnaou sind weitere Höhepunkte dieses Viertels. An die Palastmauern (siehe S. 202) schmiegt sich die Mellah, in der früher eine recht große jüdische Gemeinde lebte.

(Fortsetzung S. 198)

Ensemble Artisanal
- 197
- Avenue Mohamed V
- (0524) 44 35 03
- So geschl.

Cyber-Park Arsat Moulay Abdeslam
- 197

Im Zentrum von Marrakesch

Auf diesem Weg gelangen Sie mitten ins Herz der Stadt. Er führt Sie an prächtigen alten Palästen und Moscheen vorbei, an Souks und an den Stadtmauern, die immerhin die letzten 1000 Jahre gut überstanden haben.

Ein Markt im Zentrum von Marrakesch

Die Route beginnt am Stadttor **Bâb Agnaou** ❶. Dieses gewaltige Bauwerk stammt aus dem 12. Jahrhundert. Einst war es das Tor zu einem verschwundenen Palast der Almohaden. Der geometrisch angelegte Fassadenschmuck ist sehenswert. Aus Guéliz, Hivernage oder der Medina ist das Tor gut zu erreichen. Dann geht es auf der Rue Oqba ibn Nafaa weiter bis zur Kreuzung mit der Avenue Mohamed V und von da weiter bis zur **Koutoubia-Moschee** ❷ (siehe S. 193–194). Für Nichtmuslime ist sie leider geschlossen. Nebenan liegt das weiße Grab **Koubba Lalla Zohra**. Der Legende nach wurde die Tochter eines Sklaven darin beerdigt; sie wird in Marrakesch sehr verehrt. Es heißt, dass sie sich abends in eine Taube verwandelt.

Von hier sind es nur ein paar Minuten hinüber zum **Djemaa el Fna** ❸

NICHT VERSÄUMEN

Bâb Agnaou • Rue Souk Smarine • Medersa Ibn Youssef • Musée de Marrakech

(siehe S. 187–188), dem sozialen, wirtschaftlichen und gastronomischen Herz der Stadt. Tausende kommen täglich hierher, um einzukaufen oder zu essen. Im **Café de France** (Place Djemaa el Fna, Medina) auf der östlichen Seite des Platzes bietet die Dachterrasse einen Blick auf das Treiben. Von hier geht es auf der Rue Souk Smarine in Richtung Norden zu den verschiedenen **Souks** ❹: vom **Souk el Btana** (Felle und Häute) über den **Souk des Tapis** (Teppiche), den **Souk des Babouches** (Schlappen) bis hin zum **Souk el Haddadine** (Hufschmiede). Schauen Sie sich die Kuppel im ehemaligen Wasch-

IM ZENTRUM VON MARRAKESCH

haus der Almoraviden an, die **Koubba Ba'Adiyn** ❺ (siehe S. 192). Anschließend lohnt es sich, ein wenig auf den Dächern des Souks de Teinturiers herumzustromern. Die Färber hängen hier ihre bunte Wolle zum Trocknen auf.

Ein Highlight ist die Koranschule, die **Medersa Ibn Youssef** ❻ (siehe S. 192–193) an der Place Ibn Youssef. Sie wurde von den Mariniden errichtet und von Saadiern umgebaut. Früher war sie die bedeutendste Universität des Landes, und ihre Moschee galt als wichtiger sakraler Ort.

Gehen Sie über die Place Ibn Youssef und ins **Musée de Marrakech** ❼ (siehe S. 193). Früher lebten wichtige Familien im maurischen Dar-Menebhi-Palast, heute beherbergt das Gebäude aus dem 19. Jahrhundert dieses Museum. Zeitgenössische und orientalische Kunst werden ausgestellt, Münzen aus der Zeit von Idriss I. und Idriss II., Schmuck, Handschriften und Töpferwaren. Gleich rechts daneben steht die moderne **Eloussta-Moschee**. Ihre Fassade besticht mit geometrischer Kachelkunst. Von hier aus kann man zum Djemaa el Fna zurückkehren oder nordwestlich auf der Rue el Gza bis zu dem Taxistand vor dem Bâb Moussoufa weitergehen.

El-Badi-Palast
- 197
- Rue Berrima
- €€

www.palais-el-badi.com

Bahia-Palast
- 197
- Rue Riad Zitoun el Jedid
- (0524) 38 95 11
- €€

www.palais-bahia.com

Maison Tiskiwin
- 197
- 8 rue de la Bahia (von der Rue Riad Zitoun el Jedid)
- (0524) 38 11 91
- €€

www.tiskiwin.com

Auf der Rue Berrima gelangen Sie zum **El-Badi-Palast** aus dem 16. Jahrhundert. Errichtet hat ihn der Sultan der Saadier Ahmed el Mansour (1549–1603). Der Legende nach bezahlte er ihn mit dem Lösegeld, das ihm reiche Portugiesen eingebracht hatten. Auf Arabisch heißt der Palast »der Unvergleichliche«. Die Ausstattung wird von Zeitgenossen als mindestens so prächtig beschrieben wie die der Saadier-Gräber (siehe S. 199). Im 17. Jahrhundert plünderte Sultan Moulay Ismail die Anlage (siehe S. 203).

Hinter dem El-Badi-Palast steht der **Da-el-Makhzen-Palast** (siehe S. 204) aus dem 18. Jahrhundert. Er diente der marokkanischen Königsfamilie als Winterresidenz und ist nicht zu besichtigen. Auf der Rue Riad Zitoun el Jedid kommen Sie nordöstlich vom El-Badi-Palast zum **Bahia-Palast** (siehe S. 204–205), der im späten 19. Jahrhundert errichtet wurde und Besuchern offensteht. Hier lebte der königliche Berater Bou Ahmed, der zwischen 1894 und 1900 als heimlicher Regent des Landes galt. Die Innenräume sind sorgfältig restauriert. Die Konferenzräume sind noch zu besichtigen, ebenso wie der Harem (in dem Bou Ahmeds Frauen und Konkubinen lebten), die Gärten und Innenhöfe. Die Regierung nutzt den Palast manchmal für Veranstaltungen. Im Winter ist er häufig geschlossen. Wenn Sie der Rue Riad Zito-

Stadtmauern um die Medina

Marrakeschs Befestigungsanlage aus dem 12. Jahrhundert ist ein Wahrzeichen der Stadt. In den meisten anderen marokkanischen Städten fielen die historischen Stadtmauern dem Zahn der Zeit, Kriegszügen oder der modernen Stadtplanung zum Opfer. Hier aber blieb die rote Stadtmauer aus getrocknetem Lehm und Erde nahezu vollständig erhalten. Sie ist etwa neun Meter hoch und zwei Meter dick, und rund um die Stadttore und Türme erreichen die Mauern sogar eine Stärke von zehn Metern.

Die Almoraviden jedoch, die einstigen Bauherren, wären vermutlich überrascht, wie stabil ihr Werk über die Jahrhunderte geblieben ist. Sie hatten sie als billigen Notbehelf gegen die vordringenden Almohaden anlegen lassen. Die Lehmziegel waren eine Notlösung, weil eine echte Steinmauer zu teuer gewesen wäre und ihr Bau zu lange gedauert hätte. Den Almohaden gelang übrigens die Einnahme der Stadt, ohne dass es zu großen Kämpfen gekommen wäre. Sie verbesserten die Stadtmauern anschließend sogar noch. Bis auf den Ausbau um die Agdal-Gärten herum (siehe S. 207) hat sich die Stadtmauer seit dem 12. Jahrhundert kaum verändert.

Am schönsten lässt sich die Stadtmauer bei einer Tour in einer Calèche (siehe S. 194) bewundern. Einige Torhäuser kann man besichtigen, etwa das Bâb Debbagh im Osten oder das Bâb Agnaou im Süden.

un el Jedid nördlich folgen, stoßen Sie auf zwei bemerkenswerte Museen. Das **Maison Tiskiwin** ist ein kleines traditionelles Haus, das von dem niederländischen Ethnologen Bert Flint in ein Museum umgewandelt wurde. Auf seinen Exkursionen in den Hohen Atlas und in die Sahara hat er Teppiche, Textilien und Schmuck gesammelt. Das **Museum für marokkanische Kunst** ist nördlich davon im Palast Dar Si Saïd (siehe S. 205) untergebracht. Weniger ausgefallen als das Maison Tiskiwin, beeindruckt es durch Holzschnitzereien und Möbel.

Saadier-Gräber: Westlich der Paläste erreicht man in wenigen Minuten zu Fuß die ehemals versteckte Anlage. Dort sind die Marmorgräber von etwa 60 Mitgliedern der Dynastie der Saadier. Errichtet wurde die Anlage im späten 16. und frühen 17. Jahrhundert. Sultan Moulay Ismail ließ Ende des 17. Jahrhunderts jedoch die Eingänge schließen. Die gesamte Anlage geriet dadurch in Vergessenheit, bis sie 1917 auf Luftaufnahmen wieder neu entdeckt und der Öffentlichkeit zugänglich gemacht wurde.

Ein kleiner Eingang neben der Moschee der Kasbah führt zu den verborgenen Saadier-Gräbern. Zwei **Mausoleen** stehen auf dem Gelände, dessen Gärten von einer Mauer umgeben sind. Zuerst kommt man in das neuere, beeindruckende Mausoleum, das Sultan Ahmed el Mansour im frühen 17. Jahrhundert hatte errichten lassen. Fantastische Schnitzereien andalusischer und marokkanischer Handwerksmeister zieren die drei Räume. In diesem Teil des

INSIDERTIPP

Auf der Anlage der Saadier-Gräber kann es sehr voll werden. Am frühen Morgen oder späten Nachmittag lässt sich die ruhige Atmosphäre dieses versteckten Ortes am besten genießen.

FAICAL ALAOUI MEDARHRI
Morrocan National Tourist Office

Mausoleums stehen Marmorgräber von Prinzen und Sultanen.

Um zu dem kleineren, zweiten Mausoleum zu gelangen, muss man durch den prächtigen Garten laufen. Die Wege werden von Grabsteinen der königlichen Berater und Generäle gesäumt. Ahmed el Mansours Mutter sollte ursprünglich allein in diesem Mausoleum liegen, später jedoch fanden auch andere Mitglieder der Dynastie der Saadier hier ihre letzte Ruhe.

Museum für marokkanische Kunst
- 197
- Derb El Bahia (von der Rue Riad Zitoun el Jedid)
- (0524) 28 67 42
- Di geschl.
- €

Saadier-Gräber
- 197
- Rue de la Kasbah
- (0627) 43 61 31
- Di geschl.
- €

Bâb Agnaou
- 197
- Rue de la Kasbah

Schlangenbeschwörer, Taschenspieler und Musiker zeigen ihre Kunst auf dem Djemaa el Fna

Lazama-Synagoge
- 6 Derb Ragrada, Mellah
- Sa geschl.

Bâb Debbagh
- Rue de Bâb Debbagh

Café Amandine
- 177 rue Mohamed el Béqual, Guéliz
- (0524) 44 96 12
- www.amandine marrakech.com

Bâb Agnaou: Gegenüber der Saadier-Gräber steht ein prächtiges steinernes Torhaus – das sehenswerte Bâb Agnaou. Erbaut haben dieses Tor die Almoraviden im 12. Jahrhundert. Ursprünglich sollte das einfache Volk durch das Torhaus in die Kasbah gelangen. Die kunstvolle Fassade sollte bei Gästen Wirkung erzielen.

Mellah: Zur Mellah, dem ehemals größten jüdischen Viertel Marokkos, nehmen Sie die Rue Berrima von den Gräbern aus östlich. Im 16. Jahrhundert begann die Blütezeit des jüdischen Viertels. Im frühen 20. Jahrhundert lebten hier ca. 16 000 Menschen.

Die meisten von ihnen sind 1948 nach der Gründung Israels emigriert. Fast alle ehemaligen Synagogen sind mittlerweile in Wohnhäuser oder Geschäfte umgewandelt worden. Nur die **Lazama-Synagoge** wird noch von der klein gewordenen jüdischen Gemeinde genutzt. Ihr Innenraum ist schlicht. Meist ist sie für Besucher geschlossen, eine freundliche Bitte beim Hausmeister kann aber bisweilen Wunder wirken.

Östliche Medina

Die vom Djemaa el Fna aus östliche Medina bietet Besuchern nicht so viele Sehenswürdigkeiten. Hauptanziehungspunkt ist das weitläufige **Gerberviertel**. Hier erleben Sie die Abläufe der Lederindustrie hautnah. Aber Achtung: Die Arbeitsweise hat sich seit Jahrhunderten kaum verändert, und zart besaitete Besucher drohen bei der Geruchsentwicklung umzukippen.

Jenseits davon liegt eines der ältesten Stadttore: **Bâb Debbagh**. Das Torhaus kann besichtigt werden. Vom Dach hat man einen guten Blick auf die Stadt.

Guéliz & Hivernage

Die modernen Viertel Guéliz und Hivernage befinden sich außerhalb der alten Stadtmauern nordwestlich der Medina. Sie wurden im frühen 20. Jahrhundert von den Franzosen angelegt. Ein geordnetes neues Zentrum sollte außerhalb des Gewirrs der Medina entstehen. So wuchsen breite Alleen und Parks, Wohnhäuser und Verwaltungsgebäude.

Einige prächtige Gebäude säumen diese sauberen, modernen Straßen. Befreit vom Gewicht der Tradition, verströmen Guéliz und Hivernage eine jugendliche Atmosphäre. Belebte Cafés, Restaurants und die wenigen Bars der Stadt findet man hier. Im wunderbaren **Café Amandine** gibt es marokkanisches Zuckerwerk, französische Teigwaren und große Portionen Eiscreme. Bei den Restaurants ragt das **Al Fassia Guéliz** (55 boulevard Mohamed Zerktouni, Guéliz, Tel. 0524/43 40 60, www.alfassia.com) mit traditionellen Gerichten heraus. Ein modernes Pendant dazu ist das **Kechmara**: Bar und Restaurant.

Die **Place du 16 Novembre** ist das Herz der Neustadt. Die Verkehrsadern Avenue Hassan II, Avenue Mohamed V und Avenue des Nations Unies treffen sich hier. Auf der Rue el Imam Ali gelangt man südlich zu einem der Wahrzeichen des Viertels: der Kirche **Église des Saints Martyrs de Marrakech**, die in den 30er-Jahren erbaut wurde. Die roten und gelben Buntglasfenster verleihen dem Innenraum bei Sonnenlicht eine wunderbare Atmosphäre.

Majorelle-Gärten: Die Hauptattraktion befindet sich abseits der lebendigen Straßen in einer ruhigen Gegend im Nordosten. Ein fantastischer botanischer Garten ist dort zwischen den ehemaligen Wohnhäusern der Kolonialbeamten entstanden. Die Majorelle-Gärten hatte der französische

(Fortsetzung S. 206)

Das Nachtleben von Marrakesch

Da viele Ausländer in Marrakesch leben und die Stadt wirtschaftlich auf den Tourismus angewiesen ist, ist das Nachtleben in Marrakesch bunter und vielfältiger als in den meisten anderen marokkanischen Städten. Die Bars, in denen die Einheimischen verkehren, sind oft rauchgeschwängert, ausschließlich von Männern besucht, und es wird keine Musik gespielt. In den modernen Bars gibt es Musik aus dem Westen. Besucht werden sie von den Ausländern, Touristen, Frauen und wohlhabenden Marokkanern. Ein Drink kann hier mehr kosten, als eine marokkanische Familie im Durchschnitt in einer Woche für Essen und Trinken ausgibt. Daran lässt sich das noch immer steile Einkommensgefälle im heutigen Marokko ablesen.

Kechmara
- 3 rue de la Liberté, Guéliz
- (0524) 42 25 32
- www.kechmara.com

Église des Saints Martyrs de Marrakech
- Rue el Imam Ali, Guéliz
- (0524) 43 05 85

Majorelle-Gärten
- Avenue Yacoub el Mansour, Guéliz
- (0524) 31 30 47
- www.jardinmajorelle.com

Die Paläste der Stadt

Marrakesch gönnt sich eine beeindruckende Sammlung an Palästen. Mit jedem Palast versuchte ein großzügiger Sultan oder raffinierter Großwesir, der Stadt seinen Stempel aufzudrücken. Geld spielte keine Rolle, und so reichte die Bandbreite vom Stadthaus bis hin zu gewaltigen Palästen.

Ein Innenhof und die Ruinen eines großen Saals im El-Badi-Palast

Marrakesch war zwar im Lauf der Geschichte nur eine unter mehreren Hauptstädten Marokkos, übertrifft aber an verschwenderischer Pracht alle anderen. Nicht sämtliche Paläste haben die Irrungen und Wirrungen der letzten Jahrhunderte überstanden.

El-Badi-Palast

Vom größten Palast Marrakeschs, **El Badi** (siehe S. 198), ist nur die Ruine übrig. Die beeindruckenden Mauern und verwaisten Innenhöfe lassen die ursprüngliche Pracht erahnen. Diese außergewöhnliche Palastanlage wurde vom ersten in Marrakesch herrschenden Sultan der Saadier in Auftrag gegeben, Ahmed el Mansour. Er kam 1578 nach der Schlacht von Alcácer-Quibir (die allen Kreuzfahrerbestrebungen Portugals, das große Marokkonische Reich für die Christenheit zu erobern, ein jähes Ende bereitete) und dem Tod seines Bruders, Sultan Abu Marwan Abd el Malik I., an die Macht. Erbeutete Kriegsschätze und das Vermögen seiner Familie gaben ihm die finanziellen Mittel an die Hand, um sich den Traum von einem Palast zu erfüllen, der größer und verschwenderischer sein sollte als je einer zuvor. Mansour hieß treffend auch »der Goldene«. Die gesamte Anlage sollte seine Macht sowie die der Saadier zum Ausdruck bringen und den Ruhm von Marrakesch erhöhen. Mansour war kaum in Marrakesch, als bereits die Pläne für den neuen Palast ausgearbeitet wurden. »El Badi« sollte er heißen, »der Wundervolle«. Ein Hauptgebäude mit

360 Räumen wurde konzipiert, darunter riesige Säle, in denen der Sultan offizielle Besucher empfangen wollte. Um auch ja unübertroffen zu bleiben, wurde der »Innenhof« wie eine geschlossene Parkanlage in der Größe zweier Fußballfelder angelegt.

Nach dem Vorbild der Alhambra in Granada sollten die Räume des Palastes mit sudanesischem Gold, italienischem Marmor und Unmengen an Onyx und Granit ausgestaltet werden. Die Arbeiten am Palast dauerten etwa 25 Jahre. Darüber hinaus hatte Mansour für Marrakesch auch Gärten und Brunnen in Auftrag gegeben. Ihm ist der Bau mehrerer Moscheen und Medersas (Universitäten) zu verdanken. Auch die Saadier-Gräber (siehe S. 199) gehen auf ihn zurück.

El Badi galt als herrlichster Sultanspalast der muslimischen Welt. Leider erstrahlte er nur für kurze Zeit in vollem Glanz. Im frühen 17. Jahrhundert wurden große Teile des Palastes bereits von dem Alawiden-Sultan Moulay Ismail zerstört, der den Ruhm seiner Dynastie ebenso mehren wie den seiner Vorgänger schmälern wollte. Immerhin dauerte es zwölf Jahre, bis all der Reichtum aus dem Palast abtransportiert

INSIDERTIPP

Schauen Sie sich die Saadier-Gräber an, bevor Sie den El-Badi-Palast aufsuchen – so werden Sie sich leicht vorstellen können, wie die Räume der Ruine früher einmal ausgesehen haben.

BEN HOLLINGUM
National Geographic-Mitarbeiter

Sultane aus der Dynastie der Saadier

Die Herrscher aus der mächtigen Dynastie der Saadier hielten sich für die Nachfahren des Propheten Mohammed, und zwar über die Linie des Kalifen Ali ibn Abi Talib (ca. 600–661) und seiner Frau, Fatima Zahra (ca. 605–632), der Tochter des Propheten. Die Dynastie eroberte unter der Führung von Sultan Muhammad ash-Sheikh (ca. 1534–1557) vermutlich im Jahr 1554 ganz Marokko. Ihren Hauptsitz hatte sie in Taroudantin im südlichen Teil des Landes. Wenig später wurde Marrakesch erstmals seit den Mariniden zur Hauptstadt Marokkos.

Die ersten in Marrakesch herrschenden Sultane der Saadier waren Ahmed el Mansour, ein Zeitgenosse der englischen Königin Elisabeth I., und sein Sohn Zidan Abu Maali (ca. 1580–1627). Beide investierten einen großen Teil des sudanesisches Goldes aus ihrem Familienvermögen in die Stadt. Unter ihrer Herrschaft erlebte Marrakesch eine Blütezeit: Damals entstanden die Medina, die Medersa und fantastische Paläste wie El Badi.

Auch die Nekropolis, die Saadier-Gräber, heute ein Wahrzeichen der Stadt, ließen sie bauen. Mehr als 60 Sultansgräber aus dem 16. und 17. Jahrhundert befinden sich darin. Die Geschichtsforschung kennt insgesamt 16 herrschende Sultane aus der Dynastie der Saadier, von denen acht nur in Südmarokko regierten, weil die Eroberung des Landes noch nicht abgeschlossen war.

1659 verloren die Saadier ihre Macht an die Alawiden. Der Alawiden-Sultan Moulay Ismail wollte 1672 ein Zeichen setzen und versiegelte die Saadier-Gräber, die erst 1917 vom französischen General Hubert Lyautey wiederentdeckt und daraufhin restauriert wurden.

und das beeindruckende Bauwerk zerstört war. Übrig geblieben sind die größten Teile des Gebäudes, die eher für die Regierungsgeschäfte denn fürs tägliche Leben gedacht waren. Einige Räume sind erhalten, auch wenn von der reichen Ausgestaltung nichts mehr zu sehen ist. Die Gärten im Innenhof bezaubern noch heute: Die Spiegelungen auf dem großen Wasserbecken erzeugen einen fast surrealistisch anmutenden Effekt, zumal sich die Wasseroberfläche auf Höhe der umstehenden Baumkronen befindet. In einem Pavillon auf der südwestlichen Seite des Innenhofs wurde die *minbar* (Originalkanzel) aus der Koutoubia-Moschee (siehe S. 193–194) aufgebaut – ein Meisterwerk wunderschön geschnitzter Einlegearbeiten aus Holz. Die besten Handwerker der muslimischen Welt stellten sie in Córdoba her.

Dar el Makhzen
Neben den Ruinen steht der jetzige Königspalast, der Dar el Makhzen. Der Alawiden-Sultan Sidi Muhamed ibn Abdallah, Mohammed III., hat ihn im 18. Jahrhundert bauen lassen; er sollte El Badi als Stadtresidenz ersetzen.

Mittlerweile ist der Palast mehrfach restauriert worden, letztmalig unter der Herrschaft von König Hassan II., der ihn besonders schätzte. Mohammed VI., der gegenwärtige König, hält sich hier auf, wenn er in Marrakesch weilt. Der Palast und die Gärten sind für die Öffentlichkeit geschlossen. Gleichwohl kann man einen Blick auf die sogenannten *méchouars* erhaschen. Sie werden häufig für Paraden und andere offizielle Veranstaltungen genutzt.

Bahia-Palast
Ganz in der Nähe befindet sich ein weiterer wichtiger Palast von Marrakesch, der schöne Bahia-Palast (siehe S. 198). Er wurde Ende des 19. Jahrhunderts nicht für die Königsfamilie, sondern im Auftrag des herrschenden Wesirs Bou Ahmed ibn Moussa errichtet: für seine vier Ehefrauen, zahllosen Konkubinen,

Anspruchsvolle Ornamente im Bahia-Palast

INSIDERTIPP
Bei einem Ausflug zum Bahia-Palast werden Sie traditionelle Formen entdecken, die sich in diesem Land bis in die heutige moderne Zeit gehalten haben.

CLIVE CARPENTER
National Geographic-Mitarbeiter

vielen Kinder und ihn selbst. Seinen Namen »Ort der Schönheit« verdankt er den aufwendigen Schnitzereien, den wunderschönen Gärten mit Wasserspielen, den Höfen und Pflanzen.

Die Fassade zieren Marmor und viele bunte *zellij*-Kacheln. Die zwei Innenbereiche wurden zu ganz unterschiedlichen Zeiten gebaut. Die ersten Wohnräume im älteren Teil des Palastes wurden Ende des 19. Jahrhunderts verhältnismäßig einfach gehalten. Die später dazugekommenen Wohnräume sind schon deutlich luxuriöser. In der Raumaufteilung und Gestaltung gilt dieser Palast als ein Meisterwerk. Die Arbeiten daran dauerten erheblich länger, als ursprünglich geplant.

Ein Storchennest auf den Ruinen des El-Badi-Palastes aus dem frühen 17. Jahrhundert

Dar-Si-Saïd-Palast
Bei einem Bummel durch Marrakesch werden Sie selbstverständlich noch einige weitere Paläste entdecken. Sie prägen das Stadtbild, auch wenn El Badi einst prunkvoller war oder Dar el Makhzen und Bahia noch heute prächtiger sind. Mancher Palast wurde in ein Regierungsgebäude umgewandelt, andere beherbergen Büros, und einige sind noch immer zu besichtigen. Nicht weit entfernt vom Bahia-Palast befindet sich das **Museum für marokkanische Kunst** (siehe S. 199) im Si-Saïd-Palast, einem großartigen Gebäude. Den Palast gab die Wesirfamilie in Auftrag, die sich auch den Bahia-Palast bauen ließ. Die Innenhöfe werden von Säulengängen eingerahmt; das Kuppeldach und die Innenräume mit *zellij*-Kachelkunst sind sehenswert.

Dar-Menebhi-Palast
Nördlich der Souks, in der Nähe der großartigen Medersa Ibn Youssef, befindet sich das Palais Dar Menebhi, ein ehemals fantastisches maurisches Domizil eines Wesirs der Stadt. In den ungeheuer kunstvollen Innenräumen ist nun das **Musée de Marrakech** *(Palais Dar Menebhi, Place Ibn Youssef, Tel. 0524/44 18 93, www.museede marrakech.ma, €)* untergebracht.

Musée d'Art islamique

Jardin Majorelle, Avenue Yacoub el Mansour, Guéliz

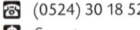
(0524) 30 18 52

€

Maler Jacques Majorelle (1886–1962) angelegt, um sich einen Ort zum kreativen Arbeiten zu schaffen. Berühmter als seine Bilder wurde dann diese bezaubernde Symbiose islamischer und europäischer Gartenkunst. 1947 wurden die Gärten für Besucher geöffnet. Majorelle kümmerte sich darum bis zu seinem Tod 1962. Danach verwahrloste die Anlage, bis sich der Modedesigner Yves Saint Laurent und sein Partner, der Philanthrop Pierre Bergé, 1980 ihrer annahmen. Nach seinem Tod 2008 wurde Yves Saint Laurents Asche im Rosengarten verstreut, an ihn erinnert ein Denkmal.

In Majorelles ehemaligem Atelier ist heute das **Musée d'Art islamique** untergebracht: eine Sammlung von Schmuck, alten Fotografien und Handschriften. Das Atelier bildet zusammen mit der Villa den Mittelpunkt der Gärten, um die sich die mit *zellij*-Kachelkunst gestalteten Wege schlängeln.

Die Gärten von Marrakesch

Abseits des dicht besiedelten Zentrums liegen einige sehr schön angelegte Gärten und Parks, in denen man sich von dem Treiben in den

> **INSIDERTIPP**
>
> Wer nur Zeit für einen der schönen Parks hat, sollte sich den bezaubernden Menara-Garten ansehen. Hier schufen die Ingenieure des Sultans aus Staub ein blühendes kleines Paradies.
>
> AHMED TARIF
> *Reiseleiter*

ERLEBNIS: Die Stadt jenseits der Medina auf zwei Rädern erkunden

Außerhalb von Marrakeschs Stadtmauern wird es anstrengend, die Stadt zu Fuß zu erkunden. Die Hitze ist groß, und die Sehenswürdigkeiten liegen recht weit voneinander entfernt. Fahrräder oder Motorroller sind ideal, um die schattigen Haine von La Palmeraie (siehe S. 209) oder die erholsamen Majorelle-Gärten (siehe S. 201, 206) zu erreichen.

Fahrräder kann man sich mittlerweile überall in Marrakesch leihen. Am zuverlässigsten sind **Loc 2 Roues** (212 boulevard Mohamed V, 1. Stock, Guéliz, Tel. 0524/43 02 94, www.loc2roues.com) und **Marrakech Motos** (31 avenue Abdelkarim el Khattabi, Guéliz, Tel. 0524/44 83 59). Beide befinden sich im Herzen von Guéliz. Bei Loc 2 Roues können Motorroller und Motorräder im Voraus bequem im Internet gebucht werden. Ein Fahrrad kostet etwa 100 Dirham am Tag, ein Motorroller 200 bis 400 Dirham. Die Preise sollten Sie unbedingt vorher aushandeln. Außerdem sollten Sie die Bremsen und Räder überprüfen, bevor die Fahrt losgeht.

Gassen erholen kann. Die Anlagen sind weitläufiger und ruhiger als die in der Medina oder auch in Guéliz. Am bekanntesten ist wohl La Palmeraie (siehe S. 209). Die Parks sind allerdings besser in einem Grand Taxi, einer Calèche (siehe S. 194) oder auch mit einem Fahrrad oder einem Motorroller (siehe links) zu erreichen.

Menara-Gärten: Die Jardins Menara ließ ein Sultan der Almohaden bereits im 12. Jahrhundert anlegen. Neben Olivenhainen und Obstgärten ist in diesem Park vor allem der künstlich angelegte See berühmt. Dieses **Wasserreservoir** stellt ein Meisterwerk mittelalterlicher Technik dar. Es wird von einem unterirdischen Aquädukt gespeist, der klares Wasser aus dem Hohen Atlas bringt. Auf der Wasseroberfläche spiegeln sich wunderschön die nahe gelegenen Berge, darunter tummeln sich Karpfen. Unterirdische Kanäle bewässern die Obstgärten und Olivenhaine, die das ganze Jahr über grün bleiben. Die Gärten dienten den Sultansfamilien zur Erholung und ernährten die Stadt. Die Obstgärten und Olivenhaine wurden abgeerntet und lieferten wichtige Erträge für die Bewohner des Ortes.

Bei Einheimischen und Touristen sind die Gärten gleichermaßen beliebt. Auf den Rasenflächen picknicken viele Familien. Um die Gärten, die etwa 3,4 Kilometer westlich vom Djemaa el Fna liegen, zu erreichen, verlassen Sie die Stadt am besten durch das Bâb Jedid und über die Rue Menara.

Agdal-Gärten: Südlich der Medina erstrecken sich die Jardins de l'Agdal. Auch sie wurden im 12. Jahrhundert angelegt, dann aber im 19. Jahrhundert komplett neu gestaltet. Die vielen Obstgärten, Weinreben,

Arganernte im Süden von Marrakesch

Menara-Gärten
✉ Avenue de la Menara, Marrakesch

www.jardin-menara.com

Agdal-Gärten
✉ Rue Bâb Irhil/ Rue Bâb Ahmar, Marrakesch

Architektur

In Marrakesch gibt es außer Palästen und Moscheen noch eine Menge interessanter Architektur zu entdecken. Von der erdigen roten Stadtmauer bis zu den vermeintlich bescheidenen Häusern mit zauberhaften Innenhöfen besitzt Marrakesch einen einzigartigen Architekturstil.

Das Baumaterial sorgt für Marrakeschs erdig rote Farbe: ein Mix aus trockenem Lehm und Stroh, der *pisé* genannt wird. Dieser ist äußerst stabil, sobald er komprimiert und erhitzt wird, und dazu noch viel billiger als Stein und leicht zu modellieren. Pisé kennzeichnet Marrakeschs Stadtbild.

Typisch für die Architektur der Medina ist, dass kaum ein Haus ein Fenster oder einen Balkon zur Straße hin hat. Die Architektur folgt darin der hohen Wertschätzung der Privatsphäre und deutet auf den abgeschirmten Lebensbereich insbesondere der Frauen.

Mutiges modernistisches Design am Flughafen

Selbst die Fassade luxuriöser Stadthäuser sieht von außen aus wie eine bloße Wand mit einem kunstvollen Portal. Nur in der Mellah ist das anders. Bei der jüdischen Bevölkerung war das Bedürfnis offenbar weniger ausgeprägt, ihre Frauen den Blicken zu entziehen.

Außerhalb der Medina ist die Architektur in den Vierteln Guéliz und Hivernage deutlich westlich beeinflusst und stammt aus der Zeit des französischen Protektorats. Manche Gebäude wirken völlig fehl am Platz. Die neueren Bauprojekte greifen die traditionellen Baustile wieder stärker auf. Das Mitte der 1990er-Jahre entstandene Wohngebiet Jnane östlich der Agdal-Gärten ist ein gutes Beispiel für die neue Architektur. Ein spektakuläres Vorzeigeobjekt dieses marokkanischen Modernismus ist das neue Terminal am Flughafen von Marrakesch.

Früher spiegelte der architektonische Kontrast zwischen der Medina und den *ville nouvelle* auch das soziale und ökonomische Gefälle wider: Die Gebäude der Medina verfielen, weil ihre Bewohner eher arm waren, während die moderne Architektur in den wohlhabenderen, westlich beeinflussten *ville nouvelle* neu entstand. Mittlerweile zieht es auch vermögende Marokkaner wieder zurück in die Altstadt. Etliche Gebäude in der Medina wurden renoviert. Sehr viele Riads (marokkanische Häuser mit Innenhöfen) und Hotels wurden in den letzten zehn oder 20 Jahren instand gesetzt.

Das Reservoir in den Menara-Gärten ist ein Meisterwerk mittelalterlicher Baukunst

Oliven- und Zitrushaine waren in den vergangenen Jahrhunderten eine wichtige Nahrungsmittelquelle für Marrakesch. Momentan macht die Anlage einen etwas ungepflegten Eindruck.

Viele Sultane liebten diese Gärten sehr, obwohl sie ihnen nicht nur Glück brachten: Sultan Moulay el Rashid wurde 1672 von einem herabfallenden Ast so getroffen, dass er vom Pferd stürzte und starb, und Sultan Mohammed IV. ging 1873 bei einer Bootstour mit seinem Sohn unter.

La Palmeraie: Der acht Kilometer lange Palmengarten außerhalb von Marrakesch ist berühmt. Am Fuße des Hohen Atlas erlebt man den Oasencharakter der Stadt und bekommt ein Gespür für die Schönheit marokkanischer Landschaften. Der Palmengarten ist 140 Quadratkilometer groß und liegt am nördlichen Stadtrand. Die Almoraviden ließen hier zahlreiche Dattelpalmen anpflanzen. Zwischen den Palmen wachsen Oliven- und Obstbäume. Bewässert werden die Bäume durch ein interessantes System, das *khettaras* heißt. Unterirdische Brunnen und Leitungen nutzen die Erdanziehungskraft, um ans Grundwasser zu kommen. ∎

Die Umgebung von Marrakesch

Sobald die Dächer und Minarette von Marrakesch aus dem Blick gleiten, fühlt man sich wie in einer anderen Welt. Im Unterschied zu der trotz allem vertrauten Stadt wirkt die organische Architektur in den Berberdörfern altertümlich und fremd. Dazu kommt die Szenerie schneebedeckter Gipfel.

Dattelpalmen vor der imposanten Kulisse des Hohen Atlas

Von Marrakesch aus wirkt der Hohe Atlas wie eine schneebedeckte Felswand. Das Gebirge dominiert die Skyline im Süden und Osten. So unveränderlich wie die Landschaft wirkt auch das Leben in den Bergen: Könige, Dynastien und Kulturen kamen und gingen, ohne Spuren im Leben der Berber zu hinterlassen. Keine Invasionsarmee konnte die Berber aus ihrer Heimat vertreiben. Auch jetzt macht das Leben in den Dörfern nicht den Eindruck, als nähmen die Berber Notiz von der Regierung in Rabat.

Bei der Planung von Exkursionen in die Bergregion sollte man bedenken, dass viele Gegenden mit Fahrzeugen nicht zu erreichen sind. Die wenigen Straßen schlängeln sich durch Täler und über hohe Pässe, sind aber selten miteinander verknüpft. Um von einem Ort im Hohen Atlas zu einem anderen zu gelangen, muss man häufig wieder den gesamten Weg fast bis nach Marrakesch zurückfahren. Von November bis März können einzelne Passstraßen wegen des hohen Schnees gesperrt sein.

Südlich zum Djebel Toubkal

Die meisten Touristen nutzen die R203, die von Marrakesch aus südlich direkt in die Berge führt. Die Bergsteiger fahren alljährlich zu Tausenden auf diesem Weg zum Djebel Toubkal, dem mit 4167 Metern höchsten Berg Marokkos. Die Straße führt von Marrakesch nach Taroudant, dann überquert man einige steile Bergpässen und fährt durch atemberaubende Täler hinauf auf 2092 Meter Höhe bis zum Pass Tizi n'Test.

Die Strecke selbst ist seit Jahrhunderten unverändert, wurde aber erst im frühen 20. Jahrhundert zu einer richtigen Passstraße ausgebaut. Die Franzosen sprengten sich ihren Weg durch das felsige Terrain.

Der erste Teil der Strecke von Marrakesch nach Tahanaout ins Vorgebirge des Hohen Atlas ist relativ einfach zu fahren. Die Straße ist in gutem Zustand, und die größte Herausforderung besteht darin, sich im typisch

INSIDERTIPP

Versuchen sie im Ourika-Tal, am Fuße des Hohen Atlas, mal einen Blick in ein traditionelles Lehmhaus in einem der Dörfer zu werfen.

SANAA AKKACH
National Geographic-Art Director

marokkanischen Straßenverkehr zwischen überladenen Lastern, uralten Bussen und unberechenbaren Taxifahrern zurechtzufinden. Sie werden staunen, wie anders **Tahanaout** bereits im Vergleich zu den Städten um Marrakesch herum aussieht. Die kleinen erdfarbenen Häuser kleben förmlich an den Hängen der steilen Täler. Frauen laufen unverschleiert durch die Straßen.

Djebel Toubkal
185 C2

Tahanaout
185 B2

Die Herren über den Atlas

Bevor sich die Franzosen ihren Weg durch die Berge bahnten, lebte hier eine überschaubare Anzahl von Berberfamilien, die »Herren des Atlas«. Sie kontrollierten die Pfade und verlangten hohen Wegzoll. Von den Bergpässen aus kann man noch ihre befestigten Dörfer und Kasbahs sehen, die an strategischen Orten hoch über der Straße thronen.

Asni
185 B2

Imlil
185 B1

Ab Tahanaout steigt die Straße schnell steil an. Den Weg durch die Berge hat ihr Oued Reraia gebahnt – ein Bergbach, der im Frühling nach der Schneeschmelze zum reißenden Sturzbach anschwellen kann. Auf den nächsten zehn Kilometern folgen Haarnadelkurven, bis die Pilgerstadt **Moulay Brahim** auftaucht. Die Blicke von der Stadt aus auf das **Oued-Reraia-Tal** und die Ebenen weiter nördlich sind atemberaubend. Der Ort ist bei Einheimischen und Pilgern sehr beliebt. Sie besuchen das Grabmal Moulay Brahims, nach dem die Stadt auch benannt ist.

Die Kletterer verlassen in dem Dorf **Asni** die R203 und fahren auf einer schmalen Straße weiter nach **Imlil** und dann zum **Djebel Toubkal** (siehe unten), dem höchsten Gipfel des Nationalparks Toubkal. Wer ausschließlich zum Bergsteigen hier ist, wird mit Asni nicht viel anfangen können. Der Ort liegt für ein Basislager zu weit nördlich. Im Grunde ist das Dorf eher eine Ansammlung verschiedener Orte, die allesamt im Schatten der Dattelpalmen liegen. Der flink dahinfließende Oued Reraia sorgt für kühle frische Luft.

Reisende, die Zurückgezogenheit und Komfort schätzen, zieht dieser Ort magisch an. Wer es gar luxuriös mag, sollte sich einige Nächte in der **Kasbah Tamadot** *(Asni, Tel. 0524/ 36 82 00, www.virginlimited edition.com/en/kasbah-tamadot/rooms, €€€€€)* gönnen. Ein italienischer Künstler hat diese extravagante Unterkunft aufgebaut, die vor Kurzem von dem britischen Milliardär Richard Branson in ein exklusives Resort umgestaltet

---

ERLEBNIS: Bergwandern auf dem Djebel Toubkal

Wenn im Sommer der Schnee in den höchsten Höhen geschmolzen ist, lockt der Djebel Toubkal Bergsteiger aus aller Welt an. Der Aufstieg ist zwar lang und beschwerlich, aber man braucht weder Erfahrungen beim Bergsteigen noch beim Abseilen, um den Gipfel zu erreichen. Informationen zu den verschiedenen Strecken bekommt man in Imlil. Das Dorf strahlt eine aufregende Atmosphäre aus: Man trifft auf windzerzauste Bergsteiger mit riesigen Rucksäcken und ausgefeilten Kletterausrüstungen. Im Ort selbst kann man sich solche Ausrüstungen auch leihen: beispielsweise in dem Laden von **Dar Adrar** *(Douar Achain, Imlil, Tel. 0668/76 01 65, www. daradrar.com)*. Dar Adrar ist gleichzeitig auch ein angenehmes Riad mit Übernachtungsmöglichkeit. Eine typische Route zum Gipfel dauert etwa zwei Tage. Am ersten Tag klettert man bis zu den Berghütten Toubkal oder Les Mouflons, die gut ausgestattet und recht komfortabel sind. Am zweiten Tag wird dann der Gipfel erklommen.

Ein typisches Straßenbild vor einem Bergdorf der Berber südlich von Marrakesch

wurde. Auch das neue Guest House **Dar Tassa** *(Ouirgane, bei Asni, Tel. 0524/48 43 12, www.dar tassa.co.uk, €€€€€)*, ein wenig südlicher an der R203, bietet eine wunderbare Übernachtungsmöglichkeit.

Südlich von Asni führt die Straße auf hohe Bergpässe und durch aufregende Täler. Abseits der bekannten Route zum Djebel Toubkal wird die Straße abenteuerlicher, sie windet sich durch unzugänglicheres Gebiet. Selbst hier, im entlegenen Hochland, leben noch Menschen. Ouirgane und Ijoujak sind angenehme und freundliche Ortschaften, die vom Tourismus weitgehend unberührt geblieben sind. Etwa 44 Kilometer südlich von Asni, in der Nähe von Ijoujak, steht die berückend schöne Moschee **Tin Mal**. Der einflussreiche islamische Prediger Mohammed Ibn Toumart (ca. 1080–ca. 1130) und die Dynastie der Almohaden stammen aus diesem Ort. Die Moschee ist in sehr gutem Zustand, typisch für die Architektur der Almohaden und darf besichtigt werden.

Ourika-Tal

Das Ourika-Tal am Fuße des Hohen Atlas ist eine wunderschöne Gegend. Sie beginnt etwa 30 Kilometer südlich von Marrakesch. In den recht üppigen Tälern leben die Berber in kleinen

Tin-Mal-Moschee
- 185 B1
- Tin Mal
- €

Splash Morocco
✉ Riad Splash, 7 Derb Gnaoua, Ben Saleh, Medina, Marrakesch
☎ (0618) 96 42 52
moroccoadventuretours.com

Dörfern und pflegen ihren traditionellen Lebensstil. Die Flora und Fauna ist beachtlich. Rund um das Dorf **Jardin du Safran** wachsen die Safrankrokusse. In der Region leben viele von dem überaus kostbaren Gewürz (nach Gewicht noch immer teurer als Gold), das den Gerichten ihre typisch gelbe Farbe verleiht. Besucher dürfen meist einen Blick in die kleine Safranfarm direkt im Dorfzentrum werfen.

Das Tal ist berühmt für seine Wasserfälle und den Fluss, auf dem **Wildwasserfahrten** angeboten werden. Der obere Abschnitt ist interessant für versierte Sportler, der untere eignet sich auch für Anfänger. In Marrakesch können Sie bei **Splash Morocco** Touren für Anfänger und Fortgeschrittene buchen (die Tour dauert einen halben Tag und kostet etwa 600 Dirham).

Im Süden des Ourika-Tals liegt der Nationalpark Toubkal mit seinem Prunkstück: dem Djebel Toubkal.

Ein Berber reitet auf seinem Esel ins Gebirge des Hohen Atlas

Oukaïmeden
 185 C2

Im Sommer kann man dort herrliche Bergtouren unternehmen (siehe S. 212), im Winter in **Oukaïmeden** Ski fahren. Dieser schöne Wintersportort liegt auf etwa 2600 Meter Höhe an den Hängen des Djebel Attar. Die Straße dorthin ist zwar enorm kurvig, aber in gutem Zustand. Im Winter kann sie allerdings tückisch werden.

INSIDERTIPP

Wem es in Marrakesch zu heiß wird, der sollte zur Erfrischung einen Ausflug nach Oukaïmeden machen. Die Fahrt dauert nur etwa eine Stunde, dafür aber befinden Sie sich plötzlich auf 3260 Meter Höhe und in Marokkos bestem Skigebiet.

CHRISTEL CHERQAOUI
National Geographic-Books

Im Vergleich zu einem europäischen Skizirkus mag Oukaïmeden etwas einfach wirken, aber die berauschende Abfahrt oben vom Skilift (3258 Meter) lässt die dürftige Beschilderung und die mäßige Qualität der Leihskier (aus den 1970er-Jahren) trotzdem sofort vergessen. Die meisten Skifahrer kommen nur für einen Tag von Marrakesch aus in die Berge, aber zum Übernachten gibt es auch einige gute Hotels in der Stadt, etwa das gemütliche **Chez Juju** oder das **Kenzi Louka**.

Ouzoud Cascades

Etwa 150 Kilometer östlich von Marrakesch liegt das malerische Dorf Ouzoud. Es ist von Olivenhainen umgeben und heißt so in der Sprache der Berber einfach »Olive«. Das Dorf ist bereits reizvoll, richtig berühmt ist es aber wegen der nahe gelegenen Wasserfälle.

Die Wasserfälle von Ouzoud rauschen aus einer Höhe von etwa 110 Metern hinunter in ein Naturfelsbecken; feine Gischt sorgt für eine Vielzahl kleiner Regenbogen. Ein schattiger Weg führt entlang eines Olivenhains vom Dorf aus in wenigen Minuten zu den Wasserfällen. Manchmal sieht man sogar ein paar der seltenen Berberaffen. Am Flussufer entlang kann man aber auch in die bezaubernde Schlucht **Oued el Abid** wandern. ∎

Hotel Chez Juju
✉ Oukaïmeden
☎ (0524) 31 90 05
www.hotelchezjuju.com

Hotel Kenzi Louka
✉ Oukaïmeden
☎ (0524) 31 90 80

Ouzoud Cascades
🅰 185 C2

ERLEBNIS: Wassersport auf dem Bin el Ouidane

Angler werden den Stausee Bin el Ouidane in der Nähe von Ouzoud lieben. Auf dem fast wellenlosen Wasser kann man aber auch herrlich segeln, Jet-Ski oder Kajak fahren. Mit dem Seewasser werden die Böden in der Region bewässert. Außerdem liefert der Stausee Energie.

Boote kann man sich in den Hotels leihen. Im tiefen Wasser werden Karpfen, Hechte und Barsche geangelt. Auf einem Jet-Ski oder im Kajak können Sie Ausflüge zu kleinen Buchten, Flüssen oder zum Damm unternehmen.

Das **Hotel Bin el Ouidane** *(Route de Ouaouizerte, Tel. 0523/44 26 00, http://hotelbinelouidane.com)* hält ein großes Wassersportangebot bereit. Komplette Angelausrüstungen gibt es bei **Morocco Carp Fishing** *(www.moroccocarpfishing.com)*.

Essaouira

Die Küstenstadt Essaouira verströmt eine entspannte Atmosphäre und liegt fern vom Staub und Gedränge in Marrakesch. Viel zu bieten hat Essaouira bei aller Beschaulichkeit trotzdem: wunderschöne Strände, eine bezaubernde Medina und eine Befestigungsanlage aus dem 18. Jahrhundert.

Eine Kanone auf der Befestigungsmauer in Essaouira

Essaouira ist ein charmantes Fischerstädtchen und liegt etwa drei Stunden westlich von Marrakesch. Um die Medina herum wurde im 18. Jahrhundert eine massive Befestigungsanlage errichtet. Darum herum beginnen die moderneren, neu angelegten Stadtviertel. Händler und Eroberer zieht es schon seit Jahrhunderten in den Hafen von Essaouira. Im 1. Jahrhundert n. Chr. landeten bereits römische Schiffe hier, um gegen Gold und andere Kostbarkeiten für die wohlhabenden Aristokraten des Landes eine der wertvollsten Waren überhaupt einzutauschen: Purpur (siehe rechts).

Bevor die Portugiesen sich für die marokkanische Küste interessierten, war Essaouira ein ruhiges Fischer- und Handelsstädtchen. Im 16. Jahrhundert wurde der Hafen von den Portugiesen erobert. Auch in den folgenden 100 Jahren blieb die Stadt umkämpft. Nachdem es zwischen Marokkanern und den großen Seefahrernationen mehrfach zu Auseinandersetzungen gekommen war, beschloss der Alawiden-Sultan Mohammed III., für klare Verhältnisse zu sorgen. Essaouira schien ihm eine notwendige Voraussetzung für einen Handel mit Europa zu sein, und so machte er die Stadt zum Stützpunkt seiner Marine und ließ die neue Befestigungsanlage errichten.

Ein französischer Ingenieur, Theodore Cornut, den die Marokkaner auf einem Schiff gefangen genommen hatten, entwarf die Pläne für den Sultan. Außerdem plante Cornut die für das Zentrum der Medina ungewöhnlich breiten Alleen.

Die Medina

In der Medina lebt der Großteil der Bevölkerung. Hier befinden sich die meisten Märkte, Restaurants und Hotels. Die Gassen sind nur für Fußgänger geöffnet. Zwei große Alleen gliedern die Altstadt in vier Bezirke. Die Avenue Mohamed Zerktouni verläuft südwestlich vom Bâb Doukala bis zum Hafen und die Rue Mohamed el Qory (die viele auch als Rue Abdelaziz el Fechtaly kennen) vom Bâb Marrakech bis zur Befestigungsanlage am Hafen. Die großen Souks liegen rund um die Kreuzung der beiden Alleen im Zentrum. In den Souks werden frisch gefangene Fische, der Exportschlager der Stadt, und viele andere Dinge verkauft.

Den Mittelpunkt der Stadt bilden die Souks, das Zentrum des Fischereihandels befindet sich jedoch
(Fortsetzung S. 220)

INSIDERTIPP
Ein köstliches und preiswertes Mittagessen gibt es im Hafen von Essaouira. An den Fischständen kann man fangfrische Meeresfrüchte aussuchen, die vor den Augen der Gäste gegrillt werden.

MARISA LARSON
NATIONAL GEOGRAPHIC-Mitarbeiterin

Essaouira
185 A2, 219
Besucherinformation
Rue Al Kahira
(0524) 78 35 32
www.essaouira tourisme.com

Tyrischer Purpur

Aus dem Sekret einer bestimmten Meeresschnecke gewonnene Purpurpigmente wurden erstmals in Tyros, im Süden des Libanon, zu Zeiten der Phönizier (1500–300 v. Chr.) verwendet. Besonders begehrt waren sie in der Blütezeit des Römischen Reiches. Die Kaiser und wohlhabenden Aristokraten ließen sich damit ihre Gewänder färben. Essaouira entwickelte sich neben Tyros zum zweiten Handelsort, weil die kleinen Meeresschnecken auch in den Felsen der Insel Ile de Mogador lebten. In zeitaufwendigen Arbeitsschritten mussten unzählige der winzigen Meeresschnecken verarbeitet werden, um auch nur eine kleine Menge an Pigmenten zu erhalten. Daher war dieser Farbstoff sehr teuer.

Rundgang durch Essaouira

Essaouiras Medina ist aufregend, voller verwinkelter Gassen und mit wunderschöner Architektur. Zusammen mit den feinsandigen Atlantikstränden machen sie Essaouira zu einem Mikrokosmos marokkanischen Flairs.

NICHT VERSÄUMEN

Die Boote im Porte de la Marine • Die Befestigungsanlage Sqala de la Ville • Den Souk der Holzschnitzer

Frauen vor einem Geschäft in Essaouira

Vom Hafen **Porte de la Marine** ① aus sind rechts die weitläufigen Strände zu sehen, die zu den schönsten Marokkos zählen. Im Hafen ist von der Ruhe des Strandlebens allerdings nichts zu spüren: Hier herrscht ein wildes Durcheinander mit Booten, Netzen und bunten Gewändern. Bevor Sie den Hafen verlassen, sollten Sie noch einen Blick auf den **Torbogen** werfen, der den Hafen zur Stadt hin öffnet. Sultan Sidi Mohamed ben Abdellah ließ ihn im späten 18. Jahrhundert bauen.

Biegen Sie vom Boulevard Mohamed V links in die Avenue Lalla Aicha und dann später rechts in die Rue el Moukaouama ein. Die katholische Kirche **Église Notre Dame** ② *(Avenue El Moukaouama, Tel. 0524/47 58 95)* befindet sich nun direkt vor ihnen.

Gehen Sie auf der Avenue Mohamed V wieder zurück und an der Place Orson Welles vorbei, die wegen der *Othello*-Dreharbeiten nach dem Regisseur benannt wurde, ebenso wie die **Othello-Gärten**, in denen die Einheimischen gern sitzen. Sie erreichen dann die **Avenue Oqba ibn Nafia** ③. Das ist eine von Essaouiras Hauptverkehrsadern, die den Hafen mit der Medina verbindet. Wichtigster Platz der Stadt ist der **Place Moulay Hassan**.

Sie befinden sich nun mitten in der Kasbah. Gehen Sie weiter in das sogenannte Mellah-Viertel. Verpassen Sie auf dem Weg nicht die **Galerie Damgaard** ④ (siehe S. 220). Frederic Damgaard hat sie in den 1980er-Jahren gegründet. Sie ist die interessanteste Galerie der Stadt und stellt Arbeiten einheimischer und hier ansässiger Künstler aus. Sie war die erste von mittlerweile vielen Kunstgalerien.

RUNDGANG DURCH ESSAOUIRA

Weiter geht es auf der Avenue Oqba ibn Nafia, dann links in die Rue el Attarin, die zur Rue Darb Laalouj führt. Sie kommen zu einem kleinen, aber interessanten ethnologischen Museum, dem **Musée Sidi Mohamed ben Abdellah** ❺ (siehe S. 220). Genau gegenüber befindet sich die **Sqala de la Ville** ❻ in der Rue de la Sqala. Dieser Teil der Befestigungsanlage wurde zur Verteidigung der Stadt gegen Angriffe vom Meer aus errichtet. Vom großen Festungsturm am nördlichen Ende hat man einen tollen Blick auf die Stadt und übers Meer. Ein Weg führt von dieser *sqala* zu ihrem Pendant, der **Sqala du Port**, die den Hafen gegen Angreifer vom Norden aus schützte.

Von der Sqala de la Ville geht es rechts in die Medina. Wir befinden uns nun auf dem Rückweg. Im Labyrinth der verwinkelten Gässchen stoßen Sie auf mehrere Souks. Im **Souk der Holzschnitzer** werden die Holzeinlegearbeiten verkauft, die typisch für Essaouira sind. Es lohnt sich, durch den größten der Souks, den **Souk Lazghal** ❼, zu schlendern. Gehen Sie weiter Richtung Norden in die Mellah, das ehemalige jüdische Viertel. Der Rundgang endet an dem beeindruckenden Torhaus **Bâb Doukkala** ❽, das einst zu Verteidigungszwecken diente.

- Siehe Karte S. 185
- Porte de la Marine
- 40 Minuten
- 2,9 km
- Bâb Doukkala

Möwen schweben vor der alten Stadtmauer von Essaouira

Galerie Damgaard

- ✉ Avenue Oqba ibn Nafia, Medina
- ☎ (0524) 78 44 46
- www.galeriedamgaard.com

Musée Sidi Mohamed ben Abdellah

- ✉ Rue Darb Laalouj
- ☎ (0524) 47 53 00
- ⓘ Di geschl.
- $ €

unten am Hafen an der **Place Moulay Hassan**. Die zwei Hälften des Platzes verbindet ein schmaler Fußweg. Die Einheimischen verbringen hier in den Cafés und Geschäften gern ihre Zeit, und die Besucher schätzen die lebendige Atmosphäre. Von der **Patisserie Chez Driss** bis hin zum fabelhaften Restaurant **Taros** (siehe S. 295) ist für jeden Geschmack etwas dabei.

Zu Fuß erreichen Sie auf der Rue Darb Laalouj in wenigen Minuten das **Musée Sidi Mohamed ben Abdellah**. Die Sammlung ist in einem Kolonialgebäude untergebracht. Ausgestellt werden Webarbeiten, Korbflechtereien sowie maurische Instrumente und Waffen.

Nur ein Stück nördlich von der Avenue Oqba ibn Nafia liegen die **Große Moschee** und die wichtigste Kunstgalerie der Stadt, die **Galerie Damgaard**. Die schöne Lage am Meer, die lebendige Stimmung auf den Straßen und das klare Licht haben viele Künstler angezogen. Ein Däne, Frederic Damgaard, kam in den 1980er-Jahren auf die Idee, für die einheimischen oder hier schaffenden Künstler eine Galerie zu eröffnen.

Am nordwestlichen Ende der Medina liegt die **Sqala de la Ville**. Hier stehen hinter Schießscharten auf der Stadtmauer alte Kanonen. Diese Verteidigungsanlage gehört zu dem Befestigungswall aus dem 18. Jahrhundert. Von hier aus hat man einen fantastischen Blick auf die Inseln, die Essaouira vorgelagert sind. Sie gehören zu einem Naturschutzgebiet. Ausgerüstet mit einem Fernglas, kann man von der Mauer aus die berühmtesten Inselbewohner, die seltenen Eleonorenfalken, beobachten, die im Sommer dort brüten.

Der **Souk der Holzschnitzer** befindet sich in den Gewölben des ehemaligen Munitionslagers unterhalb der Befestigungsmauer. Die Künstler und Kunsthandwerker verarbeiten hier das regionale Thujaholz zu Ziergegenständen und Möbeln. Der Laden des **Ensemble Artisanal** (Bâb Marrakech, Rue Mohamed el Qory) wird offiziell von der Regierung unterstützt; gut ist auch die **Cooperative Tamounte**. Ziel der Kooperative ist es, den Künstlern und Handwerkern faire Preise zu bezahlen.

Vor der Stadtmauer

Mit den Jahren ist Essaouira über seine ursprünglichen Grenzen hinausgewachsen. Heute befinden sich die Parks und Wohnviertel jenseits der Stadtmauer. Eines der schönsten Viertel beginnt hinter der Mauer beim Hafen.

Die **Place Orson Welles** und die **Othello-Gärten** wurden nach dem berühmten Filmemacher benannt, der hier in den 1940er-Jahren seinen *Othello* drehte. Von den Gärten aus schaut man auf die **Strände** von Essaouira. Sie locken das ganze Jahr über Touristen an. ■

ERLEBNIS: Windsurfen vor Essaouira

Zahlreiche Windsurfer treffen sich in der **Bucht von Essaouira** oder etwas südlicher in **Sidi Kaouki**. Vom Anfänger bis zum Profi finden alle einen geeigneten Strand. Der Wind kommt in aller Regel aus Nordwest. Hin und wieder erschweren starke Windböen das Surfvergnügen. In **Cap Sim**, im Süden, sind die Bedingungen ähnlich gut. Allerdings ist der Wellengang hier heftiger, und der Wind weht häufiger aus südlicher Richtung. Der Strand **Moulay Bouzerktoun** ist nur für Fortgeschrittene zu empfehlen. Der Wind kann hier eine Geschwindigkeit von 40 bis 48 Stundenkilometern erreichen. Eine Leihausrüstung, Surfkurse sowie Duschmöglichkeiten werden in mehreren Surfschulen angeboten. Zu empfehlen sind beispielsweise **Ocean Vagabond** (Boulevard Mohamed V, Essaouira, Tel. 0524/78 39 34, www.ocean vagabond.com) und **Essaouira Kitesurf** (Tel. 0672/06 37 25, www.essaouirakitesurf.com). Am beliebtesten ist **Explora** (Le Panoramique, Boulevard Mohamed V, La Corniche Sud d' Essaouira, Essaouira, Tel. 0611/ 47 51 88, www.exploramorocco.com). Der Laden wird von einer sehr sympathischen Gruppe aus Einheimischen betrieben. Sie selbst surfen schon seit Jahrzehnten in Essaouira und kennen sich bestens aus. Auch für Kite-Surfer und Wellenreiter gibt es in der Gegend gute Angebote.

Rund um Essaouira

Viele kleine Inseln strecken ihre Köpfe vor Essaouira aus dem Wasser. Die Ile de Mogador, die noch den alten Namen Essaouiras trägt, hält die heftigsten Atlantikwinde vom betriebsamen Hafen fern. Womöglich war dieser große Vorteil eine der Voraussetzungen für die frühe Besiedlung der Gegend.

Bunte marokkanische Teegläser

Diabat
185 A2

Cap Hadid & Cap Sim
185 A2

Diabat

Auf der Hauptstrecke von Essaouira in den Süden gabelt sich die Straße nach kurzer Zeit. Die große Verkehrsstraße biegt links ins Landesinnere ab, während eine nicht asphaltierte Straße die Küste entlang nach Oued Ksob und in das kleine Dorf Diabat führt.

Heute überquert man den Fluss auf einer Art Damm, der aus den alten Brückentrümmern gebaut wurde. Bei Hochwasser ist der Damm nicht passierbar. In dem seichten, weitläufigen Mündungsbereich des **Oued Ksob** hinter der Brücke leben viele Stelzvögel und Seevögel. Im Sommer kommen die Eleonorenfalken von der Ile de Mogador hierher und holen sich Libellen über dem Fluss.

Am anderen Flussufer steht die eindrucksvolle Ruine des **Königlichen Pavillons**, der im 18. Jahrhundert Sultan Sidi Mohamed ben Abdellah gehörte.

Halb versunken im seichten Wasser des Mündungsbereichs, steht die Ruine der Festung **Borj el Baroud**. Die Reste der Festungsmauer werden vom Wasser zu weichen organischen Formen gespült. Die Einheimischen berichten, diese Ruine habe einen berühmten Besucher, Jimi Hendrix, zu seinem Lied »Castles Made of Sand« inspiriert (schade, leider hat er den Song schon ein Jahr vor seinem Aufenthalt dort geschrieben).

Cap Hadid & Cap Sim

Die Küste rund um Essaouira bietet viele Buchten und lange, breite Sandstrände. Je weiter man sich von Essaouira entfernt, desto leerer

INSIDERTIPP

Nehmen Sie einen Fußball mit an den Strand. Innerhalb von kürzester Zeit werden Sie zwei Mannschaften für ein hart umkämpftes Spiel zusammenhaben. Das ist eine wunderbare Möglichkeit, um Einheimische kennenzulernen und gleichzeitig die Aussicht aufs Meer zu genießen.

JANELLE NANOS
National Geographic-Redakteurin

werden die Strände. Ein besonders angenehmer Strand liegt nördlich vom Cap Hadid, dort, wo der Oued Tensift nach seiner langen Reise aus den Hügeln ins Meer mündet.

Die Strände in der Nähe vom Cap Sim im Süden von Essaouira sind ein wenig trostloser, weil der starke Wind ihnen zusetzt. Ein Stück weiter die Küste entlang Richtung Tamanar erreicht man **Smimou** (sonntags findet ein wundervoller kleiner Souk statt) und das in einer riesigen Bucht gelegene **Tafelney**. Der Strand von Tafelney ist, wie die meisten Strände um Essaouira, wegen seiner schönen Natur und seiner Eignung zum Windsurfen beliebt.

Tamanar

Tamanar ist zwar nur eine kleine Stadt, aber die größte Siedlung an diesem Küstenabschnitt. Die Gegend scheint sich seit Jahrhunderten nicht verändert zu haben. Die Olivenhaine und Arganbäume wurden von der Unesco zum Biosphärenreservat erklärt.

Das Dorf ist in Marokko sehr bekannt für ein spezielles Öl, das aus den Nüssen der Arganbäume gewonnen wird. Es wird in Flaschen verkauft. Dieser knorrige Baum gedeiht in der Landschaft des Sous-Tals. Das Öl stellt die wichtigste Einnahmequelle des Dorfes dar. ∎

Arganbaum-Kooperativen

Nähert man sich der Stadt Tamanar, desto häufiger sind seltsam dunkle Umrisse in den Baumkronen zu erkennen. Recht bald wird klar, dass hier Ziegen in den Bäumen umherklettern. Die Tiere scheuen die höchsten Äste nicht, um an die Früchte der Arganbäume zu gelangen. Sie leisten einen entscheidenden Beitrag zur Verarbeitung der Früchte. Die Ziegen fressen die Früchte und scheiden den harten, ungenießbaren Kern wieder aus. Diese harte Nuss wird aufgelesen, geknackt, klein gerieben und geröstet, um das kostbare Arganöl zu gewinnen. Das Öl wird in ganz Marokko und über die Landesgrenzen hinaus verkauft und zum Kochen, für Kosmetikprodukte und vieles andere verwendet. Den Frauen aus Tamanar brachte das Öl sogar wirtschaftliche Unabhängigkeit. In der **Coopérative Amal** *(Village de l'Arganier, Tamanar)* sorgen sie eigenständig für ihren Lebensunterhalt.

Lange Sandstrände am Atlantik, historische Städte, über die gewaltige rote Wehranlagen wachen, und die Filmhauptstadt Marokkos

Agadir, das Drâa-Tal & der Süden

Erster Überblick   226

Agadir & Umgebung   228

Spaziergang: Agadirs Zentrum   232

Erlebnis: Tamazight sprechen lernen   234

Erlebnis: Das Musikfestival von Timitar   236

Erlebnis: Golf in Agadir   238

Ouarzazate & Umgebung   240

Erlebnis: Am Marathon des Sables teilnehmen   241

Erlebnis: Töpfern in Tamegroute   248

Goulimine & Umgebung   250

Westsahara   254

Erlebnis: Kameltreck in der Westsahara   256

Special: Fischereiindustrie am Atlantik   258

Erlebnis: Angeln in Dakhla   259

Erlebnis: Wassersport in Dakhla   262

Hotels & Restaurants   306

Die dunkelrosa Mauern und Türme von Aït Ben Haddou, einem der am schönsten erhaltenen *ksar* von Marokko

Agadir, das Drâa-Tal & der Süden

Die moderne Stadt Agadir liegt am Atlantik an einer hufeisenförmigen Bucht mit kilometerlangem goldenem Sandstrand. Da bei mildem Klima fast täglich die Sonne scheint, ist Agadir zu Marokkos bedeutendstem Ferienort avanciert. Hier können die Gäste jede Form der Unterhaltung genießen – vom Jet-Skifahren über Segeln und Golf bis zu Ausritten am Strand.

Agadir beeindruckt mit seiner Dynamik wie keine andere Stadt in Marokko. Rote Wehranlagen aus Pisé (Stampflehm), riesige Festungen oder eine chaotische Medina gibt es hier nicht, auch keine alten Kasbahs oder Souks. Dafür säumen die großzügigen Boulevards moderne Gebäude, gepflegte Parks und Straßencafés im europäischen Stil. Die meisten halten Agadir für eine moderne Stadt, was in Anbetracht der attraktiven Neubauten und schachbrettartigen Straßen verständlich ist, doch in Wirklichkeit reicht seine Geschichte weit zurück. Die Stadt war einst eine der reichsten des Landes mit einer geschäftigen Kasbah und prachtvollen Gebäuden. Doch das Erdbeben vom 29. Februar 1960 begrub einen Großteil unter Schutt und Asche.

Das neue Agadir wurde bewusst im Stil europäischer Ferienorte erbaut und hat sich zur bedeutendsten Destination von Pauschalreisenden entwickelt; Touristen, vor allem aus Marokko und Europa, strömen das ganze Jahr über herbei. Die Stadt gibt sich international, mit weniger marokkanischem Flair als die anderen Ferienorte; und die Architektur entspricht größtenteils dem Standard der Urlaubsorte am Mittelmeer. Die Auswahl an Hotels und Restaurants ist gut, außerdem liegen hier die schönsten Strände Marokkos. Sonne, Sand und Meer sind jedoch nicht die einzigen Reize von Agadir. Die Stadt ist auch kultureller und wirtschaftlicher Dreh- und Angelpunkt der Region und verfügt über den größten Fischereihafen des Landes.

Nur ein paar Kilometer südlich der Stadt liegt am Fuß des Antiatlasgebirges, wo der Fluss Oued Sous ins Meer mündet, der Souss-Massa-Nationalpark, ein Naturschutzgebiet

> **NICHT VERSÄUMEN**
>
> An den sagenhaften Stränden von Agadir entspannen und sich an der Corniche d'Agadir den Wind um die Nase wehen lassen **230**
>
> Im Vallée des Oiseaux, einem Tierpark, die angepflanzten Gärten und exotischen Vögel in Volieren bewundern **232, 234**
>
> Die strahlend weißen, modernen Bauten in Agadirs Viertel Nouveau Talborjt bestaunen **231**
>
> Das Wehrdorf Aït Ben Haddou, unsterblich durch den Film *Lawrence von Arabien* (1962), auf sich wirken lassen **243**
>
> Die Kasbahs östlich von Ouarzazate zählen **246**
>
> Durch die dramatische Dadès-Schlucht fahren **247**
>
> Die frischen Meeresfrüchte in Dakhla genießen **263**

mit Röhricht und Sandbänken. Der Park kann sich nicht nur über die größte Kolonie gefährdeter Waldrappe freuen, sondern auch über Flamingos, Löffler, seltene Marmelenten und Knackerlerchen.

Weiter landeinwärts erstrecken sich Berge, Flusstäler, weite Ebenen und gen Süden die schier endlose Vorsahara, eine Halbwüste mit ebenso vielfältiger Flora und Fauna.

Agadir wird oft als Tor zum Drâa-Tal und in den Süden bezeichnet. Es liegt wirklich ideal, um Ausflüge zu den alten Städten Tafraout und Tiznit in sagenhafter Landschaft beim Kerdous-Pass zu unternehmen. Oder als Startpunkt für eine Tour nach Taroudant, bekannt als »Klein-Marrakesch« wegen seiner mächtigen Wehranlagen aus rotem Pisé. Weiter im Landesinneren lohnt die jahrhundertealte Stadt Ouarzazate einen Besuch. Sie besteht aus etlichen Kasbahs auf einem Wüstenplateau. Heute ist der Ort ein bedeutendes Zentrum der Filmindustrie. Oder man besichtigt die leuchtend rote Stadt Zagora im Herzen des Drâa-Tals.

Agadir gibt auch einen guten Standort ab, um das Tifrit-Tal zu erkunden. Weiter nach Süden kommt man auf dem Weg in die Sahara durch mehrere Orte und Städte: Goulimine ist für seinen Kamelmarkt berühmt, Tan-Tan und Tarfaya sind zwei Fischerhäfen, Laâyoune liegt in der Wüste, und Dakhla in einer hübschen Bucht ist nur gut 300 Kilometer von der Nordgrenze zu Mauretanien entfernt.

Vom modernen Agadir über das grüne Drâa-Tal bis zu den Sanddünen und Felsarealen der Sahara ist diese Region Marokkos mit die abwechslungsreichste des Landes. ■

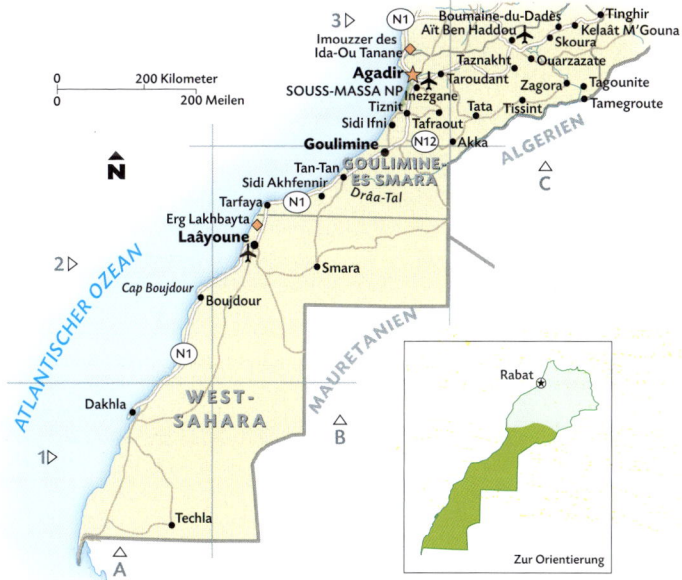

Agadir & Umgebung

Agadir bedeutet in der Sprache der Berber »Wehrstadt« und ist die Hauptstadt der Region Souss-Massa-Drâa. Sie hat sich als Feriendestination einen Namen gemacht – mit Hotels, schicken Restaurants und einem Klima, das Sonnenbräune garantiert. Im Fischereihafen der Stadt haben viele Einheimische ihren Arbeitsplatz. Von hier kommen auch größtenteils die Sardinen.

Eine Flotte mit großen und kleinen Fischerbooten im Fischereihafen von Agadir

Agadir
- 227 B3

Besucherinformation
- ONMT, Avenue du Prince Heritier Sid Mohamed, Immeuble A
- (0528) 84 63 77
- Sa/So geschl.

- Syndicat d'Initiative, Avenue Mohamed V
- (0528) 84 03 07

Agadir damals

Wissenschaftler glauben, dass die allererste Siedlung in Agadir von den Phöniziern gegründet wurde, die etwa 1000 v. Chr. nach Marokko kamen, um an der Küste Handelsstationen zu errichten. Das frühe Agadir war aber keine große Stadt wie damals Chellah (in der Nähe vom heutigen Rabat), Lixus (heute: Larache) oder Mogador (heute: Essaouira). Alte Dokumente belegen, dass der Ort vielmehr ein kleines Fischerdorf war, bis 1505 die Portugiesen kamen. Sie errichteten auf einem Hügel mit Blick über die Bucht eine Kasbah. Unter König Manuel I. von Portugal entwickelte sich die Siedlung rasch zu einem bedeutenden Hafen auf der Route von Afrika nach Europa. Schon 1551 wurden die Portugiesen von der Wattasiden-Dynastie aus Agadir vertrieben und 1578 aus ganz Marokko. Das geschah nach der Schlacht der drei

Könige unter den Nachfolgern der Wattasiden, den Saadiern, die von ihrem Sitz aus in Tagmadert im Drâa-Tal das ganze Land erobert hatten.

Im Jahr 1731 machte ein gewaltiges Beben die Stadt dem Erdboden gleich, von den Mauern blieben nur Ruinen, die Infrastruktur wurde weitgehend zerstört.

Agadir heute

Das Agadir, wie es sich uns heute präsentiert, ist völlig modern, denn es entstand nach einem weiteren Erdbeben. 1960 wurde fast die gesamte Stadt zerstört. Es gibt keine alte Medina zu erkunden und keine *ville nouvelle*. Ein Großteil der Architektur datiert aus den 1960er-Jahren oder ist noch neuer. Die Meerespromenade führt kilometerlang am goldenen Sandstrand entlang. Nur eine Mauer der **Oufella-Kasbah** aus dem 16. Jahrhundert, sieben

> **INSIDERTIPP**
> **Marokkaner unternehmen gern einen Spaziergang bei Sonnenuntergang. In Agadir ist dazu die Strandpromenade besonders beliebt. Schließen Sie sich dieser Tradition an.**
>
> MARISA LARSON
> NATIONAL GEOGRAPHIC-Mitarbeiterin

Busunternehmen

✉ CTM, Rue Yacoub Mansour, Agadir
☎ (0528) 82 53 41
www.ctm.ma

✉ Supratours, 10 rue des Orangiers, Agadir
☎ (0528) 84 12 07
www.supratours.ma

Agadir Al Massia Airport

✉ BP 2000, Aéroport Agadir Al-Massira
☎ (0528) 83 91 12
www.agadir-airport.com

Das Erdbeben von Agadir 1960

Am 29. Februar 1960 erlebte Agadir das verheerendste Erdbeben in seiner Geschichte. Das Epizentrum des auf der Richterskala 5,7 starken Bebens lag nah beim Stadtzentrum gleich unter der Erdoberfläche, was eine beispiellose Zerstörung zur Folge hatte.

Das Beben begann um 23.40 Uhr, als sich die meisten der 45 000 Einwohner zu Hause und die Touristen in ihren Hotels aufhielten. Es kamen mindestens 12 000 Menschen ums Leben, noch mehr wurden verletzt, Tausende wurden obdachlos. Sogar die alte Kasbah, die das Erdbeben von 1731 unbeschadet überstanden hatte, war dem Erdboden gleich.

Rettungsteams aus aller Welt kamen, um die Verschütteten zu bergen. Zum Glück nahm der außerhalb der Stadt liegende Flughafen keinen Schaden, so dass Rettungstrupps und Notversorgung eingeflogen werden konnten. In den Wochen nach dem Erdbeben fungierte der Flughafen auch als Krankenhaus. Zwei Tage nach dem Beben sahen sich die marokkanischen Behörden gezwungen, die Evakuierung der Stadt anzuordnen, denn der Ausbruch von Krankheiten stand zu befürchten.

Der damalige König Mohammed V. (gestorben 1961) besuchte Agadir eine Woche nach dem Unglück und verkündete geschockt und entsetzt, aber kühn: »Agadir ist zwar der Zerstörung anheimgefallen, doch sein Wiederaufbau hängt allein von unserem Willen ab.« Er gelobte auch, die Stadt innerhalb eines Jahres wieder zu errichten. Das neue Agadir entstand 1,6 Kilometer vom Epizentrum des Bebens entfernt.

Kilometer nordwestlich auf einem Hügel, erinnert noch an die Zeit vor dem Erdbeben. Von der einstigen Festung ist nicht viel zu sehen, doch der Weg lohnt sich schon wegen des Ausblicks.

Agadir kann mit über zehn Kilometern Sandstrand aufwarten. Die meisten Abschnitte sind breit und selten überlaufen. Wo keine Hotels stehen, erstrecken sich dahinter Wälder mit Fichten, Eukalyptus und Tamarinden. Zu den schönsten Stränden zählen die Bucht von Agadir selbst – mit Blick auf den Hafen – sowie Taghazout, Timzguida und Imouran ein Stück nördlich der Stadt.

Die meisten Gegenden von Agadir sind überwiegend Wohnviertel; der **Secteur Touristique** hingegen wurde eigens für die Besucher konzipiert. Das Areal erstreckt sich entlang der Corniche d'Agadir. Der großzügige Boulevard führt vom Yachthafen und zwei Versorgungshäfen zur anderen Buchtseite. Nicht versäumen sollte man während seines Aufenthalts den Port d'Agadir mit einer spannenden Versteigerung jeden Morgen, wenn ab 8 Uhr morgens die Fischerboote entladen werden und der frische Fisch verkauft wird. Los geht es um acht Uhr. Die meisten Fische erwerben die Hotels und Restaurants, darunter auch das **Restaurant du Port** *(Port d'Agadir, Tel. 0528/84 37 08).*

Fischer reparieren ihre Netze im Fischereihafen von Agadir

Marina d'Agadir: Der Yachthafen der Stadt östlich der Fischereihäfen entstand in jüngerer Zeit. Er wurde 2007 vollendet und kann bis zu 320 Schiffe in seiner windgeschützten Anlage aufnehmen. Geboten werden die üblichen Einrichtungen für Skipper, dazu diverse Restaurants, darunter **La Madrague** *(Résidence 6, M3/M4, Marina d'Agadir, Tel. 0528/84 24 24; siehe auch S. 300)*, sowie ein Clubhaus. Der Yachthafen ist nach Einbruch der Dunkelheit besonders attraktiv.

In dieser Gegend direkt am Meer finden sich die besten Hotels und Resorts, meist inmitten von herrlich bepflanzten Gärten. Sie bieten ihren Gästen eine Fülle von Annehmlichkeiten wie Buffet-Restaurants, Nachtclubs, Wellnesssuiten, Hamams, Pools, Tennisplätze und manchmal sogar Segelyachten und Golfplätze.

Nouveau Talborjt: Agadirs Herz schlägt im Viertel Nouveau Talborjt. Es befindet sich einige Minuten zu Fuß landeinwärts von der **Corniche d'Agadir**. In Nouveau Talborjt kann man einkaufen und in einem der Straßencafés eine Rast einlegen. Abends verwandeln sich viele dieser Lokale in die schicksten Speiselokale der Stadt. Drei sollte man ausprobieren: **Via Veneto** *(Boulevard Hassan II, Tel. 0528/84 14 67)*, **La Tour de Paris** *(Boulevard Hassan II, Tel. 0528/84 09 06)* und **Restaurant Daffy** *(Rue des Oranges, Tel. 0528/82 00 68)*.

Der **Jardin de Olhão** in diesem Viertel präsentiert sich als reizender Garten zwischen Bürogebäuden. Es gibt dort auch ein kleines Museum, das **Musée de la Memoire** (Museum der Erinnerung), das der Menschen gedenkt, die beim Erdbeben im Jahr 1960 ums Leben kamen. Die Ausstellung besteht aus drei Teilen: Eine Fotosammlung zeigt, wie Agadir vor 1960 aussah – mit einer alten Kasbah und einer Medina. Diese Bilder werden modernen Aufnahmen von Agadir gegenübergestellt. Der bewegendste Teil der Ausstellung umfasst Zeitungsausschnitte,

Marina d'Agadir
✉ La Corniche d'Agadir
☎ (0528) 82 86 86
www.portmarina agadir.com

Die Agadir-Krise

1911, als Frankreich und Deutschland ihre Überseeterritorien erweitern wollten, geriet Marokko zunehmend unter Druck. Die französischen Truppen sammelten sich, um die Kontrolle zu übernehmen, was die Deutschen veranlasste, ihren Panther, ein Kanonenboot, einzusetzen, um Landsleute in Agadir zu schützen. Die als Agadir-Krise bekannte Spannung eskalierte, so dass sich Großbritannien gezwungen sah, eigene Kriegsschiffe in die Region zu entsenden – für den Kriegsfall. Nach diversen Verhandlungen wurde Frankreich 1912 das Protektorat über Marokko zugesprochen, das es bis zur Unabhängigkeit 1956 innehatte.

(Fortsetzung S. 234)

Spaziergang: Agadirs Zentrum

Die Hauptattraktion Agadirs ist zwar sicher der kilometerlange Sandstrand, doch bietet die Stadt eine Fülle schöner Spaziergänge durch das kosmopolitische Zentrum mit weitläufigen Parks, einer modernen Medina und interessanten Museen, die sich der faszinierenden Geschichte verschrieben haben.

Einheimische plaudern bei einem guten Essen am Hafen von Agadir

Hafen und Strand liegen hinter Ihnen, die Corniche d'Agadir vor Ihnen. Nun spazieren Sie über die **Rue de la Plage** ❶ bis zum Boulevard Mohamed V. Von hier sind es nur ein paar Schritte bis zum **Vallée des Oiseaux** ❷ (siehe S. 235), einem Tierpark mit überwiegend Vögeln. Von hier bummeln Sie über den Boulevard Hassan II und biegen dann rechts auf den Boulevard des Forces Armées Royales ab, der ins moderne Zentrum der Stadt führt: **Nouveau Talborjt** ❸. Dieses Viertel besteht aus Bürokomplexen, Banken und Geschäften. Nouveau Talborjt lohnt den Besuch wegen des **Musée de la Memoire** ❹ (siehe S. 231, 234) am Boulevard du Président Kennedy. Das Kleinod in einem Garten, dem **Jardin**

NICHT VERSÄUMEN

Vallée des Oiseaux • Musée de la Memoire • Musée du Patrimoine Amazighe • Palais Royal

de Olhão, erzählt die Geschichte der Stadt vom Erdbeben 1960 an. Die Exponate vermitteln das Ausmaß der Zerstörung und beschreiben den Wiederaufbau. Nun spazieren Sie über die Rue Chinguit und den Boulevard du Sidi Mohamed am **Großen Markt** ❺ vorbei und biegen dann links in den Boulevard Hassan II ein. Auf dieser Straße gehen Sie knapp 500 Meter weiter, dann biegen Sie rechts ab in die autofreie Passage Aït Souss mit dem bedeutendsten Museum Agadirs, dem **Musée du Patrimoine Amazighe** ❻ (siehe S. 234–235). Zu sehen ist eine Ausstellung über den Alltag der Berbergemeinden, die seit Jahrhunderten in den Sous-Ebenen um Agadir leben; eine Sammlung alten Silberschmucks und vielerlei Haushaltsgegenstände, Textilien, Keramik, Werkzeug und Möbel sind zu bestaunen. Zur Sammlung gehören zudem Antiquitäten und Kunstwerke, die der holländische Kunsthistoriker Bert Flint zusammentrug; er verbrachte fast sein ganzes Leben in Marokko. Mehr von seiner Sammlung gibt es im Maison Tiskiwin (siehe S. 199) in Marrakesch zu bewundern.

Ein Stück weiter in Richtung Boulevard Mohamed V wartet das **Théâtre de Plein-Air** ❼ (siehe S. 234); dort finden im Sommer Theater und Konzerte statt. Nach Überqueren der Place Aït Souss biegen Sie links in den Boulevard Mohamed V ein und bummeln bis zum Park, der den **Palais Royal** ❽ auf der rechten Straßenseite umgibt. In diesem Stadtteil wohnt König Mohammed VI., wenn er in Agadir ist.

- Siehe Karte S. 227
- Rue de la Plage
- 45 Minuten
- 4 Kilometer
- Palais Royal

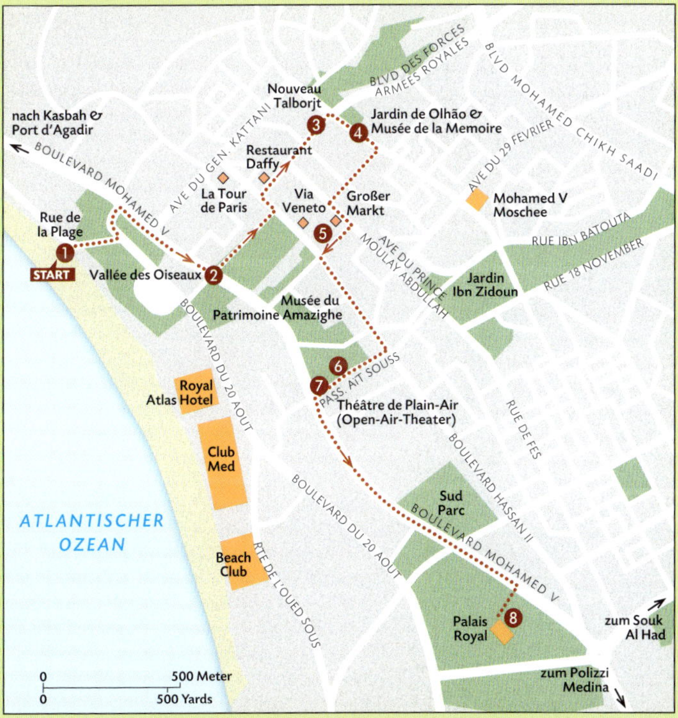

> **ERLEBNIS:** Tamazight sprechen lernen
>
> Tamazight ist die gängigste Berbersprache, einer Gruppe von hamitischen Idiomen, und wird von Gemeinschaften um Agadir und im Drâa-Tal gesprochen. Sie basiert, was den Lautbestand angeht, auf einem Drei-Vokale-System, das dem Arabischen ähnelt. Der Standardsatzbau besteht aus einem Verb, gefolgt vom Subjekt und dann dem Objekt.
>
> Lange war Tamazight keine Schriftsprache. Es gibt allerdings eine geschriebene Variante, die auf dem lateinischen Alphabet beruht. Neuerdings setzt sich zunehmend die Tifinagh-Schrift durch.
>
> Die Sprache wird in einigen Schulen unterrichtet, und es gibt Kurse für Erwachsene, die Tamazight lernen möchten. Wer sich gern die Grundlagen aneignen möchte, kann bei Talk Now Tamazight *(www.eurotalk.com)* einen Selbstlernkurs kaufen und dann gemütlich zu Hause büffeln.

Jardin de Olhão
- 233
- Boulevard du Président Kennedy

Musée de la Memoire
- 233
- Boulevard du Président Kennedy

Théâtre de Plein-Air
- 233
- Boulevard Mohamed V

Boulevard Mohamed V: Fast parallel zur Corniche d'Agadir verläuft der Boulevard Mohamed V, eine Durchgangsstraße. Hier gibt es Restaurants, Kneipen, Clubs und andere Attraktionen wie das **Théâtre de Plein-Air** (Freilichttheater), in dem im Sommer regelmäßig Theater und Musikaufführungen auf dem Programm stehen. Gleich nördlich vom Theater befindet sich das **Vallée des Oiseaux** (Tal der Vögel). Der Park mit Zoo liegt auf einer Landzunge, die vom Boulevard du 20 Août nicht weit vom Meer zur Avenue Hassan II verläuft, gleich bei der **Grand Mosque**. Der

die sich mit der zerstörten Stadt und dem Leid der Menschen beschäftigen. Das Museum thematisiert auch, wie Agadir langsam mit der Katastrophe zurechtkam und den Wiederaufbau einleitete.

INSIDERTIPP

Besuchen Sie Mirleft in Tiznit (siehe S. 238) mit herrlichen Stränden und den spannendsten und renommiertesten Surf-Spots in ganz Marokko.

SANAA AKKACH
NATIONAL GEOGRAPHIC-Art Director

Tierpark zwischen Palmen, Bananenbäumen und Tropenbüschen ist bei einheimischen Familien beliebt. In den Volieren gibt es Papageien. Auf einem See sind Schwäne, Enten und Flamingos zu Hause; und in Gehegen leben Bergziegen, Schafe, Strauße und Lamas.

Ebenfalls am Boulevard Mohamed V, südlich vom Tierpark, befindet sich das **Musée du Patrimoine Amazighe** (Amazigh-Museum). Es wurde am 29. Februar 2000 eröffnet, um an das verheerende Erdbeben

40 Jahre zuvor zu erinnern und den Wiederaufbau der Stadt zu würdigen. Die Exponate beschäftigen sich mit den Berbergemeinden von Agadir, die seit Jahrhunderten in Sous und in der Präsahara-Region leben. **Palais Royal**: Auf dem Boulevard Mohamed V weiter gen Süden gelangt man zum Palais Royal (Königspalast), in dem König Mohammed VI. und seine Familie wohnen, wenn sie sich in Agadir aufhalten. Das Gebäude ist nicht öffentlich zugänglich, dafür aber seine herrlichen Parkanlagen.

Wem der Sinn nach etwas Trubel steht, sollte einen Abstecher über den Boulevard Abdulhalim zum **Souk al Had** (oder: Grand Souk) unternehmen. Berge von Pfirsichen, Birnen, Orangen, Zitronen und Kiwis, Gewürze und Kräuter bieten die reinste Duftorgie.

Rund vier Kilometer südlich vom Stadtzentrum an der Straße nach Inezgane erstreckt sich die moderne Medina Agadirs: Die **Polizzi Medina** (auch: **La Médina d'Agadir**) entstand, nachdem das Erdbeben 1960 einen Großteil der Architektur zerstört hatte. Der italienische Architekt Coco Polizzi schuf ein Gebäude im Stil einer traditionellen Medina. Heute befinden sich dort viele Kunsthandwerksbetriebe, eine Ausstellung, die sich mit der

Vallée des Oiseaux
- 233
- Boulevard du 20 Août
- (0548) 84 63 77
- So geschl.
- €

Fußball am Strand von Agadir: Die Schriftzeichen im Hintergrund am Berg bedeuten: »Allah, el-Watan, el-Malik – Gott, Heimat, König«

Musée du Patrimoine Amazighe
- 233
- Avenue Hassan II
- (0528) 82 16 32
- So geschl.
- €

Palais Royal

233
✉ Boulevard Mohamed V

Souk al Had
✉ Rue Chai-al Hamna Mohamed ben Brahim
🕐 Mo geschl.

Polizzi Medina
✉ Ben-Sergaou
☎ (0528) 28 02 53
💲 €
www.medina-agadir.com

Handwerkskunst Marokkos beschäftigt, ein Schmuck-Souk sowie ein Café.

Rund um Agadir

Nicht weit entfernt gibt es viel zu entdecken, und fast alle Sehenswürdigkeiten liegen an Straßen, die von Arganbäumen gesäumt werden. Der in dieser Region endemische Baum mit dornigen Ästen bringt Nüsse hervor, aus denen ein goldfarbenes Öl gewonnen wird. Dieses wird in der marokkanischen Küche, aber auch für Schönheitsprodukte und als Massageöl (siehe S. 223) verwendet. Jedenfalls kommt man durch eine Landschaft mit winzigen Dörfern und vielen Olivenbäumen, Zitrushainen und Mandelbäumen.

Rund 13 Kilometer südlich vom Stadtzentrum Agadirs präsentiert sich **Inezgane** als »echt« marokkanische Stadt. Das lebendige Viertel hat sich aus einem relativ kleinen Berberort entwickelt und ist eine spannende Mischung aus Wohnhäusern, Moscheen und Souks. Am meisten Spaß macht der Besuch am Dienstag, wenn fast alle Anwohner von Inezgane und den umliegenden Gemeinden in den Souks unterwegs sind, um etwas zu kaufen oder zu verkaufen. Wer sich unter die Einheimischen mischt, kriegt ein gutes Gefühl für die Kultur hier.

Bekannt ist der Ort für seinen Silberschmuck — Halsketten und Armbänder, vor allem aber Broschen, die Berberfrauen gerne paarweise tragen. Sie sind in den Souks erhältlich, neben der typischen Töpferei und Keramik mit geometrischen Mustern sowie Gewürzen wie Safran und Kurkuma, Textilien, Holz und Leder, aber natürlich auch Obst und Gemüse, das in der fruchtbaren Küstenebene in Hülle und Fülle gedeiht. Außerdem wird viel Fisch verkauft. Die Souks in den

---

ERLEBNIS: Das Musikfestival von Timitar

Der größte musikalische Event in Agadir ist das Timitar-Festival. Aus aller Welt kommen Musiker, die sich für Berbermusik begeistern. Das Festival war anfangs eher etwas für Insider, denn es widmete sich ausschließlich der traditionellen Volksmusik der Sous-Region. Im Lauf der Jahre hat sich nun ein multikultureller Ansatz bei der Aufführung von Berbermusik durchgesetzt. Heute heißen die Organisatoren auch Musiker anderer Genres willkommen und ermutigen sie, traditionelle Volksweisen aufzugreifen und sie zu modernem Jazz, Reggae oder Rock umzugestalten.

Das Festival findet meist vier oder fünf Tage lang im Frühsommer statt. Auf dem Programm stehen zig kostenlose Konzerte in der ganzen Stadt. Zuhörer gehen einfach zur jeweiligen Veranstaltung; eine Eintrittskarte ist nicht erforderlich. (www.festivaltimitar.ma)

AGADIR & UMGEBUNG

Ausritt bei Sonnenuntergang am Sandstrand von Agadir

Orten am Atlantik sind für ihre fangfrischen Meeresfrüchte und Fische bekannt, darunter Sardinen, Garnelen und Seezungen.

Nördlich von Agadir

Die Straße, die sich kurvenreich vom Küstenort Tamrhakht durch das Paradies-Tal zu den Ausläufern des Hohen Atlas schlängelt, erreicht irgendwann **Imouzzer des Ida-Ou Tanane**, 1200 Meter über dem Meeresspiegel. Der bei Wanderfreunden beliebte Ort ist für seine herrlichen Wasserfälle bekannt, von denen im Sommer allerdings gerade einmal ein Rinnsal verbleibt, sowie für die Mandelbaumblüte im Frühling. Das Dorf ist recht klein, doch donnerstags findet immer ein Souk statt. Das **Hôtel des Cascades** *(Immouzer des Ida-Ou Tanane, Tel. 0528/ 21 88 08, www.cascades-hotel.net, €€€€€)* gibt das ideale Standquartier ab, um Wanderungen zu unternehmen oder einfach nur auszuspannen. Tagesgäste können sich in einem der Cafés in der Nähe des Parkplatzes beim Wasserfall oder im Dorf stärken.

Südlich von Agadir

Naturfreunde sollten Zeit für die Erkundung des **Nationalparks Souss-Massa** (Parc National de Souss-Massa) einplanen, einer Wildnis an der Küste südlich von Agadir. In dem riesigen Areal zwischen den Flüssen Oued Sous und Oued Massa finden sich vielfältige

Inezgane
- 227 B3
- Avenue du Prince Moulay Abdullah

Imouzzer des Ida-Ou Tanane
- 227 B3

> **ERLEBNIS:** Golf in Agadir
>
> Dass Golf in Agadir ein ernsthaftes Geschäft ist, verwundert nicht sonderlich. Es gibt hier vier qualitativ hochwertige Plätze in der Nähe der Bucht: den **Soleil Golf Club** (*Route Bensergaou, Chemin des Dunes, BP 901, Agadir, Tel. 0528/ 33 73 30, www.golfdusoleil.com*), ein 9-Loch-Platz (Par 36) direkt bei den Stränden, den **Ocean Golf Club** (*Atlantic Palace Resort, Chemin de l'Oued Sous, Bensergoua, Tel. 0528/ 27 35 42, www.golfdelocean.com*) mit drei 9-Loch-Plätzen in der Vorstadt Inezgane, den **Agadir Royal Golf Club** (*Km 12, Route Aït Melloul, Tel. 0528/24 85 51, www.royalgolfagadir.com*) im Viertel Aït Melloul mit einem 9-Loch-Platz (Par 36) sowie den **Dunes Golf Club** (*Chemin de l'Oued Souss, Bensergoua, Tel. 0528/83 45 90, www.golfedunesagadir.com*) in der wohl spektakulärsten Lage mit herrlichem Blick über den Fluss Oued Sous.

Souss-Massa-Nationalpark
227 B3
(0528) 33 38 80

Tiznit
227 B3

Taroudant
227 B3

Lebensräume – Sümpfe, Klippen, Sanddünen, Wald und Ackerland – mit einer breiten Palette an Flora und Fauna. Hunderte Vogelarten wurden hier gesichtet, berühmt ist der Souss-Massa jedoch für seine Waldrappe, die hier brüten (siehe S. 31). Die meisten Vögel dieser gefährdeten Ibisart, die greisenhaft kahlköpfig wirkt, leben weltweit betrachtet hier, d. h. rund 400 Tiere. Der Park hat ein Programm ins Leben gerufen, um ihren Bestand zu beobachten und zu fördern. Außerdem sind hier noch Dorkas-Gazellen, Rothirsche und Streifengrasmäuse zu Hause.

Weiter nach Süden kommt man auf der T1 nach **Tiznit** mit Wüstenflair. Die frische Brise des nur 20 Kilometer entfernten Atlantik kühlt den Ort jedoch etwas ab. Er ist bekannt für seine dicken Mauern mit 29 Türmen und neun Toren, eine Moschee mit einem Minarett wie in Mali sowie einen Markt am Donnerstag. Wer sich lieber in Aktivität stürzen möchte, fährt nach **Aglou Plage** ans Meer mit meist guten Surfbedingungen.

Östlich von Tiznit schlängelt sich eine malerische Straße durch den Antiatlas zum Dorf Tafraout mit zahlreichen alten Häusern in Rosatönen. Ende Februar bzw. Anfang März feiert das Dorf die Mandelernte; dann wird die ganze Nacht gesungen und getanzt.

Taroudant

Die alte Stadt Taroudant liegt rund 70 Kilometer östlich von Agadir an der Straße nach Ouarzazate. Über den hohen, dicken Stadtmauern mit Zinnen ragen wuchtige Wachtürme auf. Wem die fünf Kilometer langen Mauern zu lang für einen Spaziergang sind, kann sich für seine Erkundungstour vielerorts auch ein Fahrrad mieten.

Taroudant war einst die Hauptstadt der Saadier-Dynastie, bis der Thronsitz nach Marrakesch verlegt wurde. Heute zählt Taroudant nicht mehr zu den wichtigsten Städten Marokkos, ist jedoch als Marktstadt regional von Bedeutung. Bauern und Händler kommen her, um ihre Waren feilzubieten und einzukaufen. Die Stadt verfügt über zwei Souks, rechts und links von der Place Talmoklate, die offiziell Place en Nasr heißt. Der **Souk Arab Artisanal** im Nordwesten hat sich auf traditionelles Kunsthandwerk spezialisiert wie Töpferei, Teppiche und Steinarbeiten aus der Region. Der **Marché Berbère** im Süden ist ein Berbermarkt mit überwiegend Obst und Gemüse. Zwischen der Place Talmoklate und dem anderen großen Platz in Taroudant, der Place Assarg (offiziell: Place Alaouine), gibt es viele einfache, preiswerte Cafés.

Im Osten der Stadt liegt die alte **Kasbah**, einst der Winterpalast der Saadier. Zu bestaunen sind die Ruinen der von Moulay Ismail errichteten Festung – von der Place Talmoklate und den Souks ist es nicht weit. Über die Avenue Bir Zaran und die Avenue Moulay Rachid gelangt man zu einem preiswerten Lokal, dem **Chez Nada** (Moulay Rachid, Tel. 0528/85 17 26). Das in der Kasbah versteckte **Hôtel Palais Salam** (Avenue Moulay Ismail, Tel. 0528/85 09 98, www.palaissalam-taroudant.com) gilt als das beste der Stadt. Gegen eine kleine Gebühr (€) dürfen auch Besucher, die hier nicht logieren, den Pool benutzen. In Taroudant befindet sich auch eine neue Einrichtung der Zohr-Universität von Agadir. ∎

Souk Arab Artisanal
✉ Place Assarag, Taroudant
🕐 So geschl.

Marché Berbère
✉ Place Talmoklate, Taroudant

Taroudants lange, imposante Stadtmauer lässt sich kinderleicht mit einem Fahrrad umrunden

Ouarzazate & Umgebung

Vor der Kulisse der höchsten Berge des Hohen Atlas im Norden liegt die Provinzstadt Ouarzazate mit Unmengen rötlicher Gebäude am Zusammenfluss von Drâa und Dadès in einem herrlichen Tal. Zur Bevölkerung, überwiegend Berber, gesellen sich gerne Gäste, die den dramatischen Bergen und Wüsten einen Besuch abstatten und die berühmten Filmstudios kennenlernen wollen.

Ahidous in Aït Ben Haddou, einem Wehrdorf bei Ouarzazate, das zum Weltkulturerbe gehört

Ouarzazate
227 C3

Besucherinformation
ONMT, Boulevard Mohamed V, Kasbah de Taourirt, Ouarzazate
(0524) 88 24 85
www.visitmorocco.com

Busbahnhof
CTM, Boulevard Mohamed V
(0524) 88 24 27

Ouarzazate

Durch Ouarzazate, einen Verkehrsknotenpunkt an der traditionellen marokkanischen Handelsroute von Norden nach Süden, zogen früher Kamelkarawanen. Sie waren auf dem Weg von der Präsahara in Afrika zu den Handelszentren Marrakesch und Fès. Die Stadt liegt an der Stelle, wo Berge und Wüste aufeinandertreffen. Die zahlreichen Oasen hier versorgen die Region seit Jahrtausenden mit Wasser.

Bis zum 20. Jahrhundert war Ouarzazate ein kleiner Ort mit bescheidener Infrastruktur. Die Berber errichteten in der Umgebung eine Kasbah nach der anderen. In den kleinen Wehrdörfern mit Steingebäuden lebte der berühmte Glaoua-Stamm (siehe S. 243), ein Bervervolk aus den Bergen, das wegen der Fülle an Ressourcen in die Region kam.

Die Kasbahs aus rotem Lehm fügten sich harmonisch in die Landschaft ein.

INSIDERTIPP

Besuchen Sie nach Möglichkeit das Behindertenprojekt Horizon in Ouarzazate, ein Reha-Zentrum. Viele Patienten lernen hier traditionelle Handwerkskunst.

JANELLE NANOS
NATIONAL GEOGRAPHIC TRAVELER-Redakteurin

Heute gehören sie mit zur modernen Stadt, die von den Franzosen zur Zeit des Protektorats entworfen wurde. So wird Ouarzazate heute auch als »Stadt der 1000 Kasbahs« bezeichnet. Am bemerkenswertesten ist die **Taourirt-Kasbah** aus dem 18. Jahrhundert im Zentrum, weitere befinden sich etwas außerhalb an der Straße nach Westen, so z. B. die aufragende Tiffoultout-Kasbah aus dem 17. Jahrhundert mit herrlichem Blick auf das Atlasgebirge.

Als Marokko Anfang des 20. Jahrhunderts unter die Herrschaft der Franzosen kam, veränderte sich das Geschick Ouarzazates dramatisch. Die französische Fremdenlegion gründete hier am oberen Ausgangspunkt des Drâa-Tals eine Garnisonsstadt. In den 1920er- und 1930er-Jahren wurde der Ort weiter ausgebaut, die Infrastruktur verbessert. Ouarzazate avancierte zu einem bedeutenden Verwaltungszentrum samt Zollbehörde.

Association Horizon des handicapés / Behindertenprojekt Horizon

✉ The Intrepid Foundation, BP 181, Avenue de la Victoire

www.association-horizon.org

ERLEBNIS: Am Marathon des Sables teilnehmen

Wer gerne Kilometer um Kilometer durch die glühend heiße Wüste joggt, für den ist der Marathon des Sables genau das Richtige. Der sechstägige Mega-Event findet alljährlich im Frühjahr in der Umgebung von Ouarzazate statt; Hunderte Läufer aus aller Welt treffen sich, um rund 230 Kilometer durch die südmarokkanische Wüste zu rennen. Der Wettbewerb gilt als der schwierigste der Welt.

Potenzielle Teilnehmer müssen sich bei den Organisatoren anmelden *(www.darbaroud.com)* und bestimmte Zulassungsbedingungen erfüllen, bevor sie, Alter und Geschlecht entsprechend, eingestuft werden. Nach der Zulassung müssen die Läufer ein hartes Training absolvieren, um die erforderliche Kondition zu erlangen.

Eine der wichtigsten Bedingungen hier ist, dass die Läufer einen Rucksack mit allen Sachen mitführen müssen, die sie während des Rennens benötigen – Wasser stellen die Organisatoren. Auf die Gewinner warten der berühmte Marathon-des-Sables-Pokal und Preisgeld.

Die meisten Läufer nehmen allerdings weniger wegen des Ruhmes teil, sondern um Spendengelder für die jeweils gewählte gemeinnützige Einrichtung zu sammeln. Der Marathon des Sables ruft viele Sponsoren auf den Plan. Mit dem Geld wurde bereits die Solidarité Marathon des Sables *(www.solidarite-marathondessables.com)* gegründet, eine Institution, die sich der Verbesserung der Lebensbedingungen der vielen unterprivilegierten Kinder in Marokko verschrieben hat.

Ouarzazate-Kunst-&-Kunsthandwerkszentrum / Centre artisanal d'Ouarzazate

 Boulevard Mohamed V, Ouarzazate

Taourirt-Kasbah

 Boulevard Mohamed V, Ouarzazate

Heute präsentiert sich Ouarzazate als ruhiger, beschaulicher Ort und macht seinem Namen alle Ehre, der in der Berbersprache »ohne Lärm« bedeutet. Seine Beliebtheit steigt ständig, ein paar Luxushotels und Resorts sowie einige günstige Unterkünfte sind auch vorhanden. Ouarzazate hat sogar einen kleinen Flughafen *(Taourirt Airport, BP 30, Ouarzazate, Tel. 0524/ 88 23 83, www.onda.ma)*.

Besucher kommen, um das Leben der Berber kennenzulernen und das zerklüftete Drâa-Tal und die Wüste zu erkunden.

Ouarzazate liegt auf einer Höhe von 1160 Metern im Süden des Hohen Atlasgebirges mit Blick auf die Präsahara auf einem Plateau zwischen Palmenhainen versteckt. Günstigste Zeiten für einen Besuch sind Frühjahr und Herbst. Extreme Hitze mit bis zu 40 °C ist im Sommer keine Seltenheit. Die eisigen Winde, die von den schneebedeckten Bergen herabwehen, lassen die Temperaturen im Winter abstürzen.

Ouarzazate verfügt über nur eine Hauptstraße, den Boulevard Mohamed V. Von hier lassen sich die Hotels, die Restaurants und das **Ouarzazate-Kunst-& -Kunsthandwerkszentrum** problemlos zu Fuß erreichen. Man kann zusehen, wie Kupferobjekte, Silberschmuck und Steinskulpturen gefertigt werden. Die

Textilienverkauf in der Taourirt-Kasbah, Ouarzazate

Weltkulturerbe Aït Ben Haddou

Das Wehrdorf oder *ksar* Aït Ben Haddou (siehe S. 245) liegt rund 31 Kilometer nordwestlich von Ouarzazate am Ufer des Oued Mellah im Ounila-Tal. Es wurde im 11. Jahrhundert gegründet, viele Gebäude sind jedoch neueren Datums. Einst war der Ort wichtig, weil Händler auf der Karawanenroute nach Marrakesch hier eine Rast einlegten und Handel trieben.

Aït Ben Haddou gilt als eines der am schönsten erhaltenen Beispiele alter Präsahara-Architektur, weshalb die Unesco die Stätte 1987 ins Weltkulturerbe aufnahm. Der *ksar* mit seinen wuchtigen Wehrmauern, viereckigen Türmen und rotbraunen Häusern vor der Kulisse der Berge ist ein imposanter Anblick. Konzipiert ist er, wie traditionell üblich: Häuser, Höfe, Moscheen und die Medersa (Koranschule) gruppieren sich um den Marktplatz in der Mitte. Von den oberen Etagen der Festung bietet sich ein herrliches Panorama.

Aït Ben Haddou, dem Filmklassiker wie *Lawrence von Arabien* (1962) oder *Jesus von Nazareth* (1977) ein Denkmal setzten, ist heute eher eine Touristenattraktion als ein Wohnort. Die früheren Einwohner leben mittlerweile in einem neuen Dorf am anderen Flussufer. Die Instandhaltung der Festung finanziert sich zum Teil aus den Filmeinnahmen.

---

historisch bedeutendste Sehenswürdigkeit, die Taourirt-Kasbah, liegt ebenfalls hier.

Taourirt-Kasbah: Die Wohnburg aus dem 18. Jahrhundert wurde im 19. Jahrhundert umgestaltet. Sie ist eines der ältesten Gebäude der Stadt in der typischen Präsahara-Architektur der Zeit. Die Fassade ist sagenhaft: In die weichen Lehmmauern sind geometrische Muster geritzt. Die Fenster sind mit einem dekorativen *mashrabiyya*-Sichtschutz versehen, so dass die Anwohner hinausschauen können; über dem Gebäude ragen Türme mit Zinnen auf. Innen sind Stuckwände und geschnitzte Zedernholzdecken zu bewundern.

Die Kasbah war das Zuhause vom mächtigen Feudalherrn Thami el Glaoui (1879–1956) und seiner Großfamilie. Seine Familie hatte 1908 die Absetzung von Sultan Abdel Aziz unterstützt. El Glaoui arbeitete dann mit den Kolonialherrschern zusammen, um die Region weiterzuentwickeln. Jahrzehnte später bewirkte er, dass Mohammed V. 1953 ins Exil gehen musste, womit er sich jedoch einen nationalen Aufstand einhandelte. Obwohl sich el Glaoui auf die Seite des Feindes geschlagen hatte, vergab ihm der neue marokkanische König Mohammed VI. im Zuge der Unabhängigkeit 1956.

Heute zählt die Taourirt-Kasbah zum Weltkulturerbe. Es gibt dort eine Kunstgalerie mit einer Sammlung von Werken einheimischer Künstler, eine Ausstellung, eine Bibliothek und ein Amphitheater. Die Kasbah liegt gegenüber vom ausgeschilderten Kunst- und

Aït Ben Haddou
227 C3

Kunsthandwerkszentrum. Neben der Kasbah erstreckt sich ein kleineres Wohngebiet, das Einblicke in das traditionelle Leben der Einheimischen ermöglicht.
Souks: Gleich in der Nähe liegen die Souks von Ouarzazate. Hier kann man Ouazguita-Teppiche erstehen, die in ganz Marokko berühmt sind. Zu erkennen sind die Wollteppiche an den kunstvollen geometrischen Mustern und den kräftigen Farben, meist Rot und Orange auf schwarzem Grund; sie werden nur in Ouarzazate gefertigt. Erhältlich sind oft auch Taznakht-Teppiche, die im Hohen Atlas hergestellt werden. Ihr Kennzeichen sind symmetrische Muster in Dunkelgrün, Weiß und Rot.

INSIDERTIPP
Trinken Sie bei einem Teppichhändler einen Pfefferminztee. Fahren Sie mit den Einheimischen mit dem öffentlichen Bus in ein Dorf. Probieren Sie auf dem Markt die Oliven. Benutzen Sie nie Ihre linke Hand.

HEATHER PERRY
National Geographic-Mitarbeiterin

Filmindustrie in Ouarzazate

Selbst wenn Sie noch nie in Ouarzazate waren, haben Sie die Stadt wahrscheinlich schon einmal im Kino gesehen. In der dramatischen Landschaft und den Kasbahs wurden im Lauf der Jahre Unmengen Filme gedreht, darunter zahlreiche Hollywood-Produktionen.

Zu den ersten Filmen, die in dieser Gegend entstanden, zählt *Lawrence von Arabien* (1962). Der Streifen mit Peter O'Toole und Omar Sharif gewann 1963 sieben Oscars beim 35. Academy Award – für das beste Bild, den besten Regisseur und den besten Sound.

Weitere Filme, die hier gedreht wurden, sind *Der Mann, der König sein wollte* (1975) mit Sean Connery und Michael Caine, *Mohammed, der Gesandte Gottes* (1976) über das Leben des Propheten Mohammed (wobei dieser, wie im Islam vorgeschrieben, aber dramaturgisch schwierig, nie gezeigt wird) und *Jesus von Nazareth* (1977) mit Robert Powell.

In den 1980er-Jahren war Ouarzazate in dem Fantasyfilm *Time Bandits* des Regisseurs Terry Gilliam zu sehen, außerdem in *Auf der Jagd nach dem Juwel vom Nil* mit Michael Douglas und Danny DeVito, im 15. James-Bond-Film *Der Hauch des Todes* mit Timothy Dalton als 007 sowie in Martin Scorseses umstrittenem Streifen *Die letzte Versuchung Christi* mit Willem Dafoe als Jesus.

Die Verfilmung von Paul Bowles' berühmtem Roman *Himmel über der Wüste* 1990 war eher ungewöhnlich, denn die Handlung spielt – im Gegensatz zu den meisten anderen hier gedrehten Filmen – wirklich in Marokko.

Jedenfalls musste Ouarzazate schon für viele Orte und Länder herhalten – als Tibet in *Kundun* (1997), als altes Ägypten in *Die Mumie* (1999) und als Römerprovinz in Ridley Scotts Filmklassiker *Gladiator* (2000) mit Russell Crowe und Joaquin Phoenix in den Hauptrollen.

Rund um Ouarzazate: Ein paar Kilometer außerhalb der Stadt an der Straße nach Marrakesch liegt **Äit Ben Haddou**, eines der ältesten Wehrdörfer der Welt (siehe S. 243). Aufgrund seiner dramatischen Lage auf einem steilen Berg über dem Ounila-Tal lockt das Dorf Tausende Besucher an.

Gleich in der Nähe sind die **Atlas Film Corporation Studios** von Ouarzazate zu Hause, eines von drei Filmstudios, die in den letzten Jahrzehnten eröffneten, als Ouarzazate zur wohl wichtigsten Film-Location Nordafrikas avancierte (siehe gegenüber). Die Studios sind zu besichtigen. Allen Studios sind Werkstätten angeschlossen; auch hier werden Führungen angeboten.

Ouarzazate kann mit einem kleinen Filmmuseum aufwarten, das sich die Verbindungen nach Hollywood zum Thema gemacht hat. In dem von den Atlas Studios betriebenen **Musée du Cinema** sind Kulissen, Fotos und Filmplakate der hier gedrehten Filme zu bestaunen. Die Öffnungszeiten der Atlas Studios wie auch des Museums richten sich nach den Dreharbeiten; am besten erkundigt man sich in der Touristeninformation in Ouarzazate.

Ein Großteil der Einwohner der Stadt arbeitet in der Filmindustrie – als Kulissenbauer, Zulieferer oder Statisten. Ouarzazate verfügt sogar über eine Filmschule, in der die Einheimischen alles über diese Industrie lernen – wie Spezialeffekte entstehen, wie Film-Makeup und echt wirkende Requisiten gemacht werden, aber natürlich auch, wie man Bühnenbildner wird. Wenn gedreht wird, können die Studios allerdings nicht besichtigt werden.

Ouarzazate ist umgeben von herrlichen Tälern, Schluchten und den

Die Atlas Studios von Ouarzazate sind eines von drei Filmstudios in dieser Gegend; sie repräsentieren die Filmindustrie des Landes

Atlas Film Corporation Studios
- An der Route N9 nach Marrakesch
- (0524) 88 22 12
- Bei Dreharbeiten Studios geschl.

www.studiosatlas.com

Filmmuseum
- Boulevard Mohamed V
- (0524) 88 24 85
- €

Auf dem Dattelmarkt bei Ouarzazate warten die Händler auf Kundschaft

Skoura
227 C3

Kalaât M'Gouna
227 C3

malerischsten Städtchen und Dörfern Marokkos.

Einen Großteil der Landschaft hat der Oued Drâa geschaffen, mit über 1000 Kilometern der längste Fluss des Landes. Er entspringt im Hohen Atlas und schlängelt sich gen Süden, um nicht weit von Tan-Tan in den Atlantik zu münden. Seine Nebenarme bilden die Grenze nach Algerien.

Hinter Aït Ben Haddou liegt die **Tamdakht-Kasbah** aus dem 19. Jahrhundert mit neun Türmen.

Dadès-Tal

Das breite Tal verläuft von Ouarzazate in östlicher Richtung und ist mit Dutzenden Oasen voller Palmen gesegnet, reichem Ackerland und vielen Kasbahs. Deshalb hat sich die Straße gen Osten (die N10 Richtung Boumalne-du-Dadès und Tinghir) auch als **Route des Kasbahs** einen Namen gemacht. Mehrere Kasbahs befinden sich gleich westlich von **Skoura**. Der Ort bietet sich an als Standquartier, um die Wohnburgen zu erkunden, aber auch um Ausflüge in die Berge im Norden und Süden des Tals zu unternehmen. Unweit vom Stadtzentrum wurde die **Kasbah Aït ben Moro** aus dem 18. Jahrhundert restauriert und in ein Hotel umfunktioniert *(Douar Taskoukamte, Skoura, Tel. 0524/85 21 16, €€€€€)*.

Gleich in der Nähe gedeihen in der **Kasbah Amerdihl** Feigen und Zitronen; eine kleine Spende für den Hausmeister ermöglicht den Zutritt. Die Palette an Unterkünften ist groß, darunter rund sieben Kilometer westlich von Skoura das **Chez Talout** *(Oulad Aarbiya, Skoura, Tel. 0524/85 26 66, www.talout.com, €€€)*.

Rund 50 Kilometer östlich von Skoura gedeihen in **Kalaât M'Gouna** die berühmtesten Rosen Marokkos, aus denen Rosenwasser hergestellt wird. Alljährlich werden im Mai 3000 bis 4000 Tonnen Rosen gesammelt. Nach der Ernte findet das Rose-*moussem*-Festival statt.

Nicht weit hinter Kalaât M'Gouna gabelt sich die Route des Kasbahs: Nach links gelangt man zur dramatischen **Dadès-Schlucht**, nach rechts in das nette Städtchen **Boumalne-du-Dadès** mit Markttag am Mittwoch.

Zu den größten Gemeinden im Dadès-Tal zählt **Tinghir** mit mehreren Dörfern, die rund um eine Oase am Ufer des Oued-Todra-Flusses liegen. Im Januar 2009 erhob König Mohammed VI. Tinghir zur Präfekturstadt.

Mit Worten lässt sich die Schönheit der Landschaft um Tinghir fast nicht beschreiben. Die Stadt ist auf Terrassen erbaut, die die Linien der Landschaft nachzeichnen. Die Wohnhäuser aus rotem *pisé* im Präsahara-Stil fügen sich nahtlos in die Ausläufer der Berge gleicher Farbe ein. Das Gebiet um Tinghir ist vor allem für seine tiefen Schluchten berühmt, die Flüsse der Region in Millionen Jahren aus dem Kalkstein gewaschen haben. Die **Todra-Schlucht** ist besonders spektakulär mit ihren blanken, bis zu 300 Meter aufragenden Felsen.

Taznakht & Zagora

Wer anstatt gen Osten nach Ouarzazate in Richtung Westen fährt und dann gen Süden nach Agadir, gelangt in das Städtchen **Taznakht**, das für grün-rot-weiße Teppiche

Tinghir
233 C3

Taznakht
233 C3

Zagora
233 C3

Dattelfestival

Die Städtchen und Dörfer rund um Ouarzazate sind für ihre köstlichen Datteln bekannt. Jedes Jahr im Oktober, wenn die Früchte reif sind, treffen sich die Berberstämme, um beim Dattelfestival die Ernte zu feiern. Dann lassen sich alle die traditionellen Speisen schmecken – mit Unmengen Datteln natürlich. Es wird musiziert, getanzt, und in den Sanddünen finden sogar Kamelrennen statt.

mit geometrischen Mustern bekannt ist, die hier gewebt werden.

Besucher, die 100 Kilometer südöstlich von Ouarzazate durch das Drâa-Tal nach **Zagora** kommen, erwartet eine der hübschesten Ortschaften Marokkos. Im überwiegend von Berbern bewohnten Zagora wuchert es nur so von pinkfarbenen Bougainvilleen, rosa Oleanderbüschen und Palmen.

Einige hiesige Berbervölker wohnen heute noch in den Wehrdörfern rund um Zagora, kommen jedoch an den Markttagen und zum wichtigsten Fest in die Stadt, dem *moussem* **von Moulay Abd el Kader Djilali**. Es findet zu Ehren eines Sufi-Heiligen im Sommer statt.

Die Häuser in Zagora sind aus rotem Lehm erbaut, der die umliegende Landschaft prägt.

Zagora war die letzte Oase an der alten Kamelkarawanenroute, bevor es in die tiefe Wüste zum Handelsposten Timbuktu in Mali ging. Die Händler – Berber, Araber und Juden – legten hier einen Zwischenstopp ein. Selbst per Kamel dauerte die Durchquerung der Wüste fast zwei Monate. Auf einem Schild im Zentrum von Zagora steht: »*Tombouctou 52 jours*« – Timbuktu 52 Tage.

Djebel Zagora, den Berg, der über der Stadt in den Himmel ragt, krönen die Relikte einer Almoraviden-Festung. Die Umgebung von Zagora ist reich an Kasbahs im traditionellen Stil. Besonders sehenswert sind **Tinzouline** und **Igdaoun**. Auch die Dörfer **Tazzarine** und **Amazraou**, bekannt für seinen Silberschmuck, und **Agdz** mit seiner 400 Jahre

> **INSIDERTIPP**
> Keinesfalls sollten Sie die marokkanische Sahara verpassen. Die Dünen sind bei Sonnenaufgang und bei Sonnenuntergang herrlich.
>
> MARISA LARSON
> *National Geographic*-Mitarbeiterin

ERLEBNIS: Töpfern in Tamegroute

Tamegroute ist in ganz Marokko für seine Töpfereiwaren bekannt. Die Handwerkskunst geht auf die Nasiriyya-Bruderschaft im 17. Jahrhundert zurück, die mit ihren Objekten den Bau der Medina finanzierte. Inspirieren ließen sich die Brüder von den Handwerkskünstlern in Fès (siehe S. 138–147), einer Stadt, die ebenfalls für ihre Töpferei berühmt ist; die Brüder kreierten allerdings ihren individuellen Stil in den bevorzugten Farben Grün und Ocker.

Wer in den Werkstätten in Tamegroute vorbeischaut, wird mit ziemlicher Sicherheit gebeten, beim Schaffen eines Krugs oder einer Schale mitzuhelfen. Verwendet wird der Ton der Region, Töpferscheiben und Öfen sind natürlich vorhanden. Empfehlenswert ist **Ma Bonne Etoile Poterie** (*Avenue Mohamed V, Tamegroute*).

Kameltreck durch die Natur im Drâa-Tal bei Tazzarine

alten **Tamnougalt-Kasbah**, die Stuckwände und geschnitzte Decken aufweist, lohnen den Besuch.

Tamegroute: Seit dem 11. Jahrhundert gilt Tamegroute bei Zagora als bedeutendes Zentrum für Religion und Lehre. Der Ort wartet mit mehreren Jahrhunderte alten Moscheen mit blau gekachelten Dächern und weißen Minaretten auf. Die Stadt erlangte Berühmtheit, als im 17. Jahrhundert die Sufi-Medersa (Universität) gegründet wurde und zahlreiche Studenten herkamen.

Tamegroute avancierte zum Sitz der Sufi-Bruderschaft Nasiriyya, einem Orden, der in Südmarokko Ansehen genoss. Gegründet wurde er von Sidi Mohammed ibn Nasir (1603–1675), der auch bei der Einrichtung der **Zaouïa-Naciria-Bibliothek** von Tamegroute eine wichtige Rolle spielte. Das Grab des Heiligen liegt unweit des Medersa-Hofs und steht im Mittelpunkt des jährlichen *moussem* von Sidi Mohammed ibn Nasir.

Tamegroute und das Nachbardorf **Tagounite** sind nicht weit von den Dunes de Tinfou entfernt. Diese Dünen, eine riesige Sandwand auf einem Bergrücken in der Wüste, sind ein Naturspektakel. Die Landschaft ist *Lawrence von Arabien* pur und hat schon viele Filmregisseure bei ihren Dreharbeiten inspiriert. ■

Tamegroute
227 C3

Zaouïa-Naciria-Bibliothek
Le Ksah, Tamegroute

Goulimine & Umgebung

Die Region südlich des Antiatlasgebirges zwischen dem Atlantik, der algerischen Grenze und der Westsahara ist reich an Wüste. Hier liegen aride Ebenen, hügelige Bergausläufer, trockene Flusstäler und Dünen, so weit das Auge reicht. In Richtung Süden und Osten ist diese Gegend praktisch unbewohnt.

Auf einem Kamelmarkt bei Goulimine wird gefeilscht

Goulimine
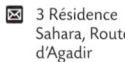 227 B2

Besucherinformation
- 3 Résidence Sahara, Route d'Agadir
- (0528) 87 29 11
- Sa/So geschl.

Goulimine

Das Städtchen aus roten Pisé-Häusern wird gern als »Tor zur Sahara« bezeichnet. In dem Ort an der N1 südlich von Agadir ist die Küste bei **Sidi Ifni** und **Foum-Assaka** gleich in Reichweite. Das zweite genannte Dorf mit seinen Art-déco-Gebäuden war einst Standquartier der spanischen Sklavenhändler. Heute tummeln sich hier Surfer und Paraglider.

Goulimine war früher ein wichtiger Marktort und Zwischenstopp für Kamelkarawanen. Heute kommen Besucher mit dem Bus aus Agadir (2 Std.), Marrakesch (7 Std.) oder Laâyoune (7 Std.) und mit dem Auto.

Goulimine ist vor allem für seinen Souk bekannt, der an der Straße nach Tan-Tan liegt, sowie für seinen Kamelmarkt im Juli und August. Er wird von Tuareg-Kamelhändlern besucht, die wegen ihrer traditionellen blauen *djellaba* auch »blaue Männer der Wüste« genannt werden. Sie kommen aus der ganzen Region, um

GOULIMINE & UMGEBUNG

> **INSIDERTIPP**
>
> **Probieren Sie unbedingt die traditionelle Tajine der Berber mit mindestens sechs Stunden Garzeit – eine herzhafte, ungewöhnliche Mahlzeit mit köstlichem, feinem Aroma.**
>
> SANAA AKKACH
> National Geographic-Art Director

mit wüstentauglichen Dromedaren zu handeln. Die Ruinen des **Palastes von Caid Dahman** *(hinter dem Hôtel de la Jeunesse, Boulevard Mohamed V)* sollen rund 100 Jahre alt sein. In jüngerer Zeit bringt man Goulimine auch mit der Herstellung und dem Verkauf von Schmuck in Verbindung. Die sogenannten Goulimine-Perlen standen zur Hippiezeit in den 1960er-Jahren hoch im Kurs.

Ein Wüstenabenteuer erlebt, wer von Goulimine in Richtung Osten fährt und dann bei Bou-Itzakarn auf die N12. Man gelangt zu den Südhängen des Antiatlas mit nichts als Wüste bis zur Grenze nach Algerien – der gewaltigen Sahara. Die Straße war einst die Handelsroute von Zagora (siehe S. 248) nach Tan-Tan. In der **Oase Akka** sollte man mit einem Führer die alten Felszeichnungen von Oum el Alek Herbil ansehen.

Der nächste Ort, **Tata**, bietet sich als Standquartier zum Wandern und Campen in der Wüste an. Die Touristeninformation erteilt Auskunft. Für Übernachtungen stehen das **Hôtel La Renaissance** *(Avenue Mohamed V, Tel. 0528/80 22 25, €€€)* oder **Les Relais des Sables** *(Avenue Mohamed V, Tel. 0528/80 23 01, relaisdessables.com, €€€€)* zur Verfügung. In der Ebene in der Nähe liegen andere kleine Gemeinden wie Fam el Hisn, Akka und Foum Zguid, traditionelle Dörfer, in denen

Tata
227 C3
Besucherinformation
✉ Maison du Patrimoine Tataoui, Avenue Mohamed V
☎ (0613) 24 13 12

✉ Delégation de Tourisme, Avenue Mohamed V
☎ (0528) 80 20 75

Tan-Tan
227 B2

Sahrawi-Stamm

Sahrawi bedeutet auf Arabisch »Wüste«; auch »Sahara« leitet sich davon ab. Der Sahrawi-Stamm ist arabisch-berberisch-maurischer Herkunft und lebt seit Jahrhunderten in einer Region, die heute als Goulimin-Es Semara bekannt ist. Historisch gehören die Sahrawi zu den Sanhaja, einem der größten Stammesverbände des Maghreb. Sie sind größtenteils Nomaden mit Traditionen, die ihre multikulturelle Herkunft widerspiegeln, darunter auch Einflüsse aus der spanischen *(Sahara español)* und der französischen Kolonialzeit. Die Sahrawi sind Muslime, genau gesagt Sunniten, und sprechen diverse Sprachen wie Französisch, Spanisch und Hassaniya, einen arabischen Dialekt, den auch manche Berberstämme im angrenzenden Mauretanien sprechen.

> **Die Venus von Tan-Tan**
>
> 1999 nahm der deutsche Archäologe Lutz Fiedler an Ausgrabungen in Flussablagerungen des Oued Drâa teil. Er entdeckte einen kleinen, seltsam geformten Quarzstein. Nach eingehenden Untersuchungen erklärte Fiedler, dass es sich bei dem Stein um die älteste Skulptur der Welt handle, die Darstellung einer Frau, die vor 300 000 bis 500 000 Jahren gefertigt wurde und heute als Venus von Tan-Tan bekannt ist.
>
> Ob die Venus wirklich von Menschenhand geschaffen wurde oder, wie manche Experten meinen, nur verwitterter Stein ist, der an eine Gestalt erinnert, ist unter Wissenschaftlern weiterhin strittig.
>
> Leider befindet sich die Venus mittlerweile in Privatbesitz und ist derzeit der Öffentlichkeit nicht zugänglich.

Tarfaya
227 B2
Besucherinformation
ONMT, Avenue de l'Islam
(0528) 89 16 94
Sa/So geschl.

sich das Leben um Ackerbau, Oliven und Obsthaine sowie den Marktplatz dreht.

Hinter Tata verläuft die Straße am Nordgrat des Djebel Bani entlang, bis das entlegene **Tissint** mit seiner Kasbah erreicht ist.

Tan-Tan

In den äußersten Süden mit der Westsahara führt die einzig vorhandene Straße. Es geht 125 Kilometer durch steinige Wüste bis nach Tan-Tan. Die nomadisierenden Berberstämme Südmarokkos treffen sich einmal pro Jahr in Tan-Tan, wenn ein wichtiges Fest gefeiert wird.

Am ersten Septemberwochenende findet hier einer der buntesten *moussem* in ganz Marokko statt. Die Veranstaltung wurde in den 1960er-Jahren ins Leben gerufen. Außerwöhnlich ist, dass beim **Tan-Tan-moussem** im Rahmen einer Pilgerfahrt die Berberkultur geehrt wird. Die größte Zusammenkunft von Nomadenstämmen in Nordafrika wurde von der Unesco als »Meisterwerk des überlieferten, immateriellen Menschheitserbes« anerkannt. Die Stämme bringen ihre Tänze ein, die vom Leben in der Wüste erzählen. Außerdem haben sie vielerlei Kunsthandwerk und Gewürze in den Satteltaschen. Vor allem die Frauen und Kinder kleiden sich in bunten Trachten mit kunstvollem Kopfschmuck und Perlen. Sie bemalen sich auch die Hände mit raffinierten Mustern. Die Männer kümmern sich um ihre Kamele, musizieren und tanzen.

Tarfaya

Wieder im Süden verlaufen die Straßen nach Tarfaya, nicht weit vom Atlantik entfernt; der Ort liegt übrigens nur 100 Kilometer östlich von den Kanarischen Inseln. Auf der Strecke von Tan-Tan nach Tarfaya lohnt ein Zwischenstopp in **Sidi Akhfennir**; Zimmer gibt es in der **Auberge Pêche et Loisirs** *(Sidi Akhfennir, Tel. 0561/21 19 83, http://peche.sudmaroc.free.fr, €€€).* In der Nähe gibt es im Naturpark an der **Laïla-**

GOULIMINE & UMGEBUNG

INSIDERTIPP
Rund 50 Kilometer von Tan-Tan liegt Oued Chbika. Hier, wo Felswüste und Meer aufeinandertreffen, ist die Landschaft von atemberaubender Schönheit.

SANAA AKKACH
NATIONAL GEOGRAPHIC-Art Director

Lagune Flamingos und zahlreiche Watvögel.

An der Spitze vom Cap Juby präsentiert sich Tarfaya als Fischerdorf mit Stränden ringsum. Die Landschaft in dieser Gegend ist herrlich. Goldene Dünen erstrecken sich bis zum Horizont. Vor der Küste liegen Schiffswracks im Meer, das Ergebnis von Wind und Nebel, als es noch keine moderne Navigationstechnik gab. Die Geschichte des Dorfes ist turbulent. Als es der von den Spaniern kontrollierten Zone unterstand, hieß es Cap Juby bzw. Villa Bens. Die Spanier gaben sogar (1934–1948) Umschläge und Karten mit dem Aufdruck »Cap Juby« heraus. Erhalten hat sich eine Bastion im Meer mit dem Namen **Casa Mar**.

Als Marokko 1956 die Unabhängigkeit erlangte, stieß dies bei den Spaniern auf Widerstand. In Sidi Ifni und in Tan-Tan rangen Spanier und Sahrawi-Berber um die Herrschaft. Der Ifni-Krieg kulminierte in der Rückgabe der Stadt an Marokko – Ifni wurde dann in Tarfaya umbenannt.

Heute blüht in Tarfaya die Fischindustrie. Der Ort ist aber auch bei Seglern und Windsurfern beliebt. Eines der Großereignisse ist der Dash, ein Wettbewerb, bei dem die Teilnehmer von Lanzarote das Meer nach Tarfaya überqueren. ■

Berberfrauen beim Weben

Westsahara

Die Westsahara ist seit Jahrhunderten von Stämmen besiedelt, die von den Arabern, Berbern und Mauren abstammen. Die Region befand sich bis in die 1970er-Jahre unter der Herrschaft der Spanier; um die Hoheit kämpfen bis heute Marokko und die in Algerien beheimatete Polisario Front.

Touristen reiten auf ihren Kamelen durch die gewaltigen Dünen der Westsahara

Westsahara
227 A1–B2

Erg Lakhbayta
227 B2

Südlich von Tarfaya führt die N1 bei Tah über die alte Grenze der ehemaligen Kolonie Spanisch-Sahara quer durch die **Erg Lakhbayta**. Immer wieder wird die Wüste von Salzpfannen unterbrochen. Das Wasser der Salzseen ist verdampft, so dass eine Salzkruste übrig blieb. Sebkha Tah und Sebkha Oum Dba sind die beiden größten.

Umkämpfte Region

Die jüngere Geschichte der Westsahara ist problematisch. Lange erfreute sich die Region ihrer Handelsverbindungen mit Algerien und Mauretanien, bis im 19. Jahrhundert die Europäer das Gebiet für sich beanspruchten. Die Route der Kamelkarawanen vom zentralen Handelsposten Timbuktu zum Atlantik machte die Region noch interessanter.

Die Portugiesen wie auch die Spanier erkannten, wie wertvoll dieser Haupthandelsweg durch die Sahara war, und bemühten sich, ihn unter ihre Herrschaft zu bringen. Die Spanier gingen dabei im 19. Jahrhundert als

Sieger hervor und gründeten die neue Kolonie Spanisch-Sahara mit zwei Provinzen: Río de Oro und Saguia el Hamra.

Jahrzehnte blieb die Westsahara spanisches Territorium, doch als sich Spanien 1975 zurückziehen musste, entbrannte über die Zukunft der Region ein Machtkampf. König Hassan II. nahm aufgrund der historischen Verbindungen das Gebiet für Marokko in Anspruch. Im Süden versuchte Mauretanien, das Areal zu annektieren. Die Sahrawi hatten 1973 eine Unabhängigkeitsbewegung ins Leben gerufen, die Polisario Front, und einen Guerillakrieg gegen die spanischen Besatzer begonnen. Obwohl der Internationale Gerichtshof die Ansprüche König Hassans II. nur zum Teil billigte, organisierte er einen Protestmarsch, um

> **INSIDERTIPP**
>
> **Die französische Fremdenlegion ließ ihre Soldaten in der Ausbildung die Dünen der Sahara erklimmen. Versuchen Sie es auch einmal! Vielleicht geht Ihnen ja die Luft aus, aber der Blick ist einfach sagenhaft.**
>
> JANELLE NANOS
> NATIONAL GEOGRAPHIC TRAVELER-
> Redakteurin

Die Tierwelt der Sahara

Die Westsahara wirkt auf den ersten Blick öd und leer. In den weiten, hügeligen Sandflächen setzten hin und wieder isolierte Gemeinden Akzente, die sich an den Rand einer Oase klammern. Dennoch ist hier eine erstaunliche Fülle von Tieren zu Hause. Rund 40 Säugetierarten und über 100 Vogelarten – vor allem Lerchen, Flughühner und verschiedene Arten von Grasmücken – leben in dem rauen Gelände.

Die Säugetiere sind meist klein, so dass sie mit nur wenig Futter zurechtkommen. Die Nagetiere bilden die größte Gruppe mit Atlashörnchen und Stachelmäusen, die sich an das trockene Buschland gut angepasst haben. Es gibt aber auch Fledermäuse, Hasen, Spitzmäuse und Igel; der Kleine Wüstenigel wird nur ein paar Zentimeter groß.

Auf diese kleinen Säugetiere machen diverse Wüstenraubtiere Jagd, wie die Sandkatze und das Streifenwiesel oder der zierliche Fennek (Wüstenfuchs). Weitere größere Säugetiere in der Wüste sind die gefährdete Dorkasgazelle und das Mähnenschaf.

Da die meisten Säugetiere nachtaktiv und scheu sind, stehen die Aussichten, Vögel zu sichten, erheblich besser. Viele Vögel der Westsahara kommen nur kurz zum Brüten oder zur Nahrungsaufnahme her. Ständige Bewohner sind die Kragentrappen, Wüstensperlinge, Rennvögel und Knackerlerchen. In den Lagunen sind Kormorane, Störche, Löffler, Pelikane, Reiher und Watvögel heimisch. Greifvögel wie Habichte, Falken, Bussarde und Adler lassen sich hoch am Himmel blicken, wo sie nach Beute spähen.

Laâyoune

227 B2

Besucherinformation

ONMT, Avenue de l'Islam

(0528) 89 16 94

Sa/So geschl.

Marokkos ernste Absichten zu demonstrieren. Im November 1975 versammelten sich rund 350 000 unbewaffnete Zivilisten im südmarokkanischen Tarfaya zu dem nach der heiligen Farbe des Islam benannten »Grünen Marsch« in die Westsahara. Als Mauretanien seine Hoheitsansprüche aufgab, fiel das Territorium an Marokko, wobei die Polisario Front mit Unterstützung Algeriens noch immer die Unabhängigkeit anstrebt.

Laâyoune

Wer von Norden anreist, stößt mit Laâyoune auf die erste nennenswerte Siedlung; der Ort liegt in der Küstenebene etwa 110 Kilometer südlich von Tarfaya, ein Stück landeinwärts vom Atlantik. Mit mehr als 200 000 Einwohnern ist die Stadt die größte der Region.

Besuchern erscheint Laâyoune – oder El Ayun, was auf Arabisch »die Quellen« bedeutet – wie eine Oase, wenn sie über die N1 von Agadir anfahren. Seit 1976, als Laâyoune von Spanien an Marokko fiel, wurde viel investiert.

Die Stadt gilt nicht als besonders schön, aber ihre Atmosphäre ist ungewöhnlich. Vermutlich entsteht dieser Eindruck durch die Unmengen Friedenstruppen der Vereinten Nationen, die hier stationiert sind. Das alte spanische Viertel ver-

ERLEBNIS: Kameltreck in der Westsahara

Wer Lust hat, einmal auf einem Kamel durch die Wüste zu reiten, ist in der Küstenregion der Westsahara genau richtig, denn die kühle Strömung von den Kanaren im Atlantik macht die Temperaturen erträglicher. Die Hitze ist weniger intensiv, vor allem am Morgen.

Ein Kamelritt ist ein unvergessliches Erlebnis. Die exotische Umgebung, die ewige Sandwüste und die herrliche Landschaft tragen natürlich zu dieser wunderbaren Erfahrung bei, am wichtigsten ist jedoch das Tier selbst. Alles, was Sie über Ausritte mit dem Pferd wissen, können Sie jedenfalls vergessen.

Auf einem Kamel sitzen Sie höher, Ihre Sitzhaltung ist ganz anders, und der schwankende Gang eines Kamels ist unvergleichlich. Für das Auf- und Absitzen ist Geschick erforderlich, auch wenn sich das Kamel extra niederkauert; machen Sie einfach, was der Guide Ihnen sagt. Auch die Kleidung ist wichtig. Für die heiße Sonne brauchen Sie einen Hut, außerdem sollten Sie Socken und lange Hosen tragen – damit Sie sich nicht wundscheuern. Und keine Sorge: Kamele sind – ihrem Ruf zum Trotz – sanfte Tiere.

Einige Hotels in Laâyoune und Dakhla arrangieren Kamelritte. Auf dem Programm stehen kurze Ausflüge von nur ein paar Stunden, aber auch längere Abenteuer mit ein oder zwei Übernachtungen unter dem Sternenhimmel der Sahara oder im Zelt. Das Hotel Calipau Sahara (www.dakhla-hotel-sahara.com) organisiert Wüstensafaris und Kameltrecks mit einer Wüstenübernachtung. Wer sich ein bisschen umhört, findet bestimmt das Richtige.

Sahrawi-Frauen treffen sich in Laâyoune

strömt historisches Flair; einen frischen Kontrapunkt setzt das seit 1976 entstandene moderne Viertel auf einem Hügel. Bedeutendste Industrie in dieser Gegend ist die Phosphatproduktion. Ihr verdankt die Stadt einen Großteil ihres Reichtums, der am hohen Standard der Wohnhäuser, Einrichtungen und an den Hotels und Restaurants ersichtlich ist.

Die früher spanische Stadt liegt nah am Flussbett des Oued Saquia el Hamra nördlich vom modernen Verwaltungszentrum; hier sollte man seinen ersten Bummel unternehmen. Im **Souk Djemal** ist in Laâyoune am meisten los; hier gibt es die besten Essensstände, und in den Straßen herrscht buntes Treiben. In der Nähe setzt die (geschlossene) **Spanische Kathedrale** mit geschwungenen Wänden, einem hohen Turm und Kuppeldach einen Akzent in Weiß zwischen all den roten und ockerfarbenen Gebäuden im spanischen Stil und den Palmen. Wer gern in diesem Stadtteil wohnen möchte, ist mit dem **Hôtel Lakouara** *(Avenue Hassan II, Tel. 0528/89 33 78, €€€€)* gut beraten.

Im neueren Laâyoune, ein Stück weiter bergauf, ist die Atmosphäre etwas weniger reizvoll. An der
(Fortsetzung S. 260)

Spanische Kathedrale
✉ Bei der Place Méchouar, Laâyoune

Fischereiindustrie am Atlantik

Die Handelshäfen von Laâyoune und Dakhla sind voll von Fischerbooten. Neben einheimischen Schiffen in Besitz von Marokkanern, die sich in der Westsahara angesiedelt haben, sind im Sommer und Frühherbst an der Küste aber auch an die 160 000 Fischerboote aus Nordmarokko unterwegs. Größere spanische Schiffe tragen das Ihre zum kosmopolitischen Flair der Häfen bei.

Im Fischereihafen von Laâyoune geht es immer hoch her

Die Gewässer an der Westsahara zählen zu den reichsten im Nordatlantik. Als die Region noch spanische Kolonie war, betrieben die Einheimischen die Fischerei nur in kleinem Stil. Fischer angelten in Küstennähe nach Garnelen, Makrelen, Sardinen und Thunfischen, während die spanischen Schiffe weiter draußen im Meer fischten.

Seit Annektierung der Region durch Marokko im Jahr 1976 wird der kommerzielle Fischfang gefördert. Laâyoune wie auch Dakhla wurden ausgebaut, so dass in Dakhla nun rund 8000 Fischer im Hafen arbeiten. Die Kais wurden vergrößert, Einrichtungen zur Fischverarbeitung geschaffen. Die marokkanischen Behörden planen den weiteren Ausbau, wobei bereits Fische im Wert von über 100 Millionen Dollar pro Jahr allein durch Laâyoune gehen. Allen Streitigkeiten zum Thema Fischfang an dieser Küste zum Trotz präsentieren sich die Fischereihäfen Laâyoune und Dakhla als florierende Unternehmen. Arbeiter haben einen Job gefunden, immer mehr Touristen kommen. In den Häfen dümpeln kleine Fischerboote, aber es liegen hier auch Handelsschiffe mit bis zu 20 Mann Besatzung.

Die kleinen Boote fangen in Küstennähe Fische, aber auch Garnelen und Tintenfische, Hummerfallen wurden aufgestellt, und mit bis zu 1,6 Kilometer langen Stellnetzen werden Fische durchziehender Schwärme gefangen.

Die kleinen Boote fahren früh morgens hinaus aufs Meer. Größere Boote stechen oft nachmittags oder am frühen Abend in See. Die Matrosen fischen die ganze Nacht, um am Morgen in den Hafen zurückzukehren. Diese modernen Schiffe sind besser ausgestattet und nutzen meist Schleppnetze. Kühlvorrichtungen an Bord ermöglichen, dass der Fang frisch im Hafen ankommt – drei Viertel davon Sardinen, ein Sechstel Makrelen. Die Ausbeute der ausländischen Schiffe ist größer als die der marokkanischen. Die Fischereiindustrie in Marokko wurde jedoch modernisiert.

Internationaler Aspekt

Der Status der Region Westsahara ist weiterhin strittig. Die Sahrawi züchteten Kamele und hatten mit dem Meer kaum zu tun. Der 15 Jahre während Krieg um den Besitz der Region begann 1975 mit dem Rückzug Spaniens und endete mit der Annektierung der gesamten Westsahara durch Marokko (siehe S. 255); die Folge war, dass über die Hälfte der Sahrawi ins Exil nach Algerien floh. Die Besiedlung der Region mit Nordmarokkanern veränderte die Bevölkerungsstruktur. Der Ausbau von Laâyoune und Dakhla begann. Die florierende Fischereiflotte war das Ergebnis der Investitionen. Mehr als doppelt so viele Marokkaner wie Sahrawi leben heute hier. Die Fischerei untersteht Marokko. Im Jahr 2005 unterzeichnete Marokko ein Fischereiabkommen mit der EU. Eine weniger bekannte Klausel beinhaltet eine Konzession für EU-Fischer, an der Küste der Westsahara zu fangen. Manche sind der Meinung, dass die EU mit diesem Abkommen die Annektierung der Westsahara durch Marokko gebilligt hat. Spanien, die einstige Kolonialmacht und eine der wichtigsten Fischereinationen der EU, war maßgeblich daran beteiligt. Seit Inkrafttreten des Fischereivertrags befahren überwiegend EU-Fischerboote aus Spanien diese Gewässer. Einige Länder legten Protest ein, und mehrere internationale Gremien erklärten das Abkommen für rechtswidrig.

ERLEBNIS: Angeln in Dakhla

Fischerei ist im Hafen von Dakhla auch eine beliebte Freizeitbeschäftigung.

Einige Hotels bieten Möglichkeiten zum Angeln. Das **Hotel Calipau Sahara** *(Tel. 0661/19 13 34, www.dakhla-hotel-sahara.com)* verfügt über ein Fischerboot für Gäste.

Das Meer bei Dakhla ist herrlich zum Hochseefischen, doch auch in der geschützten Bucht sind viele Fischarten zu Hause. In den artenreichen Gestaden rund um die Stadt tummeln sich Haie, Meerbrassen, Adler- und Gitarrenrochen, Gabelmakrelen, Welse und Steinbeißer.

Dakhla garantiert ein Angelerlebnis zwischen der Weite des Meeres und der Wüste. Der Hafen wurde noch nicht für Pauschaltouristen ausgebaut, aber einige Veranstalter haben Angelferien im Programm. Es gibt beispielsweise Angebote für Angelexkursionen mit professionellen Führern, die ihre Gäste begleiten – Ausrüstung, Köder und Einweisung inbegriffen.

Ein schöner Sport ist auch Meeresangeln. Unternehmen wie **Auberge Rio Aguila Aventure** bringen ihre Gäste mit dem Jeep zu den stadtnahen Stränden, wo sie dann angeln oder auch an Bootsausflügen teilnehmen können. Im Preis inbegriffen sind die Ausrüstung und ein leckeres Fischessen.

Boujdour
227 A2

Place du Méchouar mit dem modernen Palais de Congrès schlägt das Herz der Stadt. Hier finden Festivals und andere Veranstaltungen statt. An einer Seite ragt die moderne **Grande Mosquée Moulay Abdel Aziz** auf, ein weiß getünchtes Gebäude mit Minarett (Zutritt nur für Muslime).

Nach einem Spaziergang gen Südwesten über den Boulevard de Mekka erreicht man das dritte Stadtviertel um die **Place Dchira**; es geht vorbei am preiswerten Hotel Jodesa *(223 boulevard de Mekka, Tel. 0528/ 99 20 64, €€)*, dann am Busbahnhof *(CTM, Boulevard de Mekka)* und am Au Palais des Glaces *(Boulevard de Mekka, Tel. 0528/98 04 76)*, einer Eisdiele mit dem besten Eis in ganz Laâyoune.

Wer von Wüstenstraßen genug hat, kann die nächste Etappe mit dem Flugzeug zurücklegen.

Hinter Laâyoune

Abenteuerlustige haben vielleicht Lust, die Oase Samara rund 230 Kilometer östlich von Laâyoune zu besuchen. Der Ort war einst Zwischenstation von Händlern auf ihrem Weg durch die Wüste nach Norden oder Süden. Die Architektur hier weist keinerlei spanische Einflüsse auf. Die Ruinen des Palastes und der Moschee des Blauen Sultans in der Innenstadt sind einen Abstecher wert. Sie liegen gleich beim Souk, wo es abends hoch hergeht. Die meisten Besucher zieht es in den Süden von Laâyoune. Die Straße ist gut befahrbar, spontane Erkundungen abseits der Straße sind allerdings gefährlich. Aus den Kämpfen der letzen Jahr-

INSIDERTIPP

Entdecken Sie die legere Atmosphäre am Strand von Dakhla. Dort können Sie die herrliche Duna Blanca bewundern, kitesurfen und dann auch noch fangfrischen Fisch genießen.

SANAA AKKACH
NATIONAL GEOGRAPHIC-*Art Director*

zehnte werden dort noch Landminen vermutet.

Die Stadt ist von Sanddünen umgeben, aber hin und wieder findet sich ein See oder Tümpel, den der Oued Saquia el Hamra speist.

Boujdour liegt auf einer einsamen Landzunge mit Sand und Felsen am Atlantik, dem **Cap Boujdour**. Das Kap ist bei Seeleuten wegen des versteckten Riffs unter Wasser berüchtigt; hier laufen immer wieder Schiffe auf Grund. Ab dem 15. Jahrhundert lagen die Gestade von Boujdour auf dem Handelsweg der Portugiesen von Europa nach Afrika und später auch Indien. Heute leben in der ehemaligen spanischen Protektoratsstadt vor allem Sahrawi. Weiß getünchte Gebäude mit Säulen, kunstvollen Fenstern und Balkonen erinnern an die Architektur Andalusiens. Der Ort verfügt über einige öffentliche Gebäude und einen kleinen Fischerhafen mit Leuchtturm am langen Strand. Es gibt nur ein einfaches Hotel und ein paar Cafés. Der Ort bietet sich als Standquartier an, wenn man auf dem Weg ins weiter südliche Dhakla ist.

Die Musik der Westsahara

Die schwermütige Musik der Westsahara, wie sie bei *moussem* und anderen Festivals erklingt, liegt der Sahrawi-Kultur am Herzen. Sie wird mit einem lautenartigen Instrument, dem *xalam*, gespielt. Der Hals und der mit Kuhhaut überzogene Klangkörper sind aus Holz, die fünf Nylonsaiten werden gezupft, wodurch der charakteristische Klang entsteht.

Dakhla
227 A1
Besucherinformation
- 1 rue Tiris
- (0528) 89 83 89
- Sa/So geschl.

Dakhla

Dakhla liegt am Ende einer 50 Kilometer langen Halbinsel rund 550 Kilometer südlich von Laâyoune. Unter der Herrschaft der Spanier lebten nur Kolonisten und Arbeiter hier. Die

Ein Tuareg-Mann in traditioneller *djellaba* spielt bei Boujdour Flöte

Grand Mosque

 Avenue Mohamed V, Dakhla

Sahrawi, ein Nomandenstamm in der nahen Wüste, blieben ausgeschlossen. Der Ort mit niedrigen weiß getünchten Häusern liegt in einer der reizvollsten Buchten der gesamten marokkanischen Atlantikküste.

Dakhla wurde 1502 gegründet. Die spanischen Siedler kolonialisierten daraufhin die Gegend. Häuser wurden gebaut, die Bevölkerung nahm zu, und so gewann Dakhla an Macht. Im 19. Jahrhundert avancierte der Ort zur Hauptstadt von Río de Oro, einer der beiden spanischen Saharaprovinzen. Vor geraumer Zeit wurde Dakhla zur Hauptstadt von Tiris al Gharbiyya ernannt, einer Provinz, die entstand, als die Westsahara Ende der 1970er-Jahre unter mauretanischer Herrschaft stand.

Heute ist Dakhla einer der wenigen Orte an der Küste der Sahara, die zu einem Besuch einladen. Dakhla ist vor allem für Leute interessant, die von Laâyoune in Richtung Süden fahren oder mit dem Flugzeug aus einer marokkanischen Stadt anreisen. Die marokkanische Fluglinie Royal Air Maroc bietet fast täglich Flüge von Casablanca, Agadir, Fès, Rabat und Ouarzazate sowie von Tanger und Oujda im Norden.

Dakhla ist auch bei Leuten, die die Grenze nach Mauretanien überqueren wollen, ein beliebter Zwischenstopp. Die Formalitäten sind relativ schnell erledigt. Allerdings besteht die Möglichkeit, dass die marokkanischen Behörden nach der Grenz-

ERLEBNIS: Wassersport in Dakhla

Dakhla, die ehemalige Kolonialstadt an der Grenze, ist bei Aktivurlaubern zu einem der beliebtesten Ferienorte Nordafrikas avanciert. Marokko hat viel in die Stadt investiert, doch schon aufgrund seiner geographischen Lage steht Dakhla bei Wassersportfans hoch im Kurs.

Die Bedingungen zum Surfen sind günstig. Die Wassertemperatur liegt beständig bei etwa 25 °C, die Topografie des Meeres bedingt eine lange rechtsbrechende Welle. Auch der Wind weht konstant.

Dakhla liegt an einer langen, schmalen Halbinsel. Umgeben von Dünen, eignet sich die geschützte Lagune im Osten bestens für Anfänger; im ruhigen, relativ seichten Wasser fühlen sich auch weniger erfahrene Surfer sicher. Die Brecher im offenen Atlantik weiter westlich stellen dagegen auch für Erfahrene eine Herausforderung dar.

Dakhla ist vor allem das Ziel von Kitesurfern. Im Meer und in der 25 Kilometer langen Lagune tummeln sich die jungen Leute in den Wellen, springen und gleiten durchs Wasser – manchmal sogar in Gesellschaft von Fliegenden Fischen.

Dennoch: Dakhla ist ein Geheimtipp, ursprünglich und nicht überlaufen, auch die Wellen nicht. Noch zieht es die Surfer in Scharen zu anderen Paradiesen.

überquerung die Wiedereinreise verweigern.

Zentrum & Strände: Die Skyline von Dakhla dominiert die **Grand Mosque**, ein Gebäude in Ocker und Rot am *méchouar* (Platz), auf dem auch *moussem* (Feste) und Umzüge stattfinden. Straßen und Gebäude zeugen vom Erbe der Spanier. Am Markttag strömen die Einwohner in die Souks.

Von der Innenstadt kann man die Strände bequem zu Fuß erreichen. Der kilometerlange feine Sandstrand liegt meist verlassen da; dennoch gibt es ein paar kleine Lokale, in denen man sich frischen Fisch schmecken lassen kann. Er wird traditionell mit Kräutern und Gewürzen gegrillt. Probieren Sie beispielsweise das **Café Restaurant Samarkand** *(Avenue Mohamed V, Tel. 0528/ 89 83 16, €€)* aus. In Dakhla spielt die Fischereiindustrie eine wichtige Rolle. Der Fisch kommt aus dem riesigen neu erbauten Hafen mit einer der größten Fischereiflotten Marokkos.

An den Stränden bietet sich Gelegenheit zu beschaulichen Spaziergängen, aber auch für Wassersport (siehe gegenüber). Besonders hübsch ist die Wanderung zum alten **spanischen Leuchtturm**. Zu weit ins Landesinnere sollten Sie sich zu Fuß allerdings nicht

Windsurfen an der Küste von Dakhla mit den endlosen Sanddünen der Sahara im Blickfeld

wagen. Das Gebiet ist nicht nur unwegsam, sondern angeblich auch noch mit Landminen durchsetzt – Relikte des bis heute ungelösten Westsahara-Konflikts. Der kleine **Hafen** von Dakhla in der tiefen Bucht ist ebenso malerisch wie praktisch. ∎

REISEINFORMATIONEN

Reiseplanung 264 • Anreise 266 • Unterwegs in Marokko 267 • Praktische Tipps 269 • Im Notfall 273 • Reiselektüre 274 • Hotels & Restaurants 275 • Einkaufen 310 • Unterhaltung 314 • Outdoor-Aktivitäten 316 • Sprachführer 319

Die klassischen Fortbewegungsmittel in der Stadt: Fahrräder und Motorräder

REISEPLANUNG
Reisezeit

Dank seiner Lage in mehreren Klimazonen, seinem prallgefüllten Kulturkalender und den lebendigen und spannenden Städten gibt es in Marokko zu jeder Jahreszeit viel zu sehen. Wer vorab weiß, in welche Landesteile er reisen oder wo er wandern gehen will, sollte seine Planung an der besten Reisezeit für die Wunschziele ausrichten.

Marokko ist zwar ein heißes, arides Land, doch das Klima und die Landschaften sind so vielfältig, dass es keine generell »beste« Reisezeit für das Land gibt. Marokko, das mit 446 550 km² noch um ein Viertel größer als Deutschland ist, bietet viel Abwechslung: hervorragende, von der Sonne verwöhnte Strände, verwinkelte Gassen in uralten Städten, Möglichkeiten zum Skifahren im Hohen Atlas und Wandermöglichkeiten in der Wüste.

Selbst im Winter ist es noch angenehm warm, die Temperaturen fallen an der Küste so gut wie nie unter 4 °C. In den Bergregionen kann es dagegen sehr wohl frostig-kalt werden: Höher liegende Gipfel verschwinden dann unter einer Schneedecke und ziehen Skifahrer aus Europa und Nordafrika an. Hohe Pässe wie der Tizi n'Test bleiben schon mal tageweise wegen ihrer geschlossenen Schneedecke für den Verkehr gesperrt. Der Winter ist auch die beliebteste Zeit für Wüstenwanderungen, denn dann herrschen dort tagsüber angenehme Temperaturen.

Nach den kühlen, sehr oft auch schneereichen Wintermonaten lockt das Frühjahr mit behaglich warmen Temperaturen – weite Teile des Landes verschwinden vor der Kulisse schneebedeckter Berge unter einem farbenfrohen Blütenteppich. In den südlichen Wüstenregionen wird es bereits sehr heiß. Das Frühjahr bietet sich daher für Fahrten in die Ausläufer der Gebirge und für Wanderungen auf die Gipfel des Hohen Atlas an, auch seine wunderschönen Zedernwälder lohnen einen Besuch. Das Frühjahr birgt in den Bergen allerdings auch Gefahren: Durch die Schneeschmelze kann es zu plötzlichen Überflutungen und Bergrutschen kommen, Nebenstraßen sind häufig wochenlang nicht befahrbar.

In den Sommermonaten liegt eine bleierne Hitze über einem Großteil des Landes, nur auf den Bergen und in den Küstenebenen, in denen der Wind vom Meer für Abkühlung sorgt, herrschen erträgliche Temperaturen. Von Juni bis September bieten sich beispielsweise das noch angenehm kühle Ifrane-Tal und das Atlasgebirge zum Wandern und Klettern an. Die landeinwärts liegenden Städte Fès und Marrakesch sollten wegen der hohen Temperaturen in den Sommermonaten eher gemieden werden.

Im Herbst fallen die Besucher in die Städte ein: Die Hitze ist dann weniger intensiv, das Wetter aber angenehmer als im Frühjahr. Deshalb liegt die touristische Hauptsaison Marokkos im Spätsommer und Herbst – in diesen Monaten steigen die Übernachtungspreise am höchsten.

Bei der Planung der Reise empfiehlt es sich, die vielen marokkanischen religiösen und weltlichen Feste mit einzubeziehen, die verteilt über das ganze Jahr stattfinden. Zu den eindrucksvollen Festen des Landes zählen das Kerzen-Festival in Salé und das Festival national des arts populaires de Marrakech, das im Juni stattfindet. Religiöse Feste wie der Ramadan und Aïd werden jedes Jahr zu einem anderen Termin begangen, da sich ihr Datum nach dem islamischen Mondkalender richtet. Es lohnt sich, die Termine mit dem eigenen Reiseprogramm abzugleichen, da sich in diesen Zeiten beispielsweise die Öffnungszeiten von Geschäften und Sehenswürdigkeiten ändern können.

Nicht vergessen

Die Wahl der Kleidung richtet sich nach dem Landschaftsraum, den man besuchen will. Die Abende an der Küste und in größeren Höhen können kühl werden – ein Pullover und eine leichte Jacke leisten dann gute Dienste.

Sonnenschutz und ein Sonnenhut sollten keinesfalls vergessen werden – und zwar nicht nur bei Reisen in den Sommermonaten, sondern auch in den Wintermonaten, in denen die Sonnenintensität leicht unterschätzt wird. Das gilt vor allem für Wanderungen oder das Skifahren in der klaren Luft des Hohen Atlas. In den Städten benötigt man langärmlige Kleidung nicht in erster Linie wegen der Kälte, sondern aus Rücksicht auf die örtlichen Gepflogenheiten: Marokko ist ein islamisches Land, viele zeigen inzwischen zwar eine gewisse Toleranz gegenüber nicht islamischen Kleidungsstilen, dennoch ist der Respekt vor den religiösen Gefühlen und Gepflogenheiten sehr wichtig. Das gilt vor allem für Orte außerhalb der touristischen Urlaubsanlagen und für die Städte im Norden des Landes. Vielerorts tragen Frauen einen Schleier.

Ausländische Frauen müssen beim Besuch des Landes nicht zwingend ein Kopftuch tragen. Dennoch gilt, dass man als Ausländer sehr viel mehr Respekt erfährt, wenn man seinerseits mit entsprechender Kleidung seine Achtung vor den marokkanischen Traditionen zum Ausdruck bringt. Dazu zählt beispielsweise, dass die Schultern immer bedeckt bleiben. Frauen sollen generell auf das Tragen von Shorts und Minikleidern verzichten, Männer auf das Tragen von kurzen Hosen, kurzärmligen Hemden und kurzen T-Shirts. In allen gehobenen Restaurants wird eine formale oder zumindest bessere Freizeitkleidung erwartet. In den großen Städten lassen sich Wandersachen kaufen, doch für die anspruchsvollen Wanderungen im Hohen Atlas sollte man lieber seine eigene Sportkleidung, die Wanderschuhe und sonstiges Equipment mitbringen.

Wichtig ist auch, an die verschreibungspflichtigen Medikamente für den gesamten Reisezeitraum zu denken. Sie sollten für den Zeitraum des Flugs im Handgepäck mitgeführt werden, bei kritischen Medikamenten empfiehlt sich auch eine Erklärung des Arztes auf Französisch, warum ein bestimmtes Medikament notwendig ist – das erleichtert die Kommunikation mit dem Flughafenpersonal. Wer in sehr abgelegene Landesteile reisen will, sollte sein eigenes Erste-Hilfe-Set dabeihaben und gegebenenfalls auch an Tabletten zur Wasserreinigung denken.

Für Säuglinge sollte man an Kleinkindernahrung denken. Im Prinzip ist diese auch in den Supermärkten vor Ort zu finden, doch unterscheiden sich die Marken und die Zusammensetzung der Inhaltsstoffe.

Kopien aller notwendiger Reise- und Versicherungsdokumente und des Reisepasses erleichtern die Wiederbeschaffung im Verlustfall – sie sollten unabhängig von den Originaldokumenten aufbewahrt werden.

Versicherung

Vor Reiseantritt empfiehlt sich der Abschluss einer guten Reiseversicherung. Wer unterwegs eine ärztliche Untersuchung benötigt, wird diese vor Ort zunächst bar zahlen müssen. Die Kosten können dann anschließend bei der heimischen Versicherung geltend gemacht werden. Wer einen Arzt benötigt oder ins Krankenhaus muss, sollte umgehend von Marokko aus die heimische Krankenkasse und die Versicherung informieren, für diesen Fall sollte man auch immer ausreichend Bargeld,

Reiseschecks oder eine Kreditkarte mit sich führen, um ungeplante Ausgaben jederzeit begleichen zu können. Wer die Arztkosten bei seiner Versicherung einfordern will, braucht aus Marokko ein Attest oder Rezept, das eingereicht werden kann.

Einmal mehr muss darauf hingewiesen werden, dass die Lektüre des Kleingedruckten bei Reiseversicherungen wichtig ist: Oftmals sind »gefährliche Aktivitäten« aus dem Versicherungsschutz ausgeschlossen – das kann auch für Sportarten wie Raften, Skifahren oder Bergsteigen gelten. Wer vorab weiß, was er in Marokko alles unternehmen möchte, sollte sich eine entsprechende Versicherung suchen, die diese Aktivitäten abdeckt. Wichtig ist auch eine Versicherung, die im Falle eines Unfalls oder einer ernsthaften Erkrankung die Kosten für den möglicherweise teuren Rücktransport übernimmt.

Für den Fall eines Diebstahls gilt, dass dieser sofort im Hotel und bei der Polizei gemeldet werden muss, wo die Formulare ausgefüllt werden; wichtig sind auch Kopien der Anzeige für die Versicherung.

ANREISE
Einreiseformalitäten

Reisepass & Visa
Deutsche, Österreicher und Schweizer brauchen nur einen bei der Einreise noch sechs Monate gültigen Reisepass. Bei der Einreise erhält man am Flughafen einen Einreisestempel, der bei der Rückreise wiederum am Flughafen vorgezeigt werden muss.

Alleinreisende Elternteile mit Kindern müssen sicherstellen, dass sie die rechtmäßigen Eltern sind, sonst kann es ihnen passieren, dass sie entweder nicht ins Land eingelassen werden oder bei der Rückreise nicht mit ihren Kindern ausreisen dürfen. Auf diese Weise will man Menschenhandel vorbeugen – was in der Vergangenheit wohl ein Problem dargestellt hat.

EU-Bürger und Schweizer benötigen kein Visum für einen touristischen Besuch. Bei Aufenthalten von mehr als 90 Tagen muss man sich bei der Polizei um eine Verlängerung der Aufenthaltsgenehmigung bemühen. Die Einreise ist nur über die offiziellen Flughäfen und Seehäfen erlaubt, die Einreise über algerische Grenzposten ist verboten.

Marokkanische Botschaft
Deutschland
Botschaft des Königreichs Marokko
Niederwallstraße 39
10117 Berlin
Tel. (030) 2061240
www.botschaft-marokko.de
kontakt@botschaft-marokko.de

Österreich
Botschaft des Königreichs Marokko
Hasenauerstraße 57
1180 Wien
Tel. (01) 5866651
www.bmeia.gv.at

Schweiz
Botschaft des Königreichs Marokko
Helvetiastraße 42
3005 Bern
Tel. (031) 3510362

Zoll
Die Zollbestimmungen sind relativ streng, doch wer seine Dokumente ordnungsgemäß dabeihat, muss bei der Einreise- und Passkontrolle lediglich eine kleine Zollerklärung ausfüllen. Diese wird schon im Flugzeug oder an Bord eines Schiffes ausgeteilt. Wenn nicht, dann geschieht das unmittelbar bei der Einreise.

Ausländische Besucher dürfen folgende Dinge zollfrei einführen: 1 Flasche Spirituose oder Wein (750 ml), 200 Zigaretten und 50 Zigarren oder 250 Gramm Tabak. Ausreichend Bargeld für die Dauer des Aufenthalts darf ebenfalls eingeführt werden, muss aber in die lokale Währung Dirham umgewechselt werden – die Ein- und Ausfuhr von Dirhams ist wiederum strikt verboten. Für die Einfuhr eines Fahrzeugs gelten ebenfalls spezielle Vorschriften. Da sich die Zollbestimmungen immer wieder ändern, empfiehlt es sich, sich in diesem Fall vorab mit der Botschaft in Verbindung zu setzen.

Mit dem Flugzeug
Flughäfen & die wichtigsten Fluggesellschaften

Marokko hat mehrere internationale Flughäfen, die von verschiedenen europäischen, asiatischen und afrikanischen Fluggesellschaften angeflogen werden. Bei vielen marokkanischen Städten gibt es Flughäfen, die nationale und internationale Flüge abwickeln; der größte Teil des internationalen Flugverkehrs erfolgt aber über die Flughäfen Casablanca, Rabat, Marrakesch und Tanger.

Royal Air Maroc (www.royalairmaroc.com) ist die staatliche Fluggesellschaft und fliegt Casablanca, Marrakesch, Tanger und Fès an, von dort gibt es Verbindungen zu weiteren Regionalflughäfen. Von Casablanca bestehen beispielsweise Verbindungen nach Essaouira, Nador, Oujda, Ouarzazate, Laâyoune und Dakhla. Von seinem Drehkreuz Casablanca fliegt Royal Air viele europäische Flughäfen an, darunter Amsterdam, Berlin, Düsseldorf, Frankfurt am Main, München, Paris und Zürich.

Während der Hauptsaison kommen zusätzliche Direktflüge europäischer Airlines zu den beliebten Touristenhochburgen Agadir, Al Hoceima, Nador und den wichtigsten Städten hinzu.

Marokkos größter Flughafen ist der Flughafen **Mohammed V International Airport Casablanca** (CMN, Tel. 0522/53 90 40, www.onda.ma). Der geschäftige Flughafen wickelt über 6 Mio. Passagiere pro Jahr ab und ist das internationale Drehkreuz für die transatlantischen Flüge von Royal Air Maroc. Der Flughafen bietet Hotels, Autovermietungen und regelmäßige Bus- und Zugverbindungen ins Stadtzentrum. Der hauptstädtische Flughafen ist der Flughafen **Rabat-Salé International Airport** (RBA, Tel. 0537/80 80 90, www.onda.ma), der im Rabater Stadtteil Salé unweit des Stadtzentrums liegt. In Rabat-Salé landen täglich Flugzeuge aus Europa, Afrika und dem Mittleren Osten. Marrakeschs Flughafen **Menara Airport** (RAK, Tel. 0524/44 79 10, www.onda.ma) liegt sechs Kilometer außerhalb der Innenstadt. In der Hochsaison steigt die Zahl der Fluganskünfte und -abflüge, viele Flüge aus Europa steuern diesen Flughafen an. Tangers Flughafen **Ibn Battouta International Airport** (TNG, Tel. 0539/39 36 49, www.onda.ma) wurde umfassend modernisiert und ausgebaut, wird aber nach wie vor relativ wenig angeflogen.

Mit dem Schiff

An ihrer engsten Stelle trennen in der Straße von Gibraltar lediglich 14,2 Kilometer Spanien von Marokko. Für europäische Besucher sind die Fähren daher eine Möglichkeit, schnell nach Marokko überzusetzen. Wer mit einer Fähre anreist, wird in der Regel im Hafen von Tanger, in der spanischen Enklave Ceuta oder in Melilla unter Nador von Bord gehen. Für die Überfahrt über die Straße von Gibraltar stehen schnelle Schiffe, die nur rund eine Stunde brauchen, und langsamere Fähren, die etwas über zwei Stunden von den spanischen Häfen Algeciras, Málaga und Almería benötigen, zur Auswahl. Die modernen Terminals der Häfen Algeciras und Tanger sind beliebt, auf dieser Strecke sind mehrere Schiffe pro Tag unterwegs.

Die Route wird von einigen Reedereien bedient, zu den bekannteren zählen **Acciona Trasmediterránea** (www.trasmediterranea.es), die Hochgeschwindigkeitsfähren im Linienverkehr einsetzt, **Comarit Espana** (www.comarit.com) und **Balearia** (www.balearia.com). Die Überfahrten müssen nicht im Voraus gebucht werden, wer auf Nummer sicher gehen will, kann aber eine Reservierung vornehmen. Für die Rückreise nach Europa wiederum empfiehlt sich eine Reservierung, da man auf diese Weise den Trubel am Hafen Tanger vermeiden kann, der für Ausländer stressig ist. Mit einer Reservierung braucht man nur noch sein Ticket am Terminal-Ticketschalter bezahlen. Dort bilden sich häufig Schlangen, Wartezeiten müssen zusätzlich für das Ausfüllen des Ausreisezettel eingerechnet werden. Des Weiteren muss ein Einschiffungsformular ausgefüllt und der Reisepass mit dem Ausreisestempel versehen sein – erst dann wird man aufs Schiff gelassen.

Einige Reiseveranstalter verkaufen Kombitickets, die eine Anreise zu einem spanischen Hafen mit der Fährüberfahrt im Paket anbieten. So gibt es eine schnelle TGV-Verbindung von Paris nach Algeciras. Dazu kommen noch die Kreuzfahrtpassagiere, die in den Häfen der marokkanischen Atlantikküste – beispielsweise Casablanca – von Bord gehen. Insgesamt stehen in Marokko 30 Häfen zur Auswahl, die täglich entweder von Kreuzfahrtschiffen oder von Fähren angelaufen werden.

UNTERWEGS IN MAROKKO

Mit dem Flugzeug

Mit dem Flugzeug innerhalb Marokkos zu reisen ist relativ leicht, da die großen Städte der Regionen meist eine eigenen Flughäfen haben. Der Flughafen Cherif Al Idrissi Airport liegt bei Al Hoceima an der Mittelmeerküste, der Flughafen Nador International Airport nur wenige Kilometer von Nador entfernt. Der Flughafen Mogador Airport ist das Ziel für Urlaube in Essaouira an der Atlantikküste.

Daneben gibt es noch eine Reihe weiterer Flughäfen: Angads Airport ist der Flughafen bei Oujda, Ouarzazate hat ebenfalls einen eigenen Flughafen. Zu den kleineren Flughäfen in Südmarokko zählen der Hassan I Airport in Laâyoune und der Dakhla Airport in Dakhla – beide bieten Verbindungen zu anderen wichtigen Städten des Landes.

Die Flughäfen werden von der Staatslinie **Royal Air Maroc** (www.airarabia.com/air-arabia-maroc) sowie kleineren Privatfluggesellschaften wie der in die Air Arabia eingegliederten **Air Arabia Maroc** (www.royalairmaroc.com) angeflogen. Letztere hat ihre Basis in Casablanca und bietet Flüge nach Spanien sowie zu marokkanischen

Regionalflughäfen an. Kleinere Flughäfen werden nur in der touristischen Saison angeflogen, dazu zählen der Tan-Tan Airport in der Westsahara, Tétouans Sania Ramel Airport und der Goulimine (Guelmin) Airport von Goulimine im Süden des Landes.

Mit dem Auto

Marokko lässt sich gut mit einem eigenen Auto erkunden, viele Autovermieter bieten ihre Dienste im Land an. Zu den international bekannten Namen zählen **Avis** *(www.avis.ma)* und **Hertz** *(www.hertz.com)*, daneben gibt es unzählige marokkanische Autovermieter, darunter **4x4 Driver** in Marrakesch *(Tel. 0524/43 31 80)*, **Caf Car** in Rabat *(Tel. 0537/77 54 88)*, **Abid Rent a Car** in Agadir, Casablanca, Fes, Rabat und Tanger *(www.abidcars.com)*, **Allo Auto** in Casablanca *(Tel. 0522/25 25 87)* und **KB Car** in Laâyoune *(Tel. 0548/89 24 24, www.kbcar-maroc.com)*. Eine umfassende Liste aller Anbieter bietet die Website des marokkanischen staatlichen Fremdenverkehrsamtes *(www.visitmorocco.com)*. Ein Mietwagen ist teuer, doch dank der großen Konkurrenz kann man aber auch gute Angebote finden. Bei allen Mietverträgen sollte man auf eine ausreichende Haftpflichtversicherung für den eigenen Wagen, den Unfallbeteiligten und weitere beteiligte Personen achten.

Die marokkanischen Verkehrsregeln lehnen sich an das französische Regelwerk an: Es wird rechts gefahren, im Kreisverkehr haben alle Fahrzeuge im Kreis Vorfahrt. Folgende Geschwindigkeitsbegrenzungen gelten im Land: 40 km/h in städtischen Gebieten (wenn nicht anders ausgewiesen), 100 km/h auf Landstraßen und 120 km/h auf Autobahnen. Wer diese Geschwindigkeiten überschreitet, muss mit Bußgeldforderungen rechnen.

Doch auch wer alle Regeln einhält, wird möglicherweise von einem korrupten Polizisten, der das Bußgeld eher für die eigene Tasche denn für den Staat einfordert, angehalten. Wer keinen zusätzlichen Ärger heraufbeschwören will, zahlt am besten umgehend: Die Summe liegt in der Regel bei rund 200 Dirham (ca. 18 €).

Wer in Städten unterwegs ist, muss wegen der vielen Autos, LKWs, Mopeds und Räder mit zahlreichen Staus rechnen. Meist kann man die Stadtzentren (vor allem die historischen Medinas) umfahren, auf den Umgehungsstraßen kann es allerdings passieren, dass man plötzlich in extrem engen Gassen oder Labyrinthen landet. Ein detaillierter Stadtplan ist dann unerlässlich. Die Autobahnen und Hauptrouten sind in der Regel gut gepflegt und ausgeschildert, das gilt vor allem für den Norden. Viele führen durch atemberaubende Landschaften. Wer allerdings in abgelegenen Regionen reisen will, muss damit rechnen, dass sich so manche Straße in der Karte als Piste erweist. Für Letztere sind Allradfahrzeuge notwendig. Unbedingt bei Geländefahrten jemanden für den Notfall über die geplante Route informieren. Wüstenfahrten sollten nur mit einem erfahrenen lokalen Führer durchgeführt werden.

Wer in größeren Städten parken will, sollte sich nicht wundern, wenn er umgehend von einem »Parkplatzwächter« angesprochen wird, der für ein gewisses Gebiet seine Rechte einfordert. Er wird einen Ausweis der Lokalverwaltung vorweisen und beim Einparken helfen, in der Abwesenheit ein waches Auge aufs Fahrzeug werfen und auch beim Verlassen des Parkplatzes wieder behilflich sein. Die Parkplatzwächter erwarten einige Dirhams für ihre Dienste, die Höhe hängt von der Länge der Parkzeit ab. Als Faustregel kann man von zwei Dirham pro Stunde ausgehen. Auf diese Weise liegt die Zahl der gestohlenen Fahrzeuge bzw. der Inhalte des Fahrzeugs relativ niedrig – den kleinen Preis für eine ruhige Stadtbesichtigung ist das Geld also allemal wert.

In den Städten und Kleinstädten bekommt man alle Sorten Benzin, in ländlichen Gegenden ist das nicht mehr garantiert. Ein voller Tank beim Verlassen der Städte erspart manchen Ärger. Wer in einen Unfall verwickelt wird, sollte auf jeden Fall die Polizei rufen. Sie wird den Unfallhergang aufnehmen, die Gemüter beruhigen und die für die Versicherung notwendigen Papiere ausstellen. Bei Bedarf hilft sie auch bei der Rückkehr ins Hotel oder dem Kontakt zur Mietwagenfirma.

Mit dem Taxi

Taxis gibt es in zwei Arten: Die ersten sind größere Fahrzeuge, häufig alte Mercedes-Limousinen, die vor Hotels und an den Flugplätzen auf Kundschaft warten. Sie werden auch als *grands taxis* bezeichnet und können bis zu sieben Fahrgäste transportieren (das hört sich ungemütlich an, ist aber gang und gäbe). Die *grands taxis* fahren ihre Kundschaft in der Regel nicht direkt zum Ziel, sondern verkehren zwischen größeren und kleineren Städten. Sie können aber auch für längere (auch mehrtägige) Ausflüge gebucht werden, für die vorab ein Fixpreis vereinbart werden sollte. Der Preis für einen halben Tag liegt bei rund 250 Dirham. Wenn man mit dem Fahrer sehr zufrieden ist, sollte man ruhig am Ende der Fahrt ein gutes Trinkgeld geben. Auf Standardfahrten zwischen Städten wird man häufig angesprochen, ob man ein Taxi respektive die Fahrtkosten teilen möchte. Das ist die gängige Praxis und senkt die Fahrtkosten natürlich erheblich.

Die zweite Taxivariante ist das *petit taxi*: Es ist kleiner und günstiger und die beste Form, sich in der Stadt zu bewegen. Auf ihren Dächern ist ein Schild mit der Aufschrift »petit taxi« befestigt, außerdem sollte der Wagen mit einem Taxameter ausgestattet sein. Unbedingt prüfen, ob das Taxameter auch wirklich beim Losfahren eingeschaltet ist. Eine Fahrt quer durch die Stadt darf nicht mehr als 10 Dirham (ca. 0,90 €) kosten, die Taxifahrer erwarten eine Barzahlung, deshalb immer genügend Münzen bereithalten. Unterwegs kann es passieren, dass der Taxifahrer noch weitere Fahrgäste zusteigen lässt, das reduziert den Fahrpreis für den Einzelnen.

Petits taxis können an der Straße herbeigewunken oder an einem Taxistand bestiegen werden. In der Regel ruft man Taxis nicht über das Telefon, wenn man aber zu einer bestimmten Zeit ein Taxi beispielsweise für die Fahrt zum Flughafen benötigt, kann man das Hotel bitten, die Bestellung vorzunehmen.

Mit dem Bus

Busse sind in allen größeren Städten unterwegs und eine günstige Möglichkeit, von einem Stadtende zum anderen zu gelangen. Für Kurzstrecken zahlt man lediglich ein paar Dirhams, die man immer in ausreichender Zahl in der Tasche haben sollte (bezahlt wird beim Besteigen direkt beim Fahrer). Die Ziele sind in Arabisch angeschrieben, das Finden des richtigen Busses kann daher schwierig werden. Busfahrten sind sicher nicht das bequemste Fortbewegungsmittel, dafür sind sie sehr günstig und eine gute Gelegenheit, sich mal unters Volk zu mischen.

Busbahnhöfe finden sich in allen großen und meist auch kleineren Städten. Sie sind in der Regel deutlich erkennbar und leicht zu finden, die Angestellten vor Ort helfen meist gerne. An den Busbahnhöfen bekommt man sowohl Fahrplanauskünfte als auch die Busfahrkarten. Dabei sollte man im Hinterkopf behalten, dass viel frequentierte Busbahnhöfe ein beliebtes Arbeitsfeld von Schleppern und Dieben sind. Geld erhalten grundsätzlich nur uniformierte Angestellte, die hinter dem Schalter sitzen. Busse werden von verschiedenen Busgesellschaften betrieben, unter anderem von der CTM Compagnie de Transports au Maroc (*www.ctm.ma*), Supratours, Gare Routière und Pullman du Sud.

Mit dem Zug

Marokko hat ein gutes Bahnnetz, das Tanger im Norden mit den Städten Rabat und Casablanca an der Atlantikküste verbindet. Von dort gibt es weitere Zugstrecken ins Landesinnere nach Fès und Marrakesch. Züge, die auf Langstrecken eingesetzt werden, sind modern, sauber und klimatisiert, Vorortzüge und Kurzstreckenzüge meist eher das Gegenteil. Die Bahn ist schnell, effizient und fährt nach einem festen Zugplan. Zu den beliebtesten Routen zählen die folgenden Strecken: Casablanca – Tanger (3 Std.) und Casablanca – Marrakesch (2 Std.) – auf diesen Routen fahren die Züge mehrmals täglich.

Es gibt verschiedene Sitzklassen – auf langen Strecken werden auch Waggons eingesetzt, bei denen Sitze in Betten oder Liegen umgebaut werden können. Die Bahngesellschaft ONCF *(Tel. 0890/20 30 40, www.oncf.ma)* unterhält Büros und Bahnhöfe in allen wichtigen Städten des Landes, dort lassen sich Zugpläne und Fahrkarten kaufen. Tickets können vorab oder am gleichen Tag gekauft werden. Das Bahnfahren ist in Marokko relativ günstig (allerdings abhängig von der Klasse), Familien und Gruppen erhalten Ermäßigungen.

Beim Einsteigen sollte man sein Ticket griffbereit haben, da es auf der Fahrt kontrolliert wird, andernfalls muss man ein neues Ticket kaufen. Wer es vor Fahrtantritt nicht mehr geschafft hat, einen Fahrschein zu kaufen, kann diesen im Zug gegen einen Aufpreis nachlösen.

Bahnhöfe liegen in der Regel in der *ville nouvelle* (Neustadt) – nicht in den alten Medinas. Da auch die größeren Städte nur ein beschränktes Metrosystem haben, ist der Bahnhof meistens der einzige der Stadt und von daher leicht zu finden.

PRAKTISCHE TIPPS
Alkoholgesetze

Alkoholkonsum wird toleriert, entsprechende Getränke werden in Supermärkten, Hotels und Restaurants verkauft. Wer privat eingeladen ist, sollte die Gebräuche der Familie respektieren und gegebenenfalls auf den Konsum alkoholischer Getränke verzichten.

Während des Ramadan bleiben viele Spirituosenläden geschlossen, auch einige Restaurants schenken dann keinen Alkohol aus. Es passiert schon einmal, dass auswärtige Besucher, die wie Einheimische aussehen (vor allem solche, die von Nordafrikanern oder Familien aus dem Mittleren Osten abstammen), während des Ramadan keinen Alkohol ausgeschenkt bekommen, wenn sie nicht ihre Nationalität nachweisen können. Grund ist das Verbot der lokalen Verwaltung, das während des Ramadan generell den Ausschank an marokkanische Muslime verbietet.

Einrichtungen für Behinderte

Für Reisende mit Behinderungen ist Marokko kein leichtes Reiseland: Die Bürgersteige sind uneben und voller Schlaglöcher, winzige Eingänge zu den Gebäuden der Medinas, Palästen und steile Stufen statt Rampen sind häufig ernsthafte Hindernisse. Andererseits können Marokkaner sehr hilfsbereit sein und bieten ihre Hilfe an, wenn diese benötig wird. Das Land ist im Umbruch: Neu errichtete Ferienanlagen und Hotels haben rollstuhlfreundliche Eingänge und speziell auf die Bedürfnisse zugeschnittene Zimmer. Auch Restaurantbesitzer bemühen sich, ihre Häuser für Gehbehinderte zugänglicher zu gestalten. Einrichtungen für Seh- und Hörgeschädigte stecken dagegen nach wie vor in den Kinderschuhen.

Elektrizität

Die Stromspannung liegt bei 220 Volt. Die Stecker entsprechen denen in Deutschland und Österreich und haben zwei runde Stifte. Wer mit anderen Anschlüssen ins Land reist, sollte sich einen Adapter kaufen (der auch in Marokko verkauft wird).

Etikette & lokale Gebräuche

Die meisten Marokkaner sind Muslime, ihre Gebräuche und Traditionen sollte man respektieren und achten. Das wichtigste Fest im muslimischen Kalender ist der Ramadan, der heilige Monat, in dem die Muslime bei Tageslicht fasten. Von Nichtmuslimen wird das Fasten nicht erwartet, viele Restaurants und Cafés öffnen im Ramadan allerdings zu geänderten Zeiten.

Wer bei einer marokkanischen Familie eingeladen ist, sollte sich ordentlich anziehen, pünktlich eintreffen und für die Gastgeber ein kleines Geschenk in Form von Früchten, Patisserie, Nüssen etc. mitbringen – nie jedoch Alkohol in jeglicher Form (die Ausnahme sind Gastgeber, die bekanntermaßen Alkohol trinken). In der Regel zieht man beim Betreten des Hauses seine Schuhe aus. Geschenke oder Geld werden nie mit der linken Hand überreicht – sie gilt als unrein.

Feiertage

Die Marokkaner können sich über eine ganze Reihe von Feiertagen freuen, an denen viele Geschäfte und einige Restaurants geschlossen bleiben. Die Straßen sind dann voller Leute, auch an den Stränden geht es lebhafter als sonst zu. Der wichtigste nationale Feiertag ist das Thronfest, an dem der Jahrestag der Thronbesteigung von Mohammed VI. gefeiert wird.

1. Januar – Neujahr
11. Januar – Jahrestag der Unabhängigkeitserklärung
1. Mai – Tag der Arbeit
30. Juli – Fest der Thronbesteigung
14. August – Fête Oued Eddahab (Integration der Westsahara-Region)
20. August – Révolution du Roi et du Peuple (Revolutionstag von König und Volk)
21. August – Geburtstag von König Mohammed VI.
6. November – Marche Verte (Jahrestag des Grünen Marsches)
18. November – Fête de l'Indépendance (Unabhängigkeitstag)

Zu den genannten Feiertagen kommt noch eine ganze Reihe von religiösen öffentlichen Feiertagen hinzu. Dazu zählen Mouloud, das Fest zu Ehren des Geburtstages des Propheten, Aïd al-Adha (Opferfest), Fatih Moharam (islamisches Neujahrsfest) und Aïd al-Fitr, das Fastenbrechen am Ende des Ramadan. Da sich die Monate des islamischen Mondkalenders verschieben, verschieben sich ebenfalls die Feiertage von Jahr zu Jahr und fallen in wechselnde Jahreszeiten.

Führer

Wer den Dienst eines Guides (Führers) in Anspruch nehmen möchte, sollte sich dessen Ausweis und Dienstmarke zeigen lassen. Stadtführer, aber auch Chauffeure und ihre Fahrzeuge werden von den lokalen Behörden geprüft. So soll sichergestellt werden, dass ein gewisser Standard hinsichtlich Wissensstand und Dienstleistung gewährleistet wird. Der Ausweis ist jeweils ein Jahr lang gültig. Jede Stadt und jeder Distrikt ist für die Ausstellung dieser Ausweise (und deren Kontrolle) verantwortlich. Wer also in Fès einen Führer anheuert, sollte prüfen, ob dessen Ausweis auch von der Stadtverwaltung Fès ausgestellt wurde. Wenn ja, kann man sichergehen, dass der Führer über ausreichend Wissen hinsichtlich der örtlichen Sehenswürdigkeiten verfügt. Die Polizei überprüft dies immer wieder unangemeldet – hat der Führer oder die Führerin ordnungsgemäße Papiere, dauert die Unterbrechung nicht lange.

Geld

Die Landeswährung ist der Dirham (MAD); 100 Centimes (auch: *santimat* oder Francs) entsprechen einem Dirham. Den Dirham gibt es in den Noten 20, 50, 100 und 200, die Münzen sind im Wert von 1, 2, 5 und 10 Dirham im Umlauf. Daneben gibt es noch Münzen im Wert von 1, 5, 10 und 20 Centimes.

Ausländische Devisen dürfen unlimitiert eingeführt werden, die Ein- und Ausfuhr der marokkanischen Währung ist dagegen strikt untersagt. Wechselstuben und Geldautomaten findet man an den Flughäfen, in den meisten Städten, in Banken und einigen Hotels. Beim Geldwechsel wird man in der Regel aufgefordert, seinen Reisepass vorzuzeigen. Unbedingt am Ende der Reise daran denken, die verbliebenen Dirhams wieder in ausländische Währung zurückzutauschen. Wer mehr als 50 Prozent der bei Reiseantritt eingetauschten Summe am Ende wieder zurücktauschen will, muss damit rechnen, dass der Betrag vom Zoll konfisziert wird. Kreditkarten sind noch nicht weitverbreitet, nur die auf Touristen eingestellten Geschäfte akzeptieren sie.

Gesundheit

Die häufigste Erkrankung in Marokko ist eine Magenverstimmung, die durch das ungewohnte Essen oder verdorbene Lebensmittel hervorgerufen werden kann. Generell gilt: Früchte, Salate und Gemüse sollten nur dann verzehrt werden, wenn sie in sauberem Wasser gewaschen wurden. Auf keinen Fall sollte man Leitungswasser trinken – auch nicht in den Städten. Sicher sind abgefüllte und versiegelte Wasserflaschen, bei denen aber darauf geachtet werden sollte, dass die Verschlüsse nicht aufgebrochen sind. Auch der Verzicht auf Eiswürfel und Fruchtsaftgetränke empfiehlt sich, da sie relativ sicher mit Leitungswasser hergestellt wurden. Wer in entlegenen Gebieten unterwegs ist, sollte Wasserreinigungstabletten mitnehmen.

Kommunikation

Internetzugang

Marokko hat das größte Telefonnetz aller afrikanischen Staaten und eine rapide ansteigende Zahl an Internetnutzern. Hotels, Cafés und Restaurants bieten teilweise sogar WLAN, was außerhalb der urbanen Zentren aber eher selten zu finden ist. Da ein eigener Internetanschluss für viele marokkanische Haushalte nach wie vor zu teuer ist, sind Internetcafés weitverbreitet. Die Preisgestaltung richtet sich nach der Länge der Internetverbindung, auch die Qualität der Verbindungen ist sehr unterschiedlich. Wer sich vorab über den Preis informiert, kann sich ausrechnen, wie lange er im Netz bleiben kann.

Maroc Telecom hat 2008 das 3G-Netz eingeführt, damit sind schnelle Internetverbindungen für Smartphones und 3G-fähige Laptops möglich. Méditel ist der Konkurrenzanbieter, der mit anderen Übertragungsmethoden arbeitet, die nicht mit dem Netz von Maroc Telecom kompatibel sind. Derzeit ist das 3G-Netz nur in den urbanen Zentren nutzbar und neigt dazu, an Wochenenden und Abenden merklich langsamer zu werden.

Sowohl Maroc Telecom als auch Méditel haben die technischen Voraussetzungen geschaffen, dass ausländische Besucher ihr 3G-Netz nutzen können. Beide Telefongesellschaften verlangen aber einen hohen Tarif für diesen Dienst. Günstiger ist es, sich für 200 Dirham (ca. 18 €) eine SIM-Karte von Maroc Telecom zu kaufen, die einen unbegrenzten 3G-Zugang für einen Monat beinhaltet. Die SIM-Karten werden in den *téléboutique* und vielen weiteren Läden angeboten.

Das Internet steht in Marokko unter Zensur. Immer wieder kommt es vor, dass bekannte Websites wie YouTube für kurze Zeit blockiert sind, ohne dass der Grund dafür offensichtlich ist. Websites mit Bezug zur Polisario Front und zum Westsahara-Konflikt sind fast alle zensiert, Gleiches gilt auch für Seiten, die den militanten Islam unterstützen bzw. die Monarchie kritisieren. Im Alltagsgebrauch wird man von der Zensur allerdings kaum etwas merken.

Postämter

Alle Postämter in Marokko verkaufen Briefmarken, verschicken Telegramme und Faxe, Briefsendungen und Pakete. Postämter findet man in allen großen Städten, aber auch in vielen Dörfern. Geöffnet haben sie von 8.30 bis 18/18.30 Uhr, kleinere teilweise nur am Vormittag. Briefmarken erhält man auch im Tabakladen, im Zeitungsgeschäft und in vielen Hotelrezeptionen. Die Post sollte man vorsichtshalber nur in die Briefkästen neben den Postämtern einwerfen und nicht in die gelben Postkästen in den Straßen: Diese werden nicht zuverlässig geleert. Sehr wichtige und eilige Sendungen können auch über Kurierdienste wie FedEx oder DHL Express verschickt werden.

Telefone

In den Städten finden sich öffentliche Telefone in der Regel außerhalb der Busbahnhöfe, der Postämter und der Bahnhöfe, in Kleinstädten neben den wichtigen öffentlichen Gebäuden. Maroc Telecom praktiziert im Land das Konzept von Telefon-Cafés – sie nennen sich *téléboutiques*: Dort findet man mehrere Telefonkabinen und einen Angestellten, der Telefonkarten verkauft. Von den *téléboutiques* aus können auch Faxe verschickt werden. Die *téléboutiques* findet man bisher meist nur in den Stadtzentren.

Traditionell gab es nur Münztelefone, in der letzten Zeit haben sich aber Kartentelefone rasant durchgesetzt und werden vor allem für Ferngespräche genutzt. Entsprechende Karten werden in den Postämtern und gekennzeichneten Läden verkauft.

Marokkos Handynetz ist gut ausgebaut und funktioniert, nach wie vor ist aber der Empfang auf dem Land unzuverlässig. Die zwei Provider – Maroc Telecom und Méditel – bieten einen guten Service und haben mit den wichtigsten Anbietern weltweit Roaming-Abkommen geschlossen. So können auswärtige Besucher ihr eigenes Handy benutzen. Bekanntermaßen ist das Telefonieren mit nicht marokkanischen Providern sehr teuer. Wesentlich günstiger ist es, sich eine SIM-Karte von einem der beiden Anbieter zu kaufen, mit der man eine lokale Telefonnummer erhält. Die Karte wird ins eigene Handy eingelegt und ermöglicht sowohl Anrufe innerhalb Marokkos wie auch ins Ausland, bis die bezahlte Summe auf der Karte ausgeschöpft ist. SIM-Karten gibt es in verschiedenen Werten, sie können wieder aufgeladen werden.

Wer nach Marokko telefonieren will, wählt den Ländercode 212, dann die Gebiets-Vorwahl (ohne 0) und anschließend die Teilnehmernummer. Wer innerhalb Marokkos telefoniert, muss die 0 der Gebiets-Vorwahlnummer mitwählen. Für Auslandsgespräche von Marokko aus wählt man die 00, dann die Ländervorwahl, die Ortsvorwahl (ohne 0) und schließlich die Teilnehmernummer.

Das System der Gebiets-Vorwahl wurde von drei auf vier Stellen erhöht, sodass marokkanische Telefonnummern nun zehnstellig sind. Noch lange wird man aber die alten Nummern auf Schildern, Bahnstationen und Adresslisten finden. Nummern, die bisher mit den Ziffern 02 oder 03 begannen, sind nun dreistellig: 052 bzw. 053. Vergleichbare Nummern, die bisher mit den Ziffern 08 bzw. 09 begannen, lauten nun 080 bzw. 089. Alle anderen Telefonnummern (z. B. 05 oder 07) erhalten die zusätzliche Ziffer 6 nach der 0, im Beispiel lauten sie folglich 065 bzw. 067.

Medien

Marokko hat zwei große Fernsehanstalten: die regierungseigene *Société nationale de radiodiffusion et de télévision* (SNRT), die den Fernsehsender *Television Marocaine TVM* in Arabisch und Französisch ausstrahlt, und die teilstaatliche Anstalt *2M*, die vor allem auf Französisch sendet. Beide Fernsehanstalten haben einen Satellitenkanal – *Al Maghribiya* –, dessen Programm sich an die im Ausland lebenden Marokkaner richtet. Inzwischen empfängt man in Hotels, Restaurants und vielen Privathäusern diverse Satellitenkanäle. Beliebte Radiosender sind *Atlantic Radio* (www.atlanticradio.ma), *Medi1* (www.medi1.com) und *Chada* (www.chadafm.net).

Zeitungen gibt es viele und in sehr unterschiedlicher Qualität; die beliebtesten Tageszeitungen sind die regierungseigene *Al Anbaa* und die französischsprachige *Le Matin*. Daneben existieren noch ein paar private Tageszeitungen wie beispielsweise die arabischsprachigen Blätter *Al Massae* und *Assabah* und die französischsprachigen Tageszeitungen *Libération*, *Le Journal* und *Telquel*. *L'Economiste* ist die Finanzzeitung des Landes.

Öffnungszeiten

In den größeren Städten haben Haushalts- und Bekleidungsgeschäfte von 9 bis 19 oder 20 Uhr geöffnet, machen aber über Mittag eine längere Pause. Lebensmittelläden haben vergleichbare Öffnungszeiten – außer im Ramadan: Dann öffnen sie frühmorgens, schließen für den Großteil des Tages und öffnen nochmals nach Sonnenuntergang. Die supermarktähnlichen Läden, die es inzwischen in vielen größeren Städten gibt, haben meist längere Öffnungszeiten. Viele öffnen um 9 Uhr und schließen gegen 21 Uhr – und das an sieben Tagen die Woche.

Souks und Obstmärkte haben früh am Morgen bis gegen Mittag geöffnet, Postämter öffnen gegen 8.30 und schließen um 18 bzw. 18.30 Uhr; kleinere Postämter haben nur vormittags geöffnet. Die Banken öffnen ihre Schalter in der Regel montags bis donnerstags von 8.30 bis 12 Uhr und nochmals nachmittags bis etwa 16 Uhr. Am Freitag und während des Ramadan ändern sich die Zeiten. Läden öffnen montags, dienstags, mittwochs und donnerstags, einige Läden auch an den restlichen Tagen der Woche. Freitag ist der muslimische Ruhetag, der Samstag ist der Sabbat, der von der marokkanischen jüdischen Gemeinde eingehalten wird. Sonntags hat der Großteil der Läden geschlossen.

Religion
Marokko ist ein islamisches Land – die Mehrheit der Bevölkerung bekennt sich zum Koran. Muslime beten fünfmal täglich, früh am Morgen schon wird man vom Ruf des Muezzins geweckt. Der Ramadan ist die wichtigste Zeit des Jahres, er dauert einen Monat und verschiebt sich aufgrund des islamischen Mondkalenders jedes Jahr. In diesem Monat fasten die Muslime von Sonnenauf- bis Sonnenuntergang, einige Restaurants haben dann tagsüber geschlossen.

Toiletten
Eine öffentliche Toilette zu finden ist nicht ganz einfach und auch nicht immer erfreulich. Wer unterwegs eine benötigt, sollte es in Restaurants und Cafés versuchen.

Touristeninformationen
In allen bedeutenden Städten des Landes gibt es Touristeninformationen, Gleiches gilt für das Ausland. Sie helfen bei der Suche nach einer Unterkunft, einer Route und allen sonstigen Informationen. Details dazu finden sich auf der offiziellen Seite des Fremdenverkehrsamtes *(www.visitmorocco.com).*

Deutschland, Österreich, Schweiz
Marokkanisches Fremdenverkehrsamt
Graf-Adolf-Straße 59
40210 Düsseldorf
Tel. (0211) 37 05 51
Fax (0211) 37 40 48
www.visitmorocco.com

Trinkgeld
Trinkgeld wird nicht automatisch auf die Rechnung aufgeschlagen, in manchen Städten wie Agadir ist es inzwischen aber üblich. Am besten lässt man das Trinkgeld auf dem Tisch liegen, so bekommt es auch derjenige, für den es gedacht ist. Wer sich einem Taxifahrer gegenüber erkenntlich zeigen will, sollte die geforderte Summe aufrunden, Zimmermädchen oder Träger erhalten rund 10 Dirham (ca. 0,90 €).

Zeitunterschiede
Marokko liegt in der Greenwich-Mean-Time-Zone und hat damit eine Stunde Zeitverschiebung zur MEZ. Lediglich in den spanischen Enklaven Melilla und Ceuta gilt die MEZ.

IM NOTFALL
Kriminalität & Polizei
Das Land ist extrem vom Tourismus abhängig – die Sicherheit der Besucher hat oberste Priorität. Daher wurden große Anstrengungen unternommen, das Reisen für die Besucher so sorgenfrei wie möglich zu gestalten. So gibt es inzwischen in allen touristischen Hotspots eine Touristenpolizei, die sich bemüht, Zwischenfälle zu verhindern, die ausländische Besucher abschrecken könnten. Sie beobachten beispielsweise die aufdringlichen Straßenhändler, die in den Ausländern leichte Beute sehen. In der Regel sind die Händler aber eher lästig als eine Gefahr. Am besten reagiert man mit einem bestimmten *non* (Nein). Wer eine ernsthafte Straftat begeht, wird streng bestraft. Auch Marokko blieb in den letzten Monaten und Jahren nicht von terroristischen Aktivitäten verschont, gilt aber allgemein als ein politisch stabiles Land. Ende April 2011 wurde jedoch ein schwerer terroristischer Anschlag auf ein von vielen Touristen besuchtes Café am stark frequentierten Platz Djemaa el Fna in Marrakesch verübt, es gab Tote und viele Verletzte.

Botschaften & Konsulate in Marokko
Es empfiehlt sich, sich vor Reiseantritt über den Standort der Botschaft zu informieren und sich die Telefonnummern zu notieren – das erleichtert im Notfall die Kontaktaufnahme. Botschaften helfen im Falle eines Verlustes des Reisepasses und bei anderen Problemen während des Aufenthalts.

Deutsche Botschaft
7, Zankat Madnine, Rabat
Tel. (0537) 21 86 00
Fax (0537) 70 68 51
info@rabat.diplo.de
www.rabat.diplo.de
Honorarkonsulate gibt es in Agadir und Casablanca.

Österreichische Botschaft
2, Zankat Tiddas, Rabat
Tel. (0537) 76 40 03
Fax (0537) 76 54 25
rabat-ob@bmeia.gv.at
www.bmeia.gv.at/botschaft/rabat.html

Schweizer Botschaft
Square de Berkane, Rabat
Tel. (0537) 26 80 30
Fax (0537) 26 80 40
rab.vertretung@eda.admin.ch
www.eda.admin.ch/rabat

Notfallnummern
Polizei: 19
Feuerwehr: 150
Auskunft: 160
Straßenzustandsberichte: 177

REISELEKTÜRE

Über Marokko ist viel geschrieben worden, an dieser Stelle kann deshalb nur eine kleine Auswahl vorgestellt werden.

Belletristik

Das Haus der Spinne: Roman von Paul Bowles (1955, aktuelle Auflage 2007)

Das Schweigen des Lichts von Tahar Ben Jelloun (2001, aktuelle Aufl. 2007)

Die Engel von Sidi Moumen: Roman aus Marokko von Mahi Binebine (2010, aktuelle Auflage 2014)

Die Stimmen von Marrakesch: Aufzeichnungen nach einer Reise von Elias Canetti (1967, aktuelle Aufl. 2014)

Die Zivilisation, Mutter! von Driss Chraibi (1972, aktuelle Auflage 2009)

Eine Verstoßene geht ihren Weg von Leila Abouzeid (1980, akt. Aufl. 2005)

Ermittlungen im Landesinnern: Roman aus Marokko von Driss Chraibi (1992, aktuelle Auflage 2010)

Himmel über der Wüste von Paul Bowles (1949, aktuelle Auflage 2006)

Hope and Other Dangerous Pursuits von Laila Lalami (2005)

Tag der Stille in Tanger von Tahar Ben Jelloun (1991)

Verlassen: Roman von Tahar Ben Jelloun (2006, aktuelle Auflage 2014)

Sachbücher

Geschichte & Kultur

Allah's Garden: A True Story of a Forgotten War in the Sahara Desert of Morocco von Thomas Hollowell (2009)

In Morocco von Edith Wharton (1920, aktuelle Auflage 2015)

Morocco That Was von Walter Harris (1921, aktuelle Auflage 2007)

Natur

Prion Birdwatchers' Guide to Morocco von Patrick Bergier und Fedora Bergier (1990, aktuelle Auflage 2004)

Outdoor-Literatur

Climbing in the Moroccan Anti-Atlas: Tafroute and Jebel el Kest von Claude Davies (2004)

Morocco Overland: 45 Routes from the Atlas to the Sahara von Chris Scott (2009, aktuelle Auflage 2013)

Rock Climbing Atlas – South Western Europe and Morocco von Wynand Groenewegen, Marloes van den Berg und Daniel Jaeggi (2007, aktuelle Auflage 2008)

Reiseberichte

A House in Fez: Building a Life in the Ancient Heart of Morocco von Suzanna Clarke (2007, aktuelle Auflage 2008)

Der glücklichste Mensch der Welt: Meine Reise zu den Geschichtenerzählern Marokkos von Tahir Shah (2009, aktuelle Aufl. 2011)

Die Gefangene: Ein Leben in Marokko von Malika Oufkir (1999, akt. Aufl. 2002)

Glory in a Camel's Eye: A Perilous Trek Through the Greatest African Desert von Jeffrey Tayler (2003, aktuelle Auflage 2005)

Im Haus des Kalifen: Ein Jahr in Casablanca Taschenbuch von Tahir Shah (2008)

Mystisches Marrakesch. Leben in einer anderen Zeit von François Maher Presley (2013)

Sahara von Michael Palin (2002, aktuelle Aufl. 2005)

Stealing Fatima's Hand von Carolyn A. Theriault (2010)

Taming the Sahara von Andrew Borowiec (2003)

Zu Gast in Marokko: Verführerische Rezepte einer kulinarischen Reise von Rob und Sophie Palmer (2015)

Online-Informationen

In Marokko gibt es viele Blogger, die über ein breites Spektrum an Themen schreiben. Die Mehrzahl schreibt auf Arabisch oder Französisch. Wer sich für marokkanische Politik, Kultur und Gesellschaft aus der Sicht unzensierter junger Blogger interessiert, sollte die Seite von **Global Voices Morocco** (www.globalvoicesonline.org/-/world/middle-east-north-africa/morocco) aufrufen, wo Diskussionen und Artikel relativ zeitnah von der marokkanischen Online-Gemeinde übersetzt werden.

Hotels & Restaurants

Die Auswahl an Restaurants und Unterkünften ist riesig, sie beschränkt sich deshalb auf einige der besten oder interessantesten in den verschiedenen Preiskategorien. Viele andere hier nicht erwähnte Lokale und Unterkünfte sind aber ebenfalls gut.

Hotels

Unterkünfte findet man in Marokko für jeden Geldbeutel und jeden Anspruch. Die günstigsten Unterkünfte in den Städten sind pensionsähnliche kleine Hotels – oftmals mit Gemeinschaftsbad und manchmal auch ohne heißes Wasser. Oft sind es düstere Häuser im Herzen der Altstadt, und meist sind sie billiger als eine Nacht auf dem Zeltplatz. Zimmer mit Bad in komfortableren Hotels rangieren preislich zwischen einer Pension und Top-Preisen, die man in Europa niemals für ein solches Zimmer zahlen würde.

In vielen Städten findet man kleine, von einer Familie geführte Riads. So werden in Marokko die Gästehäuser genannt, die sich in historischen Gebäuden mitten in der Medina befinden. Viele haben einen kleinen hübschen Innenhof-Garten, der sich herrlich zum Ausruhen eignet. Bei diesen historischen Gebäuden handelt es sich in der Regel um die Wohnhäuser von Regierungsbeamten oder reichen Händlern. Die Mehrzahl der Riads wurde mit viel Geschmack den modernen Ansprüchen an Komfort und Bequemlichkeit angepasst, ohne zu sehr in die traditionelle Architektur einzugreifen; architektonische Details und die Originalausstattung wurden so weit wie möglich erhalten.

Abseits der großen Städte und der Küsten-Ferienanlagen trifft man auf einfache Gästehäuser, die unter den Namen *gîtes d'étape* und *auberges* firmieren. Oft richten sie sich an Selbstversorger und werden vor allem gerne von quer durchs Land reisenden Wanderern aufgesucht.

Das in Marokko angewandte Sterne-Bewertungssystem spiegelt lediglich die Ausstattung eines Hotels wider und ist nicht unbedingt ein Indikator dafür, wie gut die Qualität des Service und der Zustand der Zimmer ist. Ein Hotel mit einem Restaurant oder einem Pool wird immer eine bessere Bewertung erhalten als ein Hotel wie diese Ausstattung – egal, wie gut das Hotel sonst sein mag. Die Sterne werden in regelmäßigem Abstand von der marokkanischen Tourismusbehörde überprüft.

Restaurants

Straßenimbisse sind in den Städten und Marktstädten weitverbreitet: Hier findet man Kebabs mit Fleischspießen genauso wie Bocadillos, das spanische Sandwich, das mit Fleisch und Salat gefüllt wird. Daneben gibt es süße Köstlichkeiten, wie Kekse mit Mandelaroma *(faqqas)* oder Teigbällchen, die in Zucker und Honig gewälzt werden *(sfenj)*, sowie Honigkuchen *(halwa shebakia)*.

Die Auswahl an Restaurants und einfachen Lokalen in den Tourismusgegenden ist abwechslungsreich, die Küche aber in erster Linie europäisch mit einer marokkanischen Note. Viele Hotels bieten ein Café oder Restaurant in ihrer Anlage, Gleiches gilt auch für einige Riads. Kleinere Riads bieten ihren Gästen an, auf Vorbestellung für sie zu kochen, auch wenn sie über kein Restaurant im eigentlichen Sinne verfügen.

Ein gutes Lokal für ein Frühstück zu finden ist eher schwierig, denn viele Restaurants öffnen erst im Laufe des Vormittags für die Mittagszeit zwischen 12 und 15 Uhr oder generell erst am Abend. Das Abendessen wird relativ früh zwischen 19 und 20.30 Uhr eingenommen.

Aufbau & Abkürzungen

Hotels und Restaurants sind im Folgenden nach den Kapiteln im Buch geordnet, innerhalb dieser nach Preiskategorien und innerhalb dieser alphabetisch (zunächst die Hotels, dann die Restaurants). Mit wenigen Ausnahmen akzeptieren nur Hotel- und Restaurantketten Kreditkarten.

Verwendete Abkürzungen: AE (American Express), DC (Diners Club), MC (MasterCard), V (Visa).

Nichtraucher Klimaanlage Hallenbad Pool im Freien Fitness & Spa Kreditkarten

CASABLANCA & DIE KÜSTE

BENISLIMANE

🍴 LE RYAD DU VIGNERON
€€€
DOMAINE DES OULED THALED
TEL. (0523) 29 84 66
Das elegante Landhaus-Restaurant inmitten von Weingärten liegt nur eine kurze Fahrt außerhalb von Casablanca. Das elegante Restaurant ist berühmt für seine guten Weine und die regionalen Gerichte, die mit einem Hauch französischer Finesse verfeinert werden. Von der poolseitigen Terrasse aus hat man einen herrlichen Blick in die grüne Umgebung. Ein schöner Ort, um einmal einen entspannten Abend außerhalb der pulsierenden Stadt zu genießen! Sowohl mittags als auch abends sollte man reservieren.
🪑 60 P 🔄 ❄ 🌐 Alle gängigen Karten

CASABLANCA

Hotels

🏨 HYATT REGENCY CASABLANCA
€€€€€
PLACE DES NATIONS UNIES
TEL. (0522) 43 12 34
FAX (0522) 43 13 34
casablanca.regency.hyatt.com
Das Haus gehört zur internationalen Hyatt-Kette und liegt unweit der Medina. Das Regency ist nicht gerade die optimale Adresse, wenn man etwas authentisch Marokkanisches sucht, eher internationaler Standard, doch die kühlen, gepflegten Zimmer, die freundlichen Angestellten und die hervorragenden Annehmlichkeiten sind genau das Richtige für alle, die einen anstrengenden Flug hinter sich haben oder einen heißen Tag lang durch die Stadt gegangen sind.
ⓘ 255 P 🔄 ❄ 🌐 🍽
🌐 Alle gängigen Karten

🏨 BEST WESTERN HOTEL TOUBKAL
€€€€
9 RUE SIDI BELYOUT
TEL. (0522) 31 14 14
FAX (0522) 31 11 46
www.hoteltoubkal.com
Das Hotel liegt in fußläufiger Distanz zur alten Medina, die Einrichtung ist modern und nimmt Anleihen an den Jugendstil und traditionelle marokkanische Einrichtungsstile. Alle Zimmer bieten Klimaanlage, WLAN, Satellitenfernsehen und sehr schöne Bäder. Das Hotel hat vier Nichtraucherflure, was man sonst eher selten in Casablanca antrifft.
ⓘ 67 P 🔄 ❄ 🌐 Alle gängigen Karten

🏨 HOTEL LES SAISONS
€€€€
19 RUE ORAIBI JILALI
TEL. (0522) 49 09 01
FAX (0522) 48 16 97
www.hotellessaisons maroc.ma
Das Hotel liegt nur ein paar Gehminuten von der Medina entfernt und ist eine luxuriöse Unterkunft mit etwas mehr Charme und Charakter als seine Mitkonkurrenten. Das Personal ist freundlich und aufmerksam, die Preise sind vergleichsweise günstig. Die Zimmer werden in drei verschiedenen Kategorien vermietet: Standard, Superior und de luxe. Die Standardzimmer sind bequem, gut ausgestattet und sauber, zeigen aber einen deutlichen Unterschied zu den zwei höheren Kategorien.
ⓘ 48 P 🔄 ❄ 🌐 🍽
🌐 Alle gängigen Karten

🏨 JNANE SHERAZADE
€€€€
8 RUE DE BELGRADE
TEL. (0522) 82 45 45
FAX (0522) 82 12 74
www.jnanesherazade.com
Das Jnane Sherazade ist eine attraktive moderne Villa in Casablancas östlichen Vororten und in einem angenehmen Mix aus Modernem und Traditionellem eingerichtet. Die Zimmer sind komfortabel und geräumig und

---

PREISKATEGORIEN

HOTELS

Die Kosten – angegeben in € – beziehen sich auf ein Doppelzimmer mit eigenem Bad und heißem Wasser in der Hochsaison. In der Nebensaison liegen die Preise deutlich unter den angegebenen.

€€€€€	über 200 €
€€€€	100–200 €
€€€	50–100 €
€€	25–50 €
€	unter 25 €

RESTAURANTS

Angegeben werden die Durchschnittskosten für ein Zwei-Gänge-Menü für eine Person ohne Steuern, Trinkgeld oder Getränke.

€€€€€	über 50 €
€€€€	40–50 €
€€€	25–40 €
€€	15–25 €
€	unter 15 €

 Hotel Restaurant  Zimmer Sitzplätze Parkplätze Öffnungszeiten Aufzug

HOTELS & RESTAURANTS

haben alle ein eigenes Bad. Die Junior-Suite mit Blick in den Garten ist auch für Rollstuhlfahrer zugänglich – und damit eine Rarität in den kleineren Hotels des Landes.

🛈 8 🚭 🅿 💪 💆 Nur bar

🏨 ROYAL MANSOUR MÉRIDIEN
€€€€
27 AVENUE DEL ARMÉE ROYALE
TEL. (0522) 45 88 88
FAX (0522) 31 25 83
www.royalmansour casablanca.com

Die eindrucksvollen Ausblicke von den Zimmern auf Casablancas geschäftigen Hafen und die hoch aufragenden Minarette der Hassan-II.-Moschee verdeutlichen die hervorragende Lage des Luxushotels im Herzen der Stadt. Ganz abgesehen von den Aussichten auf das Stadtpanorama, sind auch die Zimmer sehr schön eingerichtet und gepflegt und mit bequemen Betten ausgestattet. Das Hotel bietet hervorragende Einrichtungen, für die allerdings meist ein Aufpreis verlangt wird.

🛈 182 🅿 🚭 💆 💪 Alle gängigen Karten

🏨 HOTEL TRANSATLANTIQUE CASABLANCA
€€€
79 RUE CHAOUIA
TEL. (0522) 29 45 51
FAX (0522) 29 47 92
www.transatcasa.com

Das herrliche Jugendstilgebäude im Herzen der Stadt ist seit 1922 eine Institution in Casablanca, in der so illustre Gäste wie die französische Sängerin Edith Piaf nächtigten. Bei der Ankunft wird man in einer spektakulären Eingangshalle mit Jugendstilleuchten, Onyx-Statuen und Silberschalen willkommen geheißen. Die Zimmer sind weniger pompös, aber dennoch komfortabel eingerichtet. Wer einen leichten Schlaf hat, sollte um eines der Zimmer in den höheren Stockwerken bitten – dann ist man weiter weg von den Bars der etwas lauten Straße.

🛈 75 🚭 💪 MC, V

🏨 HOTEL ASTRID
€€
12 RUE 6 NOVEMBRE
TEL. (0522) 27 78 03

Das Hotel ist zentral, aber relativ ruhig gelegen. Es bietet recht einfache Zimmer mit Bad und dem üblichen marokkanischen Dekor zu einem guten Preis-Leistungs-Verhältnis. Manche sind außerdem mit einem Balkon ausgestattet. Das angeschlossene Café liegt unten im Gebäude direkt an einer Fußgängerzone. Das kostenlose WLAN kann man in der Lobby nutzen.

🛈 27 🚭

🏨 HOTEL GUYNEMER
€€
2 RUE MOHAMED BELLOUL
TEL. (0522) 27 57 64
FAX (0522) 47 39 99
guynemerhotel.net

Ein seriöses und freundliches Hotel mit einem guten Service und komfortablen Zimmern. Für den Preis ist es sicher die beste Unterkunft der Stadt. Das kleine, aber gut geführte Restaurant des Hauses kocht traditionelle marokkanische Gerichte, an vielen Abenden spielt ein Oud-Musikant. Das Hotel ist immer gut ausgebucht, sodass es passieren kann, dass man eines der kleineren, stickigen Zimmer erwischt. Um das zu vermeiden, sollte man rechtzeitig buchen.

🛈 29 🚭 🅿 💪 MC, V

🏨 HOTEL MAAMOURA
€€
59 RUE IBN BATOUTA, QUARTIER DEB OMAR
TEL. (0522) 45 29 67
FAX (0522) 45 29 69
www.hotelmaamoura.net

Das hübsche und unprätentiöse Hotel liegt zentral und zugleich ruhig. Alle Zimmer verfügen über ein eigenes Bad. Sie haben eine angenehme Größe, sind geschmackvoll eingerichtet und tadellos sauber. In seiner Preiskategorie ist diese Hotel wohl kaum zu schlagen. Das Personal ist freundlich und bemüht.

🛈 60 🚭 💪 Alle gängigen Karten

Restaurants

🍴 A MA BRETAGNE
€€€€€
BOULEVARD DE L'OCÉAN ATLANTIQUE, SIDI ABDERRAHMAN
TEL. (0522) 36 21 12

Das hervorragende Restaurant hat vor Kurzem seinen 50. Geburtstag gefeiert, es hat sich auf Fisch und Meeresfrüchte (die in köstlichen Soßen serviert werden) spezialisiert. Gekocht wird vorwiegend französisch, daneben gibt es ein paar exotische Gerichte wie Straußenfleisch, die Spezialität des Hauses. Wer für einen besonderen Anlass das richtige Lokal sucht, für den ist dieses Restaurant sicher die beste Wahl in Casablanca. Die Räume sind alle wunderschön dekoriert und ansprechend beleuchtet, das Personal ist diskret und hilfsbereit. Die Küche wird

---

💪 Nichtraucher 🚭 Klimaanlage 🏊 Hallenbad 🏖 Pool im Freien 💆 Fitness & Spa 💳 Kreditkarten

von dem angesehenen französischen Küchenchef André Halbert geführt, der auch den gut bestückten Weinkeller überwacht.

So geschl. P Alle gängigen Karten

LA BAVAROISE
€€€€€
131/139 RUE ALLAL IDN ABDELLAH
TEL. (0522) 31 17 60
www.restopro.ma/bavaroise

Das Restaurant in der Innenstadt unweit des Geschäftsviertels ist bei Geschäftsleuten und Paaren sehr beliebt. Die Karte im Brasseriestil und die hervorragende Weinkarte spiegeln den guten Geschmack des anspruchsvollen Besitzers Maître'd Mehdi Touhami und des französischen Küchenchefs Bernard Bremond. Selbst in Casablanca, wo der morgendliche Tagesfang generell schnell in den Küchen der Stadt landet, ist das Bavaroise für seine herausragende Qualität und die Frische seiner Fisch- und Meeresfrüchtegerichte bekannt. Von den Gästen wird gepflegte Kleidung erwartet. Unbedingt reservieren.

So geschl. MC, V

LE PILOTIS
€€€€€
BOULEVARD DE LA CORNICHE
TEL. (0522) 79 84 27

Das Restaurant gleich im Zentrum des am Wasser liegenden Viertels Corniche findet man zwischen den Gebäuden des Tahiti-Beach-Club-Komplexes. Es ist bekannt für seine authentische Mittelmeerküche. Die Kalorien lassen sich anschließend in der Musik-Lounge gleich nebenan schnell wieder runtertanzen – sie ist bis tief in die Nacht hinein geöffnet.

120 P Alle gängigen Karten

LA MAISON DU GOURMET
€€€€
159 RUE TAHA HOUCINE, QUARTIER GAUTHIER
TEL. (0522) 48 48 46
FAX (0522) 48 48 45
www.lamaisondugourmet.ma

Das Restaurant besticht nicht nur durch seine minimalistische Einrichtung und die kunstvoll präsentierten Gerichte, sondern hat sich seit seiner Eröffnung 2006 auch als ein Ort etabliert, zu dem man geht, um gesehen zu werden. Der junge Küchenchef und Miteigentümer Meryem Cherkaoui stammt aus dem nahen Rabat und hat sein Handwerk in Frankreich gelernt.

So geschl. Alle gängigen Karten

LE QUAI DU JAZZ
€€€€
25 RUE AHMED EL MOKRI
TEL. (0522) 94 25 37
FAX (0522) 94 16 27

Das teure Bar-Restaurant bietet einen bohemehaften Stil und Livemusik und steht exemplarisch für die überraschende Harmonie zwischen Casablancas Künstler- und Geschäftswelt. Wie in vielen anderen Restaurants der Stadt ist auch hier die Karte eindeutig französisch geprägt und bietet vor allem Fisch und Meeresfrüchte. Livejazz und ein trendiges Publikum sorgen für einen schönen Abend an einem spannenden und stimmungsvollen Ort.

So geschl. Alle gängigen Karten

DER BESONDERE TIPP

OSTRÉA
€€€€
PORT DE PÊCHE
TEL. (0522) 44 13 90

Das gehobene farbenfrohe Restaurant, das Marineblau mit Rot und Golddetails mixt, ist bekannt für seinen Stil und seine hervorragenden Fischgerichte. Den Fisch sucht man sich aus, bevor er im Kochtopf landet. Das Restaurant, das so stolz auf seinen frischen Fisch ist, liegt am Hafen.

40 Alle gängigen Karten

RICK'S CAFÉ
€€€€
248 BOULEVARD SOUR JDID PLACE DU JARDIN PUBLIC
TEL. (0522) 48 78 84
FAX (0522) 27 42 08
www.rickscafe.ma

Die Rekonstruktion des Hauptschauplatzes des Kinoklassikers *Casablanca* ist genau betrachtet eigentlich nicht viel mehr als eine Touristenfalle. Das Café als solches hat es nie gegeben – als Inspiration für den Set diente eine Bar in Südfrankreich, die nächstgelegene echte Bar war möglicherweise die Dean's Bar in Tanger. Das Café wurde mit viel Engagement, Jugendstilelementen und stilgerechten Möbeln eingerichtet; das Essen ist eine Mischung aus marokkanischen, europäischen und amerikanischen Gerichten. Die Bar hat ein gutes Sortiment an Spirituosen, Wein und Bieren. Ach ja, einen Pianisten gibt es hier auch, aber der heißt nicht Sam.

Alle gängigen Karten

HOTELS & RESTAURANTS

🍴 LA BASMANE
€€€
BOULEVARD DE L'OCÉAN ATLANTIQUE, AÏN DIAB
TEL. (0522) 79 70 70
FAX (0522) 79 72 72
www.basmane-restaurant.com

Das La Basmane ist durch und durch nordafrikanisch. Die Inneneinrichtung steckt voller traditioneller marokkanischer Details und erinnert an die wunderschönen Innenhöfe und Hallen der historischen Riads von Marrakesch. Die abendlichen Gäste sitzen bequem an langen, großen runden Tischen und genießen zum Essen die Vorführung traditioneller Musiker und Tänzer. Die Speisekarte ist eine mit Preisen ausgezeichnete Auswahl an authentischen marokkanischen Gerichten, die mit den feinsten und frischesten lokalen Zutaten zubereitet werden. Wen überrascht es daher, dass das La Basmane zu den Lieblingslokalen der Einheimischen zählt und mittags ein beliebter Treff der Geschäftsleute ist. Reservierungen werden daher empfohlen. Die Nichtraucher- und Raucherbereiche sind so gut getrennt, dass Nichtraucher sich wohlfühlen können.

🚭 🏦 Alle gängigen Karten

🍴 LA SQALA
€€€
AVENUE DES ALMOHADS
TEL. (0522) 26 09 60
www.restopro.ma/lasqala

Wer gerade erst dem Flugzeug entstiegen ist und am ersten Abend Lust auf ein authentisches, marokkanisches Essen hat, für den ist das La Sqala eine gute Adresse. Das wunderschöne marokkanische Restaurant liegt in einer alten Festung (arabisch: sqala), die innerhalb von Casablancas alter Stadtmauer errichtet wurde. Neben dem Restaurant findet man einen Kunsthandwerksladen und eine kleine Kunstgalerie. Die Karte bietet eine Mischung aus internationalen und (interessanteren) lokalen Gerichten – z. B. hervorragend zubereitete marokkanische Tajines. Die Gerichte werden in einer traumhaften Gartenanlage serviert, die nicht nur andalusische Brunnen, sondern auch einen großartigen Blick auf den Hafen bietet.

🕐 Mo geschl. 🅿 🏦 Alle gängigen Karten

🍴 LA TOSCANA
€€€
7 RUE YAALA ALIFRANI RACINE
TEL. (0522) 36 95 92

La Toscana ist ein beliebter und viel besuchter Italiener. Alles wirkt hell und luftig, die Einrichtung ist elegant und modern. La Toscana bietet eine ganze Reihe an italienischen Klassikern, darunter auch einfache Pastagerichte und Pizzas. Dazu kommen noch eine verführerische Auswahl an Desserts und eine gute Weinkarte. Das Personal ist freundlich und informiert. Eine Reservierung empfiehlt sich, vor allem für den Abend.

🏦 Nur bar

🍴 KIOTORI
€€
8 RUE DU COMMISSAIRE LADEUIL
TEL. (0522) 47 16 68
FAX (0522) 22 66 84

Das Ende 2006 eröffnete Kiotori hat sich sehr schnell einen hervorragenden Ruf als authentisches japanisches Restaurant erworben. Gefragt sind vor allem die guten Sushi-Gerichte zu Mittag und die kunstvoll zubereiteten Meeresfrüchte. Die in Rot und Schwarz gehaltene minimalistische Einrichtung passt zum Essen, der Service ist tadellos.

🍽 40 🚭 🏦 Alle gängigen Karten

🍴 LA TAVERNE DU DAUPHIN
€€
115 BOULEVARD HOUPHOUET BOIGNY, EL HANSALI
TEL. (0522) 22 12 00
FAX (0522) 22 15 51
www.taverne-du-dauphin.ma

Das Restaurant ist bereits seit 1958 im Besitz einer französischen Familie. Die Einrichtung ist eine faszinierende Sammlung von altem, schickem französischem Design, an der sich seit der Eröffnung wenig geändert hat. Die Karte mit einer exzellenten Auswahl an Fisch- und Meeresfrüchtegerichten ist zweifellos französisch, hat aber durchaus Bezüge zur Landesküche. Eine Reservierung wird empfohlen: Das beliebte Restaurant ist oft schon am frühen Abend voll.

🚭 🏦 MC, V

EL JADIDA (MAZAGAN)

🏨 LE PALAIS ANDALOU
€€
BOULEVARD PASTEUR
TEL. (0523) 34 37 45

Das Hotel in einem wunderschönen Palast aus der Jahrhundertwende ist eine traumhafte Unterkunft. Auch wenn das Gebäude nicht die Pflege und Zuwendung erfährt, die es verdient hat, verzaubert es immer noch. Die Zimmer verströmen marokkanische

---

🚭 Nichtraucher ❄ Klimaanlage 🏊 Hallenbad 🏖 Pool im Freien 🏋 Fitness & Spa 🏦 Kreditkarten

Atmosphäre, die Möbel sind jedoch schon etwas in die Jahre gekommen. Im Innenhof-Garten werden gut zubereitete Gerichte serviert.
🛈 28 P 🛋 🛎 🚗 Alle gängigen Karten

MOHAMMEDIA

🏨 HOTEL JNANE FEDALA
€€€
6 RUE ABDERRHMANE SERGHINI
TEL. (0523) 32 69 00
FAX (0523) 32 99 00
www.jnane-fedala.com
Das moderne Hotel gibt einen guten Eindruck davon, was einen in den authentischen Riads von Marrakesch, Fès und Tanger erwartet. Die einfachen, sauberen Zimmer wurden geschmackvoll mit leuchtend bunten Stoffen und stark gemusterten Wandteppichen geschmückt. Die Unterkunft liegt auf halbem Weg zwischen Rabat und Casablanca an der nordwestlichen Atlantikküste, von dort kann man gut beide Städte besichtigen.
🛈 70 P 🛋 🛎 🚗 MC, V

🏨 HOTEL HAGER
€€
AVENUE FERHAT HACHARD
TEL. (0523) 32 59 21
FAX (0523) 32 59 29
www.hagerhotel.ma
Das kleine Hotel vermietet schlichte, komfortable Zimmer mit jeweils eigenem Bad. Die Einrichtung ist modern und besticht mit dezent gesetzten marokkanischen Akzenten. Das Hotel liegt nahe der Innenstadt und nur fünf Gehminuten vom Strand bei Mohammedia entfernt. Das Dachterrassen-Restaurant ist für seine grandiosen Ausblicke aufs Meer berühmt.
🛈 18 P 🛋 🛎 🚗 MC, V

🍴 RESTAURANT DU PORT
€€€€
1 RUE DE MAURITANIE
TEL. (0523) 32 24 66
FAX (0523) 32 58 96
www.restoport.ma
Das elegante Du Port liegt, wie der Name vermuten lässt, unweit des Hafens. Es zählt zu den herausragenden Gastronomie-Restaurants in der Peripherie von Casablanca und ist das beste in Mohammedia. Es hat sich auf frischen Fisch und Meeresfrüchte spezialisiert und ist so gut, dass sogar Marokkaner lange Wege auf sich nehmen, um hier zu dinieren. Die Köche schöpfen ihre günstige Lage am Meer aus und bieten eine verlockende Auswahl an Gerichten, die mit lokalen Zutaten zubereitet werden. An einzelnen Abenden treten lokale Musiker auf.
🕐 Mo geschl. P 🚗 Alle gängigen Karten

■ RABAT

MOULAY BOUSSELHAM

🏨 VILLA NORA
€€
MOULAY BOUSSELHAM
TEL. (0537) 43 20 71
Das von Briten geführte Guesthouse steht unweit des Naturschutzgebietes Merdja Zerga – in dem entspannten und einsam liegenden Haus kann man gut ein paar Tage verbringen. Der Manager Mustapha organisiert für Vogelliebhaber Bootsfahrten in die nahe gelegene Lagune.
🛈 6 P Nur bar

PREISKATEGORIEN
HOTELS

Die Kosten – angegeben in € – beziehen sich auf ein Doppelzimmer mit eigenem Bad und heißem Wasser in der Hochsaison. In der Nebensaison liegen die Preise deutlich unter den angegebenen.

€€€€€	über 200 €
€€€€	100–200 €
€€€	50–100 €
€€	25–50 €
€	unter 25 €

RESTAURANTS

Angegeben werden die Durchschnittskosten für ein Zwei-Gänge-Menü für eine Person ohne Steuern, Trinkgeld oder Getränke.

€€€€€	über 50 €
€€€€	40–50 €
€€€	25–40 €
€€	15–25 €
€	unter 15 €

RABAT

Hotels

🏨 LA TOUR HASSAN
€€€€€
26 RUE CHELLAH
TEL. (0537) 23 90 00
FAX (0537) 72 54 08
www.latourhassan.com
Das teure Hotel hat es erfolgreich geschafft, Authentizität und Luxus zu einem harmonischen Ganzen zusammenzuführen. Einige der Zimmer sind für ihren Preis ein bisschen klein, aber alle komfortabel und interessant ausgestattet. Zusätzliche Features wie ein Fitnessraum und ein privates Hamam sind sehr gepflegt.

 Hotel Restaurant Zimmer Sitzplätze Parkplätze  Öffnungszeiten Aufzug

HOTELS & RESTAURANTS

Bei allen Räumen haben es die Innenarchitekten geschafft, marokkanische Designelemente und Accessoires so einzusetzen, dass es nicht übertrieben wirkt.

🛈 140 🅿 🚭 🏊 🍸
🃏 Alle gängigen Karten

🏨 VILLA MANDARINE
€€€€€
19 RUE OULED BOUSBBA, SOUISSI
TEL. (0537) 75 20 77
www.villamandarine.com

Das exklusive Boutique-Hotel liegt nur 20 Autominuten außerhalb von Rabat, nicht weit vom angesehenen Golfclub Dar es Salaam. Zum Hotel gehören eine 1,2 Hektar große Gartenanlage mit Obstbäumen und Gemeinschaftsterrassen, außerdem Salons und ein gut ausgestatteter Fitnessraum sowie ein Spa. Jedes der Zimmer und Suiten ist individuell mit viel Farbe gestaltet und hat jeweils eine eigene, durch Grün uneinsehbare private Terrasse. Das Hotelrestaurant wird von Küchenchef Sylvain Brucato geleitet. Auf der Karte finden sich einfallsreiche moderne Gerichte, die mit Fleisch und Fisch aus der Umgebung zubereitet werden.

🛈 36 🅿 🚭 🏊 🍸
🃏 Alle gängigen Karten

🏨 DAR ZOUHOUR
€€€€
4 IMPASSE RUE D'BARGACH, MEDINA
TEL. (0537) 70 68 97
FAX (0537) 70 10 02
www.darzouhour.com

Das liebevoll restaurierte Riad im Norden der Medina ist ein entspannter Ort für einen Aufenthalt in Rabat: Von hier aus sind es nur wenige Gehminuten zu den wichtigsten Sehenswürdigkeiten der Stadt. Die Zimmer sind etwas klein, haben aber alle ein eigenes Bad und wurden so möbliert, dass sie gemütlich, aber nicht überfüllt wirken. Jeder Raum wurde individuell eingerichtet, auch auf die geschmackvolle Einrichtung der Gemeinschaftsräume wurde großer Wert gelegt. Das Riad hat eine hübsche Dachterrasse, ein kleines Hamam und einen wunderschönen Innenhof.

🛈 8 🚭 🍸 🃏 Nur bar

🏨 GOLDEN TULIP FARAH
€€€€
26 PLACE SIDI MAKHLOUF
TEL. (0537) 23 74 00
FAX (0537) 72 21 55
www.goldentulipfarah rabat.com

Das Hotel bietet seinem Preis entsprechend einen hohen Standard hinsichtlich Service und Unterkunft. Es gehört zu einer großen internationalen Hotelkette, die weitere Hotels in Marrakesch und Casablanca unterhält. Das Farah ist eine opulent ausgestattete Unterkunft mit Spa, mehreren Restaurants und einem Fitnessraum. Die Zimmer sind alle sehr komfortabel möbliert, die Einrichtung ist dezent. Durch die hervorragende Ausstattung des Hotels hält es die Gäste nicht lange in den Räumen.

🛈 192 🅿 🚭 🏊 🍸
🃏 Alle gängigen Karten

🏨 HELNAN CHELLAH
€€€€
2 RUE D'IFNI
TEL. (0537) 66 83 00
FAX (0537) 70 63 54
www.helnan.com

Das große Hotel im Besitz und unter der Leitung der niederländischen Firma Helnan belegt ein modernes Gebäude in Zentrumsnähe. Die Zimmer sind sauber, das im Restaurant servierte Essen ist eine gute Mischung aus marokkanischer und internationaler Küche. Sowohl Reisegruppen als auch Kurzbesucher mieten sich hier ein, denn die Anlage ist ein angenehmer Standort für Stadtbesichtigungen.

🛈 120 🅿 🚭 🏊 🍸
🃏 MC, V

🏨 RIAD KALAA
€€€€
3–5 RUE ZEBDI, MEDINA
TEL. (0537) 20 20 28
FAX (0537) 26 21 35
www.riadkalaa.com

Das 200 Jahre alte Gebäude mitten in der Medina wurde vom Emir Ben Tachfine gebaut – er war eine bedeutende Persönlichkeit der Rabater Stadtgeschichte. Bei den Renovierungsarbeiten kamen ausschließlich heimische Handwerker und Materialien zum Einsatz. Das Riad kann sich nun problemlos mit allen Riads von Marrakesch und Fès messen. Manche der Zimmer sind eher klein geschnitten, doch alle mit viel Liebe zum Detail komfortabel eingerichtet worden. Die Gerichte werden in einem wunderschönen Hof und auf den Dachterrassen serviert, auf der Karte findet sich eine große Bandbreite an traditionellen Gerichten des Landes. Die Kalaa bietet aber auch einige für einen Riad ungewöhnliche Ausstattungsmerkmale: einen Hamam, gleich mehrere großzügige öffentliche Räume und einen Dachterrassen-Pool.

🛈 11 🚭 🏊 🍸 🃏 MC, V

🚭 Nichtraucher ❄ Klimaanlage 🏊 Hallenbad 🏖 Pool im Freien 🍸 Fitness & Spa 🃏 Kreditkarten

RIAD OUDAYA
€€€€

46 RUE SIDI FATEH
TEL. (0537) 70 23 92
www.riadrabat.com

Das Riad liegt mitten in der alten Medina. Es ist in einem traumhaft restaurierten alten Gebäude untergebracht. Die vier gemütlichen Zimmer sind mit hellen Möbeln ausgestattet. Für den Preis sind die Gästezimmer jedoch etwas klein. In besonders heißen Sommernächten macht sich außerdem das Fehlen einer Klimaanlage störend bemerkbar. Dennoch: Alles in allem ist das Riad eine authentische und romantische Unterkunft in einer fantastischen Umgebung.

🛏 4 🚭 Nur bar

DAR AL BATOUL
€€€

7 DERB JIRARI LAALOU, MEDINA
TEL. (0537) 72 72 50
FAX (0537) 72 73 16
riadbatoul.com

Das hübsche Gebäude aus dem 18. Jahrhundert wurde liebevoll restauriert und in ein kleines charmantes Hotel umgewandelt. Die Suite und die acht Zimmer (jeweils mit eigenem Bad) sind alle im traditionellen Stil sehr geschmackvoll eingerichtet. Das Personal ist aufmerksam und freundlich. Auch wenn die Sanitäranlagen manchmal etwas geräuschvoll sind, ist das Gebäude insgesamt gut gepflegt. Die gemeinschaftlichen Räume sind opulent ausgestattet. Das Hotel verfügt außerdem über ein eigenes Hamam.

🛏 9 🍴 🚭 Nur bar

DER BESONDERE TIPP
ART RIAD
€€€

16 RUE ESSAM, MEDINA
TEL. (0537) 20 20 28
FAX (0537) 26 21 35
www.artriad.com

Das im Herzen der alten Medina liegende Riad besticht durch seinen kühlen Charme. Der Besitzer Sebastian Manni hat sich bei der Einrichtung der Zimmer für einen klaren modernen Stil entschieden, der minimalistische Eleganz mit der Gemütlichkeit des marokkanischen Designs kombiniert. Die Zimmer sind relativ klein, die Betten bequem und die Einrichtung ist auf den Charakter des jeweiligen Zimmers zugeschnitten. Das Art Riad läuft in Partnerschaft mit dem nur wenig teureren Riad Kalaa (siehe S. 281) in der gleichen Straße. Die Gäste des Art Riad dürfen den Pool, das Hamam und das Hotelrestaurant des Kalaa mitbenutzen.

🛏 5 🅿 🚭 MC, V

LE PIETRI
€€€

4 RUE DE TOBROUK
TEL. (0537) 70 78 20
FAX (0537) 70 82 35
www.lepietri.com

Das kleine Hotel hält einen hohen Standard an Komfort, Sauberkeit und Service, ohne den Fünf-Sterne-Luxus der großen Stadthotels nachahmen zu wollen. Es liegt in einem relativ ruhigen Viertel unweit des Zentrums der *ville nouvelle* – eine gute Wahl für alle also, die sich die Stadt genauer ansehen wollen. Das schlichte Restaurant im Erdgeschoss kocht abends hervorragende Tajines und serviert den Gästen morgens ein herzhaftes Frühstück.

MAJLISS
€€€

6 RUE ZAHLA
TEL. (0537) 73 37 26
FAX (0537) 73 37 31
www.majlisshotel.ma

Das Hotel liegt im Zentrum der Neustadt unweit vom Bahnhof und den marokkanischen Ministerien. Die Zimmer können mit ihren sperrigen und etwas zu sehr glänzenden Möbeln nicht gerade einen Designpreis gewinnen, sie sind aber sehr gemütlich und gut gepflegt. Die schweren Doppelglasfenster halten den Großteil des Straßenlärms der lauten Stadt ab – damit gehört das Hotel sicher zu den wenigen Plätzen in Rabat, in denen eine ruhige Nacht garantiert ist.

🛏 98 🅿 🛗 🕐 🚭 MC, V

RIAD KASBAH
€€€

49 RUE ZIRARA, KASBAH DES OUDAÏAS
TEL. (0537) 70 23 92
www.riadrabat.com

Dieses Riad wird ebenfalls von den Besitzern des Riad Oudaya (siehe links) in der südlichen Medina geleitete. Es ist ein kleines Riad im Herzen der mittelalterlichen Kasbah an der Mündung des Oued Bou Regreg. Die Zimmer sind sauber und hell eingerichtet, allerdings ohne eigenes Bad. Trotz der herausragenden Lage sind die Zimmer deswegen billiger als im Riad Oudaya.

🛏 4 🚭 Nur bar

SOUNDOUSS
€€€

10 PLACE TALHAH AGDAL
TEL. (0537) 27 88 88

🏨 Hotel 🍴 Restaurant 🛏 Zimmer 💺 Sitzplätze 🅿 Parkplätze 🕐 Öffnungszeiten 🛗 Aufzug

FAX (0537) 67 58 68
www.soundousshotel.ma
Dank seiner Lage am Rand der Stadt und unweit der Büros und Läden des Gewerbezentrums steigen hier vor allem Geschäftsreisende ab. Wer allerdings nur ein Zimmer für eine Nacht vor der Fahrt zum nahe gelegenen Flughafen benötigt, für den ist das Hotel durchaus eine gute Wahl. Es hat eine interessante palastartige Einrichtung und schön möblierte gemütliche Zimmer mit Klimaanlage und WLAN.
🛏 60 🅿 ❄ 🚭 MC

DER BESONDERE TIPP
🏨 **RIAD MARHABA**
€€€
3 RUE ES ÇAM, MEDINA
TEL. (0537) 70 65 54
riadmarhaba.blogspot.com
Auch wenn es erst seit wenigen Jahren besteht, hat sich das kleine Riad schnell zu einem der besten Unterkünfte von Rabat gemausert. Es bietet ein relativ kleines Zimmer und vier geräumige Suiten mit jeweils eigenem Bad, WLAN und traditioneller Einrichtung. Die Räume liegen um einen zentralen Hof, der von Balkonen und kunstvollen Steinmetzarbeiten umgeben ist. Die Gerichte werden entweder im Hof oder auf der hübschen Dachterrasse serviert, die mit gemütlichen Möbeln, einem grandiosen Blick und vielen Schattenplätzen besticht. Die Besitzer – Fred und Cécile – sowie ihr Personal bieten einen sehr aufmerksamen Service und helfen auch gerne bei der Organisation des Flughafentransfers oder der Planung von Ausflügen.
🛏 5 ❄ 🚭 Nur bar

🏨 **HOTEL SPLENDID**
€€
8 RUE GHAZZA,
TEL. (0537) 72 32 83
Das preisgünstiges Hotel ist in einem Gebäude aus den 1930er-Jahren untergebracht. Es liegt zentral in der Nähe des Bahnhofs und der Medina, zu Fuß sind es rund fünf Minuten. Die großzügigen Zimmer sind einfach eingerichtet, die Badezimmer sind renoviert. Trotz seiner zentralen Lage bietet das Haus Ruhe; der hübsche, begrünte Innenhof ist eine kleine Oase. WLAN kostenlos. Kein Aufzug!
🛏 219

Restaurants

🍴 **LE ZIRYAB**
€€€€€
10 IMPASSE ENNAJAR,
RUE DES CONSULS
TEL. (0537) 73 36 36
FAX (0537) 73 44 66
www.restaurantleziryab.com
Wie das ähnlich einladende Dinarjat (siehe rechts) zählt auch das Le Ziryab zu den teuren Restaurants, in denen man für ein schönes Ambiente genauso viel wie für das Essen zahlt. Die Auswahl ist eher bescheiden, eigentlich steht nicht viel mehr als ein Fünf-Gänge-Menü mit traditionellen Gerichten auf der Karte (unbedingt mit großem Hunger kommen!). Das Essen ist gut, leider wird es wenig traditionell präsentiert: So kommt das Essen beispielsweise nicht in Tajines, sondern auf chinesischen Platten auf den Tisch. Von der Terrasse, auf der man den Aperitif einnehmen kann, hat man einen schönen Blick über die Medina.
🍽 40 🚭 MC, V

🍴 **RESTAURANT VILLA DIYAFA**
€€€€
ECKE BANI YADDER &
RUE JEBALA
TEL. (0538) 05 08 00
FAX (0538) 05 18 00
www.villadiyafa.com
Das schicke Restaurant befindet sich im gleichnamigen Boutique-Hotel Diyafa. Der junge Starkoch Khalid Benghallem wirkte hier bis März 2015 und setzte die Standards, die bis heute gelten: Serviert wird eine erstklassige und kreative Gourmet-Küche im europäischen Stil. Es gibt köstliche Gerichte mit Fisch und Meeresfrüchten, feinste Desserts sowie regionale orientalische Gerichte. Man sollte unbedingt rechtzeitig reservieren.

DER BESONDERE TIPP
🍴 **DINARJAT**
€€€
6 RUE BELGNAOUI, MEDINA
TEL. (0537) 70 42 39
Das 400 Jahre alte Haus in der Medina ist atemberaubend schön – das Dinarjat zählt zu den Restaurants in Rabat mit der schönsten Atmosphäre. Auf der Karte finden sich marokkanische Klassiker und eine Auswahl an internationalen Gerichten. Zugegebenermaßen ist es etwas übertuert, die Gerichte sind auch nicht immer wirklich authentisch oder traditionell zubereitet: Wer aber eine besondere Kulisse sucht, für den ist das romantische Restaurant in der Stadt die beste Wahl. Reservierungen sind fast unumgänglich, da sich die Tische abends schnell füllen.
🍽 60 🚭 MC, V

🚭 Nichtraucher ❄ Klimaanlage 🏊 Hallenbad 🏖 Pool im Freien 💪 Fitness & Spa 💳 Kreditkarten

🍴 L'ENTRECOTE
€€€
74 AVENUE EL AMIR FAL OULD OUMIER
TEL. (0537) 67 11 08
www.lentrecote.ma

Das schlichte französische Lokal, das für seine hervorragend zubereiteten Fleisch- und Fischgerichte, verführerischen Desserts und eine erlesene Weinkarte bekannt ist, etablierte sich unter den ältesten Restaurants der Stadt. Die etwas düstere Atmosphäre wird oft durch Auftritte von Jazzbands und Volksmusikern aufgeheitert.

🚻 60 🕐 💳 MC, V

🍴 LE GRAND COMPTOIR
€€€
279 AVENUE MOHAMED V
TEL. (0537) 20 15 14
www.legrandcomptoir.ma

Die traditionelle französische Brasserie liegt mitten in der *ville nouvelle* und hat es geschafft, eine vorkoloniale Luxusatmosphäre (mit Jugendstilmöbeln und -einrichtung) zu schaffen, obwohl sie erst wenige Jahre besteht. Hier treffen sich gerne französische Expats und gut betuchte marokkanische Paare. Serviert wird eine hervorragende französische Küche, die den Schwerpunkt auf traditionelle Fleisch- und Fischgerichte legt.

🚻 80 🕐 💳 MC, V

🍴 LE MAMMA
€€€
6 RUE TANATA
TEL. (0537) 70 73 29
FAX (0537) 70 43 66

Dieses gut besuchte Lokal in Familienbesitz serviert seit mehr als zwei Generationen authentische italienische Pastagerichte, Gegrilltes und knusprige Steinofenpizzas. Die helle Einrichtung und die aufmerksame Bedienung tragen viel zum gemütlichen Ambiente bei. Die Preise sind in Ordnung und die Portionen sehr, sehr großzügig bemessen.

🚻 100 🕐 💳 MC, V

🍴 MATSURI
€€€
155 AVENUE JOHN KENNEDY, ROUTE DES ZAERS
TEL. (0537) 75 75 72

Der Blick auf Dutzende kleiner Platten mit Sushi, die sich im Restaurant auf einem Förderband bewegen, ist für Marokko ein gewöhnungsbedürftiger Anblick. Doch dieser unerwartete Außenposten eleganter japanischer Moderne serviert eine Reihe sehr leckerer Sushis; auf Wunsch der Gäste bereitet der Koch auch spezielle Variationen zu. Für marokkanische Verhältnisse ist es etwas zu teuer, aber eine angenehme Abwechslung zum sonstigen gastronomischen Angebot.

🚻 40 🕐 💳 MC, V

🍴 PICOLO'S
€€€
149 AVENUE JOHN KENNEDY, ROUTE DES ZAERS
TEL. (0537) 63 69 69

Vor einigen Jahren wurde es vom französischen Besitzer und Küchenchef Philippe Bonnet gegründet. Die Küche ist international ausgerichtet, der französische Einfluss aber unübersehbar. Einmal abgesehen vom hervorragenden Essen, bietet das Picolo's einen schönen Gartenbereich, in dem Schirme und Zitronenbäume für Schatten sorgen – ideal an warmen Herbstabenden.

🚻 60 💳 MC, V

PREISKATEGORIEN
HOTELS

Die Kosten – angegeben in € – beziehen sich auf ein Doppelzimmer mit eigenem Bad und heißem Wasser in der Hochsaison. In der Nebensaison liegen die Preise deutlich unter den angegebenen.

€€€€€	über 200 €
€€€€	100–200 €
€€€	50–100 €
€€	25–50 €
€	unter 25 €

RESTAURANTS

Angegeben werden die Durchschnittskosten für ein Zwei-Gänge-Menü für eine Person ohne Steuern, Trinkgeld oder Getränke.

€€€€€	über 50 €
€€€€	40–50 €
€€€	25–40 €
€€	15–25 €
€	unter 15 €

🍴 SAMAKY
€€
ECKE AVENUE SIDI MOHAMED BENABDELLAH & AVENUE MOHAMED ZERKTOUNI
TEL. (0537) 69 48 29

Von 12 Uhr Mittag bis 22 Uhr werden in diesem gemütlich eingerichteten Lokal mit Terrasse regionale Gerichte aus der marokkanischen Küche serviert. Zu den Spezialitäten gehören die Meeresfrüchte und Fischgerichte. Probieren sollte man unbedingt *calamari farci tagine* oder *gambas pilpil*. Es gibt große Portionen zu vernünftigen Preisen. Reservierung empfohlen.

🏨 Hotel 🍴 Restaurant 🛏 Zimmer 🚻 Sitzplätze 🅿 Parkplätze 🕐 Öffnungszeiten 🛗 Aufzug

HOTELS & RESTAURANTS

SALÉ

🏨 RIAD À LA BELLE ÉTOILE
€€€
14 RUE SANIAT SABOUNJI,
BÂB LAMRISSA, MEDINA
TEL. (0537) 88 58 58
FAX (0537) 88 34 12
www.riad-alabelle-etoile.com
Dieses kleine nette Riad liegt auf der anderen Seite des Oued Bou Regreg in Salé. Jedes seiner individuell und traditionell eingerichteten Zimmer bietet Klimaanlage, WLAN und ein eigenes Bad. Hinsichtlich Komfort und Service ist das Riad à La Belle Étoile durchaus eine Konkurrenz zu den Riads in Rabat. Wegen seiner Lage (für eine schnelle Stadtbesichtigung liegt es zu weit ab) ist es aber preislich günstiger als diese. Dafür wohnt man hier deutlich schöner als in jedem Hotel in der *ville nouvelle* von Rabat.
🛏 7 ❄ 🍴 🌊 Nur bar

TÉMARA

🏨 SISTER'S HOTEL
€€
PLAGE D'OR,
ROUTE DE RABAT
TEL. (0537) 74 43 88
FAX (0537) 74 45 69
Das hübsche Strandhotel liegt 20 Autominuten südlich von Rabat in Témara. Die Zimmer sind einfach, aber bequem und gut gepflegt, und die Lage ist auch nicht schlecht: Hier kann man hervorragend am Strand ausspannen und ist doch schnell in der Hauptstadt. Zum Hotel gehören ein Pool, Tennisplätze und eine schöne Gartenanlage.
 24 ❄ 🏊 🌊 Alle gängigen Karten

TANGER & DIE NORDKÜSTE

AL HOCEIMA

Hotels

🏨 HOTEL AMIR PLAGE
€€€
1 PLAGE DU MATADERO
TEL. (0539) 98 32 90
FAX (0539) 98 53 48
www.hotelamirplage.com
Das moderne Hotel liegt einige Hundert Meter von den Wellen des Mittelmeers entfernt an der schönen Plage du Matadero. Die Zimmer sind alle sauber und bequem eingerichtet, haben Bäder, Klimaanlage und – natürlich – schöne Ausblicke aufs Wasser. Das Zentrum Al Hoceima liegt nur wenige Fahrminuten an der Küste entlang entfernt.
🛏 30 P ❄ 🌊 Alle gängigen Karten

🏨 HOTEL MAGHREB EL JADID
€€€
56 AVENUE MOHAMED V
TEL. (0539) 98 25 04
FAX (0539) 98 14 79
Das Hotel bietet geräumige Zimmer mit Bad und Klimaanlage, allerdings drängt sich beim Betreten der Eindruck auf, dass sich an der Einrichtung seit den 1980er-Jahren wenig geändert hat. Im Sommer öffnen ganz oben eine gut besuchte Bar und ein Restaurant mit schönem Blick über das Meer. In der Nebensaison ist hier eigentlich nicht viel los.
🛏 40 ❄ 🌊 Nur bar

🏨 HOTEL VILLA FLORIDO
€€€
40 PLACE DU RIF
TEL. (0539) 84 08 47
FAX (0539) 84 08 48
florido.alhoceima.com
Einst firmierte das glamouröse Jugendstilhotel unter dem Namen Hotel Étoile du Rif. 2010 wurde es umfangreich renoviert. Es hat durchaus das Potenzial, sich zu einem der besten Hotels der Stadt zu entwickeln.
🛏 16 P ❄ 🌊 Nur bar

Restaurants

🍴 CLUB NAUTIQUE
€€
PORT DE PLAISANCE
TEL. (0539) 98 14 61
Das kleine Meeresfrüchte-Restaurant ist eine lokale Institution und genießt einen hervorragenden Ruf, die besten und frischesten Fische und Meeresfrüchte der Stadt zu servieren. Die wichtigsten Zutaten werden nur wenige Meter vom Restaurant entfernt angelandet und wandern direkt in die Küche. Zur Popularität des Club Nautique trägt natürlich auch die Tatsache bei, dass es eines der wenigen Restaurants in Al Hoceima mit einer Ausschanklizenz ist.
P 🌊 Nur bar

🍴 ESPACE MIRAMAR
€€
RUE MOULAY ISMAIL
TEL. (0539) 98 42 42
FAX (0539) 98 43 43
www.espacemiramar.com
Das gut besuchte Freiluftrestaurant bietet eine große Auswahl an Gerichten – marokkanische genauso wie Pizzas und andere europäische Klassiker. Der Service arbeitet schnell und professionell, das Essen ist für eine so umfangreiche Karte überraschend gut. Durch seine Außenbereiche ist es eine großartige Adresse für einen Abend in Al Hoceima.
P 🌊 Nur bar

🚭 Nichtraucher ❄ Klimaanlage 🏊 Hallenbad 🏖 Pool im Freien 💪 Fitness & Spa 💳 Kreditkarten

ASILAH

HOTEL AZAYLA
€€
20 RUE IBN ROCHD
TEL. (0539) 41 67 17
FAX (0539) 41 67 17
hotelazayla.com

Das günstige, einladende Hotel ist sicher nicht die stimmungsvollste Unterkunft, aber zentral gelegen und sauber. Das Personal ist freundlich und hilfsbereit, einige Mitarbeiter sprechen jedoch nur wenig Englisch.

15 Nur bar

HOTEL PATIO DE LA LUNA
€€
12 PLAZA DE ZELAKA
TEL. (0539) 41 60 74
www.patiodelaluna.com

Das Hotel, das von einem Privathaus in eine hübsche, günstige Unterkunft im Zentrum von Asilah umgebaut wurde, bietet attraktiv eingerichtete und sehr komfortable Zimmer. Im Winter sind sie allerdings etwas kalt.

8 Nur bar

CEUTA

Hotels

PARADOR DE CEUTA
€€€€
15 PLAZA DE ÁFRICA
TEL. (0956) 51 49 40
FAX (0956) 51 49 47
www.parador.es

Das Vier-Sterne-Hotel ist möglicherweise die luxuriöseste Unterkunft der Stadt. Ähnlich wie im nahe gelegenen Hostal Central (siehe rechts) sind die Räume eher schlicht gehalten, dafür aber sauber, geräumig und schön möbliert. Aufmerksames Personal.

106 Alle gängigen Karten

ULISES HOTEL
€€€€
5 CALLE CAMOENS
TEL. (0956) 51 45 40
FAX (0956) 51 45 46
www.hotelulises.com

Das Hotel im Zentrum von Ceuta ist eine elegante, moderne Unterkunft mit hervorragender Ausstattung (Hallenbad, Restaurants, Bars und kostenloses WLAN). Es lohnt sich, etwas mehr zu bezahlen und dafür ein größeres Zimmer zu bekommen (die Zimmer im Erdgeschoss sind etwas spartanisch). Das Hotel hat keinen eigenen Parkplatz, sodass zusätzliche Parkgebühren von rund 10 Euro pro Tag auf dem städtischen Parkplatz anfallen.

124 Alle gängigen Karten

HOSTAL CENTRAL
€€
15 PASEO DEL REVELLÍN
TEL./FAX (0956) 51 67 16
www.hostalesceuta.com

Das saubere und gemütliche, wenn auch unspektakuläre Hotel ist eine gute Unterkunft für alle, die aufs Geld achten müssen. Die klimatisierten Zimmer haben eigene Bäder, WLAN und eine moderne Einrichtung. Rund 100 m weiter in der Straße steht das identische Schwester-Hotel Hostal Plaza Ruiz. Beide Häuser liegen im Zentrum von Ceuta.

18 Alle gängigen Karten

Restaurants

CLUB NAUTICO
€€€
CALLE EDRISIS
TEL (0956) 51 44 40

Der Club Nautico hat eine hervorragende Lage an der Marina und ist ein beliebter Treffpunkt sowohl der Einheimischen als auch der Touristen. Die Karte bietet etwas für jeden Geldbeutel, darunter eine gute Auswahl an frisch gefangenem Fisch und Meeresfrüchtegerichten.

Alle gängigen Karten

GRAN MURALLA
€€€
PLAZA DE LA CONSTITUCIÓN
TEL. (0956) 51 76 25

»Gran muralla« bezieht sich eher auf die Große Mauer in China als auf die Stadtmauern von Ceuta, denn es handelt sich um ein beliebtes chinesisches Restaurant, in dem sich all jene Marokko-Urlauber einfinden, die mal etwas anderes als Tajines und Couscous essen wollen.

Alle gängigen Karten

CHEFCHAOUEN

Hotels

CASA HASSAN
€€€€
22 RUE TARGUI
TEL. (0539) 98 61 53
FAX (0539) 98 81 96
www.casahassan.com

Die Casa Hassan bietet traditionelle marokkanische Einrichtung, geschnitzte Holztüren, farbenfrohe Berberteppiche und elegante Bäder. Das kleine, von einer Familie geführte Hotel liegt in einer ehemaligen Villa in der Medina und besteht aus zwei Teilen: einem stimmungsvollen älteren Gebäude und einem moderneren Anbau mit größeren Zimmern. Dazu kommen noch eine schöne Terrasse und ein großer Hof.

22 (8 in der Casa Hassan, 14 im Dar- Baibou-Anbau)
Nur bar

HOTELS & RESTAURANTS

🛏 DAR MEZIANA
€€€€
7 RUE ZAGDUD
TEL. (0539) 98 78 06
FAX (0539) 98 78 06
www.darmezianahotel.com
Das wunderschöne kleine Riad liegt wenige Minuten vom Zentrum Chefchaouens entfernt. Es vermietet nur eine Handvoll wunderschön dekorierter (allerdings auch etwas kleiner) Zimmer, das Personal ist sehr freundlich. Die Ausblicke von der Terrasse sind faszinierend.
🛈 7 🚬 Nur bar

🛏 ATLAS CHAOUEN
€€€
BP 13, RUE SIDI ABDELHAMID
TEL. (0539) 98 60 02
FAX (0539) 98 71 58
Das eindrucksvoll weiße Hotel steht auf einem Hügel hoch über Chefchaouen und wurde erst vor wenigen Jahren eröffnet. Die Zimmer sind alle schön möbliert und bequem eingerichtet, wirken aber etwas nüchtern. Hervorragend sind die Hoteleinrichtungen, darunter der Pool, das Spa und das Restaurant. Auch wenn man dank der Lage tolle Ausblicke genießt: Der anstrengende Fußmarsch über extrem steile und ermüdende Treppen hinunter in die Medina bzw. umgekehrt hinauf ist nicht jedermanns Sache.
🛈 63 🅿 🛎 🏊 🚬 MC, V

🛏 HOTEL PARADOR
€€€
PLACE EL MAKHAZEN
TEL. (0539) 98 61 36
FAX (0539) 98 70 33
www.hotel-parador.com
Das Parador liegt nur wenige Gehminuten von der Medina und der Kasbah entfernt und bietet von daher eine gute Gelegenheit, die Stadt und das städtische Leben zu erkunden. Die gemütlichen Zimmer und das Restaurant haben eine angenehm moderne Note.
🛈 55 🅿 🛎 🏊 🚬 MC, V

DER BESONDERE TIPP
🛏 DAR ECHCHAOUEN
€€€
RAS EL MAA
TEL. (0539) 98 78 24
www.darechchaouen.com
Das attraktive kleine Hotel ganz in der Nähe der historischen Medina verbindet marokkanische Atmosphäre mit den Annehmlichkeiten eines modernen Hotels. Die Innenarchitekten haben die Atmosphäre der Stadt in das Hotel übertragen. Die Zimmer sind komfortabel und ansprechend eingerichtet, das Personal ist sehr aufmerksam und der Pool ein willkommener Pluspunkt.
🛈 18 🛎 🏊 🚬 MC, V

🛏 CAMPING AZILANE
€€
RUE SIDI ABDELHAMID
TEL. (0539) 98 69 79
www.campingchefchaouen.com
Der schöne, hervorragend geführte Campingplatz liegt auf einem Hügel über der Stadt und ist ein beliebter Standort für Urlauber, die Fahrten und Wanderungen in die umliegenden Berge unternehmen möchten. Auf dem Gelände gibt es eine sehr spartanische Jugendherberge, die gerne aufgesucht wird, wenn der Wind durch das Tal heult.
🛈 50 Stellplätze 🅿 🚬 Nur bar

LARACHE

🛏 HOTEL ESPAÑA
€€
6 AVENUE HASSAN II
TEL. (0539) 91 31 95
www.hotelespanalarache.com
Die Gästezimmer des Zwei-Sterne-Hotels haben jeweils ein eigenes Bad und Satellitenfernseher, viele zusätzlich noch einen Blick über Laraches Hauptplatz. In der Küche werden authentische marokkanische Gerichte zubereitet.
🛈 36 🅿 🚬 Nur bar

🛏 LA MAISON HAUTE
€€
6 DERB IBN THAMI
TEL. (0065) 34 48 88
www.lamaisonhaute.com
»Das hohe Haus« ist ein traditionelles arabisch-andalusisches Gebäude, dessen einzelne Stockwerke höher als die der umliegenden Häuser sind. Die Zimmer sind komfortabel und liebevoll eingerichtet, die meisten haben ein eigenes Bad. Das Hotel besticht durch einen traumhaften Dachgarten mit Blick über die Bucht.
🛈 7 🚬 Nur bar

TANGER

Hotels

🛏 EL MINZAH
€€€€€
85 RUE DE LA LIBERTÉ,
VILLE NOUVELLE
TEL. (0539) 33 34 44
FAX (0539) 33 39 99
www.leroyal.com/morocco
Das Hotel aus den 1920er-Jahren bietet schöne Gästezimmer und einen Pool. Es ist das einzige der Hotels in der internationalen Zone, das bis heute überdauert hat. Die luxuriösen Gartenanlagen und das aufmerksame Personal machen das

---

🚭 Nichtraucher 🅰 Klimaanlage 🛎 Hallenbad 🏊 Pool im Freien 💪 Fitness & Spa 💳 Kreditkarten

El Minzah zu einem der besten Häuser der Stadt.
① 140 P 🛏 ❄ 🏊 🍴 🐾 Alle gängigen Karten

🏨 HOTEL NORD-PINUS
€€€€€
11 RUE RIAD SULTAN, KASBAH
TEL. (0490) 93 44 44
www.nord-pinus-tanger.com
Das einzigartige Guesthouse liegt in der Rue Riad Sultan in der Nähe der Kasbah. Mit seiner aufwendigen Dekoration, dem angeschlossenen Hamam und dem professionellen Service übertrumpft es die anderen Riads in der Kasbah um einiges. Von der Dachterrasse hat man atemberaubende Ausblicke.
① 5 P ❄ 🐾 MC, V

DER BESONDERE TIPP
🏨 DAR NOUR
€€€€
20 RUE GOURNA, KASBAH
TEL. (0662) 11 27 24
www.darnour.com
Das in einer ruhigen Straße im hinteren Teil der Kasbah gelegene Hotel ist ein traumhaft renoviertes marokkanisches Stadthaus. Die Räume sind farbenfroh und hell gehalten, die meisten haben ein eigenes Bad. Einige Suiten und größere Räume bieten sogar private Terrassen mit Blick aufs Meer. Es gibt keine Klimaanlage, aber die traditionelle Architektur mit ihrer ausgeklügelten Belüftung sorgt für angenehme Temperaturen.
① 11 P 🐾 MC, V

🏨 DAR SULTAN
€€€€
49 RUE TOUILA, KASBAH
TEL. (0539) 33 60 61
www.darsultan.com
Das Riad schwebt hoch über Tangers Medina im Herzen der Kasbah. Von dort oben genießen die Gäste einen atemberaubenden Blick über die Stadt, vor allem wenn sie auf der Dachterrasse ihr Frühstück einnehmen. Die Zimmer sind geschmackvoll mit vor Ort hergestellten Möbeln und marokkanischen Antiquitäten eingerichtet, die Angestellten genießen einen sehr guten Ruf, besonders freundlich und hilfsbereit zu sein.
① 6 P 🐾 MC, V

🏨 LA TANGERINA
€€€
19 RUE RIAD SULTAN, KASBAH
TEL. (0539) 94 77 31
FAX (0539) 94 77 33
www.latangerina.com
Das La Tangerina wurde mit großer Leidenschaft von einem einfachen Medina-Wohnhaus in ein Hotel mit viel europäischer Kolonialatmosphäre umgebaut. Die zehn Zimmer sind in ganz unterschiedlichen Stilen eingerichtet und bieten herrliche Blicke über die Straße von Gibraltar bis nach Spanien. Eine elegante Speisehalle und ein Hamam runden das Angebot ab.
① 10 🍴 🐾 Alle gängigen Karten

🏨 MAISON ARABESQUE
€€€
73 RUE NACIRIA, MEDINA
TEL. (0679) 46 68 76
www.maison-arabesque.com
Das Riad liegt unweit des American Legation Museums und vermietet fünf geschmackvoll eingerichtete Gästezimmer, von denen jedes einen ganz eigenen Stil hat. Das Frühstück wird auf der Dachterrasse serviert, von der die Gäste den Blick aufs Meer genießen. Der niederländische Besitzer Peter Van der Drift hilft gerne bei der Organisation von Ausflügen zu den Sehenswürdigkeiten rund um Tanger und bei der Besichtigung der Medina.
① 5 P 🐾 MC, V

🏨 RIAD TANJA
€€€
RUE DU PORTUGAL, ESCALIERS AMÉRICAINS
TEL. (0539) 33 35 38
FAX (0539) 33 30 54
www.riadtanja.com
Das in einem Labyrinth von engen Gassen in der Medina gelegene Hotel befindet sich unweit des American Legation

---

PREISKATEGORIEN
HOTELS
Die Kosten – angegeben in € – beziehen sich auf ein Doppelzimmer mit eigenem Bad und heißem Wasser in der Hochsaison. In der Nebensaison liegen die Preise deutlich unter den angegebenen.

€€€€€	über 200 €
€€€€	100–200 €
€€€	50–100 €
€€	25–50 €
€	unter 25 €

RESTAURANTS
Angegeben werden die Durchschnittskosten für ein Zwei-Gänge-Menü für eine Person ohne Steuern, Trinkgeld oder Getränke.

€€€€€	über 50 €
€€€€	40–50 €
€€€	25–40 €
€€	15–25 €
€	unter 15 €

🏨 Hotel 🍴 Restaurant ① Zimmer ❄ Sitzplätze P Parkplätze 🕐 Öffnungszeiten 🛗 Aufzug

Museum. Im historischen Gebäude stehen nun geschmackvoll eingerichtete Suiten in arabisch-andalusischem Stil zur Auswahl. Das Hotel hat ein eigenes Restaurant (siehe rechts unten), in dem sowohl marokkanische Gerichte als auch Nouvelle Cuisine gekocht wird.
6 MC, V

HOTEL CONTINENTAL
€€
36 RUE DAR BAROUD
TEL. (0539) 93 10 24
FAX (0539) 93 11 43
www.hotelcontinental-morocco.com

Das große alte vierstöckige Hotel ist seit Ende des 19. Jahrhunderts ein Wahrzeichen der Stadt. Es liegt herrlich hoch über den Docks am Hang und ist bei der Ankunft mit der Fähre schon früh zu sehen. Innen ist alles aufwendig eingerichtet, manches wirkt allerdings etwas verblichen. Die öffentlichen Bereiche erinnern an die glänzende Vergangenheit des Hotels. Einige Gästezimmer wurden erst unlängst renoviert – es lohnt sich, nach einem dieser Zimmer zu fragen.
56 Alle gängigen Karten

Restaurants

EL MINZAH KORSAN
€€€€€
HOTEL EL MINZAH,
85 RUE DE LA LIBERTÉ
TEL. (0539) 33 34 44
www.leroyal.com/morocco

Das elegante Restaurant im historischen Hotel El Minzah (siehe S. 287) kocht Klassiker der Landesküche und bietet zusätzlich auch eine Reihe internationaler Gerichte. Der Service ist diskret und aufmerksam. Ein Wermutstropfen sind der hohe Preis und die fehlende Atmosphäre. Während des Abendessens spielen exzellente Musiker.
40 Alle gängigen Karten

LE MIRAGE
€€€€€
HOTEL CLUB LE MIRAGE,
LES GROTTES D'HERCULE
TEL. (0539) 33 33 32
www.lemirage.com

Das Restaurant, das auf dem spektakulären Klippengrundstück des Hotel-Mirage-Komplexes liegt, erstreckt sich gleich über mehrere Terrassen und Räume, von denen aus man einen herrlichen Blick auf die Straße von Gibraltar genießt. Zur Auswahl stehen zwei Speisekarten: eine mit modernen internationalen Gerichten, die andere mit traditionell-marokkanischen Speisen. Alles wird frisch mit regionalen Zutaten und mit viel Können zubereitet.
60 P Alle gängigen Karten

DER BESONDERE TIPP
RIAD TANJA
€€€€
RUE DU PORTUGAL, ESCALIERS AMÉRICAINS
TEL. (0539) 33 35 38

Das wunderschön eingerichtete Restaurant liegt unweit vom Wasser. Der bekannte Chef und Besitzer Moha Fedal kocht traditionelle Gerichte mit einer modernen, kreativen Note. Es empfiehlt sich, vor allem in der Hauptsaison einen Tisch zu reservieren: Dann kocht Moha meist für ein voll besetztes Haus.
40 Alle gängigen Karten

ZERYAB RESTAURANT LIBANAIS
€€€
AVENUE MOHAMED VI
TEL. (0539) 34 15 15 ODER (0539) 94 07 55

Das libanesische Restaurant befindet sich im siebten Stock des Hotels Almohades. Die Aussicht auf die Bucht von Tanger und die Küste ist wunderbar. Serviert wird eine typisch libanesische Küche, raffiniert angerichtet – zu empfehlen sind insbesondere die Mezze. Der Service ist gut, und es gibt regelmäßig Livemusik. Reservierung empfohlen.

CAFÉ DE PARIS
€€
1 PLACE DE FRANCE,
VILLE NOUVELLE
TEL. (0539) 93 84 44

Das düstere, aber stimmungsvolle Café mit Bar serviert in seiner Lounge mit Ledermöbeln seit den 1930er-Jahren Drinks und kleine Gerichte. Seit damals, als es von Schriftstellern, Flüchtlingen und Spionen bevölkert war, hat sich wenig geändert. Abends ist es allerdings kein besonders guter Ort für Frauen, tagsüber ist das kein Problem.
Nur bar

HAFA CAFÉ
€€
AVENUE MOHAMED VI, MARSHAN

Das Café ist eine alte Institution in Tanger – es liegt an der Steilküste und hat einen Garten mit tiefen Terrassen, von denen man aufs Meer schaut. Das Café im Viertel Marshan westlich der Kasbah war früher einer der Lieblingstreffpunkte der Künstler-Bohemien-Kolonie von Tanger – die damalige entspannte

Atmosphäre meint man noch heute zu spüren. Auf jeden Fall ist es der schönste Platz für einen süßen Minzetee mit Blick auf das Meer.
Nur bar

DER BESONDERE TIPP
SAVEUR DE POISSON
€€
2 ESCALIER WALLER, VILLE NOUVELLE
TEL. (0539) 93 63 26
Das ausgefallene kleine Restaurant mit seinem handgemalten Schild und der außergewöhnlichen Inneneinrichtung zählt zu den Lieblingslokalen der Einheimischen. Es liegt an der steilen Treppe, die von der Rue du Portugal zur Rue de la Liberté hinaufführt. Hier sitzt man an Gemeinschaftstischen und genießt ein hervorragend zubereitetes traditionelles Fünf-Gänge-Meeresfrüchte-Menü, das der Küchenchef und Eigentümer Mohammed höchstpersönlich kocht.
Nur bar

TÉTOUAN

Hotels

MARINA SMIR THALASSO & SPA
€€€€
ROUTE DE SEBTA, SMIR
TEL. (0539) 97 12 34
FAX (0539) 97 12 35
www.sofitel.com
Der große Komplex wurde um einen Pool und üppige Gärten herum gebaut. In der Ferienanlage fehlt es an nichts: Es gibt Business-Suiten, ein Gesundheitszentrum, Sportmöglichkeiten aller Art und mehrere Restaurants. Die Gästezimmer sind elegant und ziemlich modern eingerichtet.
334
Alle gängigen Karten

BLANCO RIAD HOTEL
€€
25 ZANKAT ZAWIYA KADIRIA
TEL (0539) 70 42 02
blancoriad.com
Erst 2010 in Tétouan eröffnet, hat sich das Hotel doch schon eine Sterne-Reputation wegen der Qualität seiner Zimmer, seines Restaurants und des freundlichen Personals erworben. Es befindet sich in einem ehemaligen Palast im Zentrum der Medina; die Inneneinrichtung des Gebäudes ist schlichtweg atemberaubend, die Zimmer sind gemütlich und gut gepflegt. Da es sich um ein jahrhundertealtes Gebäude handelt, haben nicht alle Zimmer ein eigenes Bad.
8 MC, V

DER BESONDERE TIPP
HOTEL EL REDUCTO
€€€
38 ESSAID ZANQAT ZAWYA KADIRIYA
TEL. (0539) 96 81 20
www.elreducto.com
Das Riad war einst die große Residenz des spanischen Gouverneurs von Tétouan. Inzwischen wurde das Gebäude restauriert und bietet nun eine der besten Unterkünfte der Region Tétouan. Die traditionell eingerichteten Zimmer sind überwältigend – und doch überraschend günstig. Vor allem, wenn man bedenkt, wie viel Arbeit in die Räumlichkeiten gesteckt werden musste, damit sie so traumhaft aussehen.
5 MC, V

HOTEL PANORAMA VISTA
€€€
AVENUE MOULAY ABBAS, VILLE NOUVELLE
TEL. (0539) 96 49 70
FAX (0539) 96 49 69
www.panoramavista.com
Das gepflegte moderne Hotel ist eine wirklich gute Wahl im Zentrum von Tétouan. Alle Zimmer sind sauber und geräumig, viele von ihnen bieten tolle Ausblicke auf das Rifgebirge hinter der Stadt. Das Hotel-Café ist bei der Jeunesse dorée beliebt.
63 MC, V

RIAD DALIA
€–€€€
25 PLACE EL OUESSA
TEL. (0539) 96 43 18
www.riad-dalia.com
Das traumhaft eingerichtete alte Gebäude im Herzen der historischen Medina bietet ein ganzes Spektrum an Zimmern, die von schön geschnittenen großen Suiten bis zu Einzelzimmern mit Gemeinschaftsbad reichen (zu einem Preis, der nur wenig über dem eines Campingplatzes liegt).
7 Nur bar

Restaurants

RESTAURANT PALACE BOUHLAL
€€€€
48 JAMAA KEBIR, MEDINA
TEL. (0670) 85 95 63
Das eindrucksvolle Restaurant befindet sich in einem umgebauten Palast aus dem 19. Jahrhundert – die atemberaubende Innenarchitektur ist so, wie man sich das In einem Gebäude aus jener Zeit vorstellt. Das Restaurant zählt zu den Lieblingsplätzen der Stadtführer, die hier zu Mittag ihre Kundschaft

hinführen. Die Stadtführer sind auch die Einzigen, die den Palace Bouhlal in den verwinkelten Gassen der Medina finden ...
🚭 Nur bar

DER BESONDERE TIPP
🍴 BLANCO RIAD
€€€
BLANCO RIAD, 25 ZANKAT ZAWIYA KADIRIA
TEL. (0539) 70 42 02
www.blancoriad.com
Das Restaurant bietet eine ausgefallene Karte, die von einer mit Michelin-Sternen dekorierten Kochschule zusammengestellt wurde. Der Küchenchef zaubert Meeresfrüchte-gerichte und traditionelle Fleischgerichte, daneben aber auch Gerichte aus der modernen europäischen Küche.
❄️ 🚭 MC, V

🍴 EL REDUCTO RESTAURANT
€€€
38 ZANKAT ZAWIYA KADIRIA
TEL. (0539) 96 81 20
www.elructo.com
Das Restaurant in Tétouans bestem Riad (Hotel El Reducto, siehe S. 290) steht am Abend auch Nicht-Hotelgästen offen. In den geschmackvoll eingerichteten Räumen werden die traditionellen Gerichte hervorragend zubereitet, auch einige europäische Gerichte finden sich auf der Karte.
❄️ 🚭 MC, V

🍴 RESTAURANT RESTINGA
€€€
AVENUE MOHAMED V, VILLE NOUVELLE
TEL. (0539) 96 35 76
Das Restaurant hat nur wenige Tische innen stehen – wer also hier essen will, sollte zum Zeitpunkt der Reservierung wissen, ob das Wetter hält. Auf der Karte dominieren vor Ort angelandete Meeresfrüchte und Fische, es gibt aber auch Alternativen. Das Restaurant zählt zu den wenigen, die eine Lizenz zum Ausschank von Alkohol haben.
🚭 Nur bar

🍴 SALON DE THÉ, HOTEL PANORAMA VISTA
€€€
HOTEL PANORAMA VISTA, AVENUE MOULAY ABBAS, VILLE NOUVELLE
TEL. (0539) 96 49 70
FAX (0539) 96 49 69
www.panoramavista.com
Das moderne Café wird eher von jungen Einheimischen als von Touristen besucht. Die Einrichtung ist unspektakulär, die Ausblicke eindrucksvoll und das Essen sind exzellent.
❄️ 🚭 Nur bar

■ FÈS & DER HOHE ATLAS

FÈS
Hotels

🏨 RIAD LAAROUSSA
€€€€€
3 DERB BECHARA, MEDINA
TEL. (0674) 18 76 39
www.riad-laaroussa.com
Das Riad Laaroussa ist ein umgebauter Palast aus dem 17. Jh. mit großem Hof. Die Atmosphäre von Prunk macht aus der Unterkunft etwas Besonderes. Die Möblierung ist ein Mix aus traditionellen marokkanischen und eleganten, antiken und modernen europäischen Stilen. Die Räume sind groß und klimatisiert. Das Riad hat ein eigenes Hamam und Spa, eine Dachterrasse und einen schattigen Garten-Patio. Im Lokal werden traditionelle Gerichte (feste Menüabfolge) serviert.
🛏️ 8 ❄️ 🧖 🚭 MC, V

🏨 RIAD SHEHERAZADE
€€€€€
23 ARSAT BENNIS, DOUH
TEL. (0555) 74 16 42
www.sheheraz.com
Der einstige Palast wurde in ein Luxushotel im Riad-Stil umgebaut. Die meisten Zimmer sind große, opulent eingerichtete Suiten – die größten (Royal Suites) bieten Himmelbetten, Privat-Patios und Zugang zum Pool. Jedes der Zimmer und alle Suiten haben ihren eigenen Stil. Die Blicke über die Stadt von den Terrassen aus sind märchenhaft.
🛏️ 24 🅿️ ❄️ 🏊 🧖
Alle gängigen Karten

🏨 DAR EL GHALIA
€€€€
13–15 RAS JNANE, MEDINA
TEL. (0535) 63 41 67
FAX (0535) 63 63 93
www.riadelghalia.com
Der schwarz-weiß gekachelte Hof des historischen Riad ist magisch: Ein traumhafter Ort zum Entspannen oder Essen – scheinbar weit weg vom lauten, umtriebigen Leben der Medina vor den Toren. Dar el Ghalia wurde im 17. Jahrhundert errichtet und gehörte zum königlichen Palast; 300 Jahre gehörte es einer Familie. Die romantische Atmosphäre wird durch die historische Kleidung der Angestellten noch zusätzlich unterstrichen. Alle Zimmer sind wunderschön möbliert und klimatisiert.
🛏️ 11 🅿️ ❄️ ❄️ 🧖
Alle gängigen Karten

❄️ Nichtraucher ❄️ Klimaanlage 🏊 Hallenbad 🏊 Pool im Freien 🧖 Fitness & Spa 💳 Kreditkarten

DER BESONDERE TIPP

🏨 DAR ROUMANA
€€€€
ZKAK ROUMANE
TEL. (0535) 74 16 37
FAX (0535) 63 55 24
www.darroumana.com

Das Dar Roumana wurde 2006 von der amerikanischen Cordon-Bleu-Chefin Jennifer Smith eröffnet – es ist eine kostbar eingerichtete Oase im Herzen der Medina. Mit nur fünf individuell eingerichteten Suiten ist das Hotel sehr intim und komfortabel. Der Service ist tadellos, das Essen (der Chef kocht persönlich) fantastisch – wer einmal da ist, will nicht mehr weg (siehe S. 295).

🛏 5 🔧 💳 MC, V

🏨 DAR SEFFARINE
€€€€
14 DERB SBAA LOUYATE, SEFFARINE
TEL. (0671) 11 35 28
FAX (0535) 63 52 05
www.darseffarine.com

Das traumhafte Riad liegt mitten im Zentrum der alten Medina – in einer ruhigen Straße hinter der Medersa Keraouine. Die Räume befinden sich in einem ehemaligen Palast, die Einrichtung ist traditionell, ohne überladen zu wirken, die wenigen Zimmer sind großzügig geschnitten.

🛏 6 🔧 💳 Nur bar

🏨 HOTEL LES MERINIDES
€€€€
DOUAR EL MAGTA
TEL. (0535) 64 52 26
FAX (0535) 64 52 25
www.lesmerinides.com

Das moderne große Hotel bietet mit seiner tollen Lage auf einem Hügel schöne Blicke über die Stadt. Die Hotelzimmer sind sauber, bequem, aber nichts Besonderes. Das Hotel ist nach wie vor luxuriös, das Viertel um die Hotelanlage hat aber schon bessere Zeiten gesehen. So verspüren die Gäste wenig Lust, das Hotel zu Fuß zu verlassen, zumal das Hotel einige Kilometer außerhalb des Zentrums liegt. Wer allerdings kein Problem damit hat, täglich mit dem Taxi in die Stadt und zurückzufahren, für den ist es ein ruhiger Aufenthaltsort weit weg von den Massen in der Medina.

🛏 103 P 🔧 💳 Alle gängigen Karten

🏨 LA MAISON BLEUE
€€€€
2 PLACE DE L'ISTIQLAL, BATHA
TEL. (0535) 74 18 43
www.maisonbleue.com

Drei Höfe führen zu den Zimmern dieses Riads, das einmal einem marokkanischen Schriftsteller und Wissenschaftler gehörte. Im Riad befindet sich noch eine wunderbare Bibliothek mit seltenen Titeln. Der authentischen Atmosphäre eines marokkanischen Palastes tun die erlesenen europäischen Möbel (auch einige Himmelbetten) keinen Abbruch, sie stehen in Gesellschaft mit traditionellen Möbeln, die von den besten Handwerkern vor Ort gebaut wurden. Ein einladender Pool in einem der Höfe wird gerne von den Gästen genutzt. Zum Abendessen spielen einheimische Musiker auf und unterstreichen noch die romantische Atmosphäre.

🛏 6 🔧 💳 MC, V

PREISKATEGORIEN
HOTELS

Die Kosten – angegeben in € – beziehen sich auf ein Doppelzimmer mit eigenem Bad und heißem Wasser in der Hochsaison. In der Nebensaison liegen die Preise deutlich unter den angegebenen.

€€€€€	über 200 €
€€€€	100–200 €
€€€	50–100 €
€€	25–50 €
€	unter 25 €

RESTAURANTS

Angegeben werden die Durchschnittskosten für ein Zwei-Gänge-Menü für eine Person ohne Steuern, Trinkgeld oder Getränke.

€€€€	über 50 €
€€€	40–50 €
€€	25–40 €
€€	15–25 €
€	unter 15 €

🏨 PALAIS DE FÈS DAR TAZI
€€€€
15 RUE MAKHFIA ER'CIF
TEL. (0535) 76 15 90
www.palaisdefes.com

Am Rand der Medina liegt dieses Riad gleich beim großen Platz mit seinem überbordenden Leben, ist selbst aber ruhig. Die Zimmer sind mit traditionellen Möbeln und Accessoires ausgestattet, die öffentlichen Räume elegant möbliert. Sehr schön sind auch die großen Patios, durch die alles sehr prächtig wirkt; die Dachterrasse ist ein Juwel. Das Restaurant serviert marokkanische Küche, die Angestellten

---

🏨 Hotel 🍴 Restaurant 🛏 Zimmer 🪑 Sitzplätze P Parkplätze 🕐 Öffnungszeiten 🛗 Aufzug

sind hilfreich und sehr freundlich.
ⓘ 8 **❄** **🌀** Alle gängigen Karten

RIAD BARTAL
€€€€
21 RUE SOURNAS, QUARTIER ZIAT
TEL. (0535) 63 70 53
FAX (0172) 70 35 75
www.riadalbartal.com
Die Gäste werden mit viel Grün in einem kühlen zentralen Hof mit Arkaden begrüßt. Die elegante Einrichtung gibt dem Riad viel Charakter, die freundlichen Angestellten sorgen für einen angenehmen Aufenthalt. Obwohl es nicht groß ist, bietet das Riad seinen Gästen Klimaanlagen, WLAN und Internetzugang. Im Restaurant wird leckere marokkanische Küche serviert.
ⓘ 5 **❄** **🌀** MC, V

RIAD DAR CHRIFA
€€€€
20 ARSAT EL HAMMOUMI ZIAT, MEDINA
TEL. (0535) 63 78 50
FAX (0535) 63 78 51
www.riaddarchrifa.com
Das Riad Dar Chrifa bietet seinen Gästen in einem wunderschönen Haus ein authentisches marokkanisches Wohnerlebnis. Die qualitativ hochwertigen europäischen Möbel (Himmelbetten) harmonieren gut mit den traditionellen Wohnaccessoires. Das Frühstück wird in einem herrlichen zentralen Hof serviert. Die Zimmer sind gut ausgestattet (einige befinden sich im Erdgeschoss), die Bäder groß geschnitten. Von der Terrasse hat man dank der Lage auf einem Hügel einen weiten Blick über die Stadt.
ⓘ 7 **❄** **🌀** MC, V

RIAD EL AMINE
€€€€
94–96 BOUAJJARA, BÂB JDID, MEDINA
TEL. (0535) 74 07 49
www.riadelaminefes.com
Das luxuriöse Riad bietet geräumige Zimmer und Suiten, die mit viel Eleganz in einem Mix aus traditionell marokkanischen und westeuropäischen Stilen möbliert sind. Alle Zimmer haben Internetanschluss und Satellitenfernseher. Zum Angebot des Hauses gehören ein kleiner Pool und ein Spa. Das Restaurant mit 70 Sitzplätzen in zwei opulenten Sälen serviert Gourmetgerichte auf feinstem chinesischem Porzellan und Glas.
ⓘ 8 **❄** **🏊** **🧖** **🌀** Alle gängigen Karten

RIAD FÈS
€€€€
5 DERB BEN SLIMANE, ZERBTANA
TEL. (0535) 74 12 06
FAX (0535) 74 11 43
www.riadfes.com
Das Boutique-Hotel hat viel Charakter. Der Innenhof mit einer Wasseranlage ist malerisch, die Zimmer sind trotz des Alters des Gebäudes bequem. Und das Riad hat den Ruf, eines der besten Restaurants in der Medina zu sein. Die Speisekarte ist klein gehalten, bietet aber sowohl marokkanische als auch europäische Gerichte.
ⓘ 17 **❄** **🧖** **🌀** MC, V

RIAD LUNE ET SOLEIL
€€€€
3 DERB SKALLIA, DOUH, BATHA, MEDINA
TEL. (0535) 63 45 23
FAX (0535) 74 02 52
www.luneetsoleil.com
Das Riad liegt innerhalb der Stadtmauern und bietet ruhige Luxusunterkünfte. Orangen- und Zitronenbäume wachsen im Hof mit Brunnen. Die Zimmer im Erdgeschoss öffnen sich zu diesem grünen Raum. Die Gästezimmer und öffentlichen Bereiche wurden aus der Antiquitäten- und Kunsthandwerkssammlung des Besitzers möbliert. Einige Zimmer haben ein Jacuzzi, WLAN ist vorhanden. Die umfangreiche Karte bietet Gerichte der Landesküche in sehr guter Qualität.
ⓘ 6 **❄** **🌀** MC, V

RIAD SARA
€€€€
17 DERB EL GABASSE DOUH, MEDINA
TEL. (0535) 63 68 20
www.riad-sara.com
Das elegante Riad Sara ist ein großes Haus aus dem 17. Jahrhundert mit luxuriösen Zimmern. Mit seinen verzierten geschnitzten Säulen und dem schönen Kachelboden lädt der Innenhof zur Rast: Das Riad liegt gleich bei einer der großen Straßen durch die Medina und dennoch unweit der Souks. Die Zimmer sind groß und schön möbliert, von der Dachterrasse hat man einen weiten Blick über Fès.
ⓘ 7 **❄** **🌀** MC, V

RYAD MABROUKA
€€€€
25 TALAA KBIRA DERB EL MITER
TEL. (0535) 63 63 45
FAX (0535) 63 63 10
www.ryadmabrouka.com
In einer Stadt, in der es wahrlich nicht an Riads mangelt, bietet dieses große, umgebaute Haus ein einmaliges luxuriöses Wohnerlebnis. Jedes der Zimmer und Suiten hat seinen eigenen Stil mit

---

❄ Nichtraucher **❄** Klimaanlage **🏊** Hallenbad **🏊** Pool im Freien **🧖** Fitness & Spa **🌀** Kreditkarten

eindrucksvollen traditionellen Details wie den schönen *zellij*-Kacheln, den sehenswerten Steinmetzarbeiten und den mit vielen Mustern beschnitzten Zedernmöbel. In dem ungewöhnlich großen Hofgarten steht ein kleiner, aber angenehmer Pool für die Gäste bereit. Die Angestellten wissen viel über die Stadt und ihr Umland und helfen bei der Organisation von Ausflügen und Aktivitäten.
 8 MC, V

ZALAGH PARC PALACE
€€€€
OUED LOTISSEMENT
TEL. (0535) 75 54 54
FAX (0535) 75 54 55
www.zalagh-palace.ma
Ein luxuriöses Fünf-Sterne-Hotel mit individuell gestalteten Zimmern und Suiten, die sich alle um einen üppig grünen Garten und Pool gruppieren. Zu den Annehmlichkeiten des Hauses zählen ein Schönheitssalon und eine eigene Bowlingbahn.
 488 Alle gängigen Karten

DAR FINN
€€€
27 ZKAK ROUAH, CHRABLYINE, FEZ MEDINA
TEL. (0655) 01 89 75
darfinn.com
Das luxuriöse Boutique-Hotel inmitten der Medina besticht durch seine entpannte Atmosphäre, exquisit eingerichtete Suiten und ein Restaurant mit erstklassiger marokkanischer Küche. Von der begrünten Dachterrasse aus eröffnet sich einer der schönsten Panoramablicke über die Stadt. In den Zimmern gibt es kostenloses Internet. Das palastartige Gebäude wurde erst vor ein paar Jahren mit viel Liebe zum Detail und Sachverstand restauriert, so blieb z. B. der originale Charme des Innenhofs mit Brunnenanlage erhalten. Für ein exklusives Ambiente sorgen die bemalten Holzdecken, Mosaikböden und -wände. Hinzu kommt aller moderner Komfort.
 7

HOTEL BATHA
€€€
PLACE DE L'ISTIQLAL BATHA
FES BP 505
TEL. (0535) 63 48 60
Das Hotel im landestypischen Stil liegt zentral in der Nähe des Bahnhofs Fes, der alten Medina und des Batha-Museums. In der großzügigen Anlage gibt es neben einem schön gestalteten Innenhof mit Außenpool und einer Sonnenterrasse auch ein Restaurant, das lokale Küche serviert. Die Zimmer und Badezimmer sind mit wunderschönen Kacheln versehen. Es gibt außerdem kostenloses Internet, einen bewachten Parkplatz und einen rollstuhlgerechten Zugang.
 47

RIAD BRAYA
€€€
7 DERB EL HAMIA, DOUH, BATHA FEZ MEDINA
TEL. (0535) 63 87 25
FAX (0535) 63 87 54
www.riadbraya.com
Das luxuriöses Gebäude im Art-déco-Stil liegt zentral. Im Jahr 2013 wurde die Anlage komplett renoviert, wobei man auf den Erhalt der Originalsubstanz Wert gelegt hat. Der zauberhafte begrünte Innenhof verfügt über eine Fläche von 180 Quadratmetern, die mit Marmor und Steinmosaiken ausgestattet sind. Die Zimmer sind individuell und komfortabel eingerichtet. Damit sich die Gäste vollends wohlfühlen, gibt es zudem ein Restaurant, eine Bar, einen Innenpool, eine Dachterrasse und kostenloses WLAN.
 7

RIAD HALA
€€€
156 DERB LAKRAM, TALÂA KEBIRA
TEL. (0535) 63 86 87
FAX (0535) 63 86 84
www.riadfeshala.com
Ein kleines, aber bequemes Riad in der historischen Medina, dem zwar etwas die Atmosphäre eines Dar Roumana oder Dar Seffarine (siehe S. 292) fehlt, das aber dennoch eine hervorragende Wahl ist für alle, die in der historischen Stadt übernachten möchten.
 7 Alle gängigen Karten

RIAD NUMÉRO 9
€€€
9 DERB LAMSSIDE, ZKAK EL MAA
TEL. (0660) 54 97 38
www.riad9.com
Über einen Zeitraum von drei Jahren wurde das Riad ausschließlich mit traditionellen Materialien renoviert – das Ergebnis ist ein Traum! Die Möblierung ist eine Mischung aus nordafrikanischen, französischen und englischen Antiquitäten – sie verleihen dem Riad einen Hauch Wohlstand und Komfort. Die marokkanischen Fliesen, Teppiche und Holzschnitzarbeiten sind allesamt exquisit. Das Management nennt das Riad eine Oase des Friedens in

---

Hotel Restaurant Zimmer Sitzplätze Parkplätze  Öffnungszeiten Aufzug

HOTELS & RESTAURANTS

der Medina von Fès. Dank des freundlichen Personals hat man das Gefühl, zu Hause zu Gast zu sein. Zum Essen haben die Gäste die Wahl zwischen dem traumhaften abgesenkten Speisebereich im Hof oder der Terrasse mit ihrem schönen Panoramablick.

🛏 3 🚭 Nur bar

BAB BOUJLOUD
€€

49 DERB MOULAY ARBI, PLACE BÂB BOUJLOUD
TEL. (0535) 63 31 18

Das Hotel liegt direkt am Bâb Boujeloud, dem »Blauen Tor« zur Altstadt, das 1913 im spanisch-maurischen Stil erbaut wurde. Die Zimmer sind schlicht möbliert und klein, aber mit TV und kostenlosem WLAN ausgestattet. Dazu gibt es einen kleinen Innenhof und eine Dachterrasse mit Blick auf die Ebenen von Fès.

🛏 21

DAR HAFSA
€€

34 DERB SIDI SAFI SOUIKET BEN SAFI
TEL. (0535) 63 67 02
darhafsa.co

Das traditionelle marokkanische Gästehaus in einer ruhigen Seitenstraße mitten in der Altstadt stammt aus dem 19. Jahrhundert. Es wurde erst vor Kurzem renoviert und präsentiert sich als wunderschönes Beispiel marokkanischer Bau- und Handwerkskunst. Die Dachterrasse bietet eine der besten Aussichten auf die Altstadt. Die Atmosphäre ist angenehm, und der Service ist gut. Es gibt kostenloses WLAN.

🛏 4

HOTEL DE LA PAIX
€€

44 AVENUE HASSAN II
TEL. (0535) 62 50 72
FAX (0535) 62 68 80

Eine der besseren günstigen Unterkünfte in der *ville nouvelle*: Das nette kleine Hotel bietet seinen Gästen großzügig geschnittene klimatisierte Zimmer mit Bad, Fernseher und bequemen Betten.

🛏 42 🅿 ❄ 🚭 MC, V

Restaurants

DAR EL GHALIA
€€€€€

13–15 RAS JNANE, MEDINA
TEL. (0535) 63 41 67
www.riadelghalia.com

Das umgebaute Riad im Viertel El Bali serviert authentische marokkanische Gerichte à la carte. Dank seiner traditionellen Einrichtung verströmt es viel Atmosphäre. Unbedingt eine der Tajines probieren!

🍽 60 🅿 ❄ 🚭 MC, V

L'AMBRE IM RIAD FÈS
€€€€€

5 DERB IBN SLIMANE
TEL. (0535) 94 76 10
www.riadfes.com

Die Einrichtung des modernen Restaurants wird von Terrakotta, Beige und Braun dominiert. Auf der Karte stehen v. a. klassische marokkanische Spezialitäten. Man findet es nahe des Musée Dar Batha.

🍽 70 🅿 ❄ 🚭 MC, V

LA MAISON BLEUE
€€€€€

2, PLACE DE L'ISTIQLAL, BATHA
TEL. (0535) 74 18 43
www.maisonbleue.com

Das hervorragende Restaurant innerhalb der Stadtmauern von Fès el Bali wird von Chef Lalla Khadija geführt, der Gourmetgerichte à la carte aus der Landesküche zubereitet. Entsprechend groß ist die Schar der einheimischen Stammgäste. Es stehen auch Tische im Freien.

🍽 100 🅿 ❄ 🚭 MC, V

PALAIS AMANI
€€€€

12 DERB EL MITER, OUED ZHOUNE
TEL. (0535) 63 32 09
www.palaisamani.com

Das Restaurant befindet sich in einem der prächtigsten Palast-Hotels der Stadt. Das Ambiente im dezent beleuchteten Innenhof mit seinen Wasserfontänen und der geschmackvollen Möblierung ist bezaubernd. Die Speisekarte bietet moderne Küche mit Gerichten, die französisch, afrikanisch, mediterran und regional inspiriert sind. Alles ist kreativ und originell angerichtet, wie beispielsweise die Mousse au chocolat auf Avocado-basis; ausgezeichnete Desserts.

DAR ROUMANA
€€€

30 DERB EL AMER, ZKAK ROUMANE
TEL. (0535) 74 16 37
FAX (0535) 63 55 24
www.darroumana.com

Hier steht eine Mischung aus traditionellen Speisen und eher anspruchsvollen Gerichten auf der Karte. Das Restaurant gehört zum Dar Roumana (siehe S. 292), steht aber abends den Gästen zum Essen und auf einen Drink offen. Die Zahl der Sitzplätze ist beschränkt, wenn alle Zimmer belegt sind.

🅿 ❄ 🚭 MC, V

🚭 Nichtraucher ❄ Klimaanlage 🏊 Hallenbad 🏖 Pool im Freien 💪 Fitness & Spa 💳 Kreditkarten

RESTAURANT NUMERO 7
€€€

7 ZKAK ROUAN
TEL. (0694) 27 78 49
www.restaurantnumero7.com

Ein Restaurant der besonderen Art! Die Philosophie des Numero 7 basiert auf einem Konzept mit wechselnden internationalen Küchenchefs, die sich die zeitgemäße Bioküche mit regionalen Produkten auf die Fahne geschrieben haben. Das Ambiente in dem ehemaligen Riad-Hotel ist minimalistisch in Schwarz und Weiß gehalten. Die Karte ist klein, aber exquisit, der Service bestens. Reservierung empfohlen.

RIAD RCIF
€€€

1 TAKHARBICHT LAAYOUNE RCIF
TEL. (0535) 74 00 37
FAX (0535) 63 56 59
www.riadrcif.com

Das schöne Palast-Hotel, liebevoll von seinem Besitzer restauriert, bildet hier den edlen Rahmen für ein erlesenes Mahl. Das Riad Rcif verwöhnt seine Gäste mit Köstlichkeiten der marokkanischen Küche. Probieren sollte man die wunderbar leichten Couscous-Gerichte, die feinen Tajines – und nicht zu vergessen die *pastilla au poulet*. Nichtgäste des Riad müssen reservieren.

FÈS ET GESTES
€€

39 ARSAT EL HAMOUMI
TEL. (0535) 63 85 32
www.fes-et-gestes.ma

Im Teehaus und Restaurant kann man nur einen Tee genießen oder zum Mittag- oder Abendessen einkehren. Wenn Platz ist, sollte man um einen der Tische beim Brunnen im eleganten Hof, in der Bibliothek oder im Salon bitten. Fès et Gestes ist eine Oase und wie eine echte Oase nur schwer zu finden. Wer erfolgreich gesucht hat, wird begeistert sein von der denkwürdig guten Küche und der traumhaften Kulisse.

Nur bar

DER BESONDERE TIPP
CAFÉ CLOCK
€€

7 DERB EL MAGANA, TALÂA KBIRA
TEL. (0535) 63 78 55
cafeclock.com

Das Café Clock wurde nach der in der Nähe liegenden historischen Wasseruhr benannt. Die Tische verteilen sich über mehrere Stockwerke, sie stehen auf der Dachterrasse und im Hof des sorgfältig restaurierten Gebäudes aus dem 18. Jahrhundert. Hier trifft man sich gerne zum Mittagessen, auf einen Tee oder am Abend. Die Wände sind mit lokalen Kunstwerken geschmückt. Wer will, kann an einem der Einführungskurse in die marokkanische Küche teilnehmen. Das Café ist berühmt für seine selbst gebackenen Kuchen.

Nur bar

YANG TSE
€€

23 RUE ERYTHERIA
TEL. (0535) 62 14 85

Das im Stadtzentrum gelegene chinesische Restaurant ist ein hübsches kleines Lokal, in dem vietnamesisch und chinesisch inspirierte Fleisch-, Fisch- und Meeresfrüchtegerichte serviert werden.

60 MC, V

PREISKATEGORIEN
HOTELS

Die Kosten – angegeben in € – beziehen sich auf ein Doppelzimmer mit eigenem Bad und heißem Wasser in der Hochsaison. In der Nebensaison liegen die Preise deutlich unter den angegebenen.

€€€€€	über 200 €
€€€€	100–200 €
€€€	50–100 €
€€	25–50 €
€	unter 25 €

RESTAURANTS

Angegeben werden die Durchschnittskosten für ein Zwei-Gänge-Menü für eine Person ohne Steuern, Trinkgeld oder Getränke.

€€€€€	über 50 €
€€€€	40–50 €
€€€	25–40 €
€€	15–25 €
€	unter 15 €

MEZZANINE
€

17 KASBAH CHAMS
TEL. (0535) 63 86 68

Das Restaurant zählt mit seinen drei Stockwerken und der Außenterrasse zu den elegantesten Lokalitäten der Stadt. Die Lounge-Bar besticht mit minimalistischer moderner Einrichtung. Das vor allem zur Mittagszeit beliebte Restaurant wandelt sich abends in eine schicke Restaurant-Bar und einen Treffpunkt. Die Gäste auf der Terrasse können die alte Stadtmauer und die riesigen Palmen des benachbarten Jnan-Sbil-Gartens genießen. Kulinarisch

---

 Hotel  Restaurant Zimmer Sitzplätze P Parkplätze Öffnungszeiten Aufzug

bietet das Restaurant traditionelle Tajines genauso wie europäische Gerichte. Eine Reservierung wird empfohlen.

🚭 🏦 Nur bar

■ MEKNÈS & DER MITTLERE ATLAS

IFRANE

🏨 MICHLIFEN IFRANE
€€€€€

BP 18, AVENUE HASSAN II
TEL. (0535) 86 40 00
FAX (0535) 86 40 41
www.michlifenifrane.com
Das Hotel liegt im Skigebiet von Ifrane und hat sich ganz dem Sport und Wellness verschrieben. Es bietet daher ein Spa mit Hamam, eine Sauna und ein Behandlungszimmer, außerdem gibt es noch einen Pool und ein Gourmet-Restaurant. Übernachtet wird in alpenländischen Lodges und Suiten.

ℹ️ 40 🅿️ 🚭 ❄️ 🏊 💪
🏦 Alle gängigen Karten

🏨 LE GITE LAC DAYET AOUA
€€

KM 7, STRASSE VON IMMOUZER NACH IFRANE
TEL. (0535) 61 05 75
www.gite-dayetaoua.com
Das kleine, moderne Gästehaus liegt am Ufer eines wunderschönen Bergsees wenige Kilometer nordöstlich von Ifrane. Die Zimmer sind einfach, aber großzügig geschnitten und komfortabel. Für die Gäste gibt es einen großen, wenn auch etwas rustikalen Pool, der in den Sommermonaten befüllt wird. Der Besitzer Abdelhamid Gandhi und seine Mitarbeiter sind sehr freundlich und helfen gerne bei der Organisation von Ausflügen und Aktivitäten in den umliegenden Bergen.

ℹ️ 18 🅿️ 🏊 🏦 Nur bar

MEKNÈS

Hotels

🏨 PALAIS DIDI
€€€€

30 DERB HAMMAM MOULAY ISMAIL, MEDINA
TEL. (0535) 55 85 90
FAX (0535) 55 85 90
www.palaisdidi.com
Ein umwerfender in Schwarz und Weiß gehaltener Hof mit einem kühlenden Brunnen bildet den Mittelpunkt dieses wunderbaren Beispiels marokkanischer Architektur und Einrichtungskunst. Von der Terrasse schaut man über die Medina, der Royal Golf Meknès liegt in Reichweite. Die Zimmer sind in einem Mix aus nordafrikanischen und europäischen Wohnstilen eingerichtet, einige Zimmer haben Nischen mit vielen Kissen, in die man sich gemütlich zurückziehen kann.

ℹ️ 12 ❄️ 🏦 MC, V

🏨 RIAD YACOUT
€€€€

22 LALLA AOUDA
TEL. (0535) 53 31 10
FAX (0535) 53 35 10
www.riad-yacout-meknes.com
Das luxuriöse Riad Yacout liegt ganz in der Nähe des Haupttors in die Medina. Der Hof hat einen Patio-Garten mit einem zentralen Brunnen sowie zwei Terrassen. Die Einrichtung ist ein Mix aus traditionellem marokkanischem Stil (mit schön geschnitzten Zederntüren und prächtigen Stuckarbeiten) und modernem Stil und bietet Komfort und Eleganz. Gekocht wird die Landesküche, wobei frische Zutaten von lokalen Produzenten verwendet werden. Darüber hinaus zählen zu den Annehmlichkeiten der Pool und das Hamam.

ℹ️ 10 🏊 🏦 Nur bar

🏨 HOTEL VOLUBILIS
€€€

45 AVENUE DES FAR,
VILLE NOUVELLE
TEL. (0535) 54 44 05
Das Hotel aus den 1930er-Jahren hat sicherlich schon bessere Zeiten gesehen, doch auch heute ist es immer noch hübsch. Wer Ruhe sucht, wird es hier etwas laut finden. Die Jugendstileinrichtung in den öffentlichen Bereichen ist eindrucksvoll. Es liegt in der Nähe des Stadtzentrums und bietet vernünftige Preise.

ℹ️ 58 🚭 🏊 🏦 Alle gängigen Karten

🏨 RIAD FELLOUSSIA
€€€

23 DERB HAMMAM JDID,
BÂB AISSI
TEL. (0535) 53 08 40
www.riadfelloussia.com
Das traditionelle Riad im Herzen der Stadt bietet schöne Ausblicke auf den Hauptplatz und das Bâb Mansour. Der zentrale Patio hat Zedernbalken und einen Brunnen. Vier Zimmer öffnen sich zum Hof und sind mit Kunsthandwerk, Teppichen und Möbeln ausgestattet. Sie sind aber kein Vergleich zu den kühlen, weißen Wänden der geschmackvoll möblierten Suiten. Die Gäste können auf der Terrasse essen und das Leben auf dem unter ihnen liegenden Platz beobachten.

ℹ️ 4 🏦 Nur bar

🚭 Nichtraucher ❄️ Klimaanlage 🏊 Hallenbad 🏊 Pool im Freien 💪 Fitness & Spa 🏦 Kreditkarten

RIAD LAHBOUL
€€€

6 DERB AIN SEFLI, ROUAMZINE
TEL. (0535) 55 98 78
www.riadlahboul.com

Über drei Ebenen zieht sich die Terrasse mit Blick auf den Garten und die Stadt. Die Zimmer sind kompakt und geschmackvoll eingerichtet, zwei von ihnen bieten schöne Ausblicke auf das Atlasgebirge. Die Wände und Decken sind kunstvoll geschnitzt. Die Eigentümerfamilie begrüßt ihre Gäste sehr herzlich.

6 MC, V

RIAD ZAHRAA
€€€

5 DERB ABDELLAH EL KASRI, MEDINA
TEL. (0535) 53 20 12
www.riad-zahraa.com

Das mit Antiquitäten, marokkanischem Kunsthandwerk und modernen Einzelstücken möblierte Riad Zahraa liegt zentral in der Medina. Die Eigentümer – Dozenten an der Universität – haben das Riad renoviert. Die geschnitzten Zedernholztüren und der friedliche Innenhof sind wunderschön.

8 Nur bar

RYAD BAHIA
€€€

TIBERBARINE, MEDINA
TEL. (0535) 55 45 41
FAX (0535) 55 44 68
www.ryad-bahia.com

Die Gäste des Ryad Bahia können sich, wenn sie wollen, in den Hof zurückziehen und dort den in Marokko gern und viel getrunkenen *thé à la menthe* genießen. Das liebevoll restaurierte Riad ist klein, die Zimmer sind einfach möbliert, aber alles wirkt trotzdem komfortabel und sehr freundlich. Gekocht wird auf traditionelle Art, hervorragend sind beispielsweise die Tajines. Auch wenn das Riad in der Medina liegt, ist es leicht zu finden und ruhig.

9 MC, V

Hotel Akouas
€€

27 RUE AMIR ABDELKADER
TEL. (0535) 51 59 67
FAX (0535) 51 59 94
www.hotelakouas.com

Das Hotel in der *ville nouvelle* ist in einem interessanten Jugendstil eingerichtet und bietet vergleichbar geräumige Zimmer mit Bad, Klimaanlage und Lärmschutzfenstern (was man durchaus genießen kann, wenn der Muezzin in der nahe gelegenen Moschee um 5 Uhr zum Gebet ruft).

50 MC, V

HOTEL DE NICE
€€

10 RUE D'ACCRA, ECKE RUE ANTISIRABÉ
TEL. (0535) 52 03 18
FAX (0535) 40 21 04

Eine der besseren günstigen Unterkünfte in Meknès: Das Hotel liegt im Zentrum der *ville nouvelle* – rund fünf Gehminuten vom Bahnhof und 20 Minuten von der Medina entfernt. Einmal abgesehen vom Empfangsbereich, präsentiert sich der Rest jedoch eher spartanisch. Die Zimmer sind einfach mit nichtssagenden Möbeln eingerichtet, die Wände weiß gestrichen und ohne Schmuck. Angesichts von Klimaanlage, bequemen Betten und einem eigenen Bad sind die Zimmer aber dennoch ein Schnäppchen.

45 MC, V

HOTEL MAJESTIC
€€

19 AVENUE MOHAMED V, VILLE NOUVELLE
TEL. (0535) 52 20 35
www.hotelmajesticmeknes.ma

Wie das nahe gelegene Hotel Volubilis (siehe S. 297) ist auch dieses elegante Hotel ein Relikt aus der französischen Kolonialzeit, die Zeit ist mit ihm allerdings etwas gnädiger umgegangen. Das Management hat sich deshalb voller Elan in die Renovierung und Verschönerung gestürzt. Einige der Zimmer haben Bäder und Balkone mit Stadtblick.

47 Nur bar

Restaurants

LA CASE
€€€€

8 BOULEVARD MOULAY YOUSSEF
TEL. (0535) 52 40 19

Das elegante Restaurant im Pariser Stil zieht die gut betuchte Gesellschaft von Meknès an, sie genießt hier französische und marokkanische Gerichte mit einem kreativen, modernen Touch. Die Weinkarte ist hervorragend, der Service diskret und aufmerksam.

80 So geschl. MC, V

RIAD ARABESQUE
€€€€

20 DERB EL MITER
TEL. (0535) 63 53 21
riadarabesque.com

Das Restaurant in einem stimmungsvollen Riad aus dem 19. Jahrhundert ist berühmt für seine einfache traditionelle Küche. Das Riad bietet zwei separate Restaurants: Das Le Janin befindet sich im Hof, das Al Manzah auf der Dachterrasse. Die Karte bietet authentische marokkanische Gerichte, die nach den über Generationen weitergereichten Rezepten der Familie gekocht werden.

🛏 40 ❄ 💳 MC, V

🍴 LE DAUPHIN
€€€

5 AVENUE MOHAMED V
TEL. (0535) 52 34 23

Das Restaurant in der geschäftigsten Avenue der Stadt hat sich auf Fisch und Meeresfrüchte spezialisiert. Durch seine Größe und die traditionelle Küche wird es viel von Reisegruppen besucht, deshalb unbedingt reservieren. Fast schon ein Muss ist der Hummer in Kräuterbutter.

🛏 100 💳 MC, V

🍴 RESTAURANT OMNIA
€

8 DERB AIN EL FOUKI
TEL. (0535) 53 39 38

Dieser Familienbetrieb in der Medina überzeugt mit einer freundlichen, gemütlichen Atmosphäre in einem schönen Ambiente und köstlichen authentischen Gerichten zu sehr fairen Preisen. Reservierung empfohlen.

MOULAY IDRISS

🏨 DAR ZERHOUNE
€€€

42 DERB ZOUAK
TEL. (0642) 24 77 93
buttonsinn.com

Das Riad hat die einzige Unterkunft in Moulay Idriss. Zum Glück ist das Riad sauber und gut gepflegt, hat eine ansprechende Einrichtung und Zimmer mit Bädern. Der Blick von der Dachterrasse ist eindrucksvoll, die heitere Atmosphäre alleine schon Grund genug, einmal außerhalb der großen Städte Marokkos zu übernachten.

🛏 4 💳 Nur bar

VOLUBILIS

🍴 LA CORBEILLE FLEURIE
€€

AM EINGANG VON VOLUBILIS

Das Lokal bietet leichte Gerichte und Tajines und ist durch seine Lage am Eingang zu den Ruinen immer gut besucht. Von den Tischen im Freien genießt man großartige Ausblicke über das Tal.

🛏 100 🅿 💳 Nur bar

■ MARRAKESCH & UMGEBUNG

ESSAOUIRA

Hotels

🏨 HEURE BLEUE PALAIS
€€€€€

2 RUE IBN BATOUTA
TEL. (0524) 78 34 34
FAX (0524) 47 42 22
www.heure-bleue.com

Das Heure Bleue Palais besticht mit weitläufigen öffentlichen Bereichen – sogar Palmen wachsen in der Eingangshalle, die von Arkaden eingefasst wird. Die Inneneinrichtung ist ein Mix aus europäischen und nordafrikanischen Stilrichtungen. Die Zimmer im ersten Stock gruppieren sich um einen Patio und haben Duschen. Die Suiten im zweiten Stock sind mit Marmorbädern ausgestattet. Alle Zimmer haben Internetzugang. Ein Gourmet-Restaurant bietet auf seiner Karte europäische und marokkanische Gerichte. Das Mittagessen wird neben dem Pool auf der Dachterrasse serviert.

🛏 35 ❄ 🏊 💪 💳 Alle gängigen Karten

🏨 RYAD WATIER
€€€€€

16 RUE CEUTA
TEL. (0524) 47 62 04
FAX (0524) 47 62 04
www.ryad-watier-maroc.com

Das Ryad Watier liegt zwar in der Medina, ist aber eine ruhige Unterkunft. Zum Hotel gehören ein wunderschöner Garten, Terrassen, ein Hamam und eine umfangreiche Bibliothek. Das vierstöckige Gebäude wurde liebevoll im traditionellen Stil renoviert – die Einrichtung spiegelt die hohe Kunstfertigkeit der einheimischen Handwerker. Das Zentrum bildet ein Hof mit einer Folge von kühlen, schön möblierten Korridoren. Der Strand und der Ozean liegen einem auf der Dachterrasse zu Füßen.

🛏 10 💳 Nur bar

DER BESONDERE TIPP

🏨 VILLA DE L'O
€€€€€

3 RUE MOHAMED BEN MESSAOUD
TEL. (0524) 47 63 75
www.villadelo.com

Die Villa neben der Medina ist ein Riad aus dem 18. Jahrhundert. Das Hotel liegt in der Nähe des Strands und der Souks. Die Einrichtung ist modern, auch wenn alles im wunderschönen marokkanischen Einrichtungsstil gehalten ist. Die Zimmer und Suiten sind luxuriös, einige haben Blick auf das Meer (wer ihn nicht hat, genießt ihn von der Dachterrasse). Die Gäste werden hier hervorragend umsorgt.

🛏 12 💳 MC, V

🚭 Nichtraucher ❄ Klimaanlage 🏊 Hallenbad 🏖 Pool im Freien 💪 Fitness & Spa 💳 Kreditkarten

🏨 RIAD AL MADINA
€€€
9 RUE ATTARINE
TEL. (0524) 47 59 07
FAX (0524) 47 66 95
www.riadalmadina.com
Das restaurierte Riad im Schatten der mittelalterlichen Stadtmauern hat einen friedlichen Hof und eine große Dachterrasse, die an heißen Tagen ideale Rückzugsorte sind. Die Einrichtung ist eine kunstvolle, moderne Interpretation des traditionellen nordafrikanischen Stils, die öffentlichen Bereiche sind sehr großzügig gestaltet. Im Restaurant werden marokkanische und europäische Gerichte gekocht. Die Angestellten sind freundlich, das Hotel bietet darüber hinaus viele zusätzliche angenehme Features.
🛏 54 🍴 Alle gängigen Karten

🏨 RIAD LE GRAND LARGE
€€
2 RUE OUM-RABIA
TEL./FAX (0524) 47 28 66
www.riadlegrandlarge.com
Der mit vielen Pflanzen bestückte Hof des kompakten Riads ist eine Oase der Ruhe in der geschäftigen Stadt. Die dezente Dekoration in den Zimmern spiegelt sowohl den traditionellen marokkanischen Geschmack als auch das Bekenntnis zu minimalistischer Einfachheit; die Einrichtung in den öffentlichen Bereichen wirkt etwas prunkvoller. Das ganze Riad verströmt viel Atmosphäre, von der Dachterrasse genießen die Gäste traumhafte Blicke über die Medina. Und zum Strand läuft man nur ein kurzes Stück.
🛏 10 MC, V

Restaurants

🍴 LE CHALET DE LA PLAGE
€€€
BOULEVARD MOHAMED V
TEL. (0524) 47 59 72
Die Spezialität des schicken Lokals sind Meeresfrüchte. An den Wänden hängen Fotos von Prominenten, die hier schon mal gegessen haben. Die Veranda des Restaurants öffnet sich zum Strand hin. Das Lokal ist immer gut besucht – vor allem wegen der Fisch- und Meeresfrüchtegerichte. Daneben gibt es noch eine limitierte Auswahl an fischfreien Gerichten. Unbedingt reservieren.
MC, V

🍴 VILLA MAROC
€€€
10 RUE ABDELLAH BEN YASSINE
TEL. (0524) 47 31 47
FAX (0524) 47 58 06
www.villa-maroc.com
Die Villa Maroc war eines der ersten Riads in Essaouira, das zu einem Hotel umgebaut wurde – für die liebevolle Renovierung zeichnet ein schweizerisch-marokkanisches Paar verantwortlich. Komfort und persönlicher Service zeichnen das Hotel aus. Ein großer Speisesaal fehlt, die Gäste speisen in romantischer Umgebung in kleinen, intimen Salons. Die Küche ist traditionell, aber dennoch innovativ, die Köche verwenden regionale Zutaten.
Nur bar

🍴 DAR LOUBANE
€€
24 RUE DE RIF
TEL. (0524) 47 62 96
Das Restaurant im Hof eines alten Riads in der Medina serviert traditionell marokkanische Küche und ist bei Einheimischen sehr beliebt. Das Festpreismenü ist günstig, es lohnt sich aber durchaus, alternativ aus der großen Auswahl an À-la-carte-Gerichten zu wählen. Die Atmosphäre ist freundlich, traditionell und authentisch, die gute Küche lockt die Gäste immer wieder hierher.
🕐 Mi geschl. Nur bar

🍴 TAROS
€€
2 RUE SKALA, ECKE PLACE MOULAY HASSAN
TEL. (0524) 47 64 07
FAX (0524) 47 64 08

> **PREISKATEGORIEN**
>
> **HOTELS**
>
> Die Kosten – angegeben in € – beziehen sich auf ein Doppelzimmer mit eigenem Bad und heißem Wasser in der Hochsaison. In der Nebensaison liegen die Preise deutlich unter den angegebenen.
>
> | | |
> |---|---|
> | €€€€€ | über 200 € |
> | €€€€ | 100–200 € |
> | €€€ | 50–100 € |
> | €€ | 25–50 € |
> | € | unter 25 € |
>
> **RESTAURANTS**
>
> Angegeben werden die Durchschnittskosten für ein Zwei-Gänge-Menü für eine Person ohne Steuern, Trinkgeld oder Getränke.
>
> | | |
> |---|---|
> | €€€€€ | über 50 € |
> | €€€€ | 40–50 € |
> | €€€ | 25–40 € |
> | €€ | 15–25 € |
> | € | unter 15 € |

🏨 Hotel 🍴 Restaurant 🛏 Zimmer 🪑 Sitzplätze 🅿 Parkplätze 🕐 Öffnungszeiten 🛗 Aufzug

HOTELS & RESTAURANTS

Das Taros zählt mit seinem Café, der Bar-Lounge und dem Restaurant zu den Plätzen in Essaouira, die man unbedingt besuchen sollte. Die geschmackvolle Einrichtung kombiniert traditionelle und moderne Stilrichtungen. In der Bar werden gute Cocktails gemixt, bekannt ist es aber auch für seine Meeresfrüchte und die Tajines sowie die feinen französischen Gerichte. Wo möglich, werden Zutaten aus der Region verwendet. Die attraktive Terrasse mit Ozeanblick ist mittags ein nettes Plätzchen.
◈ MC, V

MARRAKESCH

Hotels

🏨 DAR LES CIGOGNES
€€€€€
108 RUE DE BERIMA
TEL. (0524) 38 27 40
FAX (0524) 38 47 67
www.lescigognes.com
Das luxuriöse Boutique-Hotel befindet sich in einem renovierten Gebäude im Herzen der historischen Medina und hat sein eigenes Hamam. Zur Auswahl stehen sieben »De-luxe«-Doppelzimmer, drei etwas kleinere »Superior«-Zimmer und eine Suite. Alle liegen rund um einen großen Hof, der von einer Dachterrasse gekrönt wird. Die hervorragend zubereiteten Gerichte werden in einem spektakulären Restaurantbereich serviert.
ⓘ 11 ❄ 🍴 ◈ MC, V

🏨 DELLAROSA HOTEL AND SUITES
€€€€€
5 AVENUE MOULAY EL HASSAN
TEL. (0524) 42 22 27
FAX (0524) 44 89 09
www.dellarosa-marrakech.com
Das geschmackvolle Hotel ist mit seinen kräftigen Farben und seinem modernen Stil sowohl bei Urlaubern als auch Geschäftsreisenden beliebt. Es liegt in der Nähe des Geschäftsviertels und nur wenige Minuten vom Djemaa-el-Fna-Platz entfernt. Im Haus gibt es ein Spa und ein À-la-carte-Restaurant.
ⓘ 70 ❄ ❄ 🏊 🍴
◈ Alle gängigen Karten

🏨 LA MAISON ARABE
€€€€€
1 DERB ASSEHBE,
BÂB DOUKKALA
TEL. (0524) 38 70 10
FAX (0524) 38 72 21
www.lamaisonarabe.com
Hier wurde in den 1940er-Jahren ein eindrucksvolles Gebäude aus dem 19. Jahrhundert in ein Hotel umgewandelt – damals wie heute ist es eines der besten der Stadt. Das Hotel wie auch der dazugehörige Country Club (15 Minuten entfernt außerhalb der Stadt, Shuttledienst) schaffen es, den Gästen alle Annehmlichkeiten und den Luxus eines großen Hotels (wie beispielsweise dem Mamounia, siehe unten) zu bieten und sich doch die Atmosphäre eines kleinen Riads zu erhalten.
ⓘ 52 ❄ 🏊 🌊 🍴
◈ AE, MC, V

🏨 LA MAMOUNIA
€€€€€
AVENUE BÂB JEDID
TEL. (0524) 38 86 00
FAX (0524) 44 46 60
www.mamounia.com
Ende des 19. Jahrhunderts als königlicher Palast errichtet, hat das grandiose Hotel nichts an Glanz und Pracht verloren. Churchill und viele Hollywoodstars haben schon in diesem Hotel genächtigt. Es liegt nur wenige Minuten von der Koutoubia und dem Djemaa el Fna entfernt. Die Einrichtung ist traditionell, die vielen kunstvoll ausgeführten *zellij*-Kachel-Arbeiten und die Schnitzarbeiten begeistern immer wieder aufs Neue. Die Zimmer sind geräumig, der Service ist diskret und aufmerksam. Für die Gäste gibt es eine riesige Gartenanlage, Pools, ein Spa und gleich mehrere Gourmet-Restaurants, in denen hervorragend gekocht wird.
ⓘ 210 🅿 ❄ ❄ 🏊 🌊 🍴
◈ Alle gängigen Karten

🏨 MAISON MK
€€€€€
14 DERB SEBBAI,
QUARTIER KSOUR
TEL. (0524) 37 61 73
www.maisonmk.com
Das Maison MK bietet seinen Gästen einen wunderbaren Aufenthalt in einem Boutique-Hotel. Die Zimmer sind mit erlesenen Textilien und luxuriösen Bädern (mit Badewanne und Dusche) ausgestattet. Das Hotel bietet die Einrichtungen, die man von einem großen Hotel erwartet: 24-Stunden-Service, Spa, kleines Fitnessstudio und Hamam. Der Blick von der Terrasse Richtung Atlasgebirge ist atemberaubend – mit seiner Kupfer-Feuerstelle ist es zudem ein idealer Ort am Abend. Das Restaurant bietet u. a. ein Sieben-Gänge-Menü.
ⓘ 6 ❄ 🍴 ◈ Alle gängigen Karten

◈ Nichtraucher ❄ Klimaanlage 🏊 Hallenbad 🌊 Pool im Freien 🍴 Fitness & Spa ◈ Kreditkarten

DER BESONDERE TIPP

🏨 NOIR D'IVOIRE
€€€€€
31 DERB JEDID,
BÂB DOUKKALA
TEL. (0524) 38 09 75
FAX (0524) 38 16 53
www.noir-d-ivoire.com

Das Riad wurde von der britischen Innenarchitektin Jill Fechtmann geplant und ist eine wunderschöne Oase der Ruhe und des Komforts, obwohl es nur wenige Minuten vom Djemaa el Fna entfernt liegt. Die teureren Suiten bieten zusätzliche Details wie eine eigene Dachterrasse, Hot Tubs und unglaublich bequeme Betten. Die öffentlichen Bereiche – darunter ein gut ausgestatteter Fitnessraum, ein Restaurant und eine Bibliothek – sind hervorragend gepflegt. Das Personal bemüht sich um eine sehr persönliche Betreuung: So erhalten die Gäste ein Handy, mit dem sie das Personal anrufen können, falls sie sich in der Medina nicht mehr zurechtfinden.
🛏 9 ❄ 🏊 🍽 📶 🌐 Alle gängigen Karten

🏨 RIAD ANAYELA
€€€€€
28 DERB ZERWAL
TEL. (0524) 38 69 69
www.anayela.com

Das luxuriöse Riad erfüllt hinsichtlich der Einrichtung höchste Standards, sehenswert sind hier u. a. die modernen Interpretationen klassischer marokkanischer Möbel. Alle Zimmer sind groß und bieten Klimaanlage und gut ausgestattete Bäder. Der prächtige zentrale Hof mit Arkaden hat einen einladenden heißen Pool. Auf der Dachterrasse zieht der »Fliegende Teppich«, ein opulent mit Tüchern und Teppichen ausgestatteter Turm, die Blicke auf sich. Hier werden die Mahlzeiten in einer zauberhaften »Tausend und eine Nacht«-Kulisse serviert. Der Service ist tadellos, die erlesene traditionelle Küche vervollständigt diesen unvergesslichen Aufenthalt.
🛏 5 ❄ 🍽 Nur bar

🏨 VILLA DES ORANGERS
€€€€€
6 RUE SIDI MIMOUN
TEL. (0524) 38 46 38
FAX (0524) 38 51 23
www.villadesorangers.com

Wie das Maison Arabe schafft es auch dieses Luxushotel, sich die Intimität eines kleinen Riads oder Privathauses zu erhalten und seinen Gästen dennoch die Annehmlichkeiten zu bieten, die man von großen Hotels gewöhnt ist. Das Hotel bietet gleich drei Pools, ein eigenes Hamam und einen Fitnessraum. Die Zimmer und Suiten sind alle großzügig geschnitten und traumhaft eingerichtet. Die teureren bieten sogar zusätzlich einen Zugang zu einer privaten Terrasse, Pools und Kaminen (romantische Details, deren wahren Wert man erst im Winter zu schätzen lernt).
🛏 27 🅿 ❄ 🏊 🍽 📶 AE, MC, V

🏨 RIAD ARIHA
€€€€
90 DERB AHMED EL BORJ
TEL. (0524) 37 58 50
www.riadchichi.com

Mit seiner sauberen, minimalistischen Einrichtung distanziert sich das Riad von all den vielen Riads, die mit marokkanischen Accessoires und Möbeln vollgestellt sind, dennoch wirken die schlichten weißen Räume authentisch. Das jahrhundertealte Gebäude ist eine sehr angenehme, erfrischende, kühle und ruhige Unterkunft.
🛏 5 ❄ 🍽 📶 MC, V

🏨 RIAD DAR SBIHI
€€€€
25 DERB TAHT EL KHOCHBA,
ZAOUIA EL ABBASSIA,
MEDINA
TEL. (0524) 38 59 58
FAX (0524) 37 66 49
www.riaddarsbihi.com

Das typische Riad hat einen romantischen Garten-Patio mit einem wunderschön gefliesten Brunnen in der Mitte. Arkaden ziehen sich rund um den Hof, von denen aus man die Zimmer betritt. Das Anwesen wurde von zwei Generationen einer Familie restauriert, die es auch heute noch als elegantes Hotel führt. Eingerichtet ist es im traditionellen Stil: Überall findet man die bunten Laternen und Stoffe. Und die Gäste können sich über sehr gutes Essen und einen aufmerksamen Service freuen. Von der Dachterrasse hat man herrliche Ausblicke.
🛏 10 ❄ 🍽 📶 Alle gängigen Karten

🏨 ZAMZAM RIAD
€€€€
107 RUE KAA EL MACHRAA
TEL. (0661) 21 50 62
www.riadzamzam.com

Das kleine luxuriöse Boutique-Hotel ist im marokkanischen Stil gestaltet. Die Zimmer sind geschmackvoll und individuell eingerichtet, wobei der Schwerpunkt auf französischem und marokkanischem Dekor

---

🏨 Hotel　🍽 Restaurant　 Zimmer　 Sitzplätze　🅿 Parkplätze　 Öffnungszeiten　 Aufzug

liegt. Von der Dachterrrasse bietet sich ein Ausblick auf die schneebedeckten Gipfel des Atlasgebirges. Es gibt einen im Winter beheizten Pool, ein Spa mit Hamam und ein Restaurant im Haus. Angeboten werden Ausflüge und Kochkurse.

🛏 7 🏊 💆

DAR IHSSANE
€€€
14 DERB CHORFAA LAKBIR MOUASSINE
TEL. (0661) 66 48 65
FAX (0524) 38 78 26
www.dar-ihssane.com
Wer seine Tage beim Bummel durch die Souks verbringen will, ist in diesem mittelteuren Riad mit seiner hervorragenden Lage und der Ruhe genau richtig. Die Zimmer sind teilweise etwas stickig.

🛏 5 💳 Alle gängigen Karten

DAR SALAM
€€€
162 DERB BEN FAYDA, NAHE BÂB DOUKKALA, MEDINA
TEL. (0524) 38 41 41
FAX (0524) 38 41 41
Die Zimmer des Riads sind eher klein, die Einrichtung etwas grell, dafür bietet es aber interessantere Erfahrungen als viele andere Unterkünfte in der Medina und in dieser Preisklasse. Alle Hauptsehenswürdigkeiten liegen in fußläufiger Entfernung, auch das ist ein Plus. Wer nach einer günstigen Unterkunft und ungewöhnlichen Übernachtungsform sucht, kann nach den Berberzelten fragen, die im Sommer auf der Dachterrasse aufgeschlagen werden.

🛏 8 ❄ 💳 Nur bar

RIAD BELDI
€€€
127 DERB SABA. DIOUR JDAD. ZAOUIA ABBASSIA
TEL. (0661) 20 50 47
www.riadbeldi.com
Das Riad ist zwar nicht spektakulär gelegen oder eingerichtet, aber bekannt für sein freundliches Personal und das traditionelle Essen. Die Besitzer haben sich auf organisierte Wanderungen in den Bergen, in der Wüste und anderen interessanten Plätzen des Landes spezialisiert.

🛏 7 💳 Alle gängigen Karten

DAR AL HAMRA
€€
4, DERB ZAOUIA BAB DOUKKALA
TEL. (0524) 38 52 31
www.daralhamra.hostel.com
Das charmantes Riad liegt direkt an der Bâb-Doukkala-Moschee im Herzen der Medina, ist aber dennoch recht ruhig gelegen. Die Zimmer sind gut ausgestattet, und es gibt eine Dachterrasse mit Aussicht.

🛏 7

HOTEL ATLAS
€€
50 RUE SIDI BOULOUKATE RIADE ZITOUN LAKDIM
TEL. (0524) 39 10 51
www.hotel-atlas-marrakech.com
In einer ruhigen Seitenstraße in der Nähe des Djemaa El Fna liegt dieses hübsche Hotel im Herzen der Medina. Die Zimmer sind um die begrünten Innenhöfe herum angeordnet. Die Ausstattung ist einfach, aber solide im marokkanischen Stil. Ruhige, entspannte Atmosphäre und kostenloses WLAN.

🛏 32

JNANE MOGADOR
€€
116 RIAD ZITOUNE KEDIM
TEL. (0524) 42 63 24
FAX (0524) 42 63 23
www.jnanemogador.com
Das Riad wurde vor nicht allzu langer Zeit in der historischen Medina eröffnet und befindet sich in der Nähe des Djemaa el Fna. Dank der Lage ist es interessant für Gäste, die viele Stadtbesichtigungen planen, allerdings auch etwas laut. Die öffentlichen Räume, etwa die Dachterrasse und das Restaurant, sind sehr angenehm, die Zimmer wirken zum Teil etwas vollgestellt und stickig.

🛏 7 ❄ 💳 MC, V

Restaurants

BÔ-ZIN
€€€€€
DOUAR LAHNA, ROUTE DE L'OURIKA
TEL. (0524) 38 80 12
www.bo-zin.com
Wer einmal den Wunsch verspürt, aus den engen Gassen der Stadt herauszukommen, sollte dieses Lokal an der Straße Richtung Süden nach Asni besuchen. Gekocht wird eine Mischung aus sehr guter internationaler Küche und traditionellen Gerichten, das Ergebnis sind Kreationen wie Hummer-Tajine oder Mechoui-Lamm mit Trüffelöl. Wie das Essen ist auch die Einrichtung zeitgemäß elegant mit starkem marokkanischem Einfluss. Die Gerichte sind etwas überteuert, die moderne, ungewöhnliche Atmosphäre und die sehr gut bestückte Bar sorgen aber dafür, dass das Lokal immer gut mit Einheimischen und Touristen gefüllt ist. Das Lokal öffnet

---

🚭 Nichtraucher ❄ Klimaanlage 🏊 Hallenbad 🏊 Pool im Freien 💆 Fitness & Spa 💳 Kreditkarten

erst nach 20 Uhr, hat dafür aber lange abends geöffnet.
275 P AE, DC, V

RESTAURANT STYLIA
€€€€
34 RUE EL KSOUR
TEL (0524) 44 05 05
Hier können die Gäste in einer prächtigen Kulisse in einem von drei Salons dinieren. Jeder von ihnen ist eine luxuriöse moderne Interpretation des klassischen marokkanischen Stils. Blumensträuße, Duftvasen und der Klang traditioneller Klänge von Laute und Trommel tragen zur romantischen Stimmung bei. Das Lokal befindet sich in einem umgebauten Palast, zur Auswahl stehen Gourmetgerichte. Das Stylia wurde in der höchsten Kategorie der Restaurantklassifikation eingereiht – dank der Qualität des Essens und des hervorragenden Service zählt es zu den besten des Landes.
AE, MC, V

AL FASSIA GUÉLIZ
€€€€
55 BOULEVARD MOHAMED ZERKTOUNI, GUÉLIZ
TEL (0524) 43 40 60
www.alfassia.com
Das beliebte Lokal liegt nur einen kurzen Spaziergang außerhalb der Medina und ist für die hohe Qualität seiner traditionell marokkanischen Gerichte bekannt. Die Angestellten (sowohl in der Küche als auch im Service) sind alle weiblich. Eine Reservierung sollte unbedingt ein paar Tage im Voraus erfolgen: In der Hauptsaison sind die Tische immer ausgebucht.
AE, MC, V

DER BESONDERE TIPP
GRAND CAFÉ DE LA POSTE
€€€€
ECKE BOULEVARD EL MANSOUR EDDAHBI UND AVENUE IMAM MALIK, GUÉLIZ
TEL (0524) 43 30 38
FAX (0524) 43 42 24
www.grandcafedelaposte-marrakech.com
Diese Institution der Stadt hat ihre Räume in einem ehemaligen französischen Kolonialbüro und genießt seit den 1920er-Jahren einen herausragenden Ruf. Die Inneneinrichtung wurde inzwischen zwar modernisiert (so gibt es beispielsweise eine Klimaanlage), doch die glamouröse kolonialzeitliche Atmosphäre begeistert seine Gäste noch immer. Die Gerichte sind international, ein Schwerpunkt liegt aber auf französischen und marokkanischen Gerichten. Hier zu essen ist relativ teuer, viele kommen deshalb nur auf einen Drink in der gut sortierten und sehenswerten Bar vorbei.
350 P AE, DC, V

DAR MOHA
€€€
81 RUE DAR EL BACHA
TEL (0524) 38 64 00
FAX (0544) 38 69 98
www.darmoha.ma
Der einstige Palast aus den frühen 1920er-Jahren wurde für einen Berater des berüchtigten Warlords El Glaoui errichtet, heute bietet hier das Restaurant eine einzigartige Mischung aus traditioneller marokkanischer und moderner europäischer Küche. Es empfiehlt sich, ein oder zwei Tage im Voraus zu buchen, dann kann man

PREISKATEGORIEN
HOTELS
Die Kosten – angegeben in € – beziehen sich auf ein Doppelzimmer mit eigenem Bad und heißem Wasser in der Hochsaison. In der Nebensaison liegen die Preise deutlich unter den angegebenen.

€€€€€	über 200 €
€€€€	100–200 €
€€€	50–100 €
€€	25–50 €
€	unter 25 €

RESTAURANTS
Angegeben werden die Durchschnittskosten für ein Zwei-Gänge-Menü für eine Person ohne Steuern, Trinkgeld oder Getränke.

€€€€	über 50 €
€€€	40–50 €
€€€	25–40 €
€€	15–25 €
€	unter 15 €

um einen der Tische um den beleuchteten Pool im hübschen Hof bitten.
MC, V

KECHMARA
€€€
3 RUE DE LA LIBERTÉ, GUÉLIZ
TEL (0524) 42 25 32
www.kechmara.com
Das trendige und moderne Bar-Restaurant ist der eleganteste Ort in Marrakesch. Die gute, wenn nicht besonders herausragende französische und italienische Küche und die minimalistische Einrichtung sind nichts für Leute, die eine dezidiert marokkanische Einrichtung erwarten. Wer aber einen

Hotel · Restaurant · Zimmer · Sitzplätze · P Parkplätze · Öffnungszeiten · Aufzug

kühlen, ruhigen Platz für ein Mittagessen oder etwas für den Abend sucht (mit Livemusik und Clubnächten), für den ist das Kechmara eine der besten Optionen der Stadt.

🅢 🅢 MC, V

🍴 KSAR EL HAMRA
€€€

28 RIAD ZITOUN KEDIM
SEBT IDN DAOUD
TEL. (0544) 42 76 07
www.restaurant-ksar elhamra.net

Nur ein paar Gehminuten vom Djemaa el Fna befindet sich dieses traditionelle Restaurant in einem ehemaligen Palast im Herzen der Medina. Elegant und verschwenderisch eingerichtet, serviert es authentische marokkanische Gerichte wie Tajines, gegrillten Fisch und zum Dessert eine Auswahl an Patisserie.

🛏 100 🅢 🅢 MC, V

🍴 LE FOUNDOUK
€€€

55 SOUK HAL FASSI, KAT BENNAHÏD
TEL. (0524) 37 81 90
FAX (0524) 37 81 76
www.foundouk.com

Das Restaurant liegt versteckt hinter einem unbeschrifteten Eingang im Norden der Medina und lohnt die Mühe, die das Suchen mit sich bringt. Das Lokal hat nicht den Anspruch, traditionelle und koloniale kulinarische Einflüsse zu verbinden, sondern bietet schlichtweg nur zwei Karten – eine französische und eine marokkanische. Wer im Vorfeld einen Tisch reserviert, wird von einem Angestellten am Taxistand abgeholt und hat gute Chancen, einen der Tische auf der wunderbaren Dachterrasse zugewiesen zu bekommen.

🅢 MC, V

🍴 AMANDINE
€€

177 RUE MOHAMED EL BEQUAL
TEL. (0524) 44 96 12
FAX (0524) 44 60 42
www.amandinemarrakech.com

Das hübsche kleine Café teilt sich in zwei Hälften: Die eine ist auf Eiscremes spezialisiert, die andere auf französisches und marokkanisches Gebäck. Beide Seiten des Cafés sind verführerisch …, vor allem das marokkanische Gebäck ist ein Traum. Es lohnt sich daher, zusammen mit Freunden eine Platte mit Honig-Mandel-Gebäck zu bestellen.

🅢 Nur bar

DER HOHE ATLAS

Hotels

🏨 KASBAH TAMADOT
€€€€€

ASNI
TEL. (0524) 36 82 00
www.virginlimitededition.com/en/kasbah-tamadot

Die exklusive Anlage gehört dem britischen Unternehmer Richard Branson und liegt in den Bergen gleich außerhalb von Asni. Wer sich hier eine Nacht leisten kann, der erlebt einen traumhaften Ort, der nur eine Fahrstunde von Marrakesch entfernt liegt.

🛏 27 🅿 🅢 🅢 🅢 🅢 Alle gängigen Karten

🏨 KENZI LOUKA
€€€€

OUKAÏMEDEN
TEL. (0524) 31 90 80

Das verrückte, braun und beige gehaltene pyramidenförmige Hotel sieht noch immer so aus wie die Jetset-Architektur um 1974. Auch wenn die Einrichtung etwas in die Jahre gekommen ist, sind die Räume sauber und gepflegt, und das Zusatzangebot ist hervorragend. Eher selten im Land zu finden ist etwa der Pool mit aufziehbarem Dach.

🛏 101 🅿 🅢 🅢 Alle gängigen Karten

DER BESONDERE TIPP

🏨 DAR TASSA
€€€€

OUIRGANE, IN DER NÄHE VON ASNI
TEL. (0524) 48 43 12
FAX (0044-1420) 55 81 13
www.dartassa.co.uk

Rund 90 Minuten fährt man vom geschäftigen Marrakesch in dieses unglaublich gepflegte und liebevoll eingerichtete Riad, das traumhafte Bergblicke bietet. Das aufmerksame Personal organisiert gerne Ausflüge und Wanderungen in die umliegende Bergwelt, aber auch eine Stadtbesichtigung von Marrakesch.

🛏 9 🅿 🅢 🅢 MC, V

🏨 CHEZ JUJU
€€€

OUKAÏMEDEN
TEL. (0528) 31 90 05
www.hotelchezjuju.com

Diese günstige, aber nette Unterkunft wird gerne von Skifahrern im Winter bzw. Wanderern im Sommer besucht. Auch wenn das Hotel nicht viel Luxus oder zusätzliche Annehmlichkeiten bietet, sind die hübschen Zimmer dennoch sauber und die Betten bequem.

🛏 18 🅿 🅢 Nur bar

🅢 Nichtraucher 🅢 Klimaanlage 🅢 Hallenbad 🅢 Pool im Freien 🅢 Fitness & Spa 🅢 Kreditkarten

AGADIR, DAS DRAÂ-TAL & DER SÜDEN

AGADIR

Hotels

DORINT ATLANTIC PALACE
€€€€€
IM STRANDBEREICH
TEL. (0528) 82 41 46
FAX (0528) 84 43 92
www.atlanticpalaceresort.com
Das Fünf-Sterne-Hotel Dorint Atlantic ist eine hübsche Standard-Strand-Ferienanlage mit großem Pool im Freien, komfortablen Gästezimmern mit Balkonen und einer Auswahl an Bars und Restaurants. Hierher fahren vor allem europäische Familien, die ihre Tage rund um den Pool verbringen wollen.
🛈 329 🅿 🛎 🏊 🏋 🍴
Alle gängigen Karten

DER BESONDERE TIPP

VILLA RIADANA
€€€€
DOMAINE DE RIADES
BENSERGAO
TEL. (0143) 29 02 49
www.agadir-riadana.com
Das von einer Familie geführte Riad bietet eine ganze Reihe liebevoll eingerichteter geräumiger Zimmer und Suiten. Es ist zwar kleiner als vergleichbare Unterkünfte in der Stadt, hat aber dennoch ein gutes Spa und einen Pool. Die Angestellten sind aufmerksam und freundlich. Man findet das Riadana außerhalb der Stadt, von daher kommen vor allem Selbstfahrer (Taxis sind nur schwer zu bekommen).
🛈 11 🅿 🛎 🏊 🍴
MC, V

ROYAL MIRAGE HOTEL
€€€€
BOULEVARD MOHAMED V
TEL. (0528) 84 32 32
FAX (0528) 84 27 41
www.royalmiragehotels.com
Das Luxushotel ist mit seiner Einrichtung (kräftige Farben und eine verschwenderische marokkanisch inspirierte Möblierung) eines der besten in Agadir. Die Gäste dinieren im À-la-carte-Restaurant neben dem Pool, auch ein Fitnessraum ist vorhanden.
🛈 184 🅿 🛎 🏊 🏋 🍴
Alle gängigen Karten

ARGANA HOTEL
€€€
BOULEVARD MOHAMED V
TEL. (0528) 84 83 04
FAX (0528) 84 05 56
www.hotel-argana.com
Das große moderne Hotel zählt zu den besseren Unterkünften in Agadir und bietet den üblichen Standard wie Pool, Bar und Klimaanlage. Wie auch in vielen anderen Hotels der Stadt sind Essen und Drinks im Hotel sehr teuer. Die meisten europäischen Gäste verlassen für die Dauer ihres Aufenthalts nur selten das Gelände – und die umliegenden Strände sind etwas überfüllt. Für Familien gibt es ein gutes Angebot, u. a. einen Kinderpool und viele Nichtraucherbereiche.
🛈 234 🅿 🛎 🏊 🍴
Alle gängigen Karten

RIAD AIN KHADRA
€€€
AN DER STRASSE VON AGADIR NACH TAROUDANT
TEL. (0528) 85 41 42
www.riad-ain-khadra.com
Das Riad liegt auf halbem Weg zwischen Agadir und Taroudant im Landesinneren und ist eine wunderschön eingerichtete entspannte Unterkunft mit einer authentisch-marokkanischen Atmosphäre. Auch wenn es sich Riad nennt, ist das Ain Khadra mit seinem Pool und den großen Räumen doch eher ein Boutique-Hotel als ein traditionelles Riad. Die Küche ist hervorragend.
🛈 8 🅿 🛎 🏊 🍴
Nur bar

Restaurants

LA MADRAGUE
€€€
RÉSIDENCE 6 M3, MARINA
TEL. (0528) 84 24 24
Das Restaurant ist relativ neu in Agadirs kleiner Sammlung an empfehlenswerten Restaurants, hat sich aber schon einen guten Namen gemacht. Auf der Karte finden sich französische und marokkanische Gerichte, Schwerpunkte bilden Fisch und Meeresfrüchte. Die Weinkarte ist groß und gut sortiert, die Bedienung berät gerne bei der Wahl des passenden Weins. Vor allem an den Abenden sind die Tische im relativ großen Außenbereich schnell gefüllt.
🪑 120 🅿 🛎 Alle gängigen Karten

L'ORANGE BLEUE
€€
ECKE BOULEVARD DU 20 AOÛT UND CHEMIN DE OUED SOUSS
TEL. (0528) 84 69 30
Das im Stadtzentrum gelegene beliebte Restaurant bietet authentische marokkanische Küche. Auf der Karte finden sich die Klassiker wie Tajines, daneben aber auch exotische einheimische Gerichte wie das Safranhuhn. Die Räume sind ansprechend

---
🏨 Hotel 🍴 Restaurant 🛈 Zimmer 🪑 Sitzplätze 🅿 Parkplätze 🕐 Öffnungszeiten 🛗 Aufzug

HOTELS & RESTAURANTS

dekoriert, hübsch ist auch die Terrasse.
🅿 🚭 ⛱ MC, V

DAKHLA

🏨 CALIPAU SAHARA
€€€€
BUCHT VON DAKHLA
TEL. (0661) 19 16 34
www.dakhla-hotel-sahara.com
Die exklusive Strandanlage ist ein unerwarteter Außenposten marokkanischer Schönheit – und das so weit weg von den Städten im Norden. Innen ist alles relativ einfach gehalten, die Möblierung ist modern, die Farben sind aber die traditionellen. Alle Zimmer haben ein eigenes Bad, viele zusätzlich einen privaten Zugang zum Hotelpool und tolle Ausblicke auf das Meer.
🛏 43 🅿 🚭 🏊 ⛱ Alle gängigen Karten

🏨 HOTEL JODESA
€€
233 BOULEVARD DU MEKKA
TEL. (0528) 99 20 64
Das günstige Hotel bietet bequeme, saubere Zimmer mit Gemeinschaftsbad und kostenlosem WLAN. Sonst bietet es eher wenig, ist aber angesichts seines Preises eine gute Wahl.
🅿 ⛱ Nur bar

🍴 AU PALAIS DES GLACES
€€
BOULEVARD DU MEKKA
TEL. (0528) 98 04 76
Die Idee von Eis in der Wüste scheint etwas verrückt zu sein, aber ohne Zweifel werden hier das beste Eis und die besten Desserts der Westsahara hergestellt. Auch für einen frühen Kaffee vor der Weiterfahrt zum nächsten Ziel lohnt sich das Vorbeischauen.
⛱ Nur bar

🍴 CAFÉ RESTAURANT SAMARKAND
€€
AVENUE MOHAMED V
TEL. (0528) 89 83 16
Die Liste der hier tief im Süden zur Verfügung stehenden Zutaten ist klein, umso erstaunlicher ist, was die Köche mit dem wenig Vorhandenen zaubern. Am besten entscheidet man sich für den vor Ort gefangenen Fisch und die lokalen Meeresfrüchte.
⛱ Nur bar

OUARZAZATE

Hotels

🏨 LE BERBERE PALACE
€€€€
55 QUARTIER MANSOUR EDDAHBI
TEL. (0544) 88 31 05
FAX (0544) 88 31 05
www.hotel-berberepalace.com
Es ist schon lange her, dass das Gebäude renoviert wurde, doch mit seiner luxuriösen Einrichtung, den komfortablen Zimmern und dem hervorragenden Service zählt es immer noch zu den besten Hotels der Stadt. Die Gäste können sich im Schatten der Palmen rund um den Pool oder im hervorragenden Restaurant entspannen.
🛏 222 🅿 🚭 🏊 🏋 ⛱ MC, V

🏨 DAR RITA
€€€
39 RUE DE LA MOSQUÉE, HAY TASSOUMATE
TEL. (0631) 79 73 47
www.darrita.com
Das 2010 eröffnete Riad liegt im Herzen der alten Medina von Ouarzazate. Es konnte sich langsam einen Namen machen, und die britischen Besitzer haben große Pläne für ihr Projekt. Trotz des Alters des Gebäudes haben alle Zimmer ein eigenes Bad, eine Klimaanlage und WLAN. Die Mahlzeiten werden im gemütlichen Speisesaal oder auf der Dachterrasse serviert.
🛏 7 🚭 ⛱ Nur bar

🏨 LE PETIT RIAD
€€€
1582 HAY AL WAHDA
TEL. (0524) 88 59 50
FAX (0524) 88 69 24
www.lepetitriad.com
Auch wenn es eher ein kleines Hotel als ein Riad ist, fehlt es dem Petit Riad dennoch nicht an lokalem Charme. Es liegt etwas außerhalb des Stadtzentrums, von daher ist es eher für motorisierte Urlauber geeignet. Anderseits garantiert die Entfernung von der Stadt Ruhe und Frieden, den man vor allem auf den hübschen Terrassen und rund um den kleinen Pool genießen kann.
🛏 7 🚭 🏊 ⛱ Nur bar

🏨 IBIS MOUSSAFIR
€€
AVENUE MOULAY RACHID
TEL. (0525) 07 25 28
FAX (0524) 89 91 11
www.ibishotel.com
Das Kettenhotel gibt sich mit seiner Inneneinrichtung mehr Mühe, als man es zunächst erwarten würde. Die Zimmer sind zwar bequem und modern eingerichtet, allerdings ohne irgendeinen Bezug zum Land. Dennoch ist es eine ideale Unterkunft für eine Nacht auf dem Weg von der Wüste im Süden nach Marrakesch.
🛏 104 🚭 🅿 🏊 ⛱ Alle gängigen Karten

🚭 Nichtraucher   ❄ Klimaanlage   🏊 Hallenbad   🏊 Pool im Freien   🏋 Fitness & Spa   ⛱ Kreditkarten

Einkaufen

Marokko ist bekannt für seine charakteristischen Einkaufsmöglichkeiten. Die meisten Besucher zieht es magisch in die Welt der Souks, in denen man von einem Paar selbst genähter Schuhe bis zum lebenden Huhn wirklich alles kaufen kann. Auf dem Land sind es die winzigen Läden. Wem es zu ungemütlich inmitten der Menschenmassen wird und wer die Feilscherei satthat, findet in den *villes nouvelles* viele Boutiquen.

Feilschen

Für viele westliche Besucher ist die ständige Feilscherei um den besten Preis zwischen Händler und Kunde eher ungewohnt, wenn nicht gar unangenehm. Während in den Boutiquen der *villes nouvelles* und bei Importwaren aus Europa meist ein Fixpreis ausgezeichnet ist, ist die Preisgestaltung in den Souks und Läden bis hin zu Lebensmitteln eine Frage des persönlichen Verhandlungsgeschicks. Viele kommen allerdings mit der fälschlichen Annahme ins Land, dass sie dank ihres Verhandlungsgeschicks alles zu Schnäppchenpreisen erstehen können. Dem ist aber nicht so: Wer in Marokko einkaufen geht, sollte sich darüber im Klaren sein, dass kein Ladenbesitzer (und kein Ladenbesitzerin) irgendetwas hergeben würde, ohne nicht zumindest einen kleinen Gewinn gemacht zu haben.

Wer sich für etwas ernsthaft interessiert, sollte sich vor Beginn der Preisverhandlungen überlegen, wie viel er maximal bereit zu zahlen ist. Dabei helfen ein Preisvergleich und die Beobachtung der Einheimischen. Hilfreich ist auch der Besuch eines Ensemble Artisinal, das es in fast jeder Stadt gibt. Dort werden vergleichbare Waren zu einem Fixpreis verkauft. Haben die Verhandlungen begonnen, sollte man sich nicht gleich von den Protesten und dem aufgebrachten Gesicht des Verkäufers abschrecken lassen: Das ist Teil des Theaters. Als Kunde sollte man auf seiner Preisspanne beharren und abwarten, ob der Verkäufer darauf eingeht oder einem empfiehlt, es doch woanders zu versuchen. Wird der angestrebte Preis nicht erzielt, sollte man das letzte Angebot des Ladenbesitzers höflich ablehnen und weitergehen – oft reicht das schon, um noch eine letzte Preissenkung zu erzielen.

Hat man sich auf einen Preis geeinigt, wird eine sofortige Barzahlung erwartet. Die sollte auch umgehend erfolgen, denn das Ganze ist kein Spiel, sondern für die Marokkaner ihre (einzige) Einkommensquelle. Wer sich einmal auf einen Preis geeinigt hat, darf keinen Rückzieher mehr machen: Das gilt als extrem unhöflich und verletzend.

Vorsichtsmaßnahmen

In Marokko wird alles ohne Rückgaberecht gehandelt: Wenn das Geld über den Tresen gewandert ist, bekommt man die Ware ausgehändigt. Selbst wenn einem noch im Laden ein Gegenstand aus den Händen fällt und zerbricht, sollte man nicht erwarten, den Verlust vom Ladenbesitzer ersetzt zu bekommen (oder gar das Geld zurückzuerhalten).

Vorsicht vor den vielen Versuchen, Touristen mit unglaubwürdig niedrigen Schnäppchenpreisen in eine Einkaufsfalle zu locken. Zu den gängigen Methoden zählen, billige Massenwaren als teures Kunsthandwerk auszugeben oder schlecht nachgemachte Kunstgegenstände als alt zu verkaufen. Bei allen Antiquitäten, die mit dem Hinweis auf eine Verbindung zur immer kleiner werdenden jüdischen Gemeinde angeboten werden, muss man davon ausgehen, dass die Ware aus einem Gebäude gestohlen wurde. Immer wieder passiert es, dass kriminelle Banden heruntergekommene historische Gebäude zerstören, um einzelne Gegenstände daraus gewinnbringend zu verkaufen.

Wo kauft man am besten?

In Marokko gibt es viele verschiedene Ladentypen mit jeweils eigenem Charakter und unterschiedlichen Regeln.

Der Begriff »Souk« taucht oft auf, meist handelt es sich um überdachte Märkte in der Altstadt, die sich häufig auf eine Warengruppe spezialisiert haben. Ein typischer Souk zieht sich entlang einer breiten Straße, die links und rechts von Läden gesäumt wird. Die Soukläden haben eine zur Straße hin offene Seite, oft ist es unklar, wo der Laden endet und die Straße beginnt. Die im Souk angebotenen Waren, vor allem in touristischen Orten wie Fès und Marrakesch, werden selten vor Ort gefertigt, meist nicht mal in der Stadt selbst. In den Souks wird erwartet, dass man handelt – oft laut und nachdrücklich. Außerhalb der großen Städte geht es in den Souks jedoch ganz alltäglich um den Einkauf von Lebensmitteln und Kleidung. Während die Frauen einkaufen gehen, sitzen die Männer in den Cafés herum, wo sie Minztee schlürfen und rauchen. Findet man in Souks Kunsthandwerk, wird es meist von der Person hergestellt, die die Stücke auch verkauft, oder es stammt von einem Handwerker in der Nähe.

In den Geschäften der *villes nouvelles* ist es verpönt, zu handeln. Wer es dennoch versucht, wird eine verärgerte Antwort oder böse Blicke seitens der Ladeninhaber ernten. Die hier verkauften Waren sind in der Regel importiert und haben für die marokkanische Mittelklasse einen hohen Stellenwert.

In den Städten tauchen immer mehr Werkstätten und Kooperativen auf. Ihre steigende Zahl lässt sich auf die große Nachfrage der Touristen nach qualitativ hochwertigem landestypischem Kunsthandwerk zurückführen. Meist verkauft der Handwerker seine Ware gleich vor Ort und wohnt zugleich im selben Gebäude. Die Kooperativen sind häufig relativ große Organisationen, in die große Gruppen, wenn nicht eine ganze (Dorf-)Gemeinschaft integriert sind. Derartige Kooperativen geben Kunsthandwerkern und Frauen die Möglichkeit, ihre Waren ohne Zwischenhändler direkt verkaufen zu können.

Was kaufen?

Für den Großteil der Touristen sind die Einkaufsmöglichkeiten durch die limitierte Größe und das Gewicht des (Flug-)Gepäcks beschränkt. Doch genauso kunstvoll, wie sie große Stücke herstellen, sind die marokkanischen Kunsthandwerker und Frauen auch in der Lage, kleine Dinge herzustellen, die mindestens genauso schöne Erinnerungen an den Marokko-Urlaub darstellen.

Die leichte Alternative zu den schweren und teuren geknüpften Teppichen, die jeder Händler und Stadtführer den Gästen verkaufen will, sind die Läufer und Decken (*fouta*) der Berber. Sie sind in leuchtenden Farben und mit einfallsreichen und interessanten abstrakten Mustern verziert. Für ein solches aufwendig und besonders schön gewebtes Exemplar zahlt man rund 100 Euro, kleinere und einfachere Stücke kosten deutlich weniger. Die einfarbigen sind oft ausschließlich mit Naturfarben gefertigt, die grellen Stücke mit industriell hergestellten Farben gefärbt.

Zu den auffallendsten Läden in jedem Souk gehören die Schuhgeschäfte, in denen sich in den Regalen farbenfrohe *babouches* (Pantoffeln) stapeln. Sie sind bequem, klein und hübsch und von daher das ideale Souvenir. Für ein Paar werden zwischen 10 Euro (einfache Ausführung) und bis zu 50 Euro (hochwertige Ausführung) verlangt. Die meisten werden aus dem weichen, traditionell gefärbten Leder, das man überall in Marokko findet, gefertigt. Oft handelt es sich dabei um Ziegenleder.

Auch wenn die meisten Möbelstücke für Flugreisende aus der Einkaufsliste gestrichen werden müssen, gibt es alternativ kleine geschnitzte Holzarbeiten, die oft ausgesprochen schön gearbeitet sind. Am beliebtesten sind die aufwendig mit Einlegearbeiten verzierten Holzkisten, die in allen Souks des Landes verkauft werden. Die verlangten Preise dafür beginnen bei 50 Euro, für sehr ausgefallene Arbeiten werden aber schon mal mehrere Hundert Euro verlangt. Traditionell werden die Kästen aus dem Holz der im Land wachsenden Thuja geschnitzt. Touristen werden aber inzwischen aufgefordert, keine Waren mehr zu kaufen, die aus dem duftenden, dichten Holz der Thuja gefertigt wurden, da einige der letzten Thuja-Wälder genau dafür geschlagen wurden.

Darüber hinaus hat Marokko eine lange Tradition in der Schmuckherstellung, vor allem in der Herstellung kunstvoller Armbänder, Ketten und Ohrringe. Die einfacheren Arbeiten aus Silber und Halbedelsteinen sind hübsche und ausgefallene Erinnerungsstücke.

Bezahlung

Kreditkarten sind immer noch ein eher seltenes Zahlungsmittel in den Läden, in der Regel bezahlt man bar. Größere Geschäfte in den *villes nouvelles* akzeptieren häufiger das Plastikgeld. Gleiches gilt für große Touristenläden in den Medinas, sie sind aber immer noch die große Ausnahme. Wer also einkaufen gehen will, sollte sich mit ausreichend Bargeld versehen. Trotz der dichten Menschenmassen sind Diebstähle bei Touristen eher selten – vorausgesetzt, man beachtet einige Vorsichtsmaßnahmen.

Verkaufssteuern

Marokko zählt unter den nordafrikanischen Ländern zu denjenigen mit der höchsten Umsatzsteuer – sie liegt bei rund 20 Prozent. Praktisch heißt das, dass Preise in Restaurants oder Läden in die Höhe schießen, wenn die Steuer nicht schon im Preis eingeschlossen ist (natürlich nur dann, wenn die Ladenbesitzer der Aufforderung zum Steuerzahlen auch tatsächlich folgen). Außerhalb der Städte, vor allem in Berbergebieten, kennt man solche Steuern nur als Problem anderer Leute. Wenn aber jemand verdächtig viele hochwertige Waren exportieren will, kann es passieren, dass er beim Zoll mit einer Exportsteuer belegt wird.

Läden & Geschäfte

Angesichts der vorwiegend marktähnlichen Strukturen im marokkanischen Handel gestaltet es sich schwer, eine Liste individueller Läden zusammenzustellen. Die folgende Übersicht kann somit lediglich einen winzigen Teil der marokkanischen Einkaufsmöglichkeiten widerspiegeln. Für die meisten Marokko-Urlauber bleibt der Bummel durch die Medina der spannendste Teil ihrer Reise.

Kunstgalerien

Die Sonne Marokkos, die Tradition des Kunsthandwerks sowie der einzigartige Charme des Landes und seiner Menschen ziehen seit Jahrhunderten Künstler an. Neben dieser Künstlergemeinde gibt es auch eine steigende Zahl von einheimischen Künstlern und eine prosperierende Kunstszene, vor allem in Städten wie Casablanca und Essaouira.

Athar, 12 rue Ibnou Khalouiya, Casablanca, Tel. (0522) 29 95 36. Neue und alte Kunst aus Marokko und den Nachbarländern.
Galerie Bazar Kasbah, 4 rue Tétouan, Essaouira, Tel. (0524) 47 61 23. Die Kunstgalerie zeigt die besten Arbeiten der lokalen Künstler.

Galerie d'Alice, Résidence Tiguemi, Avenue des FAR, Agadir, Tel. (0528) 85 30 91. Kleine Galerie mit Werken marokkanischer und internationaler Künstler
Galerie Dar d'Art, 6 rue Khalil Metrane, Tanger, Tel. (0539) 37 57 07, www.dardart.com. Zeitgenössische Kunst und Skulpturen aus Marokko und Nordafrika.
Galerie des Arts de Frédéric Damgaard, Avenue Oqba, Ibn Nafiaa, Essaouira, Tel. (0524) 78 44 46, www.galeriedamgaard.com
Galerie Jama, 22 rue Ibnou Rochd, Essaouira, Tel. (0670) 01 64 29, www.galeriejama.com
Galerie Jamil des Beaux Arts, 11 Sabat Hyadriene Sefarine, Medina, Fès, Tel. (0535) 74 02 07, galeriejamil.wix.com
Galerie La Kasbah, 4 rue de Tétouan, Essaouira, Tel. (0524) 47 56 05, www.galerie-lakasbah.com. Die Galerie mit Kunsthandwerksladen verkauft alles von modernen Gemälden bis hin zu alten Teppichen.
Galerie Nadar, 5 rue Al Manaziz, Maarif, Casablanca, Tel. (0522) 23 69 00. Die Galerie Nadar ist in Casablanca eine Institution; nach mehreren Jahren wurde sie wieder neu eröffnet.
Galerie Othello, 9 rue Mohamed Layachi, Essaouira, Tel. (0524) 47 50 95

Buchläden

Die meisten Bücher, die man in den Buchläden Marokkos findet, sind in Französisch geschrieben, ein kleinerer Teil in Arabisch. Angesichts der vielen Sprachen, die in Marokko gesprochen werden, überrascht es, dass viele Läden auch eine (begrenzte) englischsprachige Buchabteilung haben. Generell ist die Auswahl nicht mit europäischen Buchläden vergleichbar, aber ein Buch für eine Zugfahrt oder ein schöner alter Schmöker für das heimische Buchregal lassen sich durchaus finden.
Librairie Colonnes, 54 boulevard Pasteur, Tanger, Tel. (0539) 93 69 55, www.librairie-des-colonnes.com
Librairie Jack's, Place Moulay Hassan, Essaouira, Tel. (0524) 47 55 38
Librairie Papeterie Gillot, 44 avenue Mohamed V, Marrakesch, Tel. (0524) 43 59 13
Librairie Populaire, 26 rue 16 Novembre, Fès, Tel. (0535) 62 04 58

Kleidung & Accessoires

Die Bandbreite der marokkanischen Kleidung reicht von den leuchtenden farbenfrohen *fouta* der Rif-Berberfrauen bis hin zu den einfach gemusterten *djellaba*, die sowohl von Frauen als auch Männern getragen werden. Die traditionelle Kleidung kennt hier nur einen Schnitt – ein an das heiße Wetter angepasstes loses und luftdurchlässiges Kleidungsstück, das den islamischen Bräuchen gemäß schlicht gehalten ist. Die unten aufgeführten Geschäfte verkaufen ein großes Spektrum an wunderschönen handgefertigten Kleidern und Accessoires für Männer und Frauen.

Akbar Delights, 45 place Bâb Fteuh, Medina, Marrakesch, Tel. (0671) 66 13 07, www.akbardelightscollections.com. Es gibt eine große Auswahl an leuchtend bunten marokkanischen Kleidern und Stoffen, die mittels traditioneller Verfahren hergestellt wurden.

EINKAUFEN IN MAROKKO

Beldi, 9–11 rue Lakseur, Medina, Marrakesch, Tel. (0524) 44 10 76. In dieser Boutique wird edle handgemachte marokkanische Kleidung verkauft. Dazu gibt es die passenden Accessoires.

Bijouterie al Afrah, 34 Rass Charratine, Medina, Fès, Tel. (0535) 23 17 06. Dieser Juwelier verkauft sowohl traditionelle als auch moderne Stücke. Große Auswahl.

Bijouterie el Fath, 280 Souk el Kifah, Medina, Fès, Tel. (0668) 10 44 59. Der traditionelle marokkanische Juwelier hat sich auf Berberschmuck spezialisiert. Dieser wird vor allem mit Halbedelsteinen und Korallen gefertigt.

Boutique Volubilis, 15 Petit Socco, Medina, Tanger, Tel. (0539) 93 13 62. Der Laden verkauft im Herzen der Medina von Tanger schön gearbeitete Herrenkleidung.

Carolin Kaftans, 33 boulevard Pasteur, Tanger, Tel. (0539) 93 37 94. Hier gibt es schöne handgemachte traditionelle Kleidung und Accessoires.

Jnan Beldi, 24 rue Saint-Louis, Fès, Tel. (0664) 90 06 77. Ein eher ungewöhnliches Geschäft für die ville nouvelle von Fès. Es wird auch hier Kleidung im traditionellen Stil verkauft.

Kenza Melehi, 61 rue de Yougoslavie, passage Ghandouri, Guéliz, Marrakesch, Tel. (0524) 42 26 41. Es gibt eine schöne Auswahl an handgemachter landestypischer Kleidung.

Place Vendôme, 141 avenue Mohamed V, Guéliz, Marrakesch, Tel. (0524) 43 52 63. Die kleine Boutique hat sich auf vor Ort hergestellte Lederwaren wie etwa Taschen spezialisiert.

Rafia Craft, 82 rue d'Agadir, Essaouira, Tel. (0524) 78 36 32. Elegante handgemachte Sandalen und Accessoires, insbesondere aus Raffiabast.

Kosmetik & Parfüm

Les Sens de Marrakech, 17 Zankat Sidi Ghanem, Marrakesch, Tel. (0524) 33 69 91, www.lessensdemarrakech.com. Verkauft Arganölseifen und andere vor Ort hergestellte Schönheitsprodukte.

Surfläden

Essaouira an der Atlantikküste ist das Zentrum der marokkanischen Surfszene. Obwohl man die besten Wellen erst ein Stück entfernt findet, gibt es hier wegen der Größe der Stadt und der Nähe zu guten Surfstränden eine ganze Reihe von ganzjährig geöffneten Surfläden.

Explora, 2 place Chrib Atay, Rue Laalouj, Essaouira, Tel. (0611) 47 51 88, www.exploramorocco.com

Gipsysurfer, 14 rue de Tétouan, Essaouira, Tel. (0524) 78 32 68

Moga Surf, Bâb Doukkala, Place des Artistes, Essaouira, Tel. (0660) 72 76 88, mogasurf.com

Ocean Vagabond, Boulevard Mohamed V, Essaouira, Tel. (0524) 78 39 34, www.oceanvagabond.com

Traditionelles Kunsthandwerk & Antiquitäten

Für Besucher, die keine Geduld oder keine Zeit haben, stundenlang durch die Gassen und Souks der großen Städte zu streifen, gibt es eine stetig steigende Zahl an Boutiquen, die eine kleine, aber sorgsam zusammengestellte Auswahl an Kunst und Antiquitäten anbieten. Die Besitzer haben in der Regel gute Verbindungen zu den besten lokalen Handwerkern und verkaufen meist deutlich höherwertige Waren, als man sie in den Läden der Souks findet. Die Preise liegen naturgemäß entsprechend höher.

Akkal, 322 Zankat Sidi Ghanem, Marrakesch, Tel. (0524) 33 59 38. Hochwertige Keramik und lokales Kunsthandwerk.

Amira Bougie, 277 Zankat de Sidi Ghanem, Sidi Abbad, Marrakesch, Tel. (0524) 33 61 17

Art Berbère, 21 Rue Omar Alhayam, Agadir, Tel. (0528) 21 50 10, www.artberbere.com

Coin Berbère, 67 Talaâ Kebira, Medina, Fès, Tel. (0535) 63 69 46. Die drei nebeneinanderliegenden Läden sind im Besitz einer Familie: Der erste Laden verkauft alte Wohnaccessoires, Keramik und Möbel, der zweite hat sich auf traditionelle handgearbeitete Teppiche spezialisiert, im dritten Laden werden schöner Silber- und Korallenschmuck verkauft.

Complexe Artisanal, Avenue du 29 Février, Agadir, Tel. (0528) 82 38 72

Cooperative des Patrons Potiers, Rue de Sidi Harzeme, Ain Nokbi, Fès, Tel. (0535) 64 92 25

Darkoum, 5 rue de la Liberté, Guéliz, Marrakesch, Tel. (0524) 44 67 39, darkoum-marrakesch.com. Hier werden Kunst und Kunsthandwerk aus ganz Afrika und Indien verkauft.

Romanos Antiquités, 30 rue Jallal-Eddine Essayouti, Casablanca, Tel. (0661) 08 35 68. Verkauft Antiquitäten, Lampen und Möbel.

Unterhaltung

Bedingt durch die strengen Alkoholgesetze in Marokko, findet man, wenn man einmal ausgehen möchte, nur wenige Bars und Clubs im Land. Die wenigen Bars werden ausschließlich von Männern besucht, die dort gemeinsam rauchen. Das bedeutet aber nicht, dass es gar keine Unterhaltungsangebote gibt. Die überschaubaren Möglichkeiten sind jedoch häufig nur temporär geöffnet und eher informelle Adressen.

Die Marokkaner sind zu Recht stolz auf den besonderen Reichtum und die bunte Vielfalt ihrer Kultur. Auch wenn sich das Land stetig der Moderne öffnet, finden die traditionellen Feste und Unterhaltungsformen auch heute viele begeisterte Zuschauer und Teilnehmer. Das bedeutet keinesfalls, dass die marokkanische Kultur rückwärtsgerichtet ist oder stagniert. Durch die Lage Marokkos an der Grenze zwischen der europäischen und der arabischen Welt hat sich seine Kultur schon immer über die Verschmelzung verschiedener kultureller Einflüsse definiert. Die Praxis, neue oder fremde Elemente in die traditionelle Kunst einfließen zu lassen, ist bis heute noch lebendig und erfolgreich. Heraus kommen neue Kunstrichtungen wie in der Musik zum Beispiel Electro-Gnaoua und Raï (eine Mischung aus westlichem Pop und traditioneller nordafrikanischer Musik) sowie moderne marokkanische Malstile. Die Mehrzahl der ausländischen Besucher interessiert sich natürlich vor allem für die traditionellen Aufführungen und Feste. Wer sich aber mit der zeitgenössischen Kultur auseinandersetzt – sei es in Form von Independent-Filmen, arabischem Hip-Hop oder Konzept-Kunst –, erhält einen faszinierenden Einblick in den Charakter des modernen Landes.

Kulturfestivals

Festivals – in der Landessprache meistens als *moussem* bezeichnet – spielten schon immer eine große Rolle in der marokkanischen Kultur. Jahrhundertelang war der kulturelle Kalender des Landes durch solche Events geprägt. Meist fanden sie beim Schrein eines Heiligen oder Mystikers statt: Tausende trafen sich dort zur Unterhaltung, aber auch, um das Gefühl einer religiösen und sozialen Gemeinschaft zu erleben. Die lange Geschichte des Landes hat wahrscheinlich auch zur Etablierung der sich jährlich wiederholenden Feste beigetragen, die auf diese Weise zu einem bevorzugten Ort für kulturelle Aktivitäten wurden. So gibt es nur wenige permanente Theaterbühnen, Kunstgalerien oder musikalische Bühnen im Land, dafür aber Festivals in quasi jeder Stadt des Landes. Bei diesen Veranstaltungen kann es sich um ein kleines lokales Fest, aber auch um große internationale Musikfestivals handeln, auf denen sich Künstler und Zuhörer aus der ganzen Welt treffen.

Essaouira Gnaoua Festival

www.festival-gnaoua.net
Der Schwerpunkt ist nach wie vor die Gnaoua-Musik; das alljährlich im Mai/Juni stattfindende Fest ist aber in den letzten Jahren stark gewachsen und zieht immer mehr Tänzer und Musiker aus der ganzen Welt an.

Festival de Fès des Musiques Sacrées du Monde

www.fesfestival.com
Jeden Juni spielen in den Theatern und auf anderen Bühnen rund um Fès Künstler religiöse Musik aus der ganzen Welt. Die meisten der Künstler sind von Marokkos Geschichte der geistlichen Musik beeinflusst: So gibt es viele Lieder mit jüdischem oder islamisch-arabischem Hintergrund.

Festival National des Arts Populaires

www.marrakechfestival.com
Das einwöchige Festival findet jeden Sommer in Marrakesch statt und feiert die traditionelle marokkanische Musik und Darbietung.

Jazz au Chellah

www.jazzauchellah.com
Veranstaltungsort des jährlich im Juni stattfindenden Jazzfestivals sind die Ruinen der römischen Stadt Chellah gleich außerhalb von Rabat. Seit seiner Gründung 2005 ist es immer beliebter und musikalisch interessanter geworden.

Tanjazz Festival

44 Rue Touahin, Tanger,
Tel. (0539) 93 91 03
www.tanjazz.org
Das viertägige Jazzfestival wird immer im September im

alten italienischen Konsulat von Tanger abgehalten.

Livemusik

Livemusik-Bühnen sind nach wie vor eher selten in Marokko zu finden. Einige wenige Bars und Restaurants veranstalten regelmäßig Livemusik-Nächte; die dort spielenden Musiker erreichen jedoch nur selten das künstlerische Niveau der traditionellen marokkanischen Straßenmusiker. Von daher ist der Djemaa el Fna in Marrakesch wahrscheinlich die beste Adresse für Livemusik – auch wenn weit und breit keine Bühne zu sehen ist.

Kinos

Zum Erbe der europäischen Besatzung der 1930er-Jahre zählen die vielen Lichtspieltheater des Landes. Die meisten der Jugendstilgebäude sind heute leider ziemlich verfallen, werden aber immer noch von einer bescheidenen Zahl an Zuschauern besucht. Wenn nicht anders angegeben, werden hier internationale Filme mit französischem Untertitel gezeigt. Wer Zeit hat, kann ein solches Kino besuchen und sich ein traditionelles B-Movie-Doppelticket für ein Bollywood-Musical und einen Hongkong-Kung-Fu-Film kaufen – ein authentisches marokkanisches Erlebnis! Neben den großen alten Lichtspielhäusern gibt es inzwischen in vielen Großstädten am Stadtrand auch moderne Multiplex-Kinos.

Cinéma A B C
12 avenue Nehrou, Meknès
Tel. (0535) 52 17 81

Cinéma Caméra
Rue de Paris, Meknès
Tel. (0535) 52 20 00

Cinéma Fayrouz
63 avenue Hassan II, Rabat
Tel. (0537) 72 49 59

Cinéma Le Colisée
281 avenue Mohamed V,
Rabat, Tel. (0537) 76 62 67

Cinéma Renaissance
266 avenue Mohamed V,
Rabat, Tel. (0537) 72 21 68

Cinéma Rex
45 avenue Mohamed Slaoui,
Fès, Tel. (0535) 62 24 96

Cinéma Royal
Zankat Al Amal, Rabat,
Tel. (0537) 72 41 18

Cinémathèque de Tanger
Place de 9 Avril 1947 (Grand Socco), Ville Nouvelle, Tanger, Tel. (0539) 93 46 83, www.cinemathequedetanger.com
Die Cinémathèque de Tanger fungiert als Kino und Kulturzentrum. Es wurde mit dem Ziel gegründet, »Weltkino in Marokko und marokkanisches Kino in der Welt« zu fördern. Gezeigt werden verschiedenste Kinofilme und Dokumentationen aus Marokko und anderen Ländern.

Megarama de Casablanca
Boulevard de la Corniche,
Casablanca
Tel. (0522) 79 88 88
www.megarama.ma

Megarama Marrakech
Zwischen der Route de l'Ourika und dem Boulevard Mohamed VI, Marrakesch
Tel. (0890) 10 20 20
www.megarama.ma

Rialto Cinema
Rue Mohamed Quory, Casablanca, Tel. (0522) 26 26 32

Théâtre National Mohamed V
Avenue Al Mansour Addhabi, Rabat, Tel. (0537) 70 73 00, www.tnm5.ma. Ein vielseitig genutztes Kulturzentrum mit Theater, Konzerthalle und einem guten Kino, in dem sehenswerte aktuelle Filme gezeigt werden.

Theater & darstellende Künste

Neben den unzähligen Aufführungen auf den zahlreichen Kulturfestivals des Landes gibt es eine kleine Zahl an ständig bespielten Theaterbühnen. Die meisten findet man in Casablanca, der Heimat der zeitgenössischen Kultur Marokkos.

Ballet Théâtre Zinoun
21 rue Najib Mafoud,
Casablanca
Tel. (0522) 27 59 52

Théâtre 121
121 boulevard Mohamed Zerktouni, Casablanca,
Tel. (0522) 77 98 70

Théâtre Mogador
515 boulevard Ghandi,
Casablanca,
Tel. (0618) 23 60 89

Théâtre National Mohamed V
Siehe Kinos

Théâtre Royal Marrakech
40 boulevard Mohamed VI,
Guéliz, Marrakesch,
Tel. (0524) 43 15 16

Outdoor-Aktivitäten

Das Land ist zwar für exotische Stadturlaube oder geruhsame Strandferien bekannt, doch abseits der Massen erlebt man eine ganz andere Seite des Landes. Dort ist Marokko wild und rau und wartet geradezu darauf, erkundet zu werden. Die Infrastruktur steckt jedoch vielerorts noch in den Kinderschuhen.

Marokkos vielfältige Landschaften und Klimazonen ermöglichen ganz unterschiedliche Aktivitäten. Sie können von einem Kamelritt in der Wüste bis hin zu einem Snowboardtag im Hohen Atlas reichen. An der Atlantikküste gibt es zahlreiche Möglichkeiten zum Surfen, Wind- und Kitesurfen, während die wilde Landschaft des Rifgebirges und des Mittleren Atlas zu Entdeckungsreisen mit dem Allradfahrzeug oder hoch zu Pferd lockt. Man braucht gar nicht lange von den touristischen Zentren ins Landesinnere zu fahren, bis man auf eine noch sehr ursprüngliche, unberührte Landschaft trifft. Wer einmal auf dem Land unterwegs ist, wird schnell feststellen, dass Marokko weit mehr als Strände und Souks zu bieten hat.

Neben den im Folgenden vorgestellten Veranstaltern helfen auch viele Hotels und Riads gerne bei der Organisation Ihrer Unternehmungen.

Angeln & Fischen

Marokko verfügt über einige der ertragreichsten Fischgründe der Welt. Das zeigt sich besonders deutlich, wenn man in den Häfen von Essaouira, Agadir und Mohammedia den Fischern beim Anlanden ihres Fangs zuschaut. Bislang gibt es noch recht wenige Unternehmen, die erkannt haben, was für ein Potenzial im Bereich Sportfischen liegt. Auch im Landesinneren sind die Flüsse und Stauseen gut mit Fischen besetzt, die dort meist ungestört von Angel und Haken leben können.

Hotel Bin el Ouidane, Bin el Ouidane, Tel. (0523) 44 26 00, www.hotelbinelouidane.com. Das kleine Hotel am Ufer des großen Stausees Bin el Ouidane (östlich von Marrakesch) verleiht Angelausrüstung und kleine Boote an Hobbyangler. Letztere sollen hier schon mal 30 Kilogramm schwere Karpfen aus dem Wasser gezogen haben.

Maroc Sport Fishing, Agadir, joudat.iliass.free.fr. Das von dem französischen Expats Patricia und Claude Crouzet geleitete Unternehmen ist eine der wenigen auf Hochseefischen spezialisierten Firmen im Land. Mit ihrem entsprechend ausgerüsteten Schiff und einer erfahrenen Crew bieten die beiden Anglern die Möglichkeit, einmal eigenhändig einen Hai, Tunfisch oder Schwertfisch an die Angel zu bekommen.

Golfplätze

Der persönlichen Leidenschaft von König Hassan II. für den Golfsport verdankt die Golfindustrie ihre Existenz: Immer mehr grüne Plätze werden in den Vorstädten der marokkanischen Städte angelegt. Inzwischen sind die Plätze in manchen Gebieten eine wichtige Einnahmequelle, jedoch aus Umweltgründen ziemlich umstritten. Einmal abgesehen vom grünen Norden des Landes, müssen alle anderen Plätze permanent bewässert werden – unglaubliche Mengen Wasser werden dafür täglich gebraucht. Das führt unter anderem zu erhöhten Wasserpreisen in einem unter Wassermangel leidenden Land.

Cabo Negro Royal Golf Club, Tétouan, Tel. (0539) 97 81 41. Der von Briten geplante Golfplatz wurde 1972 eröffnet und bietet spektakuläre Blicke auf das Rifgebirge. Der anspruchsvolle Platz wird von dichtem Gehölz eingefasst, das Spiel leidet aber unter den unberechenbaren, böig auftretenden Küstenwinden.

Fès Royal Golf Club, Km 17, route d'Imouzzer, Fès, Tel. (0535) 66 52 10. Der technisch anspruchsvolle Platz wurde als erster des Landes 1924 eröffnet. Vom Platz genießen die Golfer eindrucksvolle Blicke auf den Mittleren Atlas. Die geschickt positionierten Hindernisse haben schon manchen erfahrenen Golfer in Verlegenheit gebracht.

Marrakech Royal Golf Club, Ancienne route de Ouarzazate, Marrakesch, Tel. (0524) 40 47 05, www.royalgolfmarrakech.com. Der Platz wurde Anfang der 1920er-Jahre entworfen – hier haben schon viele Berühmtheiten wie Winston Churchill und Dwight D. Eisenhower eine Runde gedreht.

Meknès Royal Golf Course, Jnan al Bahraouia, Ville Impériale, Meknès, Tel. (0535) 53 07 53. Der kompakte Platz wurde so geschickt konzipiert, dass er auf das Gelände

des königlichen Palastes von Moulay Ismail passt. Der einstige Privatgolfplatz von König Hassan II. wurde inzwischen für alle geöffnet und ist relativ preiswert. Die Runden auf dem Platz sind zudem die einzige Möglichkeit, einmal einen Blick hinter die Mauern der Ville Impériale zu werfen.
Royal Golf Dar Es Salam, Km 9, Avenue Mohamed VI/Straße nach Zaers, Souissi und Rabat, Tel. (0537) 75 58 64, www.royalgolfdaressalam.com. Auf dem Königlichen Golfkurs finden alljährlich einige bedeutende internationale Turniere statt – lange war der Platz der Lieblingsgolfplatz von König Hassan II. Die Fairways sind mit einigen eher ungewöhnlichen Hindernissen durchsetzt, zum Beispiel alten römischen Säulen aus dem nahe gelegenen Chellah.
Tanger Royal Golf Club, Tanger, Route de Boubana, Tel. (0539) 93 89 25, www.royalgolftanger.com. Der Platz wurde für Tangers wachsende britische Gemeinde 1917 angelegt und ist damit der älteste Platz des Landes. Er liegt zwischen Zypressen und Pinien an den Hängen des nördlichen Rifgebirges. Die Fairways und das Clubhaus bieten herrliche Panoramablicke über die Straße von Gibraltar.

Reiten & Offroad-Fahrten

Eine der besten Möglichkeiten, das wunderschöne marokkanische Hinterland zu erkunden, ist ein Ausritt auf einem Pferd oder Kamel (stimmungsvoller, aber auch weniger bequem). Offroad-Fahrten führen in schwieriges Gelände, z. B. in die südliche Wüste. Wer unbedingt an solchen Touren teilnehmen will, sollte sich darüber im Klaren sein, dass der aufgewirbelte Staub und Sand schwere ökologische Schäden bei dem sensiblen Ökosystem Wüste hervorruft.
Atlas Sahara Trek, 6, bis rue Houdoud, Quartier Majorelle, Marrakesch, Tel. (0524) 31 39 01, www.atlas-sahara-trek.com
Club Farah, Tel. (0535) 54 88 44, Fax (0535) 54 88 08, www.clubfarah.com. Der Stall liegt außerhalb von Meknès und bietet Ausritte an. Es gibt eintägige Ausritte ins Hinterland von Meknès und einwöchige Reitwanderungen durch das Atlasgebirge, bei denen in Berberzelten geschlafen wird.
Le Cavaliers de Atlas, La Palmeraie, Marrakesch, Tel. (0672) 84 55 79, www.lescavaliersdelatlas.com
Maroc Rando Cheval (Horse Trekking Morocco), Domaine Equestre Aïn Amyer, Km 2,5, Straße von Imouzzer, Fès, Tel. (0535) 94 21 18
Morocco Explored, Tel. (0667) 49 81 77, www.moroccoexplored.com. Das Unternehmen mit Sitz in Marrakesch organisiert geführte Ausritte mit Pferden und Kamelen, daneben aber auch Offroad-Fahrten ins Atlasgebirge und in andere Landesteile.
Mountain Voyage, 5 avenue Mohamed V, 2. Stock, Guéliz, Marrakesch, Tel. (0524) 42 19 94, Fax (0524) 42 19 96, www.mountain-voyage.com
Nature Trekking Maroc, BP 8107 Mhamid, Marrakesch, Tel. (0524) 43 24 77, www.maroctrekking.com
Ranch Les 2 Gazelles, Sidi Boulfdail, Provinz Tiznit, Tel. (0066) 26 66 86, www.les2gazelles.com
Trekking in Morocco, Asni, südlich von Marrakesch, Tel. (0670) 71 97 09, www.trekkinginmorocco.com. Das Unternehmen mit Sitz im Atlasgebirge bietet verschiedenste Aktivitäten an, darunter Radtouren, Bergtouren, Ausritte mit Pferd oder Kamel und Offroad-Abenteuer.
Zouina Cheval, Diabat, bei Essaouira, Tel. (0682) 65 27 42, www.zouina-cheval.com

Heißluftballonfahrten

Ciel d'Afrique, Avenue Youssef Ben Tachfine, Guéliz, Marrakesch, Tel. (0524) 43 28 43, Fax (0524) 43 28 47, www.cieldafrique.info. Eine eher ungewöhnliche, aber atemberaubende Möglichkeit, die Landschaft des Hohen Atlas aus einer ganz neuen Perspektive zu erleben! Das Unternehmen im Süden von Marrakesch bietet Fahrten über die Stadt und ihre Umgebung an. Maurice Otin ist ein erfahrener Pilot, der in Marokko schon seit 1990 tätig ist. Die Preise beginnen bei 250 Euro/Person.

Nationalparks

Nationalparks gibt es bisher eher wenige im Land. Gleich mehrere wurden in den letzten Jahren vor allem mit dem Ziel gegründet, die atemberaubende Natur und die Biodiversität des Landes vor der gierigen Holzindustrie zu schützen.
Parc National d'Al Hoceima, Rif Moutains Tourism Board, 19 rue Ajdir, Al Hoceima, Tel. (0667) 14 05 80
Parc National de Talassemtane. Der ca. 40 Kilometer westlich von Chechachouen gelegene Nationalpark mit rund 600 Quadratkilometern wurde 2004 ausgewiesen.
Parc National de Tazekka, Tel. (0661) 61 39 29, www.tazekka.com
Parc National de Toubkal, Al Haouz, Straße von Ourika

und Setti-Fatma. Der Nationalpark liegt 80 Kilometer südlich von Marrakesch rund um den Djebel Toubkal, dem höchsten Berg des Landes. Er umfasst 380 Quadratkilometer und schützt eine der schönsten Gebirgslandschaften Marokkos.

Klettern

Für all jene, die etwas größere Herausforderungen als die eher harmlosen Aufstiege zum Djebel Toubkal suchen, ist die Gorge du Todra in den Bergen östlich von Marrakesch genau der richtige Ort. In den 1970er-Jahren entdeckten französische Kletterer das Potenzial der Schlucht. Das felsige Tal bietet Dutzende von anspruchsvollen Kletterrouten, die von Sportlern aus aller Welt begangen werden. Die Einheimischen kennen die Routen gut. Die umliegenden Hotels haben inzwischen viel Infomaterial für ihre kletternden Gäste zusammengetragen. Geführte Touren in die Region können z. B. über **Cosley & Houston** *(www.cosleyhouston.com)* organisiert werden.

Surfen

Surfen ist nicht unbedingt die Sportart, die man unmittelbar mit Marokko verbindet, doch erfreut sie sich einer wachsenden einheimischen Fangemeinde. Die lange Atlantikküste bietet eine Reihe interessanter Surf Spots. Auch die Infrastruktur für die Surfer wird zunehmend besser und wächst rasant. Wer Wellen wie auf Hawaii erwartet, wird sicher enttäuscht sein. Hier gibt es eine relativ moderate Brandung, die sich für Anfänger und weniger Erfahrene eignet. Die Strände rund um Essaouira sind zudem bei Wind- und Kitesurfern beliebt, einige Surfer zieht es sogar noch weiter gen Süden. Wer die wirklich großen Wellen sucht, muss allerdings in das nur schwer erreichbare Resort in Dakhla in der Westsahara fahren.
Association de Planche à Voile, Boulevard Mohamed V, Essaouira, Tel. (0670) 57 74 11. Die marokkanische Windsurfer-Vereinigung hat ihren Sitz wenig überraschend in der windigen Stadt Essaouira. Bei ihr bekommt man gute Informationen über Lehrer, Wetterberichte und Tipps über die besten Spots entlang der Küste.
Dynamic Loisirs, Villa Argane, Tamrakht (bei Agadir), www.dynamic-loisirs.com. Das kleine Unternehmen hat sein Büro im Zentrum der marokkanischen Surfküste und bietet Leihausrüstung, Strandunterkünfte und den Transport zu Surfplätzen in der Umgebung. Für erfahrene Surfer enthält das Programm eine achttägige »Surfari«.
École de Surf: Vagues et Vents, 4-bis plage d'Agadir, Agadir, Tel. (0528) 82 83 22
Essaouira Kitesurf, Tel. (0611) 41 29 48, www.essaouirakitesurf.com. Wer Kite surfen lernen will, für den ist dieser Laden die erste Anlaufstelle. Das Unternehmen bietet Unterrichtsstunden und Leihausrüstung, aber auch Führer für fortgeschrittene Surfer.
Explora, 2 place Chrib Atay, Rue Laalouj, Essaouira, Tel. (0611) 47 51 88, www.exploramorocco.com. Dieser Laden wird von einer sympathischen Gruppe einheimischer Surfer geleitet, die schon seit Jahrzehnten die Wellen vor Essaouira reiten.
Ocean Vagabond, Boulevard Mohamed V, Essaouira, Tel. (0524) 78 39 34, www.oceanvagabond.com. Das Unternehmen hat Filialen in Essaouira und Dahkla und betreut die erfahrenen Surfer, kann aber auch weniger Fitte mit Lehrern und Board ausrüsten.
Oudayas Surf Club, Tel. (0537) 26 06 83, oudaysasurfclub.com. Der Club residiert in einem großen weißen Gebäude am Oudaïa Beach in Rabat und bietet Unterrichtsstunden und Leihboards an.

Raften & Kayak

Auch wenn das Land über eindrucksvolle Flüsse und zahlreiche Gebirge verfügt, stecken das Raften und Kajakfahren in Marokko noch in den Kinderschuhen. Das Interesse daran wächst jedoch stetig, und inzwischen bietet eine Reihe Veranstalter Touren an.
Splash Morocco Adventure Tours, 7 Derb Gnaoua, Ben Saleh, Medina, Marrakesch, moroccoadventuretours.com, Tel. (0662) 25 58 01. Das britische Unternehmen mit einem privaten Riad in Marrakesch fährt seine Kundschaft zu verschiedenen Flüssen.
Water by Nature, Tel. (303) 2 61 88 96 (aus den USA), www.waterbynature.com. Das amerikanische Unternehmen bietet Kajaktouren und Rafting-Touren im Atlasgebirge an. Unterrichtsstunden im Kajak gibt es auf dem Stausee Bin el Ouidane östlich von Marrakesch.

Sprachführer

Die Geschichte des Landes ist durch mehrere Einwanderungswellen geprägt. Völker und Kulturen aus Europa und Nahost kamen nach Nordafrika – und brachten ihre Sprachen und Dialekte mit.

Darija

Die offizielle Sprache des Landes ist das moderne Standard-Arabisch – eine Sprache, die differenziert im ganzen Mittleren Osten und Nordafrika gesprochen wird. Jeder Arabischkenner wird aber schnell feststellen, dass die Realität sehr viel komplexer ist. Die Muttersprache der meisten Marokkaner ist ein spezieller Dialekt des Arabischen. Die Einheimischen bezeichnen marokkanisches Arabisch als Darija.

Auch wenn dieser Dialekt in seinen Grundzügen dem Hocharabisch entspricht, das bis in den Irak gesprochen wird, haben die Einflüsse der europäischen Kolonialzeit, die einheimischen Berberdialekte und die weite Entfernung vom Kernland zu einem eigenen Vokabular, einer differenzierten Grammatik und Betonung geführt.

Selbst innerhalb Marokkos variieren die Dialekte stark und spiegeln so die regional unterschiedlich große Beeinflussung durch den Kolonialismus und die Verteilung der Minderheiten. Auch wenn es schon einige Sprachführer für das Darija gibt, ist es fast unmöglich, die vielen Aspekte der Darija-Betonung phonetisch z. B. ins Englische zu übertragen.

Berber

Marokko ist linguistisch deutlich diversifizierter, als es die offiziellen Statistiken glauben machen. Aus verschiedensten Gründen – teilweise politisch, teilweise kulturell begründet – spielt der Staat die Zahl der Einwohner, die Minderheitensprachen bzw. verschiedene Dialekte des Arabischen sprechen, herunter.

Auch wenn das nicht offiziell zugegeben wird: Ein großer Teil der marokkanischen Bevölkerung (einige schätzen mehr als 15 Prozent) spricht Berber als Muttersprache. Die berbersprechende Bevölkerung lebt vorwiegend in ländlichen Gebieten, vor allem in den Gebirgen und in der südlichen Wüste. Beim Berber unterscheidet man drei Hauptdialekte: Rif-Berber wird im Rifgebirge und entlang der Mittelmeerküste gesprochen, Shilha-Berber im Süden des Landes und entlang der Atlantikküste bis Essaouira. Tamazight-Berber ist die Sprache der Bergbewohner des Hohen und Mittleren Atlas. Viele Jahre lang hat der marokkanische Staat versucht, die Berbersprache zu unterdrücken. So gab es z. B. ein Gesetz, das es Eltern verbot, ihren Kindern Berbernamen zu geben. In den letzten Jahren sind die Angriffe seitens der Regierung weniger geworden, dennoch stoßen berbersprechende Marokkaner in den städtischen Gebieten noch immer auf Ablehnung.

Zweitsprachen

Als wäre das linguistische Gefüge des Landes nicht schon kompliziert genug, spricht die Mehrheit der Marokkaner noch zumindest eine zweite Sprache. Für die Berber ist die zweite Sprache das Darija, einige sprechen zusätzlich noch eine europäische Sprache. Für die restliche Bevölkerung ist Französisch die zweite Sprache neben dem Darija. Während der französischen Kolonialzeit in der ersten Hälfte des 20. Jahrhunderts war Französisch die Sprache der Regierung, der Geschäftswelt und der Medien.

Auch wenn die marokkanische Regierung ab den 1960er-Jahren die Arabisierung massiv vorangetrieben hat: Französisch ist immer noch in vielen Bereichen des Alltagslebens präsent. Die Gewohnheit ist dabei sicher ein Aspekt: Die Leute bezeichnen Straßen nach wie vor mit dem alten französischen Namen, auch wenn diese seit Jahrzehnten arabische Namen und Schilder bekommen haben. Ein weiterer Grund ist aber auch die Funktion einer Lingua franca – gerade in einem Land, in dem so viele unterschiedliche Dialekte gesprochen werden.

Alle marokkanischen Schüler lernen Französisch in der Schule, viele teure Privatschulen unterrichten sogar ausschließlich in Französisch. Auch Englisch spielt inzwischen eine immer größere Rolle und ist nun die dritte Sprache in den großen Städten, doch in den Online-Medien, bei Radiostationen und in der Geschäftswelt dominiert nach wie vor das Französische.

In vielen Teilen des Landes, vor allem in den Städten, kommt man mit Französisch deutlich weiter als mit Darija-Versuchen oder Englisch.

Das in Marokko gesprochene Französisch ist meist grammatikalisch einfacher und von daher auch leichter als in Frankreich selbst zu verstehen.

REGISTER

Seitenzahlen in **Fettdruck** verweisen auf Abbildungen, **GROSSBUCHSTABEN** auf übergeordnete Themen.

A
abouach 16
Adler 65, 124, 150
Agadir 8, 11, 42, 150, 226–238, **228**
  Boulevard Mohamed V 234–235
  Erdbeben 226, 229
  Golf 238
  Große Moschee 235
  Großer Markt 232–233, 236
  Imouzzer des Ida Ou Tanane 21
  Jardin de Olhão 232, 234
  Klima 26, 228
  La Corniche d'Agadir 230, 231
  La Médina d'Agadir 236
  Marina d'Agadir 231
  Museen 232–233, 234, 235
  Nouveau Talborjt 231, 232
  Oufella Kasbah 230
  Palais Royal 233, 236
  Polizzi Medina 236
  Port d'Agadir **230**, 230–231, **232**
  Rue de la Plage 232
  Souk Al Had 236
  Strände 226, 229, 230, 231, **235**, **237**
  Théâtre de Plein-Air 233, 235
  Timitar Music Festival 236
  Vallée des Oiseaux 232, 235
Agadir-Krise 231
Agdz 249
Aglou Plage 238
Agourai 172
Aguelmane Ouiouane 177
Aguelmane Sidi Ali 29
Ahfir 130
ahidous 173
Ahmed der Engländer 75
Aïd el Mawlid 20
Aïd el Seghir 20
Ain Asserdoun 67
Ain Cheggag 151
Ain Chifa 151
Aït Ben Haddou **2–3**, 179, **224**, **240**, 243, 244
Aït Bouguemez 29
Akchour 122
Akka 251
Alawidendynastie 17, 42–43, 139, 144, 148, 155, 158, 160–161, 203

Algerien 133, 254, 256
Al Hoceima 8, 95, **128**, 128–129, 132
Alkohol 25
Almohaden-Dynastie 41, 82, 161, 185, 186, 198, 213
Almoraviden-Dynastie 38, 40–41, 56, 158, 160, 161, 181, 184, 186, 198
Amazigh 15, 32
Amazraou 248–249
Amrane ben Diwan 127
Andalusien 15, 115, 138
Anfa-Hügel 56
Anfa Royal Golf Club 63
Antiatlas 28, 150, 160, 226, 238, 251
Aouli-Schlucht 152
Aqqa-N'Tazart-Schlucht 29
ARCHITEKTUR
  Almohaden 48, 74, 82, 125, 213
  Almoraviden 48, 158, 199–200
  Art déco 49, 57, 58, 61, 94, 102, 171
  bâb 48
  Kasbah 48
  ksar 224, 243
  Mariniden 48, 59, 138, 142, 146
  Marrakesch 208
  mashrabiyya 243
  Mauren 75, 136, 143
  Minarett 48
  pisé 208, 247
  Riad 15, 208
  Römer **34**, 72–73, 81, 82, 86, **106**, 107, 108, 158, **176**, 176–181
  Spanischer Maghreb 79
  ville nouvelle 49
  zellij-Kacheln 50, 51, 61, 74, 140, 141, 142–143, 144, 158, 160, 163, 193, 204
Arganbaum **VI**, **207**, 223
Art déco 49, 57, 58, 61, 94, 102, 171
Ashorou 20
Asilah 18, 87, 94, 95, 103, **104**, 104–105
  Kirche des hl. Bartolomäus 106
  Kulturfestival 104, 105
  Medina 106
  Palais de Raissouli 106
  Stadtmauern und Tore 105–106
Asni 185, 212

Atlantikküste **VI**, 31, **62**, 62, 70, 83, 95, 96, 104–109
  Fischindustrie 258–259
Atlas *siehe* Hoher Atlas, Mittlerer Atlas
Austern 22, 31, 55, 64–65, **65**
Averroes (Ibn Rushd) 46
Awraba 38, 181
Azemmour 55, 63–64
Azrou 173–175

B
Bâb Bouldir 126
Bâb-el-Oued-Brücke 154
Bâb Taza 123
babouches 127, 143, 165, 189, 191
Beni Mellal 21, 55, 66–67, **67**
Beni-Snassen-Berge 128, 130–131
Berber 15, 16, **33**, 34–35, **67**, **213**, **240**, **253**
  Muslimische Dynastien 38
  Tan-Tan-*moussem* 252
Berberaffen 28, 67, 118, 122, 124, 159, **176**, 176–177, 215
Berberhirsch 177, 238
Bergé, Pierre 206
Berkane 130–131
Berrechid 67
Bhalil 151
Bin el Ouidane 215
Blaue Männer der Wüste 250–251
Borj el Baroud 222
Borj-Est 154
Borj-Yerdi 153
Bou Regreg, Republik 84
Boufakrane 172
Bouguedra 66
Bou-Izakarn 251
Boujdour 260–261
Boulaouane 66
Boulemane 136, 148, 151–152
Boumalne-du-Dadès 247
Bouznika Bay Golf Club 63
Bowles, Paul **46**, 47, 95, 98, 99, 101, 103
bsat 51
Burroughs, William 95, 98, 99, 103
Byzantiner 32, 160, 181

C
Calèche 194
Cap Boujdour 260
Cap Hadid 222–223
Cap Juby 253
Cap Malabalata 103

Cap Ras-Tarf **128**
Cap Sim 221, 222–223
Cap Spartel 103, 104, 118
Capote, Truman 98
Casablanca 8, 9, 10, 17, 52–67, 71
 Aïn Diab 61
 Ancienne Medina **56**, 58, 60–61
 Anfa 54, 61
 bidonvilles 54
 Boulevard des Jeunes Musiciens 21
 Bourgogne 61
 CasaArt 51
 Cathédrale Sacré-Cœur 9, 58, 60
 Hassan-II.-Moschee **I**, 9, 48, 49, **52**, 59, **60**, 61
 Hauptmarkt 60
 Heiligtum Sidi Kairouani 61
 Klima 54
 L'Oasis 61
 Mellah 58
 Museen 58, 61
 Parc de la Ligue Arabe 9, 58, 60
 Place des Nations Unies **56**, 57, 58
 Place Mohamed V 51, 57, **58**, 60
 Quartier des Habous 61
 Sidi Belyout 61
 ville nouvelle 54, 79, 98
 zellij-Kacheln 9
Cascades **151**, 151
Cèdre-Gouraud-Wald 177
Ceuta 35, 42, 95, 110, 114, 115–116, 117
 Kathedrale 115, 116
 Königliche Mauern **116**, 116
 Museen 116
 Nuestra Señora de África 115, **116**
 Paseo Colón 116
 Plaza de África 115, 116
 Semana Santa **115**, 115
chaabi 16
Chefchaouen **VI**, **11**, 11, 18, 95, 105, 118, 119–122, **120**
 Große Moschee 120
 Kasbah 120
 Kunst & Kunsthandwerk 121
 Medina 120, 122
 Musée Ethnographique 120
 Quartier Al Andalus 121
Chellah 34, 36, 80, 178
Cherif, Moulay Abdullah 126–127

Churchill, Winston 57, 102, 194
Cinémathèque de Tanger 102
Cirque Jaffar 150
Citerne Portugaise 65
Cornut, Theodore 217
costaleros 115

D
Dadès-Schlucht 247
Dadès-Tal 240, 246–247
Dakhla 8, 227, 256, 258–259, 261–263
daqqa 16
Dar es Salam Royal Golf Club 83
Darija 162
Dash 253
Datteln 153, 155, **210**, **246**
 Dattelfest 247
Derdara 123
Diabat 222
Diademrotschwanz **125**
Dirham 10
Djebel Anaouar 19
Djebel Attar 214
Djebel Ayachi 137, 150, 152
Djebel Bani 251
Djebel Bou Iblane 175
Djebel Bou Naceur 175
Djebel Dersa 110
Djebel l'Ouenkrim 150
Djebel M'Goun 150
Djebel Sarhro 149
Djebel Tafoughalt 131
Djebel Tamefout 130
Djebel Tassemit 55, 66, 67
Djebel Tazekka 126
Djebel Tidirhine 123
Djebel Toubkal **III**, 29, 150, 211–212, 214
Djebel Zagora 248
djellaba 16, 79, 113, 121
Drâa-Tal 19, 41, 227, 229, 234, 240, 241, 242, 245–246, **246**
Duna Blanca 260
Dünen 15, 19, **154**, 154–155, 250, 253, **254**
Dunes de Tinfou 249

E
Ech Chaoua 121, 122
Eisenbahn 9
El Ayun *siehe* Laâyoune
El Hajeb 172–173
El Harhoura 71, 89
El Jadida 19, 50, 55, 63, **64**, 64, 179
El Kalaa 122
El Menzel 151
Eleonorafalken 221, 222

Ensemble Artisanal 76, 78–79, 112, 171, 195, 221
Er Rachidia 148, 152–155, 159, 173, 174, 174
Erfoud 153–155, **154**
 Dattelfest 155
Erg Chebbi 153, 154–155
Erg Lakhbayta 254
ERLEBNISSE
 Am Marathon des Sables teilnehmen 241
 Angeln in Dakhla 259
 Ausflug in einer Calèche 194
 Austern & Vogelbeobachtung in Oualidia 65
 Bergwandern auf dem Djebel Tassemit 66
 Bergwandern auf dem Djebel Toubkal 212
 Das Musikfestival von Timitar 236
 Die Königliche Reitschule 91
 Die Stadt (Marrakesch) jenseits der Medina auf zwei Rädern erkunden 206
 Eine Teppichauktion 79
 Feiern zur Semana Santa **115**, 115
 Feilschen in den Souks 191
 Golfspielen auf dem Royal 63
 Hamambesuch in Tanger 101
 Höhlen von Temara 89
 Kameltreck in der Westsahara **254**, 256
 Militärische Zeremonien 80
 Nationalpark Al Hoceima 129
 Skifahren auf den Pisten von Ifrane 175
 Tamazight sprechen lernen 234
 Töpfern in Tamegroute 248
 Vogelbeobachtung in Moulay Bousselham 87
 Wandern im Rifgebirge 124
 Wassersport in Dakhla 262, **263**
 Windsurfen außerhalb von Essaouira 221
 Zu Fuß im Al-Hoceima-Nationalpark 129
Essaouira 8, 11, 34, 50, 179, 185, 216–221, **218**, **220**
 Avenue Oqba ibn Nafia 218–219
 Bâb Doukkala 217, 219
 Damgaard-Galerie 218, 220
 Église Notre Dame 218
 Ensemble Artisanal 221

Gnaoua-Musikfestival **20**, 21
Große Moschee 220
Inseln 220–221, 222
Mauern **216**, 216–217, 219, **220**, 220
Medina 217, 219, 220
moussem von Regraga 21
Musée Sidi Mohamed ben Abdellah 219, 220
Othello-Gärten 218, 221
Place Moulay Hassan 217
Place Orson Welles 221
Porte de la Marine 218
Souk der Holzschnitzer 219, 221
Souk Lazghal 219
Souks 217, 218, 221
Sqala de la Ville 219, 220
Sqala du Port 219
Strände 185, 216, 221
Windsurfen 221
Essen & Trinken 15, 19, 22–25, **23**, **182**
Austern **III**, **65,** 65
Bäckereien 80
Honig 91
Tajine 8, 22, 251
siehe auch Wein & Weinberge

F

Falknerei 10, 55, **64**
Fam el Hisn 251
Fantasia 20, 21, 91, 169, **169**, 173
Fassi-Keramik 170
Fedala *siehe* Mohammedia
Feigenfest von Bouhouda 21
Feilschen 191
Fès 9, 10, 15, 16, 17, 37–38, 41, 71, 125, 134–149, 181, 186
Aben-Danan-Synagoge 146
Achebine-Souk 141
Adwat al Andalus 138
Adwat al Qarawiyyin 138
Ain Nokbi 141
Andalusische Moschee 143, 146
Andalusisches Viertel 143, 145–146
Bâb Boujeloud **134**, 140–141, 142
Bâb Ftouh 140, 145–146
Bâb Guissa 140, 141
Bâb Jdid (Bâb er R'cif) 140, 144
Bâb Semmarine 146
Batha-Palast 141
Centre Artisanal 147
Dar el Makhzen 136, 142, **144**, 146
Färberviertel 143–144, 145, **146**
Fès el Bali **I**, 19, **134,** 136, **138**, 138, 139–146, **140**, **142**, **146**, 147
Fès el Jedid (Fès Jdid) 41, 48, 136, 138, 139, 146–147
fondouks 136, 138, 139, 143, 145
Gerbereien von Chouwara 141, 143–144, 145, **146**
Habarim-Synagoge 146
Handwerk 140–141, 145, **146**, 147
Heiligtum des Moulay Idriss II. **40**
Jardins de Boujeloud 142, 146
Jüdischer Friedhof 146
Kairaouine 138, 143
Kairaouine-Moschee 139, 143, 144
Klima 26, 137
Marinidengräber 141, 143
méchouar 41, 139
Medersa 136, 138, 139, 140–141, 143, 144, 146, 165
Medersa Attarine 143, 144
Medersa Bou Inania 46, 140–141, 143
Medersa Cherratine 143, 144
Medersa Kairaouine 139, 144
Medersa Sahrij 146
Medersa Seffarine 143, 144
Medina 19, 140, **142**, 142–143, 179
Mellah 139, 142, 146, 147
Mihrab 144
moussem von Moulay Idriss II. 21
Museen 141, 142, 145
Nejjarine-Brunnen 145
Nekropole 136
Palais Jamai 141
Place des Alaouites 142
Rue Cherrabliyne 143
Souk Attarine 141
Souk el Henna 141
Souk Nejjarine 140–141
Souk Tillis 141
Töferei 141
Touristenviertel 147
Unesco-Stätte 179
ville nouvelle 136, 138, 147
World Festival of Sacred Music 21
Zaouia von Moulay Idriss II. 143, 145
zellij-Kacheln 133, 140, 141, 142–143
Fès, Vertrag von 42, 139
Fès-Boulemane 136
Fès-Dar-Dbibegh 136

FESTIVALS
ahidous 173, 240
Aïd el Mawlid 20
Aïd el Seghir 20
Apfelfest Imouzzer du Kandar 151
Ashorou 20
Asilah Arts Festival 104, 105
Baumwollfestival 21
Dattelfest 247
Dattelfest von Erfoud 155
Fantasia 20, 21, 91, 169, **169**, 173
Feigenfest von Bouhouda 21
Film 21
Gnaoua-Musikfestival **20**, 21
Heiratsfest von Imilchil **174**, 174
Honigfest 21
Imouzzer des Ida-Ou Tanane 21, 237
Kerzenfest **84**, 85, 86
Kirschfest von Sefrou 21, 148, 151
Mandelernte von Tafraoute 238
moussem 20–21, 115, 148–149, 261
moussem von Moulay Abd el Kader Jilali 248
moussem von Moulay Abdallah ibn Brahim 21
moussem von Moulay Idriss II. 21
moussem von Regraga 21
moussem von Sidi Ben Aissa 21
moussem von Sidi Mohamed ibn Nasir 249
Musik 21
Musikfestival von Timitar 236
Ramadan 20
Rose-*moussem*-Festival 21, 247
Saïdia 133
Semana Santa **115**, 115
Sidi Harazem 148–149
Tan-Tan-*moussem* 252
Thronfest 21
World Festival of Sacred Music 21
Fez **139,** 139

Film 47, 50
  Festivals 21, 50
  Industrie 243, 244, **245**, 245
Fischadler 65
Fischen 29, **62**, 119, 173, 174, 215
  Dakhla 259
  Fischereiindustrie am Atlantik 258–259
Flagge, marokkanische **38**
Flamenco 115
Flamingo 65, 87, 227, 260
Flugreisen 8
fondouks 136, 138, 139, 143, 145
Forbes, Malcolm 94–95
Foum Zguid 251
Foum-Assaka 250
fouta 121
François, Marcel 89
Franzosen 15, 42, 57, 73, 79, 84, 86, 119, 125, 139, 153–154, 231
Fremdenlegion 241, 255

G
garagab 21
Geschichte Marokkos 32–43
Geschichtenerzähler 162, **186**
Ginsberg, Allen 98
Glaoua 240, 243
gnaoua 20, 21
Golf 55, 62, 63, 83, 167, 226, 238
gommage 101
Gottesbrücke 122
Gouffre du Friouato 126
Goulimine 8, 11, 227, **250**, 250–251
Granatäpfel 113
Grotte de Chameau 130, 131
Grotte des Pigeons 130, 131
Grüner Marsch 256
Guelimim-Es Smara 251

H
Haddsch 20
halqa 51
Hamam 101, 149
Handwerk 51
Haschisch 103, 119
Hassan II. **43**, 43
Heiratsfest von Imilchil **174**, 174
Hendrix, Jimi 222
Hoher Atlas 15, 26, 28–30, 136, 137, **148**, 148, 149, **150**, 150, 151–155, 160, 184, 185, **210**, 210–215, **214**, 237, 240

Höhlen
  El Harhoura 89, 90
  Gouffre du Friouato 126
  Grotte de Chameau 130, 131
  Grotte des Pigeons 130, 131
  Höhlenwohnungen 151
  Temara 89, 90
Höhlenforschung 119
Hutton, Barbara 94–95

I
Ibn Battuta 46
Ibn Bjjah 44
Ibn Khaldoun 46, 139
Ibn Tufail 46
Idrisiden-Dynastie 36–38, **40**, 181
Idriss I. 36–37, 180, 181
Ifni-Krieg 253
Ifrane 29, 158, **172**, 173, 174–175
Igdaoun 248
Ijoujak 213
Île de Mogador 216, 217, 222
Imazighen 32, 132
Imilchil, Heiratsfest von **174**, 174
Imlil 212
Imouzzer des Ida-Ou Tanane 21, 237–238
Imouzzer du Kandar 151
  Apfelfest 151
Imzouren-Souk 132
Inezgane 237
Ismailiya-Kasbah 66–67

J
Jabir 82
Jardin du Safran 214
Jardins Exotiques 89
Jebel *siehe* Djebel
Jet-Ski 226

K
Kacimi, Mohamed 90–91
Kaftan 16
Kairouan 138
Kalaat M'gouna 246–247
Kamel **33**, 155, 227, **249**, 252
  Kamelmarkt von Goulimine **250**, 250–251
  Trekking in der Westsahara **254**, 256
Kanaren-Strömung 256
Karawanserei 145
Kar-ej-Jdid 153
Kariet Arkman 133
Karthago 34–35
Kasbah 48
Kasbah Aït ben Moro 246
Kasbah Amerdihl 246

Kasinos 62
Kenitra 71, 86, 88
Kerdous-Pass 227
Kerouac, Jack 98
Ketama 123–124
Khemis Zemamra 66
Khemisset 91
Khenifra 158, 173
Kitesurfen 64, 221, 260, 262
Klima 10, 22, 26, 30–31, 32
Konferenz von Casablanca 57, 194
Königliche Reitschule 91
Königreich Sijilmassa 153, 155
Königsstädte 17
Kormorane 65
ksar 224, 243
Ksar el Kebir 108–109
Ksar Zagora **38**
ksour 152

L
La Falaise 90
La Mamora 167
Laâyoune 8, 11, 227, 256–260, **257**, **258**
  Fischereiindustrie 258–259
  Große Moschee Moulay Abdel Aziz 260
  Place Dchira 257, 260
  Place du Méchouar 257
  Souk Djemal 257
  Spanische Kathedrale 257
Lac du Sidi Bou Ghaba 89
Laïla-Lagune 253
L'Aksoual 29
Laprade, Albert 60
Larache 87, 95, 104, **106**, 106–108, 167
Lederverarbeitung 17
Legzira Plage **IV**
Leopard, Nordafrikanischer 29
Literatur 44, 46–47
Lixus 34, **106**, 107–108, 112
L'Ouenkrim 29
Löwe, Nubischer Berberlöwe 31
Lulia Campestris Babba 35, 178
Lulia Constantia Zilil 35, 178
Lulia Velantia Banasa 35–36, 178
Lynx 177

M
Maghreb 32, 251
Maghrebinische Kalligrafie 74
Mähnenschafe 29, 150, 255
Maimonides 139
Majorelle, Jacques 201, 206
Mamora-Wald 71, 86, 88

Mansour 162
Mansour, Ahmed el 109, 198, 199, 202–203
Mansour, Yacoub el 41, 48, 77, 81, 82
Marathon des Sables 241
Marihuana 95, 119, 123–124
Mariniden-Dynastie 41, 56, 59, 84, 136, 138, 139, 142, 146, 160, 181
Marrakesch **VII**, 8, 9–10, 15, 17, 42, 109, 139, 182–209, **196**
Agdal-Gärten 198, 207, 209
Al Fassia Guéliz 201
Architektur 208
Bâb Agnaou 195, 196, 198, 200
Bâb Debbagh 198, 200
Bâb Fteuh 188
Bahia-Palast 198, **204**, 204–205
Café Amandine 201
Café de France 196
Calèches 194, 198
Cyber-Park Arsat Moulay Abdeslam 195
Dar el Makhzen 197, 202, 204
Dar Menebhi 193, 197, 205
Dar Si Saïd 205
Djemaa el Fna **II**, 9, **18**, **23**, 51, **182**, 184, **186**, 187, 188, 190, 196, **200**
Église des Saints Martyrs de Marrakech 201
El-Badi-Palast 48, 162, 198, **202**, 202–204, **205**
Eloussta-Moschee 197
Ensemble Artisanal 195
Fahrradverleih 206
Färberviertel 200
Filmfestival 50
Flughafen 49, **208**, 208
Guéliz 184, **189**, 200–201, 208
Handwerk 186–192, **195**, 195
Hivernage 200–201, 208
Ibn-Youssef-Moschee 192, 197
Jnane 208
Kasbah 186, 195, 200
Kasbah-Moschee 199
Kechmara 201
Klima 26, 185, 211
Königspalast 184
Koubba Ba'Adiyn 192, 197

Koubba Lalla Zohra 196
Koutoubia-Moschee 9, 41, 44, 48, 81, 82, **182**, 184, 186, 187, 193–194, 196, 204
La Palmeraie 206, 207, 209
Lazama-Synagoge 200
Lederwaren 190–191, 196, 200
Maison Tiskiwin 198–199
Majorelle-Gärten **49**, 185, 194–195, 201, 206
Mamounia-Hotel 194
Medersa Ibn Youssef 184, 187, 190, 192–193, 197
Medina **4**, **14**, 179, 184, 187, **190**, 198
Mellah 195, 200, 208
Menara-Gärten 184, 185, 206, 207, **209**
Motorrollerverleih 206
Museen 193, 197, 198–199, 205, 206
Nachtleben 201
pisé 208
Place du 16 Novembre 201
Rabha Kedima 189
Riad 208
Saadier-Gräber 184, 187, 199, 203
Souk de Teinturiers 197
Souk des Babouches 189, 196
Souk des Bijoutiers 192
Souk des Fassis 193
Souk des Tapis (Criée Berbière) 189, 196
Souk el Btana 196
Souk el Haddadine 189, 196
Souk el Kebir 188
Souk Qessabine 188
Souk Smarine 188
Souks 184, 186–192, **190**, **195**, 196–197
Stadtmauern 184, 187, 198
Straßenkünstler 51, 188, **200**
Unesco-Stätte 179, 187, 188
ville nouvelle 185
zellij-Kacheln 193, 204
Marrakesch-Tensift-Al Haouz 184
Martil 117
mashrabiyya 243
Matisse, Henri 94, 98
Mauretania 34–36, 178
Mauretania Caesariensis 35, 178
Mauretania Tingitana 35–36, 158, 178–179
Mauretanien 254, 256

Mazagan *siehe* El Jadida
Mdiq 117
méchouars 139, 188, 204
Medina 18–19
Mittelmeerküste 31, 95, 96, 114, 116
Mehdya 88–89
Meknès 8, 10, 16, 17, 48, 49, 71, 125, 156–171, **168**, 181
Agdal-Teich 158, 168
Bâb Mansour 48, 158, **160**, 162–163, 164, 181
Dar el Kebira (Viertel) 164, 167
Dar el Makhzen 158, 161–162, 167
Dar Jamaï 164, 168, 170
Ensemble Artisanal 171
Fassi-Keramik 170
Große Moschee 158, 161, 165, **166**, 170
Habs Qara 164, 166
Haras de Meknès 169
Heri el Souani 168
Institut Français 171
Jardin el Haboul 165
Klima 26, 159
Königstadt 158, 161–163
Koubba el Khayatine 158, 163, 164, 166
Kunst & Kunsthandwerk 170
Mausoleum des Moulay Ismail 158, 164, 166–167, **171**
Medersa Bou Inania 161, 165, 170
Medina **156**, 158, 160, 168, 170, 171
Meknès Royal Golf Club 167
moussem von Sidi Ben Aissa 21
Place el Hedime 21, 162, **164**, 164, 168
Place Lalla Aouda 163
Rue Nejjarine 164–165
Souks **163**, 165, 170
Tore 158
Traditionelle Unterhaltung 162
Unesco-Stätte 179
Ville Impériale 10, 158, 161–169
ville nouvelle 160, 161, 170–171
zellij- Kacheln 158, 160, 163
Meknès El Menzah 172
Meknès-Tafilalet 172, 173
Melilla 37, 95, 117, 132–133
Medina Sidonia 132
Plaza de España 115
Sagrado Corazón **133**

Semana Santa 115
Merdja-Zerga-Lagune 31, 86, 87
Merzouga **V**, 137, 153, 155
Meski 153
Mhorr-Gazelle 238
Midelt 137, 150, **152**, 152
Mihrab 144
Miknasa 158, 160, 161
Minarett 48
Mirleft 234
Mischliffen 175
Mittlerer Atlas **VIII**, 15, 26, 28–30, 55, 66, 67, 71, 137, 148, 151–181
Tierwelt 176–177
Mohamed ibn Abdallah 57
Mohammed V. 42–43, 74, 102
Mohammedia 62–63
Monte Hacho 116
Moulay Bousselham 10, 31, 86, 87
Moulay Bouzerktoun 221
Moulay Brahim 212
Moulay Idriss **37**, 158, 180, 181
Moulay Ismail 67, 158, 160–163, 166–169, 181, 197, 199, 203
Moulay Yacoub 136, 137, 148–149
moussem 20–21, 115, 149, 261
MUSEEN
Agadir 232–233, 234, 235
Casablanca 54, 58, 61
Ceuta 116
Chefchaouen 120
Fès 141, 142, 145
Festivals **20**, 21
Marrakesch 193, 198–199, 205, 206
Melilla 132
Musée Dar Belghazi 89
Musik 15–16, 261
Rabat 71, 75, 76–77, 80
Tanger 99, **100**, 100–101
Tétouan 107, 112, 114

N
Nador 8, 11, 95, 133
Nasiriyya 249
Nationalpark Al Hoceima 128, 129
Nationalpark Bouhachem 124
Nationalpark Ifrane 177
Nationalpark Souss-Massa 11, 226–227, 238
Nationalpark Tazekka 29
Nationalpark Toubkal 29, 150, 185, 212, 214
Nieto, Enrique 132

Nordafrikanischer Leopard 29
Nubischer Löwe (Berberlöwe) 31

O
O Desejado 109
O Encoberto 109
Oases du Ziz 153
Olivenöl 121
Orangen 22, 66, 67, 172
Oualidia **II**, 10, 22, 55, 64–65
Ouarzazate 8, 9, 11, 19, 21, 227, 246–249
Filmindustrie 50, 243, 244, **245**, 245
Klima 242
Kunsthandwerkszentrum 242
Oasen 240
Ouazguita-Teppiche 244
Souks 243–244
Taourirt-Kasbah **III**, 241, **242**, 243–244
Tiffoultout-Kasbah 241
Ouazguita-Teppiche 243–244
Oudaïa 73, 90
Oudayas Surf Club 83
Oudja 148
Oued Aggaï 151
Oued Bou Regreg 34, 70, **72**, 73, 78, 81, 82, 83, 88
Oued Boufekrane 170
Oued Chbika 253
Oued-Derna-Tal 67
Oued Drâa 227, 240, 241, 242, 245–246, 252
Oued Drader 87
Oued Farda 122
Oued Fès 141, 145
Oued Ksob 222
Oued Laou 11, 28, 117
Oued Loukos 107, 108
Oued Loulous 34
Oued Massa 238
Oued Mellah 243
Oued Moulouya 133
Oued Muluya 118
Oued Nekor 128
Oued Oum er Rbia 63, 66
Oued Reraia 212
Oued Saquia el Hamra 257, 260
Oued Sebou 36, 86, 88
Oued Sous 223, 226, 238
Oued Tensift 223
Oued Todra 247
Oued Zegzel 130–131
Oued Ziz 152–153, 155
Ouezzane 118, **126**, 126–127

Grab des Marabout 127
Handwerk 127
moussem von Moulay Abdallah ibn Brahim 21
Zaouia-Ouazzania-Moschee 127
Ouirgane 213
Oujda 26, 130
Oukaïmeden 211, 214–215
Oum el Alek Herbil 251
Ounila-Tal 243, 244
Ourika-Tal 213–214
Ouzoud 185, 215
Ouzoud-Wasserfälle **III**, **30**, 215

P
Paradies-Tal 237
Paragliden 250
Peñón de Vélez de la Gomera 128, 132
Petit Val d'Or 90
Pferde **90**, 173, **237**
Calèches 194
Fantasia 20, 21, 91, 169, 169, 173
Haras de Meknès 169
Königliche Reitschule 91
Phönizier 32, 34–35, 91, 160, 217, 228
Pinseau, Michel 61
Piraten 70, 73, 74–75, 84, 85
pisé 208, 247
Plazas de Soberania 132
Polecat 29, 177
Polisario 43, 254, 255–256
Polizzi, Coco 236
Port Lixus 108
Portugiesen 42, 56, 63, 64, 105, 108–109, 202, 216, 228, 254
Purpur 36, 216, 217

Q
Qadi Ayyad ibn Musa 44

R
Rabat 9, 10, 17, 48, 54, 68–91, **72**, **88**, 104, 178
Andalusischer Garten 75, 76, 78
Arc de Triomphe 82
Bâb Oudaïa 48
Cathédrale Saint Pierre 80
Chellah-Nekropole 70, 81–82, 179
El-Atika-Moschee (Jamaa el Atiq) 74, 77
Ensemble Artisanal 76, 78–79
Hassan-Moschee (unvollendet) **78**, 81, 82

Hassan-Turm 10, 41, 77, **78**, 80, 81, 82
Jupitertempel 82
Klima 70
Königspalast 80–81, **81**
Marché Central 70, 76
Mausoleum von Mohammed V. **IV**, 70, 74, 77, 80–81, 82
Medina 76, 78–79
Mellah 76, 79
Militärische Zeremonien 80
Moschee des Abou Youssef 82
Museen 71, 75, 76–77, 80
Nouzhat-Hassan-Garten 73, 76, 79
Nymphenbecken 82
Oudaïe-Kasbah 10, 70, 71, 73–74, **75**, **76**, 76–77, 179
Piraten 70, 73, 74–75, 84
Place Souk el Ghezel 78, 79
Plateforme du Sémaphore 74–75
Stadttore & -mauern 70, 74–75, **76**, 76, 77
Teppichauktion 78, 79
ville nouvelle 70, 73
Ramadan 20
Ras el Ain 67
Ras el Oued 126
Reconquista 41, 115, 120
Reitschule, Königliche 91
Religion 36–37
Restinga-Smir 117
Riad 15, 208
Rich 137, 153
Rifgebirge 11, 26, **28**, 28, 87, 95, 110, 113, 114, 117, **118**, 118–127, **123**, 181
Rifkrieg 119, 120, 129
Río de Oro 255, 262
Rissani 155
Römer 32, 35–36, 71, 72–73, 81, 82, 86, 91, 158
Lixus 34, **106**, 107, 108, 112
Purpur 36, 217
Volubilis **II**, **34**, 35, 158, 159, 162, 163, 172, **178**, 178–181
Roosevelt, Franklin D. 57, 194
Rose-*moussem*-Festival 21, 247
Rosenwasser 246–247
Route des Kasbahs 246–247

S
Saadier 17, 41–42, 160, 181, 187, 199, 202–203, 229, 239
Sabra 86
saeta 115

Safi 19, 50, 55, 63, 64
Safran 214
Saguia el Hamra 255
Sahara **V**, 19, 26, **27**, 43, 133, 153, 154–155, 227, 240, 247–249, 250–252, **254**, 254–257, 260–263, **261**, 263
Kamelwanderung **254**, 256
Marathon des Sables 241
Tierwelt 255
Sahrawi 27, 251, 254–263, **257**
Saïdia 130, 133
Musikfestival 133
Saint Laurent, Yves 206
Saïss-Plateau 137, 172
Saïss-Tal 150
Salé 18, 48, 70, 71, 73, 83, **84**, 84–86
Bâb el Mrisa 85
Kerzenfest **84**, 85, 86
Salzstraße 153
Sardinen 228, 259
Schlacht der drei Könige 42, 108–109, 198, 202, 229
Schlucht Oued el Abid 215
Schmuck 77
Schnee 29, 137, 150, 159, 175, 184, 210, 211, 214–215
Sebastianismus 109
Sebkha Oum Dba 254
Sebkha Tah 254
Sebt Jahjouh 172
Sefrou 136, 137, 148, 149, **151**, 151
Kirschfest 21, 148, 151
Segeln 55, 62, 215
Semana Santa **115**, 115
Settat 55, 66–67
University Royal Golf Club 63, 67
Sidi Abdullah Hassoun 86
Sidi-Abu Abdellah 153
Sidi Akhfennir 252
Sidi-Ali-See 174
Sidi Allal el Kairouani 61
Sidi Bennour 66
Sidi Bouknadel 89
Sidi el Abed 90
Sidi Harazem 148–149
Sidi ibn Abbas 212
Sidi Ifni 250
Sidi Kaouki 221
Sidi Mohamed ben Abdellah 218, 219
Sidi Mohamed ibn Nasir 249
Sidi Moussa el Harrati 88
Sidi Yahya el Gharb 88
Ski fahren 29, 137, 150, 159, 175, 211, 214–215

Skoura 246
Smara 260
Smimou 223
Sous-Tal 223
Souss-Massa-Drâa 228
Spanier 15, 41–42, 56–57, 73, 95, 107, 110–111, 114, 115–116, 119, 132, 253, 254–255
Spanische Enklaven *siehe* Ceuta; Melilla
Spas 148, 149
Sprachen 15, 94, 129, 173, 251
Hassaniya 251
Tamazight 173, 234
Steinkreis in Msoura 107, 108, 112
Storch 65, **205**, 255
STRÄNDE
Agadir 226, 229, 230, 231, **235**, **237**
Aglou Plage 238
Al Hoceima **128**, 128, 129
Cap Hadid 222–223
Cap Sim 221, 222–223
El Haouzia 64
El Harhoura 71, 90
El Jadida 64
Essaouira 185, 216, 221
Kenitra 86
La Falaise 90
Larache 106–107
Martil 117
Mdiq 117
Mirleft 234
Moulay Bouzerktoun 221
Oualidia 65
Petit Val d'Or 90
Plage des Nations (Sidi Bouknadel) 89
Rabat 83
Restinga-Smir 117
Saïdia 133
Salé 84
Sidi el Abed 90
Sidi Kaouki 221
Tafelney 223
Tanger 94, 95
Tarfaya 253
Tétouan 114
Val d'Or 90
Straße von Gibraltar 14, 94, 101, 116
Straßen 9
Straßenkünstler **45**, 51, 162, 188, **200**
Sufismus (Islam) 127, 248, 249
Surfen 62, 64, 83, 234, 238, 250, 262

T
Tadla-Ebene 67
Tafelney 223
Tafilelt-Tal 154
Taforalt 131
Tafraoute 19, 227, 238
Taghzout-Schlucht 29
Tagmadert 42, 229
Tagounite 249
Tah 254
Tahanaout 211–212
Taïbia 127
Tajine 8, 22, 251
Talassemtane-Nationalpark 11, 122, 124
Talembote-Nationalpark 124
Tamanar 223
Tamazight 173, 234
Tamdakht-Kasbah 246
Tamegroute 249
  Bibliothek Zaouïa Naciria 249
  Töpferei 248
Tamnougalt-Kasbah 249
Tamrhakht 237
Tanger 9, 11, 16, 18, 36, **92**, 92–103, **96**, **103**, 167
  Café de France 98–99
  Café de Paris 102–103
  Café Hafa 102–103
  Cinémathèque de Tanger 102
  Dar el Makhzen 101
  Einkaufen 100
  Grand Socco 11, 102
  Hamams 101
  Jardins de la Mendoubia 102
  Jazzfestival 21
  Kasbah 95, 97, 101
  Klima 26
  Medina 94, 95, **96**, 97, **98**, 98–99, **100**, 100–101
  Mohammed-V.-Moschee **96**
  Museen 99, **100**, 100–101
  Petit Socco 99, 100, 102
  Plaza de Faro 98
  Sidi-Bou-Abib-Moschee 102
  St.-Andreas-Kirche 103
  Strände 94, 95
  ville nouvelle 94, 95, 97, 102–103
Tan-Tan 8, 11, 227, 245, 252
  Venus von Tan-Tan 252
Taounate 21
Tarfaya 11, 227, 252–253, 255
Tarhzirte-Schlucht 67
Taroudant 19, 42, 211, 227, 238–239, **239**
Tata 251

Taza 123, 124–126
  Andalusische Moschee 125
Taza-Pass 124–125
Taznakht 247
  Teppiche 244, 247
Tazzarine 248
Tellatlas 28
Temara 71, 89–91
  Höhlen 89, 90
  Kasbah de Guiche Oudaïa 90
  Königliche Reitschule 91
Teppiche 51, 243–244, 247, **253**
Teppichauktionen 78, 79
Tétouan 11, 16, 18, 95, **110**, 110–114
  Bâb Okla 114
  École Artisanale 111, 112
  El Ensanche 111–112
  Ensemble Artisanal 112
  Filmfestival 21, 50
  Friedhof 114
  Gherza el Kebira 113
  Khalifa-Palast 111
  Klima 26
  Medina 110, 112–114, **113**, 179
  Mellah 111, 113
  Museen 107, 112, 114
  Place Hasssan II 111
  Souk el Fouki 113
  Souk el Houts 113
  Spanische Kathedrale 112
  Stadtmauern & Tore 112
  Unesco-Stätte 179
  ville nouvelle 111–112
Thamusida 86
Theater 51
Thermalquellen 136, 148, 149
Tidighine (Berg) 26
Tiflet 91
Tifrit-Tal 227
Timitar-Musikfestival 236
Tinghir 247
Tingis 36, 179
Tin-Mal-Moschee 213
Tinzouline 248
Tissa-Fantasia 21
Tissint 251
Tizguit-Tal 159
Tizi-n'Test-Pass 150, 152–153, 211
Tiznit 227, 234, 238
Todra-Schlucht 247
Tombouctou (Timbuktu) 248, 254
Töpferei **8**, 17, 51, 141, 248
Tounfite 150
Tournon, Paul 60

Tracht, traditionelle 16–17, **20**, **33**, **68**, 71, 79, **92**, 113, **118**, 121, 127, **139**, 139, **174**, **218**, **250**
Tuaregs 250–251, **261**
Tunnel de Foum-Zabel 153
Tyrischer Purpur 36, 216, 217

U
Umweltprobleme 31
Unesco-Stätte 178, 179, 223, 243

V
Val d'Or 90
Vandalen 181
Venus von Tan-Tan 252
Villa Bens 253
VOGELBEOBACHTUNG
  Essaouira 220–221, 222
  Hoher Atlas 29, 150
  Kariet Arkman 133
  Lac du Sidi Bou Ghaba 89
  Merdja Zerga 87
  Mittlerer Atlas 177
  Moulay Bousselham 31, 86, 87
  Nationalpark Souss-Massa 226–227, 238
  Oualidia 65
  Oued Moulouya 133
  Riffgebirge 124, **125**
  Sahara 255
Volubilis **II**, 10, **34**, 35, 158, 159, 162, 163, 172, **178**, 178–181
Vo Toan 74

W
Währung 10
WÄLDER
  Agadir 230
  Atlasgebirge 27–29, 153
  Cèdre Gouraud 177
  Forêt As-Sehoul 86
  Forêt Des Zaërs 86
  Ifrane-Region 175, 177
  Korkeichenwald Ziaïdas 55
  Mamora-Wald 71, 86, 88
  Nationalpark Talassemtane 122
  Nationalpark Tazekka 27–29
  Rifgebirge 28, 118
  Salé-Region 84
  Tizguit-Tal 159
Waldrapp 31, 238
WANDERN
  Chefchaouen 119, 121–122
  Djebel Tassemit 66
  El Hajeb 172–173
  Hoher Atlas 150, 152, 211, 212, 214

Imouzzer des Ida-Ou Tanane 237–238
Korkeichenwald Ziaïdas 55
Mamora-Wald 71
Nationalpark Al Hoceima 129
Rifgebirge 121–122, 124
Tata 251
Tinghir 247
Umgebung von Fès 137
Wüste 154–155
Wasser (Trinkwasser) 9
Wassersport 215, 262–263, **263**
Wattasiden-Dynastie 41, 160, 228–229

Wein & Weinberge 10, 25, 55, 66, 172
Weinberge von Boulaouane 10, 55, 66
Welles, Orson 50, 64, 218, 221
Westgoten 181
Wildschwein 29, 118, 124, 176, 177
Wildwasser-Raften 214
Williams, Tennessee 95, 98, 103
Windsurfen 62, 221, 223, **263**
Wintersport 29, 137, 150, 159, 175, 211, 214–215
Wirtschaft 19

X
xalam 261

Z
Zagora 19, 227, 247–248
Zayane 173
Zegzel-Schlucht **130**, 130–131
zellij-Kacheln 9, 50, 51, 61, 74, 133, 140, 141, 142–143, 158, 160, 163, 193, 204
Zemmour 16
Zerhoun-Berge 178
Ziaïdas (Korkeichenwald) 54–55
Zrigat 153
Zweiter Weltkrieg 57

BILDNACHWEIS

Umschlagvorderseite: ugurhan/iStockphoto.com
Vordere Umschlagklappe: basti_90/iStockphoto.com (o), bigapple/iStockphoto.com (M), thumb/iStockphoto.com (u)
I–IV, Top 10 Tipps: (1) takepicsforfun/fotolia, (2) Presse750/Dreamtime, (3) Lukasz-Nowak1/fotolia, (4) radekprocyk/fotolia, (5) dietwalter/fotolia, (6) Karol Kozłowski/fotolia, (7) Emanuelle Combaud/fotolia, (8) Francisco Javier Gil/fotolia, (9) loravasileva/fotolia, (10) betweenthecircles/fotolia
V–VIII Top 5 Foto-Tipps: (1) Veronique Fleury, National Geographic Your Shot (2) Anastasia Shikina, National Geographic Your Shot (3) Amy Sacka, National Geographic Your Shot (4) Fabian Graf, National Geographic Your Shot (5) Vlad Min, National Geographic Your Shot
2–3, Brigitte Merle/Photononstop/Photolibrary; 4, Nicolas Pitt/Photolibrary; 8, Ray Hub/Shutterstock; 11, David Norton Photography/Alamy; 12 istockphoto; 14–15, Thomas Stankiewicz/Look-foto/Photolibrary; 16, KFS/Imagebroker/Photolibrary; 18–19, Lee Frost/Robert Hading World Imagery/Photolibrary; 20, Sébastien Boisse/Photononstop/Photolibrary; 22–23, Duncan Maxwell/Robert Harding World Imagery/Photolibrary; 25, Pierre Andrew Hoffman/Picture Press/Photolibrary; 27, Antonello Lanzellotto/Tips Italia/Photolibrary; 28, Martin Harvey/Peter Arnold/Photolibrary; 30, fotolincs/Alamy; 33, Gavin Hellier/Robert Harding World Imagery/Photolibrary; 34–35, Bruno Morandi/age fotostock/Photolibrary; 37, Bruno Morandi/age fotostock/Photolibrary; 38, Stefan Auth/Imagebroker/Photolibrary; 40, Dallas and John Heaton/Corbis; 43, Sygma/Corbis; 45, Ruthven Carstairs/Alamy; 46, Shepherd Sherbell/Corbis; 49, Richard Duebel/Imagestate/Photolibrary; 50, Bill Lai/Index Stock/Photolibrary; 52, Tolo Balaquer/age fotostock/Photolibrary; 56, Walter Bibikow/age fotostock/Photolibrary; 58, PCL/Alamy; 60, Andrew Watson/John Warburton-Lee Photography/Photolibrary; 62, Olivier Diqoit/Imagebroker/Photolibrary; 64, Bruno Morandi/age fotostock/Photolibrary; 65 Floris Leeuwnberg/The Cover Story/Corbis; 67, Xabier/Richer/Photononstop/Photolibrary; 68, Steve Vidler/Imagestate/Photolibrary; 72, Bruno Morandi/age fotostock/Photolibrary; 75, Nicolas Thibaut/Photononstop/Photolibrary; 76, Paul Thompson/Ticket/Photolibrary; 78, J. D. Dallet/age fotostock/Photolibrary; 81, Ethel Davis/Robert Harding World Imagery/Photolibrary; 83, Guy Bouchet/Photononstop/Photolibrary; 84, Bruno Morandi/Robert Harding World Imagery/Photolibrary; 87, Gerrit de Vries/Shutterstock; 88, Emilio Suetone/Hemis/Photolibrary; 90, J. D. Dallet/Alamy; 92, Gonzalo Azumendi/Photolibrary; 96, Ken Gillham/Robert Harding World Imagery/Photolibrary; 98, Julian Love/John Warburton-Lee Photography/Photolibrary; 100, Ming Tang-Evans/Ticket/Photolibrary; 103, Gary Cralle/Tips Italia/Photolibrary; 104, Ludovic Maisant/Hemis/Photolibrary; 107, Nicolas Thibaut/Photononstop/Photolibrary; 108, K. M. Westerman/Corbis; 110, Philippe Saharoff/Photononstop/Photolibrary; 112, Roger-Viollet/Topfoto; 114, Paul Thompson Images/Alamy; 117, Keren Su/Corbis; 119, Michael Schaef/F1 Online/Photolibrary; 120, Witold Skrypczak/Alamy; 123, Imagestate/Alamy; 124, Hugo Canabi/Icontec/Photolibrary; 127, Christopher Rennie/Robert Harding World Imagery/Photolibrary; 128, David Bartruff/Indexstock/Photolibrary; 130, Alvaro Lelva/age fotostock/Photolibrary; 133, JD Dallet/age fotostock/Photolibrary; 134, JD Dallet/age fotostock/Photolibrary; 138, Sven Randebrock/Photolibrary; 140, Bruno Morandi/Hemis/Photolibrary; 142, Randebrock/Alamy; 144, Mark Hannaford/John Warburton-Lee Photography/Photolibrary; 146, Robert Harding World Imagery/Photolibrary; 148, Nicolas Thibault/Photononstop/Photolibrary; 150, Bruno Morandi/Robert Harding World Imagery/Photolibrary; 151, Roland T. Frank/Mauritius/Photolibrary; 152, Hugo Canabi/Icontec/Photolibrary; 154, Michael Boyny/Look-foto/Photolibrary; 158, Steve Vidler/Imagestate/Photolibrary; 161, Tibor Bognar/Photononstop/Photolibrary; 162, Pat Behnke/Alamy; 164, Bruno Morandi/age fotostock/Photolibrary; 166, Walter Bibikow/Mauritius/Photolibrary; 167, Nicolas Thibault/Photononstop/Photolibrary; 169, Jean Dominique Dallet/Alamy; 170, AFP/Getty Images; 172, Jacques Bravo/Photononstop/Photolibrary; 174, Roger Eritia/OSF/Photolibrary; 175, Michael Tarrier/age fotostock/Photolibrary; 176, Walter Bibikow/age fotostock/Photolibrary; 180, Tol Balahuer/age fotostock/Photolibrary; 182, Paul Nevin/Ticket/Photolibrary; 186 KFS/Imagebroker/Photolibrary; 189, Kevin Foy/Alamy; 190, Nicolas Thibault/Photononstop/Photolibrary; 192, Stefan Auth/Imagebroker/Photolibrary; 195, Andrew Newey/The Travel Library/Photolibrary; 196, Paco Ayala/age fotostock/Photolibrary; 200, Xavier Richer/Photononstop/Photolibrary; 202, KFS/Imagebroker/Photolibrary; 204, Kevin Foy/Alamy; 205, Simon Reddy/Alamy; 207, Gilles Rigoulet/Hemis/Photolibrary; 208, istockphoto; 209, Jean Pierre Lescourret/Corbis; 228, John Warburton-Lee Photography/Alamy; 213 Realimage/Alamy; 214, K. M. Westermann/Corbis; 216, Christian Kober/John Warburton-Lee Photography/Photolibrary; 218, Hidalgo & Lopesino/age fotostock/Photolibrary; 220, Xavier Richer/Photononstop/Photolibrary; 222, Andrew Watson/John Warburton-Lee Photography/Photolibrary; 224, Bruno Perlousse/age fotostock/Photolibrary; 230, Jean Du oisberrenger/Hemis/Photolibrary; 234, Jean Keohane/Imagestate/Photolibrary; 235, Joachim Hiltmann/Imagebroker/Photolibrary; 237, EG Pors/Shutterstock; 239, Walter Bibikow/Jon Arnold Travel/Photolibrary; 240, Antonello Lanzellotto/Tips Italia Photolibrary; 242, blickwinkel/Alamy; 245, Rob Crandall/Alamy; 246, JTB Photo/Photolibrary; 249, Camille Moirenc/Hemis/Photolibrary; 250, Nicolas Thibaut/Photononstop/Photolibrary; 253, Xavier Richer/Photononstop/Photolibrary; 254, Vladimir Wrangel/Shutterstock; 257, Jean Keohane/Imagestate/Photolibrary; 258, Pascal Parrot/Sygma/Corbis; 261, Bildagentur/Tips Italia/Photolibrary; 263, AFP/Getty Images; 266, Nedko Dimitrov/Alamy.

In der Reihe NATIONAL GEOGRAPHIC TRAVELER sind bisher folgende Titel erschienen:

ALASKA
AMSTERDAM
ANGKOR
ARGENTINIEN
AUSTRALIEN
BARCELONA
BERLIN
BOSTON UND UMGEBUNG
BRASILIEN
CHINA
COSTA RICA
DEUTSCHE NATIONALPARKS
FLORENZ UND TOSKANA
FLORIDA
FRANKREICH
GRIECHENLAND
GROSSBRITANNIEN
HAWAII
HONGKONG
INDIEN
IRLAND
ISTANBUL MIT TÜRKISCHER RIVIERA UND KAPPADOKIEN
ITALIEN
JAPAN
KALIFORNIEN
KAMBODSCHA
KANADA
KANADA-NATIONALPARKS
KARIBIK
KOLUMBIEN
KROATIEN
KUBA
LONDON
MADRID
MAROKKO
MEXIKO
MIAMI UND DIE FLORIDA KEYS
NEUSEELAND
NEW YORK
PANAMA
PARIS
PERU
PORTUGAL
PRAG UND TSCHECHIEN
PROVENCE UND CÔTE D'AZUR
RIO DE JANEIRO
ROM
SAN FRANCISCO
SCHOTTLAND
SCHWEIZ
SPANIEN
SÜDAFRIKA
SYDNEY
TAIWAN
THAILAND
USA-NATIONALPARKS
VENEDIG
VIETNAM
WASHINGTON, D.C.
WIEN

Weitere Titel in Vorbereitung

Copyright © der Originalausgabe: National Geographic Society, Washington, D.C. 2011

Deutsche Ausgabe veröffentlicht von National Geographic Deutschland (NG Malik Buchgesellschaft mbH), Hamburg 2011
3. aktualisierte und erweiterte Auflage, Hamburg 2015

Deutsche Übersetzung: Ralph Amann, Petra Dubilski, Beatrix Gehlhoff, Raphaela Moczynski (Reiseinformationen), Dr. Annegret Pago, Dr. Thomas Pago, Jutta Ressel M. A.
Produktionsleitung: Alexandra Carsten
Gesamtproducing: bookwise Medienproduktion GmbH, München
Druck: Polygraf Print, Prešov

Printed in Slovak Republic
ISBN 978-3-95559-126-7

Titel der amerikanischen Originalausgabe:
National Geographic Traveler Morocco

Alle Rechte vorbehalten. Reproduktionen, Speicherungen in Datenverarbeitungsanlagen oder Netzwerken, Wiedergabe auf elektronischen, fotomechanischen oder ähnlichen Wegen, Funk oder Vortrag – auch auszugsweise – nur mit ausdrücklicher Genehmigung des Copyrightinhabers.

Alle Angaben in diesem Buch wurden zum Zeitpunkt der Erarbeitung sorgfältig geprüft. Trotz allem zeigt die Erfahrung, dass Fehler und Änderungen nicht ausgeschlossen werden können. Wir bitten um Verständnis, dass der Verlag hierfür keinerlei Haftung übernehmen kann. Bewertungen von Hotels, Restaurants oder Sehenswürdigkeiten geben die Sicht der Autoren wieder. Wir freuen uns jederzeit über Ihre Anmerkungen oder Verbesserungsvorschläge an reisen@nationalgeographic.de

Die National Geographic Society, eine der größten gemeinnützigen wissenschaftlichen Vereinigungen der Welt, wurde 1888 gegründet, um »die geographischen Kenntnisse zu mehren und zu verbreiten«. Sie unterstützt die Erforschung und Erhaltung von Lebensräumen sowie Forschungs- und Bildungsprogramme. Ihre weltweit mehr als neun Millionen Mitglieder erhalten monatlich das National Geographic-Magazin, in dem die besten Fotografen der Welt berichten. Ihr Ziel: *inspiring people to care about the planet*, Menschen zu inspirieren, sich für ihren Planeten einzusetzen.

Die National Geographic Society informiert nicht nur durch das Magazin, sondern auch durch Bücher, Fernsehprogramme und DVDs.

Falls Sie mehr über National Geographic wissen wollen, besuchen Sie unsere Website unter www.nationalgeographic.de